卓越团队建设研究

EXCELLENT TEAM BUILDING RESEARCH

韩秀景　景鹂■著

上海三联书店

内容简介

在市场竞争日趋激烈的今天，靠独行侠的单打独斗已经远远不够，团队合作、抱团打天下已成为基本工作模式，卓越团队建设也已被公认为是企业持久经营的核心竞争力。对团队而言，团队是土壤、成员是种子，种子只有投入到适合生长的土壤里才有可能茁壮成长，卓越的团队没有失败的个人，但失败的团队却会让卓越的个人变质。本书围绕卓越团队建设这一主题，界定了卓越团队的特质、分析了卓越团队与领导力、卓越团队与团体执行力的关系；进而从制度、文化和策略层面阐述了一个团队要成为卓越团队应该努力的方向，即以行之有效的绩效管理体系、公平公正的激励机制、良好的沟通来奠定制度基础；以良好沟通、互助合作和合力构建团队“软文化”来稳固文化渲染力；以合理选择与搭配人才、创建学习型团队来实现团队和个人共同成长，最终达成建设卓越团队的目标。

目　录

第一章　卓越团队的特质

随着市场竞争环境的日趋激烈，组织内外环境的不确定性和复杂性日益增强，组织内知识型员工的增多和更加专业化的分工，使得传统组织职能结构下单打独斗的工作方式已经不再适应21世纪这个快速变迁的时代。团队作为一种先进的组织形态，越来越受到各类组织的重视，团队建设开始从理念、方法等管理层面得到推进。组织领导者都希望打造出一个业绩高效、骁勇善战的卓越团队，以促使组织战略目标的全面实现。团队是人力资源的核心，建立优势互补的卓越团队是人力资源管理的重点，一个有影响力的领导核心是卓越团队建设的前提、人性化的管理与激励是卓越团队运行的基本保证、共同的目标与价值观是卓越团队之魂、学习的能力与速度是卓越团队战斗力的集中体现。

第一节　何为团队

一、团队的起源

关于团队的起源，有人认为早在军队产生之时就已经有了团队。

20世纪40年代，美国塔维斯托克研究院研究了工人自发组成团队后对生产力产生的影响力。

50年代，美国通用食品下的托皮工厂，开创性地以自主管理的团队做实验，并取得了成功，可惜的是当时的传统组织并不认可这种形式。

60年代，IBM公司为了研发360系统引入一种全新的组织运行模式——项目团队，并且取得了巨大的成功。从此，团队开始引起企业管理理论界和实业界的关注。

70 年代，日本的质量控制方法在美国大行其道，成为帮助美国企业削减成本、改善质量、提高服务的重要方式。他们受到日本全面质量管理计划的影响，开始采用团队管理的形式，把全部人员分成小规模的团队，并为每一个团队设定目标，让团队自己决定实现目标的方式，为他们提供培训，强调团队成员之间的合作，按照绩效对团队进行奖罚，此时，团队已经表现出一些现代团队所特有的特征。

80 年代，团队建设在西方国家得到进一步的推广，并取得显著的成效。壳牌公司还给团队赋予一种全新的含义，即“需要通过相互合作来达到某种结果的一群人”。80 年代后，美国创造性地将团队模式发展到了一个新阶段。

1994 年斯蒂芬・P. 罗宾斯首次提出了“团队”的概念，随后，关于团队合作的理念便开始风靡全球。

二、团队的内涵

团队，英文名称是“Team”，直译过来最常用的词汇是“小组”，经常也被称作为工作团队，它的含义是通过小组内成员的共同努力，产生积极的协同性作用的最低层次的组织结构。

关于团队的研究成果可谓汗牛充栋，1994 年，美国圣迭戈大学的管理学教授斯蒂芬・罗宾斯首次提出了“团队”的概念，他在《组织行为学》一书中对团队的概念进行了界定：“团队是为了实现某一共同目标而由相互合作的个体所组成的一种正式性群体。”团队是在特定的可控范围内，为实现某个共同目标而由相互合作的人所形成的共同体。

美国华盛顿大学福斯特商学院终身教授、组织行为和人力管理专家陈晓萍认为，“团队”是由两个或者两个以上的个体所组成的集体，这个集体中的每一个人都在某种程度上有着一定的动态的相互关系。陈晓萍教授的学术研究涉及组织行为和人力资源管理诸多领域，她对“团队”概念的界定重在将团队和普通群体加以区别，突出强调团队中每个个体之间相互协作的动态关系。

在此基础上，学者们对于“团队”的理解又各有其侧重点，例如美国学者罗宾斯主张强调团队成员们协同合作后所产生的巨大绩效；我国学者章义伍则强调对团队中每个成员的知识技能进行合理的利用；贾硕林、颜寒松强调团队“成员的行为之间相互依存、相互影响和追求集体的成功”。康青在其《管理沟通教程》

中对团队给出定义:“团队,是指按照一定的目的,由两个或两个以上的雇员组成工作小组”,他认为现代管理越来越强调柔性管理方式,团队领导若采用民主型的领导风格,则会使团队沟通更畅通有效。由此可见,我们应该多方位全面理解团队的含义。

综合以上各种解释,我们把团队定义为:团队是由员工和管理层组成的一个共同体,有共同理想目标,愿意共同承担责任,共享荣辱,在团队发展过程中,经过长期的学习、磨合、调整和创新,形成主动、高效、合作且有创意的团体,解决问题,达到共同的目标。

三、团队和群体的区别

团队由多个个体组成,在我们习惯性的概念中都认为人多肯定力量大,但是纵观古今横观中外,以少胜多的例子却不胜枚举,可见,一个群体并不必然就会产生“1＋1＞2”的行为效果。为了更好地理解团队的内涵,我们必须明确它与群体的区别所在。现代意义上的团队是彼此之间相互需要,为了达到某一个共同的目标而组成的群体,不是所有的群体都可以成为团队。要成为群体很容易,因为做相同的事情而聚集在一起的人就是一个群体,三人为众,三五个人凑在一起就会形成一个小群体。比如一群人相约一起去听某明星的演唱会,那么这群人此时就是一个群体,他们去听演唱会的目的与诉求可能都不一样,可能是因为喜欢这个明星,也可能是因为喜欢这个类型的音乐。简单说来,群体相对松散,缺乏统一的管理,团队相对于群体,根本的区别在于团队成员共守一个同心法则,同心同德。在群体中,成员们通过相互作用、共享信息来做出决策,帮助每个成员更好地承担自己的责任。“与团队相比,群体的主要目的偏向于分享信息,而不是协作配合。”①

团队和群体有着根本性的区别,但群体也可以向团队过渡。一个群体能否发挥积极作用,关键在于它有没有组织力,有组织力的则可以称为团队,也就是说,真正意义上的团队既要有组织形式,同时又必须具备有效而强大的组织力,团队是在共同目标指引下的一种合力。《三十国春秋》有言:“单者易折,众则难摧。”②这是团队力量的具体体现,还有我们所说的“三个臭皮匠,胜过一个诸葛亮”,也是团队力量的直观表现。

---

① 上海国家会计学院:《个体、团队与组织》,北京:经济科学出版社 2011 年版,第 134 页。

②《三十国春秋》。

我们来看这样一个生活中经常遇到的情景：在一个手机大卖场，当客服人员小张正在帮一位客户安装新售出手机的手机壳时，另一个顾客走进来反馈昨日才购买的新手机多次白屏，想要申请售后处理，小张礼貌地对顾客说："请您稍等，我手上事情处理完后立刻帮您处理。"客户点头应允。这时客服小林以为是营销潜在顾客，热情走向顾客，那位正在等候的顾客向小林说明了自己遇到的问题并希望小林可以帮忙解决时，小林在心中暗自嘀咕：刚才看到她和小张说话，应该是小张接待的顾客，我干吗要多管她的事啊，还是等她手里事情处理完后来解决吧。小林心里这么想着，便对顾客说："对不起，您不是我接待的呢，您要不等一下，刚才接待您的同事过会儿会帮您处理的。"顾客听后非常生气："我是在你们店里买的手机，又不是从她个人那里买的，你宁可闲着没事干也不帮我处理，这是什么工作态度，把你们经理找过来！"在这个场景中，"我的事"和"你的事"之间分得非常清楚，充其量他们只是都在同一个卖场卖手机的人组成的群体，而不能算是一个合格的团队。能够称之为团队的应该是拥有一个明确而具体的目标，大家能够为了实现这个目标而相互协作、相互配合，具有高度合作精神和凝聚力、战斗力的一群人。当一个人犯了错或忙不过来分不开身时，另一个人首先想到是该如何弥补失误造成的损失而非站在一旁漠然处之，至于谁做多谁做少，谁负责的哪个环节出了差错都可以是事后总结时的事，总之，目的是为了日

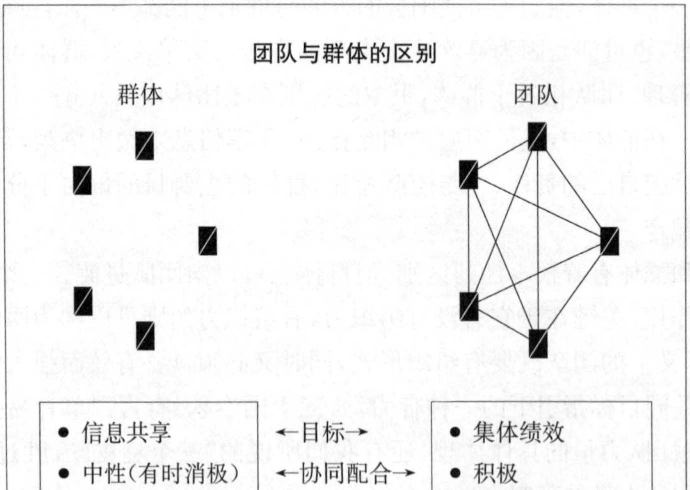

后团队合作更加默契、更加高效。团队中的成员可以是异质的，但却恰好也可以彼此互补、相互促进，合作完成团队的共同目标。这样的一群人，我们则可以称之为一个团队。

第二节　团队的构成要素

构建一个团队，必须具备一些基本的构成要素。长期以来，普遍认为团队的构成要素有五个基本方面，简称“5P”，即目标（purpose）、计划（plan）、定位（place）、人员（people）和职权（power）。但是，随着团队内涵的不断扩大，团队的构成要素也在不断扩展，在原来的 5P 基础上新增了一个要素，那就是“关系与沟通（relation）”，这六个要素紧密结合，进而形成了团队的基本框架。

一、团队目标（Purpose）

对于任何一个组织来说，团队构建之初，就必须树立明确的目标，没有目标团队就会失去存在的价值。正如林染在《企业管理从优秀到卓越》中所述，“一个团队只有树立明确的目标，才能有前进的方向和动力，才能提高团队成员的积极性和主动性，充分调动团队成员的才能，并推动他们自觉克服一切的困难。”[①]

严格来说，所有企业的使命和任务，都必须转化为目标，如果一个领域没有目标，这个领域的工作则会失去方向。因此，所有组织、企业和团队的管理者都要善于通过目标对下级人员进行管理，当组织管理者确定了整体目标后，要对其进行有效分解，使之转变成各个团队以及每个个体的分目标，管理者根据各个目标的完成情况展开各项管理及考核，这个过程也就是目标管理的过程。

目标管理是美国现代管理学之父彼得·德鲁克于 1954 年在其《管理的实践》中最先提出的，所谓目标管理就是根据目标进行管理。德鲁克认为，并不是有了工作才设定目标，相反，是先有了目标才能确定组织的战略和每个人的工作。在目标明确的情况下，工作本身就能促使员工进行内在激励，在这种内在激励的作用下员工能够对自己负责，实现自我管理和自我控制，通过目标的激励作用来调动员工的工作积极性，从而实现团队的总体目标。

---

① 林染：《企业管理从优秀到卓越》，北京：中国纺织出版社 2011 年版，第 22 页。

自然界中有一种昆虫非常喜欢吃鸡公叶(也叫三叶草),这种昆虫在吃鸡公叶时会成群结队,第一只趴在第二只的身上,第二只趴在第三只的身上,由最前面的那一只昆虫带队去寻找食物,这些昆虫紧密连接在一起之后就像是一节节的火车车厢,在火车头的带领下向着目的地前行。有管理学家根据这一现象做了一个实验,如果把最后一只昆虫和第一只昆虫也连接在一起组成一个圆圈,随后,在其视线范围之内的圆圈中放置它们喜欢吃的鸡公叶,结果无论它们爬得如何精疲力竭也无法吃到一口鸡公叶草。这个例子说明,团队一旦失去目标,团队成员就会失去前进的方向而不知何去何从,其结果可能和这些失去目标的昆虫一样——活活饿死,此时团队存在的价值便荡然无存。

由此可见,在团队共同目标的引领下,团队中每个独立的个体之间相互协作,这是构成团队的首要条件,事实上,也正是因为有了共同的目标,才能够确定团队的性质。换言之,团队必须先有目标,然后才能称之为团队。

在这里,我们不得不思考个人目标、团队目标和组织目标之间的关系。个人目标必须以团队目标为导向,团队目标又必须和组织目标保持一致,组织的大目标被分解成一个个具体的小目标,根据团队职能的不同分散到各个团队成员身上,大家团结合力实现这个组织的大目标。团队目标可以赋予团队一种高于个人总和的认同感,这种认同感为如何解决团队利益和个人利益之间的冲突提供了有效标准,使得一些破坏性的冲突可以顺利转变成建设性的突破,正是因为有团队目标的存在,团队中的每一个人才知道个人努力的方向。因此在团队建设过程中,应该有效地向团队成员传递团队目标,让团队成员都理解和认同目标,并通过目标的强化来激励团队成员工作。

二、计划(Plan)

团队目标的实现需要一系列具体的行动方案做支撑,计划可以理解为目标分解后的具体工作的程序,只有按照计划操作,团队才可以一步一步地贴近目标,从而最终实现组织的目标。团队计划直接关系到团队的构成问题,团队工作如何分工,团队领导者的职责和权限,团队成员分别做哪些工作、如何做,等等。

团队计划的制定必须要以团队类型和团队目标为导向,一份好的团队计划必须要能够回答以下主要问题:

- 该团队需要多少成员才能保证团队目标的实现;
- 团队人员技能、素质、专业等的配比;

- 领导者的职责和权限是什么；
- 领导授权的方式是什么；
- 员工的职责分工和主要权限；
- 团队的合作方式；
- 如何激励员工为了团队目标不断努力；
- 如何保证团队沟通渠道的顺畅和沟通障碍的排除；
- 团队是否需要定期召开各种会议以及会议的形式；
- 预期每位成员能够把多少时间投入团队工作。

我们不可能对上述问题都给出一个标准答案，因为不同的团队有不同的使命和特点，其具体答案应该根据团队的本身特点和发展需要进行合理的选择。

三、团队定位(Place)

团队定位和团队目标紧密结合，团队目标直接决定了团队的定位。准确的团队定位是团队建设的重要砝码。团队是一个个独立的个体为了特定的目标按照一定的规则组合在一起的一个群体，一个团队若想要创造出杰出的绩效，既要对团队本身进行准确定位，也要对个人即每一个团队成员进行准确定位。

团队定位：组织按照职能的不同从上到下分成不同的职能部门，根据职能目标的不同，有的部门人数多有的部门人数少，这些职能部门构成组织中最基本的团队单位，这些团队单位根据具体任务的不同又再次分成更小的合作团队，无论哪一类团队，始终都是为了实现某一个特定目标而组织在一起，不同的团队必须要根据团队职能的不同做不同的定位，明确团队在组织中所处的位置。只有完成团队角色的精准定位，确定团队对谁负责、由谁选择，并决定团队的组成人员、如何采取措施激励团队成员以及团队之外的成员等问题，才可以保证团队行动的有序进行。

个人定位：作为团队中的每个个体，必须要明确自己在团队中扮演什么角色。每个团队中都会有领导者、执行者、协调者等，每个人应该首先对自己的性格、特长、专业、素质、技能等有一个全面了解，寻找自己职业目标和团队目标的切合点，找准自己在团队中的位置。团队需要的是集体主义精神，而不是个人英雄主义，即使一个人的能力超过其他人，依然需要团队的庇护，毕竟一个人的力量是微小的，个人只是团队中的一分子，即使是团队中的领导者也必须时刻牢记这一点。以西天取经团队为例，其团队最大的优点就是互补性，领导者有目标、有权威，但是能力差点；团队成员各有各的能力，但是目标不够明确，自我约束力差，然而这个团队却是个非常成功的团队，虽然经历了九九八十一难，最终还是修成了正果。阿里巴巴的创始人马云就曾表示非常欣赏唐僧团队，认为一个成功的团队就应该具有这四种角色。也就是说，一个合格的团队要有四种人：德者、智者、能者和劳者。德者领导团队，智者出谋划策，能者攻克难关，劳者执行有力。团队必须要有清晰的定位和组织架构，每个团队成员必须在清楚的组织架构中有明确的角色分工和角色定位，了解自己的责任和定位。

四、人员（People）

人是构成一个团队最为核心的力量，团队目标的完成、团队计划的实施，依赖于每个人员的共同努力，团队的组织构架需要不同的个体去填充，团队是否能最终获得成功取决于人员的具体表现，不同的个体有不同的特点，团队成员之间的关系也是影响团队能否成功的关键因素。在一个团队中需要有人定计划、有人出主意、有人负责执行、有人协调不同的个体一起去工作，还有人监督团队工作的进度，不同的人通过职责的分工和职务的划分来共同完成团队的目标。团队人员从层级上来说可以分为领导者、中层领导和团队员工三类，他们在团队中承担着不同的使命。

领导者：领导者是团队成功的关键。毛主席说过："正确的路线确定之后，干部就是决定的因素。"换言之，团队目标确立之后，团队领导者就成为团队成功的关键因素。统帅有狮子般的雄心，腹藏吞吐天地之气，士兵便会迸发出所向披靡的力量。拿破仑说过，"一头狮子带领的一群羊，能够打败一只羊带领的一群狮子"。可见对于一个团队来说，领导者是何其重要。那么究竟怎样才算是一个好的领导者呢？相对于团队中的其他角色而言，善于决策是一个领导者必须具备的能力，决策的质量和速度是衡量一个领导者素质能力水平的重要标志。作为团队的领导者，必须要掌握日常微观决策的科学方法和技巧，同时又必须具备宏观决策的思维能力，还要能够避免诸如"群体思维"、"霍布森选择"等决策陷阱，实现及时决策、正确决策和科学决策。

中层领导：中层领导是团队的中坚力量。团队的中层是团队的中流砥柱，相对于团队领导者而言，他们是执行者，但是相对于团队员工而言，他们又是决策者，承担着上情下达和下情上传的重要任务，是团队富有战斗力、团队和谐的重要力量，中层管理者既是领导者，又是执行者。如果把团队比成一个人，那么领导者就是这个人的大脑，负责思考团队的长远战略和发展目标，中层领导就是脊梁，要去协助大脑传递命令到四肢。中层领导处于整个团队的中间位置，既是下属的上级，也是上级的下属，他们不是高高在上的掌权者，也不是事事操之巨细的实际操作者，而是保证整个团队能够高效运行的过渡者。因此，他们具有承上启下的链接作用。

员工：员工是团队发展的基石。基础不牢，地动山摇。如果说领导者是团队中的关键，员工毫无疑问就是基础。一个合格的员工必须要有荣辱意识、责任意识，不能当一天和尚撞一天钟，对工作敷衍了事。猛将发于卒伍、宰相起于州部，只有先做好优秀员工，才可能成为优秀的中层和杰出的领导。为了保证团队目标的实现，团队中的员工必须要是互补的。1976 年，英国人梅雷迪斯·贝尔滨做了一个研究，将一些人分成两个团队，其中一个团队的成员是表现最为优秀同时在某一方面十分擅长的，另一个团队能力次之，但能力表现呈多样性且互补，然后给两个团队安排工作任务，对他们进行观察对比，结果是能力次之的杂牌军绩效表现更好。这项研究表明，团队成功的关键在于团队成员的多样性。这同时也印证了一句俗话："尺有所短，寸有所长。"如果都是士兵，谁来指挥？反过来如果都是将军，谁来打仗？团队成员之间必须要优势互补，方可成就卓越团队。

五、权限(Power)

由于团队类型、团队目标和团队定位的不同，团队权限也会存在很大的差异，团队权限受到团队的基本结构、规模大小、基本特征和任务类型等的影响。团队当中领导者的权限大小和团队的发展阶段紧密相关，一般来说，越是成熟的团队，其领导者所拥有的权力相应越小，在团队发展初期阶段领导权相对来说表现比较集中。团队权限问题关乎两个方面的内容：

首先，整个团队在组织中拥有什么样的权限？根据组织职能的分工和团队的角色定位不同，不同的团队具有不同的权限，比方说人事决定权、财务决定权和信息决定权等。

其次，团队成员权限的授予。也即授权，有研究者认为，授权就是分配职责、职能和工作任务给下属，员工只有在一定权力和资源的支持下才能有效完成手中的任务。授权即给员工授予权力，一种使个人获得、完成和实现成功的权力。团队授权本质上是组织和团队、团队领导者和团队成员之间职责和权力下放的过程。西汉时期，陈平任左丞相，周勃任右丞相，一日，皇帝问："全国一年的财政收支有多少？全国一年审决了多少案件？"右丞相在一旁支支吾吾答不出来，汗流满面。皇帝又问陈平，陈平回答道："陛下要了解财政收支，当问治粟官吏；陛下要了解司法问题，当问廷尉。"皇帝又追问："如果什么工作都有旁人做了，那你做什么？"陈平回答："宰相者，上辅佐天子，理阴阳，顺四物，下遂万物之谊外振抚四夷诸侯，内亲附百姓，使卿大夫各得其任职也。"皇帝刘恒听后十分满意。陈平的意思是宰相的职责是制定合适而可行的政策，将相应的权限下放，使各级人员都能尽其所能，因而百姓安居乐业、四海升平。足可见，团队授权古已有之、重之。

六、关系与沟通(Relation)

有人说："管理事业的成功，百分之十五由专业技术决定，百分之八十五与人际关系和处理技巧相关"。良好的团队关系是企业的一种重要的无形资产，是团队运作的润滑剂，团队绩效的提升很大程度上依赖于团队内部相互信任和协同支持的关系，构建良好的团队关系会大大提升团队的价值。团队中人际关系可以简单分为领导和团队成员的关系、团队成员和团队成员之间的关系。人际关系的主要特点在于它具有明显的情绪体验色彩，每个人以自己的感情和感受为基础建立和别人的关系。在领导和团队成员的关系中，我们格外强调"关爱"的重要性。人是所有生物中最富有感情的群体，领导对团队成员的关爱能使团队成员对团队产生强烈的归属感，可以换来团队成员对团队的忠诚。营造和谐融洽的上下级关系，可以让团队成员快乐地工作，提高团队工作的效率。对于团队成员与团队成员之间的关系，我们有这样一个感受，无论生活中还是工作中，不同的人际关系带给人们的情感体验和工作动力完全不一样，良好的关系使人愉快、工作充满干劲，而对抗的关系则会让人困扰、工作无精打采。团队本就是由在工作中紧密协作并相互负责的一群人组成，唯有彼此之间建立起相互协作相互帮助相互信任的团队关系，才能保证团队目标的实现。

良好的关系是团队运作的润滑剂，而良好的沟通是维护团队良好关系的重要因素。良好团队关系的建立以顺畅有效的沟通机制为前提，每一个团队中都应该建立起良好的沟通机制，在这样一种机制的保障下，所有团队成员能够自由公开地表达自己真实的想法，哪怕有些想法是负面的。只有所有团队成员都能够开诚布公，愿意主动倾听和了解别人的想法和建议，才能够形成和谐融洽的团队关系。在这个过程中,团队领导者起着十分重要的作用,团队领导者要重视并正确对待团队成员的抱怨和意见,采取有效的方式及时和他们进行沟通,使团队成员的负面情绪得到及时有效的宣泄,这样才能保证团队工作的正常开展。

《圣经·旧约》通过讲故事强调了沟通的重要性。人类祖先最初讲的都是同一种语言,他们在幼发拉底河和底格里斯河之间发现了一块异常肥沃的土地,于是就在那里定居了下来,建造起了繁华的巴比伦城。后来,随着日子越过越好,他们决定在巴比伦修建一座通天的高塔来传诵自己的赫赫威名,阶梯式的通天塔建设得十分顺利,很快就高耸入云。上帝耶和华得知此事后又惊恐又愤怒,因为上帝是绝不允许凡人到达自己的高度的,他心想,因为人们讲同样的语言,沟通没有障碍才可以建立起这样的巨塔,以后还有什么他们做不成的事呢?于是,上帝决定让人世间的语言发生混乱,使各地区人们的语言互不相通。果然,修建工程因为语言纷争而终止,人类合作的力量消失了,通天塔最终半途而废。在团队中,沟通是实现团队默契的重要一环,如果团队没有畅通无阻的沟通机制,不仅无法实现各个成员之间的协调一致,甚至可能引起负面的效应。

第三节　卓越团队的特征

一、明确的团队目标

卓越团队建设过程中最首要的工作便是团队目标的确立,和一般团队不同的是,卓越团队确立的目标必须同时满足以下条件:"团队成员理解和认同共同的目标愿景,并为目标的达成付出努力;目标十分明确并且具有一定的挑战性;达成目标的策略是清晰的。"①团队对总体目标进行分解并清晰地划分至个人,达成共同的目标是团队存在的价值。

首先,必须保证目标的明确性。宝洁公司曾经做过一个调查,询问团队成员最希望领导可以做什么时,70%以上的人都回答希望团队领导者可以指明团队的目标和方向;而反过来问领导者最希望员工做什么时,几乎80%的人都回答希望团队成员共同向着团队目标前进,足可见明确的目标在团队建设当中的重要性。要实现团队成员同仇敌忾共同奋进,就一定要给大家展示团队未来的目

---

① 李强:"从优秀个人到卓越团队",《HR MANAGER》,2007年第9期。

标前景，比如福特公司的愿景是让汽车进入家庭；中国移动通信的愿景是创造无限通信世界、做信息社会的翘楚；微软公司的愿景是让计算机进入每一个家庭。团队必须有明确的目标，团队成员才能有努力的方向，这也是很多时候人们说"方向比努力更重要"的原因。卓越团队在目标制定的过程中，切不可盲目草率，一定要通过实践先对不同的目标进行可行性论证，在评估各方案整体优劣的基础之上选择最满意或者最优的团队目标方案。

其次，卓越团队除了制定明确统一的目标之外，更重要的是要将这个目标传递至每个团队成员心中，成为引导他们工作的导向标。团队目标的制定不能仅仅凭领导者单方决定，而是必须要让团队成员参与进来，各方达成一种共识。卓越团队注重听取团队每一位成员的声音，团队领导者和普通员工之间有机会对团队目标进行讨论并达成共识。有这样一个寓言故事，长颈鹿自打出娘胎起就是一个哑巴，不能说话，它心里十分难受。有一天，上帝对长颈鹿说："我可以解除你的痛苦，让你不但能讲话，而且还能讲鸟语、兽语甚至说人话！"长颈鹿听后激动地留下了眼泪。上帝接着说："不过，你得答应我一个条件。"长颈鹿泪眼汪汪地说道："别说一个条件，十个我都答应您！"上帝继续说道："当你能够说话时，不能随随便便开口，只有我让你开口时你才能开口，而且只能说我让你说的话。"长颈鹿听后摇了摇头，转过身将屁股对着上帝，头也不回地离开了。这个故事告诉我们，如果离开了共识，团队的目标实现过程中会面临团队成员的个人目标和团队目标相分离的危险，只有各方达成一致的目标，才是成为卓越团队的第一出发点。

团队制定了明确的目标或使命后，要想更好地实现目标，还需要进一步对目标进行分解和策略的制定。在卓越团队中，领导者重视每一位员工、认可每一项工作，他们清楚地知道团队目标的完成依赖于每个个体工作目标的实现。卓越团队不仅仅会在确定团队目标上花费很多的精力与时间，更懂得在完成目标制定后，不能忽略行动策略的制定，否则，目标终将成为空中楼阁。同制定团队目标一样，卓越团队在制定目标行动策略时，也会汇集团队成员的集体智慧参与其中，只有团队全员的高度参与和对目标的清晰理解，行动策略的执行力和接受度才能大大提高。另外卓越团队制定行动策略时十分讲求可行性和科学性，行动策略的制定严格基于对目标实现的节点与难点的分析，这样才能保证目标的实现。

二、优秀的团队领导

领导是率领下属实现团队目标的过程。蒙哥马利爵士认为领导才能是把人们集结到一个共同目标下的能力和意志力，以及激励人们自信心的品德，足可见卓越团队的目标之所以可以得到高效实现离不开团队中领导者的卓越领导才能。唐太宗是历史上最有影响力的皇帝，也是团队领导者的典范。他既可以严格地要求自身，同时又具备均衡整体、着眼全局的能力，在由各大臣组成的团队中起到了恰当的控制和协调作用。更为重要的是，他善于借鉴和总结隋朝灭亡的经验，在促使自己不断进步提升的同时，使国家呈现出一派欣欣向荣的盛世。

卓越的领导才能是团队实现高效的关键，是团队运行的引擎。卓越团队中的领导者一般都具有较高的素养，具体表现在：一、品德高尚。作为领导者，应该具备好的道德素质，毛泽东同志在《纪念白求恩》中指出，我们的领导干部都要学习白求恩同志毫无自私自利之心的精神，做一个纯粹的人，做一个高尚的人，做一个有道德的人。卓越团队中的领导者首先必须是一个品德高尚的人，领导者只有拥有良好的品德，才可以成为团队的精神领袖，让团队成员众望所归，带领大家克服困难，带领团队由一个成功走向另一个成功。历史上的刘备和宋江都是因为具备了较高的品格魅力，才能吸引一大批英雄人才相伴左右。二、能力高强。所谓能力，指直接影响人们完成团队任务的各种品质以及成功地完成某项活动所需要的心理素质。卓越团队中的领导者必须具备能够让团队成员信服的能力和水平，其中尤以指挥和协调能力为重，正如马克思所言，“一切规模较大的共同劳动，都或多或少地需要指挥，以协调个人的活动”。团队是多个人的集合体，必然要有指挥、控制和协调等领导活动，卓越团队中的领导者善于把具有各种不同才能的人才组织起来并合理安排，形成步调一致、配合默契和团结上进的团体，充分调动每一位团队成员的积极性。三、善于学习。善于学习、勤于总结是卓越团队中领导者必备的武器，是不断实现内在超越的又一个突破口，他们善于总结、吸取别人的经验，将经验“占为己有”，并不断进步。他们对环境的变化有敏锐的感知力、对不断变化的市场竞争有灵敏的触觉，他们可以第一时间感受到环境变化对自身能力提升的需求，快速发现自身的不足并做出改进。四、多领少管，利用领导权威而不是领导权力来领导团队。卓越团队中的领导者在领导过程中，主要依靠自身的权威影响力来吸引和鼓励下属为实现团队目标而努力。领导者的影响力主要来自两个方面：一个是职位因素也叫权力因素，另一个是非权力因素，例如领导者的能力因素、品德因素、感情因素和知识因素等。卓越团队中的领导者不会一味依靠权力因素来管控下属，而是通过“领导”的方式，即通过个人各方面素质的提升，展现自己率先垂范、严于律己等人格魅力，在下属的思想意识中产生一种外在的心理影响。蒙牛集团的牛根生，依靠他的团队，仅仅经过八年的时间就打造出中国液态奶第一品牌，凭的就是他“小胜靠智、大胜靠德”的个人魅力。

三、清晰的角色划分

我国唐朝诗人柳宗元在其《梓人传》中说道，“择天下之士，使称其职。居天下之人，使安其业”。就是说要选择天下有才能之人，使他们的才能和职务相匹配。安置天底下有能力之人，使他们安心于事业，用现在的话来说其实就是要明确团队成员的角色定位。卓越团队注重团队成员的角色搭配，在角色搭配中遵循互补性、专长性、整体性和多样性的原则。

团队成员类型的互补是进行清晰角色划分的前提。在卓越团队之中，既需要内秀型人才，也需要外露型人才；既需要实干型人才，也需要交往型人才。一个团队往往由领导者、协调者、实干者、创新者、推进者、监督者、凝聚者这七种不同的角色组成，唯有如此，不同类型的人才能实现异质互补、配合默契，团队的不同工作才可以交由不同的人去实现。

清晰的角色职责是团队卓越的前提，一个团队要走向卓越，必须明确团队成员各自的角色并使其各司其职，各负其责。这其中起到十分重要作用的是善于分配职责。有人说，卓越团队的标志之一就是其成员总能找到适合自己能力和个性特征的工作角色。反之，平凡的团队往往会让一些原本能够在团队中做出巨大贡献的人在团队中难以发挥作用。

卓越团队一定是有战斗力、凝聚力的团队，而形成战斗力和凝聚力的前提，必然是团队成员职责明确、角色清晰。无论何种类型的团队，每个成员所扮演的角色必然不完全相同，从某个方面来说，团队就是一个角色网络，要顺利实现团队目标、成为卓越团队，就要做到团队成员角色的清晰划分。“如果团队中某个成员的角色受到侵犯，他就会感到非常失望；如果有成员侵犯了别人的角色，破坏了团队原有的规范，那他就应该受到惩戒；如果需要改变某个成员的角色，那么团队领导者应该向团队其他成员做出圆满的解释。”①足球队由门卫、前卫、后卫、前锋、中场等不同角色组成，组成“433”、“442”、“4312”等阵容，11 个队员各司其职，在比赛中扮演不同的角色，球场上每个队员都有自己明确的任务和所处的位置，后卫不能对边挤占前锋的位置，守门员更是不能擅离职守，每个队员都

---

① ［美］史蒂芬·E.科恩、文森特·D.奥康奈尔：《高效团队的基本模型》，北京：东方出版社 2008 年版，第 153 页。

要严格遵守教练的安排相互配合、协同作战，如果角色不清、分工模糊，球队在比赛中必定只有输的结局。所以，任何团队想要成就卓越，都必须要根据团队特点确定团队角色和职责，使团队成员的职责权限、工作范围明确，角色清晰，相互配合，提高整个团队的运作效能。

四、和谐的团队文化

团队文化是团队管理之魂，看不见、摸不着，但却时时刻刻影响着团队的运行。国内外许多著名的企业都以其优秀的企业文化而备受大家称赞。英国兰德公司曾用20年的时间对500家大型企业进行跟踪调查，结果发现，一些大企业之所以可以长盛不衰，归功于企业文化所赋予的不朽生命力。一个卓越团队不是因为功能层次而结合在一起，而是因为精神契合，正所谓"道不同，不相谋"。在团队中，积极的团队文化对团队的发展能够起到积极推动作用，消极的团队文化则会起到破坏作用，团队价值观、团队精神、群体意识和行为规范等属于团队文化的范畴，其中团队价值观和团队精神是团队文化的核心，产生于团队自身，受到团队领导者和所有团队成员的认同和维护。团队价值观是团队管理层和所有成员对团队的管理、生产、服务等活动以及这些活动如何有效开展的一致看法或基本观点，团队价值观一旦形成，就会成为团队评判事物和引导行为的基本信念，正如一个人的价值观会影响人的思想和行为，团队的价值观也会直接影响团队的行为。

不同的团队会有不同的团队价值观，而卓越团队所坚守的价值观必然具有一定的共性，他们运用这样的价值观来引导整个团队的行为：求实、进取、创新、协同和分享。卓越团队在工作中坚持以事实和结果为导向；团队每一个成员都将自己当作工作的主人，把团队工作当成自己的事情来做，一切以团队目标和完成任务为自己的最高目标，竭尽全力积极进取；卓越团队善于打破常规、抓住需求，团队领导者深知团队的方方面面皆可创新、皆要创新；卓越团队讲求协调、合作和分享，乐于分享是每个团队成员进步的源泉，也是提升整体团队实力的重要方法，每个人都爱学习、会学习、懂分享，从而保持活力长存。坚定的团队精神也是团队成就卓越的重要原因之一。卓越团队的团队精神以协作精神、大局意识和服务精神为主，卓越团队团队精神的基础是尊重团队成员每个人的兴趣和成绩。卓越团队不要求团队成员牺牲自我，相反，主张团队成员表现特长、挥洒个性，通过全体成员向心力和凝聚力的凝合来保证团队目标的高效实现。

成员间的相互信任是卓越团队的显著特征，它能够促使团队成员之间愿意进行合作，有助于团队各种信息的共享和传递，有助于提高团队成员的工作满意度，有助于提高个体对团队的忠诚度。团队信任是提升团队绩效和确保团队工作顺利进行的重要前提。人们在日常人际交往中能够深刻体会到信任之脆弱，它需要花费大量的时间去培养，同时又很容易被破坏，因此，维持团队内的相互信任，需要领导者和团队成员的共同重视。卓越团队中的领导者知道自己做何事能够对建立团队内部的信任具有意义，知道如何避免信任陷阱，用人不疑、疑人不用，不随便猜忌员工；他们善于倾听别人的谈话，并能够坦率表达自己的看法，时刻通过一些举动让团队成员感受到团队对于他们的信任。除了领导者之外，卓越团队的每一位成员也深知信任对于团队发展的重要性，他们忠诚于团队，坚决不做不利于团队的事情；通过交流和沟通，让团队领导和其他成员更好地了解自己，及时解决对一些问题处理的意见分歧，消除相互间的误解和矛盾。卓越团队中能够做到三个“给予”，即给予别人微笑、聆听和掌声，不分身份、性别和年龄，正因如此，才可以营造出轻松、信任、自在的团队文化氛围，以更好的心情和饱满的态度投入到工作中去。

五、高效顺畅的沟通

面对市场日益复杂多变的竞争环境，顺畅的沟通是团队保持活力的有效保障。管理学家西蒙认为，沟通可以视作为一种程序，团队中每位成员都可以借此程序将其想法和意见传递给其他成员。鸡犬之声相闻，老死不相往来，是小国寡民的陋习，卓越的团队必然是善于沟通的。沟通是一种相互交流情感、交换信息的手段，是管理的灵魂。在团队管理过程中，无论化解冲突、计划控制还是安排具体工作，都需要良好的沟通做基础，只有建立高效顺畅的沟通机制才能打造出卓越的团队。《宋史·乔行简传》中有言，“贤路当广而不当狭，言路当开而不当塞”，可见古人就已经意识到沟通、谏言的路径应当畅通无阻。沟通渠道畅通会有更大的信息容量、更快的速度和更宽的覆盖面，从而带来更高的成功率和准确性。有研究指出，团队70%的管理失误是由于沟通渠道不畅导致，卓越团队尤其注重沟通渠道的选择，而非仅仅依靠某一种沟通方式。有人对卓越团队的沟通进行了总结，认为其主要是做到四个“统一”：第一，统一心态。团队领导者能够以身作则，重视团队沟通工作，让团队每一位成员都能够培养出愿意与别人沟通的心态，认识到沟通是化解矛盾、解决问题的最好良方，在团队中塑造出乐于沟通、善于表达、全员参与的良好沟通氛围;第二,统一目标。在团队中明确沟通工作的目标,沟通的目标是提高团队工作的效率,最终带来团队目标的实现,绝对不能陷入"通过沟通来证明谁更厉害"的怪圈;第三,统一语言。如果同一个团队之中存在不同的工种或者专业性较强的岗位,为了保证沟通的顺畅,卓越团队会定期组织基础专业知识的普及活动,让团队成员能够明白团队工作中基本的专业用语。第四,统一方法。卓越团队善于根据沟通事宜的不同,选择不同的沟通方法。从组织系统来看,沟通可以分为正式沟通和非正式沟通,卓越团队对于沟通方法的选择有一套规范化标准,什么级别的事情口头沟通即可,什么样的事情必须通过邮件或者书面报告,什么类型的事情又必须开会讨论形成书面记录和结论等等,不同的沟通方法会直接影响沟通的成效。

良好的沟通氛围和团队领导的领导风格、管理模式密不可分。康青在其《管理沟通教程》中对团队沟通做出过界定,认为在团队内发生的所有形式的沟通都是团队沟通。他认为,现代管理越来越强调柔性管理的方式,如果团队领导是一种民主型的领导风格,则会使团队的沟通更加有效。很多团队中的领导者会不由自主地去追求"大家都喜欢我"、"员工都听我的话"、"大家都夸我是一个好领导"、"团队一团和气"等浮于表面的虚荣,从而在团队沟通过程中避重就轻、忽略问题、当"烂好人",制造出团队表面其乐融融的假象。在真正卓越的团队中,领导者重视以一种艺术化的策略运用训导手段来和团队成员进行真实沟通,指出团队成员问题所在,并帮助其解决问题,在这个过程中,卓越团队领导会遵循如下一些沟通原则:首先创造一种放松、自由的沟通氛围,更多地选择非正式沟通的方式,以客观、严肃而平静的方式面对员工;讨论不针对具体的个人,若是批评,针对的也是团队成员具体的行为,而非某个个人;具体指明问题所在,训导时指明具体问题,使用准确而恰当的语言,对团队成员过失行为的界定要恰当;允许团队成员陈述自己的看法,从团队成员的自我陈述中去了解发生了何事,为何发生等问题,若双方陈述观点差异极大,则做进一步调查;对今后如何防范错误达成共识,让团队成员谈谈他们今后的打算和计划,以确保违规和过失行为不再出现。卓越团队除了会和团队成员进行正面问题的沟通之外,也绝不忽略存在的问题,而是采用正确的沟通方法来解决问题、化解危机,这也正是其竞争力的来源之一。

六、合理的激励考核

气可鼓而不可泄,激励就是鼓舞士气最好的方法,团队的士气依靠平日的积累,但更离不开有效的激励。我国有“水激则旱,矢激则远”的成语,意思是水在被激荡后会变得更加威猛强悍而去得更远,箭通过强力激发则能够射得更远。美国行为主义理论创始人华生认为管理过程的实质就是激励,通过激励手段来诱发人的动机和行为。美国心理学家亚当斯认为人的工作积极性不仅受到绝对报酬的影响,更重要的是受到相对报酬的影响。从上面这些论断可以看出,但凡杰出的团队,都必然深知激励对于管理的意义所在。人都有惰性,团队也一样,一个团队要想保持持久的活力和动力,就必须引入竞争机制;一个团队在从不稳定到稳定的发展过程中,必须要运用激励考核来实现奖优罚劣、优胜劣汰。

激励在团队建设中的作用尽人皆知,激励措施也层出不穷,可是为什么没有达到预期效果呢?究其原因,就在于激励措施不尽合理,卓越团队员工强烈的工作动力来源于团队多样化、科学化的激励方法。美国管理学家斯坦尼尔(Steiner)和贝雷尔森(Berelson)曾经说过,一切内心想争取的愿望、条件、希望和动力等都构成了对人和团队的激励因素,它是人类活动的一种内心状态。由此可见,团队激励不单单是物质的激励,同时也是一种精神力量或者状态,它对人的行为产生推动、激发和加强的作用。卓越团队之所以可以成就卓越,就在于他们不仅重视建立公平合理而具有挑战性的薪酬考核体系,而且会根据每一个团队成员的个人情况和内心需求提供具有针对性的激励,除了运用物质激励的方式之外,也重视对团队成员进行精神激励,例如注重团队成员的职业生涯规划,团队领导者帮助其成员进行职业生涯规划;重视并加强对团队成员的培训,通过培训改变他们的工作态度、提高技能、增长知识;营造一个和谐的人际关系氛围和工作环境,让团队成员能够喜欢工作并且在工作中找到乐趣;增强团队成员的工作体验,让团队成员在工作中体会到被尊重、进步以及快乐等。

七、系统的学习提升

团队学习是提高团队成员整体搭配能力以实现团队共同目标的过程。任何卓越的团队都离不开团队学习和个人学习,活到老、学到老,个人如此,团队亦是如此,只有不断地学习才能跟上时代发展的步伐。研究发现,卓越团队不仅非常重视学习,而且十分注意将个人学习和团队学习相结合,有些团队盲目地将个人学习和团队学习划等号,孰不知,个人学习并不是团队学习,即使个人在不停地学习,也并不代表团队也在学习。有研究表明,团队是最佳的学习单位,团队学习比个人学习更具有目的性,团队学习的主要特点在于存在交互作用性,团队学习时，团队成员之间相互影响，交换意见，集思广益，促进问题的提出和解决。卓越团队的学习是学习如何获取高于个人智力的团队智慧，注意团队中不同成员在其中所扮演的角色和影响，不抹杀任何一个人的创造力，不断地激发个人力量。团队学习通过信息、知识的共享，促进团队每个人的共同进步。卓越团队不单重视个人的学习，更加重视团队的学习，唯有学习才是保持其竞争力的有力武器。

团队需要学习，卓越团队更是如此，为了保证团队学习的进行和延续，使团队不断与时俱进，就必须依靠团队完善的培训体系。一个合理完善的团队培训体系，就好比是团队的“园丁”，不断地为团队“浇水”、“修剪”，使得团队能够茁壮成长。卓越团队除了知道培训对于团队的重要意义之外，更加明白培训是一个有计划的、连续的系统工程，不是三天打鱼两天晒网的心血来潮，完善的培训发展必须贯穿于团队成员发展的全过程。美国《管理新闻简报》上公布的一项调查表明：53%的管理者认为通过培训明显降低了企业的支出，68%的管理者认为由于培训不够而导致低水平的员工技能正在破坏企业的竞争力。团队管理最大的资源是人，最重要的投资就是对人的投资，要使这种资源不断发挥巨大的功效就必须不断地投入，这种投入就是持续性的培训，培训是使团队增值的过程，而不是结果，这种培训学习一定是自上而下的过程，团队中每一个人都有一种学习的动力，渴望通过培训来提高自身的竞争能力，这种学习的动力最终成为团队进步的驱动力。

第四节　团队建设对现代企业的重要性

提到微软，大家首先想到的词会是“成功的”、“了不起的企业”，的确，1975年，微软还是包括比尔·盖茨先生在内仅仅三个人的小团队，而现在微软已经发展成全球最大的电脑软件供应商，比尔·盖茨先生缔造了 Microsoft（微软）这个让所有人惊叹的神话。但是这个神话的缔造者曾经说过：“如果把我们微软 20 位顶尖人才挖走，那微软将会变成无足轻重的公司。”有一次，比尔·盖茨被问道：“如果您离开微软，还能再建立一个微软吗？”盖茨想了想后说：“能，前提是请允许我带走由一百名员工组成的团队。”[①]可见，像比尔·盖茨这样的杰出企业

---

① 王芮文：《卓越源于理念》，镇江：江苏大学出版社 2009 年版，第 73 页。

家也十分强调团队的力量。仅仅依靠个人或少数人打天下的方式早已成为过去式,个人英雄主义的时代已经结束,团队建设对于现代企业的意义非比寻常。

一、团队建设有助于提高企业核心竞争力

核心竞争力是企业制胜市场的关键因素之一,是支撑企业过去、现在和未来竞争实力的优势所在。核心竞争力是企业在长期发展过程中的积累,且蕴藏于企业内部。随着经济全球化的不断发展,我国企业想要在激烈市场竞争大流中占据一席之地,必须要拥有自己的核心竞争力。团队是企业中最基本的协作单位,企业的核心竞争力正是其中所有团队整体实力的积聚,只有每个团队都建设成为卓越的团队,才有可能成就卓越的企业,带来企业核心竞争能力的提升。团队建设简单来说就是一个企业有效进行管理和沟通的过程,团队建设中要注重大局意识,这是服务精神和合作精神的重要体现,团队建设要建立在尊重个人成就和兴趣的基础之上,促进个人利益和团队利益的有效整合,通过支持团队成员发挥个性、表现特长的方式来确保成员为了团队目标任务的实现而努力,以明确合作的方式来产生真正的内生力量。在这个过程中格外强调沟通与信任,团队中每一位参与者彼此信任,解决日常工作中遇到的问题。概言之,团队建设是企业管理创新的一种重要手段,是创造企业核心竞争力和维护企业核心竞争力的重要保障。

团队建设对于企业核心竞争力的提升为何有如此巨大的意义?让我们从下面这个实例中寻找答案。星巴克咖啡是现今很多小资青年最爱去的场所之一,星巴克咖啡最初在西雅图开业时仅仅是街头的众多咖啡馆中的一个,发展到今天它已经遍布全球34个国家和地区,拥有8300多家咖啡店,除了在打造品牌效应上面拥有独到的策略之外,团队建设便是它能保持全球咖啡产业优势的重要原因。星巴克咖啡以商店为基本单位组成团队,倡导平等快乐工作的团队文化,将每个门店定位为顾客的"第三去处",即工作场所和家之间的栖息之处,让顾客感到快乐满意和放松舒适是公司的重要目标之一。星巴克公司的领导者负责计划、管理和安排工作,但是他们并不会认为自己与众不同,而是会将自己视作普通的一员,也会做普通员工所从事的工作,他们会与店员一同上班,清洗杯碗、制作咖啡、打扫店铺甚至卫生间,和员工之间保持零距离的沟通和了解。星巴克咖啡的每一位员工都有明确的分工,在真正上岗之前又必须对店里所有的工种都进行培训和学习,因此在职责分工的同时又有分工不分家的团队概念,例如当店

里顾客很多，制作咖啡的人员忙不过来时，如果此时其他人手上工作不是很忙，便会主动去缓解紧张，绝对不会有“莫管他人瓦上霜”的态度。星巴克咖啡在团队建设中还有一个十分重要的举措是鼓励团队合作的行为。星巴克门店遍布全球，所有星巴克的员工无论来自哪个国家哪个地区，在商店开张之前，都要到西雅图星巴克总部接受为期三个月的培训，除了学习研磨咖啡的技巧之外，更多的时间是彼此之间进行磨合，让每一个员工接受并且实际体会平等快乐的团队文化，公司还会设计各种有趣的小礼品来奖励那些主动进行团队合作的员工，让每个人都能时刻感受到合作是团队文化的核心，是公司高层领导重视和认可的行为，从而强化这种合作的行为。由此可见，团队建设之所以可以成为提升企业核心竞争力的利器，是因为其中团队文化、领导者、分工明确、团队培训、团队合作这些团队组成要素在起作用。

二、提升组织凝聚力

团队凝聚力也称为内聚力，它有着多方面的内容，具体来说包括团队对其成员的吸引力、团队成员之间的相互信任和相互作用，以及团队成员对团队的向心力等。团队凝聚力的产生受到内外两个方面因素的影响，外在因素来自于环境的压力，内在因素则来自于团队成员和团队本身，在内在因素中起关键性作用的便是团队建设效果的好坏。团队建设中的很多因素都会直接影响到团队凝聚力的高低，例如团队建设中领导方式的不同，对团队凝聚力的影响作用就十分明显。勒温等人用一个十分经典的实验比较了在“民主”、“放任”和“专制”这三种领导方式下各实验小组的团队气氛和凝聚力，结果发现，采用民主型领导方式的小组要比其他小组的成员之间更友爱、团队关系更融洽、团队凝聚力更强。在所有团队建设的过程中都必然会运用到激励的手段，团队能否持续为其成员提供他们所期望的激励，会对团队凝聚力产生最直接的重要影响，这些都是团队建设中影响到团队凝聚力最为直接的例子。

团队建设最大的意义就是可以充分调动和发挥团队成员集体的智慧，提升团队成员的凝聚力，带动整个组织凝聚力的积聚，使团队成员为共同的目标一起思考、一起努力，集合团队成员的优秀点子、取长补短，通过共同的努力为一个共同的目标而奋斗。美国社会心理学家 L. 费斯汀格认为这种团队凝聚力是使团队成员停留在团队内的合力，也是一种人际间的相互吸引力，就像一个人在玩流星球时，流星球总能够围绕着手中这个中心转动不会丢失，手就是这个中心点，凝聚力的中心点是什么？中国政商界领导者私人演讲教练柏君先生认为团队就是建立在一个相互信任相互理解的基础之上，在某一个阶段为了某个共同的目标而前进的一群人，他们目标明确、立场明确、行动一致，团队建设的过程必然是时刻以团队的目标为方向，可见团队凝聚力的中心点正是因为有了这个共同目标。目标是形成团队的前提，没有目标则没有团队。凝聚力是使团队成为一个多成员的联合共同体，而不是一盘散沙的重要元素。当团队目标能够充分体现团队成员的共同利益，并且与团队成员的个人目标保持一致时，它就可以极大地激发出团队成员的献身精神、工作热情和创造性。

三、激励功能

团队成员需要被激励，从而保持自己工作的热情不被每天重复的工作所磨灭。团队领导者激励工作的效果直接影响到团队的士气，最终影响到组织的发展。团队激励是通过一定的手段使团队成员的愿望和需求得到满足，通过他们积极性的调动使其自觉地将个人潜力发挥出来。团队激励的方式多种多样，其中一个重要方式就是团队精神。团队精神是团队成员理想信念和共同价值观的体现，是被团队成员共同认可的一种集体意识，是激励团队、推动团队发展的精神力量，这种激励不是单纯停留在物质层面上，而是通过员工心态和思想的高度整合，使员工在行动上互补并形成相互间的默契，是“小我”和“大我”的同步发展。团队精神的实质是一种巨大的力量，通过共同的价值观念、共同的信仰和标准的行为规范来形成一种激励的力量，激励团队成员时刻和团队文化保持一致，时刻将团队目标铭记于心，并以此为标准不断努力。团队精神对团队成员的集体意识具有一种强化的作用，可以激励团队成员为了团队的运作和发展不断提升自己能力，为提高组织的整体效能贡献力量。一个具有优秀团队精神的团队，往往显示出高涨的士气，团队成员有着积极的工作热情，对团队具有高度的职业忠诚，团队成员之间团结一致、相互激励。

四、有利于员工成长

团队建设对员工个人成长的促进作用主要体现在两个方面，首先从团队建设中的人员构成上来看，人员是团队构成要素之一，人员的素质、构成、能力和水平等直接影响团队建设的成效，在团队成员选择时有个十分重要的原则便是成员的互补性。难以想象如果一个团队里面都是性格柔弱，或者都是性格急躁，又或者全部都是某一方面的专家，他们组成在一起可以给团队带来什么。唯有互补性的员工才是黏合团队的基础。这种互补主要体现在两个方面：第一，团队成员个性的互补，就像世界有男有女方为和谐一样，一个团队的成员个性类型一定要是互补的，个性较强或者较弱，都会让团队成为“争吵”的战场，或者让团队成为温顺的“绵羊”，导致缺乏活力和柔性，团队成员的个性应是强、柔、弱三者互补。第二，能力上的互补。战国时期的平原君赵胜，之所以可以顺利解除邯郸之围，和他所养的拥有各类不同能力的“门客”有很大关系。一个团队一定要有各类不同能力的人组合在一起，才能更有竞争力，比如有的人懂经营，有的人善管理，有的人善沟通，有的人专技术，正是因为成员之间的互补，大家每天在一起工作时可以相互学习、共同提高。人和人之间的相互影响是一种巨大的力量，正如人们所说促使孩子积极行为表现的最大因素是父母自己的行为，因为这是一种耳濡目染潜移默化的影响，或许从短时间来看这种影响并不明显，但是从长期来看绝对会在每个人身上留下或多或少的印记。团队成员在每天的接触和合作中学习别人身上积极的方面，中和自己身上存在的问题，不断提高不断进步不断完善。

团队建设对员工个人成长的促进作用还表现在团队培训上。团队培训是团队建设中的一个重要内容，一个团队要保持基业长青，必须进行系统的学习提升。随着知识经济时代的到来，知识改变命运的理念已被越来越多的人所认可，对于团队来说亦是如此。只有打造学习型团队，保持团队决策的前瞻性、先进性，才可能提高企业的战斗力和发展活力。团队培训要覆盖全体团队成员，让学习成为团队建设的驱动力。海尔集团为了创建学习型团队，专门成立了“海尔大学”，要求大家必须主动学习，不断提高自身各项技能，进而使每一个人都可以向着自己的目标不断接近，实现自己的成长和提高。为此，团队领导者努力为团队成员提供成长和学习的平台，打造团队学习的良好氛围，比如每年给员工报销一定范围内的培训费用、书籍报刊费，每年定期送员工外出进修提升，免费给表现优秀的员工参加高级研修班等等机会。

案例分析：麦当劳对于协作性团队的理解

麦当劳的创始人雷·克罗克曾说：“一支团队的力量永远大于一个人的力量。”虽然麦当劳的员工年龄跨度很大，从 18 岁到 45 岁不等，每个人的特点和性格也不同，但是每个员工都知道：只有互相配合、互相尊重，才可以为每一个顾客提供始终如一的优质服务。麦当劳的成功来源于其独特的团队管理。

1. 团队成员选择包容性大,经验重于学历

麦当劳团队拥有一支庞大的年轻人才后备军,由大学生组成。而其中毕业于饮食服务学校的员工比例只占 30%,40%来自于商业学校,其他的则是由工程师、农学家、中学毕业后进修了 2—5 年的人组成。麦当劳在人才选择上打破了论资排辈的落后观念,人才选择上包容性强,只要是对团队发展有用的,都是可用的。

2. 丰厚的福利计划和强大的激励机制

麦当劳有十分吸引人的福利计划,目的就是吸引、奖励、激励和留住人才,让团队成员都可以做出卓越的绩效。麦当劳对于员工的激励更是多方面的,包括健康和保险、薪酬和奖励、为未来投资、平衡工作和生活各个方面,根据员工需求提供有针对性的激励。

3. 独特的晋升制度

麦当劳晋升制度的特点是不事先培养自己的接替者。以法国麦当劳为例:实行一种快速的晋升制度,一个刚参加工作的年轻人,如果工作表现出色,可以在 18 个月内就被提拔当上餐馆经理。在麦当劳,晋升对每个人都是公平公正的,不设置典型的职业模式,也不作任何特殊规定。每个人都可以凭借努力来主宰自己的命运。

4. 培训、考核、激励和晋升的结合

《麦当劳手册》规定,新员工必须接受非常严格的岗前培训,并在上岗前完成基本操作课程的训练。麦当劳的训练制度是通过加薪的方式,鼓励员工自愿参加训练,以提高服务的技能。只有接受了课程培训并且通过考核才可以得到学分,也才有机会升级到更高一层的岗位。培训贯穿了麦当劳员工晋升的整个过程。

5. 独一无二的汉堡大学

汉堡大学是一所名副其实的大学,同时也是国际培训中心,它接受来自全球各地的企业和餐馆经理,既讲授经营餐馆所必须的各方面理论知识,又传授有关的实践经验。自 1961 年以来,已经有超过 80000 名餐厅经理、中层经理和所有者/经营者毕业于这所大学,每年有超过 5000 名学生参加汉堡大学的培训学习。

麦当劳认为,团队意味着有着共同目标的一群人能够相互尊重彼此的特点和兴趣,学习他人的优点、接受他人的缺点、主动为团队中其他人提供帮助。团队中的每个人都具备牺牲自我、与团队目标保持一致、积极完成团队任务的精神,这样的一群人才是真正的团队。

第二章　卓越团队与领导力

拥有卓越团队是组织成功的关键，而卓越团队离不开卓越的 leader 及其领导力。艾森豪威尔曾经说过：一头狮子带领的羊群能打败一只羊带领的狮群。领导对于一个团队乃至组织的发展具有至关重要的作用，其价值观念、思维方式、行为习惯会极大地影响其团队成员，领导者的能力水平决定了团队整体的能力水平。一个团队要走向卓越就必须要有一个卓越的领导。

领导工作千条万绪，但是概括而言主要有两件大事：一是决策（从某种意义上说就是领导），决策的重点显然是选择；人的命运不同，在相当程度上是由于选择不同，团队的发展亦是如此，选择不同，未来也不同。二是用人（从某种意义上说就是执行），用人包括两个方面：首先，要选择合适的事，即选择合适的目标；其次，要选择合适的人。做同样的一件事情，做事的人选对了，事就做成了，做事的人选错了，事就做砸了。

第一节　领导者定位

一、领导者

研究领导力问题，必然会谈到领导者，因为领导力是负载在领导者身上的，没有领导者，就谈不上领导力。关于如何定义领导者学者们有不同的观点：E. P. 霍兰德认为“一般情况下，领导者就是指一个人，该人拥有一定的地位，可以对特定的其他人施加影响。”而按照德鲁克的说法，领导者的唯一定义就是其后面有追随者，没有追随者，就没有领导者。我国的一些学者对领导者进行了如下定义:“领导者是指在社会共同生活中,经过选举、任命、聘用或从群众中涌现出来的、能够指导和协调组织成员向着既定目标努力的、具有影响力的个人或集体。领导者是一个组织正常运行和发展的发动者和推动者。领导者通过计划、组织、指导和监督组织成员的活动,推动和维持成员之间的团结以及调动起工作积极性,使之成为一个有机的整体”。①

领导者的主要任务是“领”,是为组织指明发展方向,确定做正确的事(这一点正是与管理的区别,管理是确定步骤与过程,决定怎样到达目的地,即正确地做事),而指明方向依赖于决策。不能指引方向就不能成为领导;领导的大部分时间用于把握方向;而方向必须在动态中调整。领导者的另一重要任务是合理用人,把合适的人放在合适的位置上,也就是说,领导者是教练员不是运动员;是用人之人不是做事之人;重在领导能力而不是业务能力;要创造环境而不是创造业绩。依据此标准审视古代领导者,刘邦可谓领导者典范,或者说是典型的领导人才。刘邦曾说过:“夫运筹帷幄之中,决胜千里之外,吾不如子房;镇国家,抚百姓,给饷馈,不绝粮道,吾不如萧何;连百万之众,战必胜,攻必取,吾不如韩信。三人皆人杰,吾能用之,此吾之所以取天下也。”项羽作为刘邦的对手则恰恰相反,如刘邦所言:“项羽得一范曾而不能用,故为我所杀也。”司马迁在《史记》中是这样评价刘邦和项羽的:刘邦:恩威并举,深谋远虑;项羽:毁己灭人,化友为敌。领导者还有一项重要任务,那就是“导”,“导”的核心是影响他人,“导”主要靠认同,为此,领导者必须善于引导、辅导、督导和教导。

领导者的基本特质:正直、富有远见、赋权、坚韧。领导者必须要明白最需要做的事情是什么,最不应该做的事情是什么。对最需要做的事情一定要坚守,并且做到以人为本,同时建立团队、建立共识、激发团队与有效示范,而最不应该做的就是自相矛盾、违反既定的规则与承诺。

从现实来看,一个成功的领导者并不一定都是受人爱戴的人,也并非都是能力最强的人,而是使追随者做出正确事情的人。因为对组织而言,结果才是最重要的。

二、领导者的责任

领导地位并不意味着头衔、特权、级别和金钱,而是责任。关于领导者的责

① 刘银花、姜法奎编著:《领导科学》,大连:东北财经大学出版社2001年版,第57页。

任，学者们从不同角度进行了研究，形成了各具特色的领导者责任说。

J. W. 加德纳的观点：

J. W. 加德纳是美国著名的心理学家，著有《领导者的责任》一书，书中加德纳归纳了领导者的九项任务。

拟想目标。拟想目标来自多方面，文化本身会指定某些目标，除此之外，有些目标来自支持者的需求，还有些目标来自上级机关的意图。在千头万绪的情况下，领导者把某些目标作为既定目标接受下来，并施展自己的才能，作出相应的选择，重新系统地提出一套新的目标。如此看来领导者似乎只拥有很有限的自由。实际上他们拥有很多机会，以个人强调的方面和个人的解释来影响目标的确定，甚至低层领导者也不例外。

确定价值标准。在多元社会中，尽管存在着广泛的一致性的价值标准从而使社会得以行使其职能，但是人们在许多价值标准上仍然存在着激烈的冲突。价值标准总是随着时间的流逝而衰变。有些社会之所以能使自己的价值标准长存不衰，就是因为他们在不断重建价值标准。每一代人都应该从自己社会的传统中不断发现新的、有活力的成分，并使之适应当下的现实。而领导者的任务之一就是帮助人们去发现。

诱导。领导者不仅应该帮助其追随者对未来采取一种积极的态度，还应力求改变造成消极态度的客观环境。人们应该相信自己、相信未来，但不应该认为社会是一帆风顺的。领导者的任务就是帮助人们不把失败和挫折看成是怀疑自己的理由，而应当作为坚定自己意志的原因。

管理。领导与管理不同，但二者又相互联系，彼此重叠。很多管理者都显示出了某些领导能力，很多领导者也时常进行管理。因此，把管理作为领导者的任务之一是有道理的。管理的主要内容有：第一，计划和确定重点；第二，成立组织和建立制度；第三，使制度不断发挥作用；第四，确定日程和作出决定；第五，运用政治上的判断力。

达成可行的一致。领导者必须处理内外冲突。今天的社会是一个由相互作用着的、冲突的制度组成的世界。在任何一种制度中的领导者，都必须认识到有必要与外部的其他制度达成彼此均可接受的安排，除此之外别无选择。反其道而行之的领导者并不是在为其拥护者的长期利益尽力，而是相反。此外，领导者还必须注意调解冲突，并为此发展某些政治家的本领。

解释。领导者的一项重要任务就是对价值观、目标、制度、政策等等做出解释。

象征。领导者是组织文化与组织形象的一种象征。

群体代表。代表自己的群体与其他群体打交道，这也是领导者的一项任务。

更新。领导者不一定是先行者，不能为了变革而谋求变革。任何更新都是延续和变革的混合物。无论是何种制度，如果领导者无法使其变革和发展，都难以长期保持活力。

彼得·德鲁克的观点：

彼得·德鲁克在关于经理人的基本任务的阐述中将领导者的基本责任归纳为五种基本任务，并认为将以下五种基本任务加在一起就形成了把各种资源组合成为一个活生生地向上发展的有机体。这五种基本任务包括：

确立目标。领导者必须确定目标，并决定在每个目标的领域内应当做为什么。并把目标传达给下属，从而使这些目标起作用。

做组织工作。领导者需要对各种必须的活动、关系进行分析。他把工作分门别类，以便管理；还要把各种活动分成便于管理的职务。他把这些单位和职务集合在一个组织结构中，并挑选出相应的人来管理这些单位和担负这些职务。

提供推动工作的动力并使上下通气。领导者把负责各种各项任务的人组成一个协作体，通过自己的领导实践来实现这一点。领导者通过自己与属下的关系来组成这个协作体；通过激励和奖励那些工作表现优秀的人来组成这个协作体；通过晋升政策来实现这个协作体的更新。领导者还通过沟通来实现上情下达和下情上达。

做量度工作。领导者确定量度的尺寸。领导者要确立一种制度，并通过这一制度确保组织中的每一个人的工作都能够被衡量，这种制度是根据整个组织的绩效而形成的，同时也是根据个人的工作而形成的，也会对个人的工作起帮助作用。领导者对工作绩效进行分析、评价和解释。同时还要使其下属和上级知道为什么确定这样的尺度，以及用这种尺度衡量出来的结果。

使人进步。通过领导者进行领导活动的方式，可以使下属进步或者也可以使下属落后。领导者通过给下属正确的指导，挖掘下属身上的潜力，使之发挥出来，他可以加强下属的品德修养，训练下属正直坚强；反之，领导通过给下属错误的指导，扼杀下属的潜力，使之无法发挥，甚至腐化下属进而毁掉他们。

综上所述，我们认为，领导者的责任主要包括以下几个方面：决策（包括确立目标）、组织（包括建章立制）、确立和传播价值观、动员（包括诱导、阐释、教育）、衡量和监督、保持稳定性（处理冲突和危机、进行组织变革）等。

三、领导者的修养

无论在何种组织中，领导者都是受人瞩目的，因此作为领导者必须具有较高的修养，做到以身作则。具体而言，领导者必须具备智、仁、勇。领导者何以必须具备这三种修养呢？就在于："智者不惑、仁者不忧、勇者不惧"。[①] 聪明人不会迷惑，有仁德的人不会忧愁，勇敢的人不会畏惧。随着社会发展的日新月异，每一个组织乃至每一个团队面临的竞争日益激烈，要想在激烈的竞争中求得生存发展，必须不断开拓，这就要求领导者必须具有敢为天下先的勇气和担当，能够敢于承担风险，敢于承担责任，有胆略、气魄、坚强的意志和勇气；而随着组织乃至团队的发展由技术致胜阶段进入战略致胜阶段，要求领导者必须具有战略眼光和战略思维，能够登高望远，不断学习，大胆创新；而当组织由崇尚单打独斗转向合作求发展，又要求领导者必须具备仁的素养，能够以人为本，做好多方协调、激励工作，争取员工对组织的认同。试看《西游记》中的唐僧，表面上看他是师徒四人中能力最弱的，既没有孙悟空的火眼金睛和七十二变，也没有猪八戒的活络通达，更没有沙悟净的强健体魄，但他却能够成为师父，率领取经团队西天取经成功，就是因为他具备了仁、智、勇三德。首先，唐僧坚守原则，有定力，处变不惊，无论是面对国王招婿还是年轻貌美的女妖逼婚，不仅不为所动，还多次呵斥愿意充当唐僧替身与妖精成亲的八戒。更重要的是，唐僧的目标非常明确，无论前方有多大的艰难险阻，不退缩，不气馁，历经九九八十一难，百折不挠。此为勇；唐僧执着、真诚和单纯，他不仅善待诸位徒弟，而且善待众生，对待任何人，都充满真诚，对长者嘘寒问暖，礼数周到，对弱者同情，对地方官谦和恭让。对三个徒弟的管理，亦坚持以人为本，让合适的人做合适的事。纵观唐僧所收的三个徒弟和白龙马，按照今天的标准来看，都是有劣迹、有案底的人。然而唐僧并未嫌弃甚至歧视他们，无论是面对顽劣不堪的孙悟空，还是好吃懒做兼好色的猪八戒，抑或老实巴交的沙和尚，唐僧都给予了最大的包容，始终对他们予以尊重，平等对待，关爱有加。不仅如此，他还在了解把握三个人个性的基础上，合理分工，充分调动每个人的积极性，悟空主外，披荆斩棘，降妖除魔；八戒情商高，说话和蔼可亲，擅长交际，就让他负责生活起居，充当前进路上的开心果；沙和尚老实厚道，干些粗活累活。如此分工，各尽所能，减少了矛盾隐患，增强了取经队伍的凝

---

① 《论语·子罕》。

聚力和战斗力。此为仁;唐僧深知学习的重要性,作为京城寺院的得道高僧,依然孜孜不倦地学习,得知小乘之外还有大乘之后,主动请缨,不辞万难,前往西天求取。此为智。唐僧的以上三点,是另外三位所不具备的。选其他任何一位当领导,取经都可能半途而废。

第二节 领导力及其内涵

一、领导力释义

领导力是实现领导效能的核心和基本保证。近年来,对领导力的研究成果颇丰,学者们从不同角度对领导力进行了研究,形成了对领导力的不同定义,这些定义五花八门,概括起来大约有六类:第一类:认为领导力是群体发展过程中的关键。第二类:认为领导力是由一些与生俱来的,能够使其引导他人完成任务的个人特点和性格合成的。第三类:认为领导力是一种领导者所做的、使团体发生变化的行为。第四类:认为领导力与领导者和其下属之间的权力关系有关,领导者具有权力,并运用它们影响他人。第五类:认为领导力是一种达成目标的工具,它协助团体成员实现其目标,满足其需求。第六类:认为领导力就是能够对他人施加影响,赢得大批追随者的能力。综合以上定义,我们认为,领导力就是指在管辖的范围内,在实现组织目标的过程中领导者所具有的影响力。简言之,就是影响他人,使他人追随、跟从的能力。领导力来自两个方面:一是领导职务赋予的,我们称之为权力性影响力,它来自于职位本身;另一种是领导者自身产生的,我们称之为非权力性影响力,它来自于领导者的人格魅力。前者会使被领导者被动服从,后者会使被领导者主动追随。

领导力可以用一个公式来表达:领导力=硬权力+软权力。其中硬权力与软权力的划分遵循二八定律,即硬权力占20%,软权力占80%。

权力的力是单向的,而领导力的力是双向的,即一定要有受力,没有人接受你的影响就没有领导力。

没有哪一个人是天生的领导者,领导力源自知识,向他人学习以及对事件的总结。其中知识占10%,向他人(包括领导、同事等)学习占20%,对实践总结占70%。18世纪英国著名外交家查斯特·菲尔德爵士说:“在知识方面充实自己,不但是你唯一的出路,而且也是你非走不可的路。”卡莉·菲奥莉娜说过:“不断学习是一个 CEO 成功的最基本要素。在工作中不断总结过去的经验，不断适应新的环境和新的变化，不断体会更好的工作方法和效率。我在刚开始的时候，也做过一些不起眼的工作，但我是从自己的兴趣出发，找最合适的工作。因为，只有工作与兴趣相吻合，才能最大限度地在工作中学习新的知识和经验。在惠普，不只是我需要在工作中的不断学习，整个惠普都有鼓励员工学习的机制，每过一段时间，大家就会坐在一起，相互交流，了解对方和整个公司的动态，了解业界新的动向。这些小事情，是能保证大家步伐紧跟时代，在工作中不断自我更新的好办法。"由此可见，成功的到来并非必须具备与生俱来的领导能力，而是要靠在工作中不断积累经验，不断学习才能逐步实现。

领导者的领导力主要表现在决策和用人两个环节，决策重在决定方向，因为方向比努力重要，方向不对，努力白费，方向不对，有时甚至可能就是犯罪。有一则语言很形象地说明了这一道理：

兔子与乌龟赛跑输了以后，总结经验教训，并提出与乌龟重赛一次。赛跑开始后，乌龟按规定线路拼命往前爬，心想：这次我输定了。可当到了终点，却不见兔子，正在纳闷时，见兔子气喘吁吁地跑了过来。乌龟问："兔兄，难道又睡觉了？"兔子哀叹："睡觉倒没有，但跑错了路。"原来兔子求胜心切，一路上埋头狂奔，恨不得三步两蹿就到终点。估计快到终点了，它抬头一看，发觉竟跑在另一条路上，因而还是落在了乌龟的后面。

这则寓言告诉我们，战略决定胜负。在竞争道路上，你的实力再强、条件再好，也要依赖于正确的战略指导。

二、领导力内涵

领导力有其广泛的内涵，概括如下：

（一）决策力

决策力即正确判断形势、总揽全局的能力。决策是领导者的首要任务，也是领导者领导力的最重要体现。组织中的计划、组织、指挥、评估能否正常进行，关键在于领导者的决策力。领导者通过决策活动，为组织做出各种具体的决策，进而规定具体的行动目标、行为准则、行动方案和行动过程，使个体、小集体、部门的利益以一定的方式结合在一起，解决组织中的重大问题。决策意味着在众多选择中做出抉择或者说决断，这就要求领导者一定要明白什么事情最需要去做以及什么事情不应该去做。

领导者进行决策分几个阶段：

第一阶段，确定目标。做出决策前，必须先明确希望达到的目标，并且将局部目标置于组织的总目标之中，做到层次分明，逻辑严谨，体系规范。

第二阶段，提出方案。必须有两个或两个以上的备选方案，如果只有一个方案，就无须决策。

第三阶段，分析判断。任何方案都不可能完美无缺，领导者必须对备选方案进行充分的分析和正确的判断，以便在两个或多个备选方案中选择一个比较理想的方案。

第四阶段，做出抉择。通过理性思维，作出科学合理的决定。

领导者在进行决策时要注意避免以下问题：

“决”要避免“布里丹效应”。所谓“布里丹效应”是指一头驴在完全等量的草堆之间是完全平衡的，始终犹犹豫豫，无所适从。既然驴无理由选择吃其中哪一堆草，那么它永远无法做出决定，只能最后饿死。所以，“决”时要坚持做减法，进行减法思维，透过现象看本质，避免追求更优，在现实中，最优是优的敌人。

“策”要避免“霍布斯效应”。“霍布斯效应”源于英国商人霍布斯贩马时提出的一个条件。霍布斯把马放出来供客人挑选，但有一个条件，即只许挑选最靠近门边的那匹马。显然，加上这个条件就等于不让挑选。对于这种没有选择余地的所谓挑选，后人讥讽为霍布斯效应。要避免霍布斯效应，就必须提倡多向思维，乘法思维。

对于领导者来说，该如何提高自己的决策水平呢？

首先，事先考察、前瞻预测。为什么我们的很多政策是短命的，如 4 天 4 次的熔断机制；闯黄灯扣 6 分，沈阳的半天大学生购房零首付……根源就在于决策者拍脑袋，缺乏事先考察，缺少前瞻能力。

其次，掌握运筹艺术，能够统筹兼顾，把握关键。

第三，掌握决断艺术，做到指令明确、决断及时。

第四，集思广益。智力资本是财富，但它却不能像其他的资源那样迅速获得，要想获得员工的智力资本，做到集众智，就必须首先让员工愿意、自觉、真心地投入工作，一旦达到这一点，员工的智慧会像泉水一样取之不尽。为此：一是要培养员工的责任心。组织不仅需要给员工合理的工资、待遇，培训其提高技能，还要培养员工的责任心。培养其用心工作而不是用手脚工作；二是要拓展个人空间，成就个人。领导必须要先领后导，此处的“领”，就是上级给下级做出榜样，下级无法前进了，要引导，不会干了要辅导。上级还要对下级进行检查、督导。此处的“导”，就是教育、疏导、检查、劝导、督导，下级缺乏动力，要引导，技术遇到困难要辅导，工作要进步要督导。好的领导者绝非仅仅是独善其身，而是要不断地引导和帮助下属提升他们的业务技能和综合素养，否则，他最多只能算是一个优秀员工而非领导者。导是柔的，是尊重下级的，是最适合21世纪的领导方式和管理方式，也是集思广益的前提条件。

第五，借用外脑。外脑大多是指处于组织外部的人，借用外脑即借助外部人士为组织决策出谋划策，外脑既可以是专家也可以是普通老百姓。如何借用外脑，一般来说，听多数人意见时人数要广，有男有女，有老有少；与少数人商量要细，这少数人多半是内行、班子成员，一定要细细地商量和谋划。

（二）影响力

影响力是用一种他人乐于接受的方式，改变其思想和行为的能力。领导者的影响力主要表现为权力性影响力和非权力性影响力两种。权力性影响力是由领导者的权力地位所带来的，它对人的影响带有强迫性，不可抗拒性，通过外推力的方式发挥其作用。一般来说，权力性影响力对人的心理和行为的激励作用是有限的。非权力性影响力也被称为非强制性影响力，其主要来源于领导者个人的人格魅力以及领导者与被领导者之间的相互信赖和相互感召。

有影响力意味着有追随者，有追随者意味着能够带动人们达成既定的目标。当然，影响力的获得不是轻而易举的，它要求能够启发人、点拨人、培养人、成就人。领导顾名思义就是领和导，而其中的顺序应该是先领后导，又领又导。“导，引也”。领导者之导既包括事前的引导，也包括事中的辅导和事后的督导，总而言之，导是全程的教导。

领导者要发挥影响力，做到启发人、点拨人、培养人，关键在于良好的沟通——明白无误地表达自己的观点，并让自己的言谈有理有据。为此要求领导者必须做到：一要转变沟通观念，即认识沟通的重要性；二要坚持制度高于一切；三要从细节入手；四要引导他人；五要自我总结；六要落实沟通结论。这里需要特别注意的是，领导者必须学会聆听。美国著名管理学家史蒂芬·柯维说过：“影响力是以相互理解为前提的，而相互理解是基于谈话者全心投入地做一个专注的、主动的聆听者的。”[①]在现实中，我们不难发现，有些领导面对下属的诉说，并非努力聆听并试图了解对方，而常常是忙于准备如何应对。由于无法理解对方，自己的答复就无法让人悦纳，以致无法发挥自己的影响力。领导者影响力的

---

① 史蒂芬·柯维：《高效能认识的七个习惯》，北京：中国青年出版社2007年版第9页。

显现，一定是下属发觉领导在表达自己的意见和决定前，先把自己的事情搁置在了一旁，认真聆听他们的诉求，并理解他们，他们才会真正心悦诚服地接受领导者的影响。

（三）洞察力

洞察力就是在仔细观察的基础上，找出事物内在本质的能力，简言之就是透过现象看本质的能力。具有洞察力的领导者不仅能够发现问题而且能够快速、准确地做出决策。作为领导者必须要有敏锐的洞察力，一旦发现风吹草动，就要立刻调查分析原因，找出问题的症结，避免问题进一步恶化。比如作为一个部门负责人，要随时观察员工的行为和情绪，一旦出现异常，要立刻想办法纠正和解决。

领导者要提高自身的影响力，可以从如下几个方面入手：

首先，提高智力水平，智力是决定洞察力的前提条件。

其次，进行哲学训练，哲学是探究真理的科学，进行哲学学习与训练，掌握认识问题的方法，就可以透过现象看本质，避免为表象所迷惑。

第三，增长见识，见多识广有益于提高分析问题、解决问题和明辨是非的能力。

第四，培养好奇心。好奇心是洞察力的前提，没有好奇心就没有洞察力，有了好奇心才有可能驱使人们仔细观察、揣摩进而透过现象找寻事物的内在本质，掌握问题的关键。

（四）创新力

创新力又称为创新能力。创新之父熊彼得认为：创新就是“建立一种新的生产函数”，即把一种从来没有过的关于生产要素和生产条件的新组合引入生产体系。管理大师彼得·德鲁克则指出：创新的行动就是赋予资源以创造财富的新能力。事实上，创新创造出新资源……凡是能改变已有资源的财富创新潜力的行为，就是创新。

领导者创新能力的表现：

首先，经验开放。经验开放意味着对个人的经验更加开放，经验开放与自我防御是相反的。自我防御可以用禅学的比喻，一个经验封闭的人就如同一个盛满水的杯子，无法再倒入水，因为水会溢出来。当一个人的脑子里充满了过去的经验和习惯，就不愿做任何改变，墨守成规会否定一切。心理学研究表明，如果我们已知的感觉证据与我们的自我想象背道而驰，那么这种感觉证据就会受到抵制，进而扭曲我们的经验。换言之，我们不能看到我们的感官所报告的一切，我们看到的只是符合我们自我想象的部分东西。消除自我防御或者僵化性，就是要经验开放。当个人在有机体的层面上更加开放地意识到存在于内心的自我情感和态度时，他就更加清楚地理解外在于自己的现实，而不是用一种预定的分类框架来感知现实。

其次，兴趣广泛。对事物的好奇心理，往往能使人从平常中发现奇特，从习以为常的现象中找到独特之处。

再者是具有创新思维能力。领导者创新思维能力的表现：一是有发现意识，能够见常人所不能见，二是思维具有灵活性、流畅性和独创性。思维的灵活性主要是指能够排除固定观念，坚持怀疑和否定精神，留心与众不同的人与物。而流畅性和独创性建立在广博的知识基础上，只有拥有广博的知识，才谈得上思维方面的快速流畅反应能力、随机应变能力等。三是有意识观察、思考和学习，一个成功的领导者在面对问题时，会有一种开放的心态，善于开动脑筋，寻找新方法、新途径；同时还敢想、敢干，敢为天下先。四是有独立意识和坚定的信心。

（五）人际理解力

人际理解力即心领神会、对他人的敏感性、觉察他人的感受等。简而言之，人际理解力即理解别人思想、感情和行为的能力。描述人际理解力有两个维度：其一是对人理解的深度，包括从理解明确的想法或明显的情感到理解行为背后复杂的、隐藏的动机等；其二是倾听并将信息反馈给他人，包括根据他人的行为与事件的描述，帮助对方解决难题等。

对于第一个维度，可根据程度进行如下分级：

级别	行为描述
−1	缺乏理解，误解他人或者对他人的言行举止感到不可思议。
0	对他人缺乏正确而全面的认识，但还不至于严重误解他人。
1	理解他人的情感或者一些比较明显的想法和愿望等，但是不能将两者联系起来。
2	对目前的情感与明显的想法和愿望都能够理解。
3	理解他人的真正意图。能够准确抓住他人尚未明确表达的思想和情感，或者能够采取他人希望但没有表达出来的行为。
4	理解深层次的问题。明白真正的问题所在，即导致对方流露出的情感或言谈举止的真正原因是什么，并对他人的优势与劣势做出公正的评判。
5	理解复杂的深层次问题。能够理解导致他人的态度、行为与处理方式的深层次的复杂原因。

对于第二个维度，可根据程度进行如下分级：

级别	行为描述
—1	态度不友好，不能与他人进行有效的沟通。
0	倾听但缺乏诚意。没有真心试图去倾听他人说话。
1	认真倾听。能够抓住他人的思维线索与要旨，偶尔提出一些问题便确认与理解他人意思。
2	积极倾听。敞开胸怀，鼓励他人发言，积极搜索话语间的信息，以把握沟通的核心内容。
3	预测他人的反应。根据观察与理解，预测他人将会产生的反应，并做好回应准备。
4	积极聆听并予以适当的回应。适时改变自己的言谈举止，并对他人关注的问题作出积极回应。
5	采取帮助他人的行动。适时改变自己的言谈举止，并对他人关注的问题作出积极回应。①

领导是做人的工作的，对人的理解至关重要。考察一个领导有无领导力，其人际理解力水平的高低是一个重要方面。一个好领导不仅应该登高望远，高瞻远瞩，还应该体察细微。有研究发现，那些成功的领导者们往往并不是最聪明的人，也不是做事能力最强的人，而是最有“同理心”和最会跟人打交道的人。他们的成功在很大程度上取决于他们不单单知道自己的感情和需求，还知道他人的感情和需求，在工作中注入了理解、包容、帮助和支持。可见，最强的竞争力不是把自己变得最强大，而是最会运用和培养“同理心”，最会帮助和“利用”别人。当然，对于领导者来说理解别人不应该是为了掌控别人，而是为了让双方都更好。据说，当年乔布斯在邀请百事可乐总裁约翰·斯考利加盟时，曾向他提出两个问题：第一个问题是：“你是想卖糖水度过余生，还是想和我们一起来改变世界？”第二个问题是：“你是要当海军，还是要做海盗？”结果斯考利的激情和梦想被乔布斯激发出来，欣然接受了乔布斯的邀请。可以这样说，乔布斯之所以能够成功说服约翰·斯考利，根本原因在于乔布斯超强的人际理解力，他觉察到约翰·斯考利的愿望，理解他的需求，给追梦者——约翰·斯考利提供了一个圆梦的机会，而约翰·斯考利也高度认同乔布斯，理解其雄心壮志，渴望与其一起展翅飞翔。

长江 CEO 班曾组织全班同学前往香港见著名企业家李嘉诚。出发之前，大家纷纷设想见面时的情景：第一，见不到李嘉诚，先见到沙发、椅子；第二，李嘉诚

① 参见韩秀景：《职业交往美德》，上海：上海三联书店 2016 年版，第 13 页。

来了，我们发名片人家不会发名片；第三，李嘉诚跟你握手然后你站着听李嘉诚讲话，就像被接见；最后，吃饭肯定有主桌，李嘉诚在主桌上坐一下，吃两筷了说忙先走了；然后大家很激动回来写感想……

结果这次见面完全颠覆了人们之前的想象。

电梯一开，长江顶楼，70 多岁的李嘉诚先生站着跟大家握手，之后发名片，同时递过来一个盘子，盘子里有号码，拿名片时顺便拿一个号码，这个号码决定你吃饭的桌次以及拍照时站的地方。

接着大家鼓掌请李嘉诚先生讲话。李嘉诚先生这样说，我没有准备，我只讲八个字叫做“创造自我，追求无我”。什么叫“创造自我”？你在芸芸众生中，把自己越做越强大，自我膨胀，超越别人，这个过程就容易给别人以压力。因为你强大了以后很强势，就像你老站着，别人蹲着，别人就不舒服。所以，你要“追求无我”，让自己化解在芸芸众生中，不要让别人感觉到你的压力。一方面创造自我，一方面让自己回归于平淡，让自己舒服也不给大家制造压力。这段话李嘉诚先生先是用普通话讲的，然后又用广东话讲了一遍，后来发现还有老外就又用英文讲了一遍。

之后就餐。餐厅里摆放着四张桌子，每张桌子上都多放了一副碗筷，李嘉诚先生四张桌子轮流坐，在一个小时的吃饭时间里他每张桌子都坐了差不多 15 分钟。结束之后他没有先走，而是逐一跟大家握手，在场的每个人都握到了。墙角站着一位服务人员，李嘉诚先生甚至专门跑过去与他握手。每个人都被李嘉诚先生这种周到和细致的安排感动了。

至此，人们终于明白了，为什么很多人都愿意和李嘉诚做生意，因为李嘉诚善于体察别人的需求，凡事都替别人着想，时时处处让别人感到舒服、愉快。

领导者可以通过哪些途径来提高人际理解力呢？

首先，学会换位思考。通过换位思考做到体谅人。

其次，树立服务意识。关键时刻帮助、成就人。

第三，接受文化熏陶。通过文化熏陶来感染人。

第四，提高情商水平。

有人说，一个好的领导者不仅应该有高智商、高胆商，还应该有高情商。一位清华大学校长说过：“未来的世界，方向比努力重要，能力比知识重要，健康比成绩重要，生活比文凭重要，情商比智商重要。”智商显示一个人做事的本领，情商反映一个人做人的表现。对于领导者来说，不仅要善谋善断，会做事，更要会做人，有比较高的情商。

（六）沟通力

沟通力是指一个人有效地与他人沟通信息的能力。沟通力涵盖了外在技巧和内在动因。其中，恰如其分和沟通效益是判断沟通能力的基本标准。所谓恰如其分，指的是沟通行为符合沟通情境和彼此相互关系的标准和期望；所谓沟通效益，则是指沟通在功能上达到了预期的目标，或者满足了沟通的需要。对于领导者来说，沟通意味着为了获得期待的响应，而将某个人的思想和信息与别人分享或告诉别人。

“沟通几乎是所有领导者都要进行的一项工作。沟通的目的是为了完成共同的任务，创建团队和满足个体的需要。如果不进行沟通，领导就不可能推动任何事情的发生。实际上，有效的领导意味着促使恰当的事情在恰当的时间发生。”[①]沟通在领导活动中无处不在，有研究表明，领导者大概会用80%的时间来沟通——在内部与上级、下级、平级沟通。向上级汇报，给下属发布指令、分派任务，对下级的工作进行指导，同级之间就某些问题进行讨论等等；在外部与客户、各级相关部门、政府各部门的官员进行沟通。和客户进行电话交谈，解决纠纷，交易双方进行谈判，准备新闻发布会……领导者每天必须和组织内外的各类人沟通不同的东西：思想、观点、做法、意见、希望、感情、需要。更何况在具体工作中，每个人对于工作事宜，可能都有自己的理解和做法，这就难免会产生矛盾、冲突和隔阂，作为领导者，为了达到协调的目的，必须把自己的观点和做法与别人进行沟通。因为不论你的观点多么正确，做法多么科学合理，如果不能有效地传递给别人，终究还是你的观点和做法，而且只是你的观点和做法，若要使你的观点和做法产生价值，你必须通过沟通把它传递给别人。不仅如此，有时还需要对你的观点和做法激发出来的问题及反对意见做出积极反应。

领导者在团队沟通中扮演着各种各样的角色，就内部沟通而言，要充当信息收集者、信息的控制者与传播者、协调者；就外部而言，要充当联络者、信息中心和公关者。

发展沟通力是领导者的必修课，也是开展领导工作不可或缺的美德。古人将诚恳地修饰言辞看成是立业的根基，有“修辞立其诚，所以居业也”之说。[②] 无论何种级别的领导者，要想获得领导的成功，无不需要上级的信任，同事或下属的理解和支持，客户的认可与接纳等等，而要凝聚这些力量，整合相关资源，使之达成相互理解和协调一致，良好的沟通是必不可少的。

---

① 刘银花、姜发奎：《领导科学》，大连：东北财经大学出版社2011年版，第238页。

②《周易·乾文》。

沟通对于领导者是如此之重要，以致我们可以这样说，沟通本身就是一项工作，是一种重要的工作方法。领导者进行有效沟通不仅有益于获得属下的认同，甚至可以决定一件事的成败。而蹩脚或无效沟通则会给领导工作设置无形的障碍。

以上六种力中最重要的是决断力和影响力。决断力与决策相关，影响力则与用人相关。

三、富有领导力的领导者的行为特性

1. 以身作则。领导者的行为比语言更重要，他必须通过日常行为来说明自己的信念。领导对待下级有时要像父母对待孩子一样，父母以身作则，孩子才会奋发向上。

2. 共启愿景。领导者要让人追随首先要让追随者接受自己所提出的愿景，激发人们献身于事业。共启愿景就是点燃下属激情的火花。在一个团队中，领导至少每三个月要跟下属谈一下组织的核心价值，让下属知道工作不是混饭吃，而是投身到一个宏伟的计划。

3. 挑战现状。每一个卓越的领导者的事迹中都充满了挑战，但无论挑战什么，都要从现状出发进行改革。没有什么人能在保持现状的前提下实现目标。领导者的主要贡献在于能够识别好主意，支持好主意，愿意挑战现有的体制，不断创新，付诸实践，以改变现状，准确地说，领导必须是革新的人。

4. 使众人行。领导者领导力的基本体现就是让下属行动起来。领导力必须体现在团队的力量中。卓越的领导力能让下属行动起来，培养起团结协作的精神，建立起信任融洽的氛围。

5. 激励人心。领导者之所以能够有领导力，很重要的一点在于他能够激发下属达成目标的愿望，给予其资源，承认其价值，认可其贡献，使之心无旁骛朝着目标去努力并激发潜能。

第三节 卓越团队领导力的体现

一、提供愿景

著名管理学家吉姆·柯林斯在其《基业长青》一书中指出，基业长青的组织

有一个共同点：有令人振奋、并可以帮助员工做重要决定的“愿景”。一个具有领导力的领导，一定是懂得利用愿景来激发下属的潜能，最大限度提升组织绩效的人。

对于团队领导者而言，即便你身处一个大中型组织，这些愿景早已规划好，你也有责任确保你所领导的团队真正理解愿景的含义，知道如何去实现，明白如何朝正确的方向去推动。这倒不是说你得不停地喊口号，而是不断诠释给自己的属下使之牢记在心并将愿景具体化为目标。关于确立目标的重要性有一个著名的实验。

1970 年，美国耶鲁大学曾对当时在校的学生进行过一项关于人生目标的调查。在开始的时候，研究人员向参与调查的学生问了这样一个问题：“你没有目标吗？”对于这个问题，回答结果如下：没有目标的人有 27%，目标模糊的人有 60%，短期目标清晰的人有 10%，长期目标清晰的人只有 3%。然后，研究人员又问了学生第二个问题：“如果你们有目标，那么，你们是否把自己的目标写下来了呢？”这次，只有 4%的人回答是肯定的。20 年后，耶鲁大学的研究人员在世界各地追访当年参与调查的学生们的时候，他们发现：第一类人基本上都生活在社会的底层，过得很不如意，长期在失败的阴影中挣扎，并且常常感觉怀才不遇，抱怨这个社会，抱怨他人不给自己机会；第二类人基本上都生活在社会的中下层，他们没有多大的理想与抱负，只是安稳地生活和工作，但都没有什么突出的成绩；第三类人基本上都生活在社会的中上层，他们大多进入了白领阶层，成为各个行业、各个领域中的专业人士。只有第四类人，他们为了实现既定的目标，几十年如一日，积极进取，百折不挠，最终都成为了行业领袖或精英人物。

著名的成功学家拿破仑·希尔就如何确立目标和进行规划做了研究，并就此提出了应该牢记的四件重要的事项：

第一件事：写下你的目标。当你书写时，你的思维活动会自然地使目标在你的记忆中产生一种不可磨灭的印象。

第二件事：给你自己确定时限，制定实现目标的时间。这一点的重要性在于激励你不断地向目标迈进。

第三件事：把你的目标定得高一些。达到目标的难易程度与你付出的努力之间似乎有着直接的联系。一般来说，你把你的主要目标定得愈高，你为达到这个目标的努力也就愈集中。

第四件事：胸怀壮志。树立更高的人生目标，不断地向自己提出更高的要求。因为很明显的事实是，更高的目标将激励人们奋起战斗。

此外,你若能给你的目标规划制定出详细的蓝图,那就更好了。[①]

大量的事实证明,提供愿景比进行管控更重要。团队领导者如果能够为团队成员提供愿景,使其认识到工作的价值、工作的意义、工作的责任、工作的使命、工作的高度,找到自己的目标和方向,愿景就会被团队成员内化于心并指向具体目标,这样自然会渗透到工作中,落实到行动上,此时即使没有管控也能保质保量完成工作任务。

二、确立信念

思想决定行动,信念作为一种思想是工作的座右铭,是指针,是做事的准则。它决定着人们做事的方向。以IBM公司的领导者为例,他们要求员工必须认同这样一种信念或者说价值观念:尊重公司内部每一个人的尊严和权利;提供全世界所有公司中最佳的服务给广大用户;相信本公司的每一项目标任务是以卓越的方法完成实施的。又比如,海尔集团的经营理念是:"只有创业,没有守业。"因此,当海尔开始在国内小有名气之时,就提出了"国门之内无名牌,冲出国门创名牌"的战略思想,确立了"企业现代化、市场全球化、经营规模化"的目标。正是这一明确的经营理念,推动着海尔不断大踏步向前,逐渐跻身世界名牌之林。再比如,闻名于世的麦当劳,只不过是两片小面包夹着一块圆肉饼的快餐,为什么能够风靡世界且经久不衰?究其原因,就在于它所确定的以品质(Q)、服务(S)、清洁(C)、价值(V)为内容的经营理念,几十年来,它自始至终恪守"Q、S、C、V"理念,并且把这种经营理念贯彻到所有行为和宣传中去,让麦当劳的顾客得到一种精神满足。

作为团队领导者,要发挥自身的领导力,必须把坚持正确的信念放在所有工作的第一位,不能只片面地追求某些数字上的指标或成绩,或一切决策都从短期利益出发,而放弃最基本的行为准则。可以这样说,正确的信念带给团队的是可持续发展的机会。如果把全部精力放在追求短期指标上,虽然有机会获得一时的成绩,却可能导致团队发展方向的偏差,使团队丧失继续发展的动力。换言之,在今天这个竞争激烈的社会,信念比指标更重要。一个团队唯有正确的信念,才会让上级领导、合作者乃至竞争对手觉得可靠和靠得住,而只有靠得住的团队才能活得久。反观那些没有正确的信念作指导,只关注眼前利益的团队,往

---

① 拿破仑·希尔:《积极心态的力量》,成都:四川人民出版社2002年版,第233页。

往是过把瘾就死掉了。

三、善用人才

“功以才成，业由才广”，没有人才的支持，无论多么宏伟的蓝图，无论多么正确的战略决策，都无法得以真正实施，无法取得最终的成功。领导者领导力的重要表现就是如何吸引人才、重视人才、善用人才，有了人才，什么奇迹都可以创造出来。因此，应当把“以人为本”视作自己最重要的使命之一，把人才管理当做首要任务，不遗余力地发掘、发现人才，将适合团队特点的优秀人才吸引到自己身边。

对于团队领导者来说，不管他的团队是只有几个员工，还是一整个部门或者一家公司，他都有责任确保合适的人处在合适的位置上并做合适的工作。为此，他需要参与到招聘中，亲自挑选团队新成员，尤其是那些关键职位。用培训、团队文化等各种方式去塑造新人，确保他们尽可能地融入团队。大量事实证明，人才比战略更重要。一名领导者如果不能将10%～50%的工作时间投入到招聘、选择人才的工作中，那么，他就无法让自己的团队获得持久的动力，他就不是一名合格的领导者。

福特汽车公司是一家大名鼎鼎的公司，该公司有个显著特点，就是非常器重人才。有一天，公司有一台马达坏了，遍请公司所有技术人员来修，都未能修好，有人向老板福特推荐了一个名叫斯坦因曼斯的工程师，称该人特别善于解决疑难技术问题。老板请来斯坦因曼斯后，他在电机旁听了听，之后要了一架梯子，爬上爬下仔细观察，最后在马达的某个部位上用粉笔说了一句话，这里的线圈多了十六圈。把这十六圈去掉后，果然马达正常运行了。老板福特赞叹之余力邀斯坦因曼斯来福特工作。斯坦因曼斯却说：他本是德国人，流落美国后，一家小公司的老板看中他的才华雇佣了他，老板一直对他很好，他不能见利忘义，跳槽到福特。福特马上说：这不是问题，我可以把你供职的公司买下来，这样你就可以来工作了。后来福特果真买下了斯坦因曼斯所供职的公司。为了一个人才而买下一家公司，这样的剧情今天正在频频上演。为什么会出现这样的情况，就在于越来越多的领导者明白了一个道理，那就是人才比战略更重要，战略必须要靠人才来实施。

团队领导者善用人才还表现在对人性的把握上，懂得人情人性，既了解人性中的优点，又懂得人性中的弱点，知道如何用人所长，而包容人才的短处和缺点，如此就可以最大限度地团结一切可以团结力量，确保事业的成功。

团队领导者善用人才的另一重表现是重视人才的成长，给予人才最大的发展空间，为人才提供足够的培训和学习机会。很不幸，今天有不少领导对人才的思维方式仍然保持在上个世纪的水平，他们认为人只是组织这台“大机器”中的零件或劳动力，不愿意花大力气培训下属，生怕他们接受培训后就“跳槽”、“走人”。这是非常短视的看法，这种不重视员工成长的做法只会让更多的员工选择向外看。

四、组建团队

随着市场竞争的日趋激烈，独行侠的时代早已过去，在各行各业，合作正在取代单打独斗，团队合作越来越被组织和个人所重视，团队合作成为组织文化价值之一。因为在当今这个知识和技术密集的时代，团队比个人更重要。一个人的能力和技术都是有限的，其智慧必须经过各成员之间的合作来体现，其能力也必须通过团队的合作来展示。组织中的每一个成员能力有大有小，而只有大小能力相互弥补、配合，才能形成一股强大的合力，无往而不胜。作为一个领导者，领导力的体现之一就在于是否能够成功为组织构建各种有战斗力的团队，主动扮演“团队合作协调者”的角色。

五、合理授权

在21世纪，放权的领导方式是最为聪明的领导方式，它会越来越接近于员工的期望。因为当组织聚集了一批足够聪明的人才之后，如果只是把这些聪明人当作齿轮来使用，让他们事事听领导指挥，那只会造成如下几个问题：

——员工的工作满足感降低；

——员工认为自己不受重视，工作的乐趣和意义不明显；

——员工很难在工作中不断成长；

——员工个人的才智和潜能没有得到充分利用。

在现实中，一些团队领导者追求自己对权力的掌控，习惯于指挥部下，总是将部下努力换来的成绩大部分归功于自己。这种“大权在握”、“命令为主”的领导方式很容易造成：领导者身上的压力过大，疲于应付；而团队成员凡事都要请示领导，等待领导者的命令，久而久之，工作的积极性、主动性和创造性便消失殆尽。

没有哪个领导可以事事通晓,也没有哪个领导可以时时正确。领导者必须懂得,授权比命令更重要也更有效,应该通过授权调动团队成员的积极性、主动性和创造性,如此就可以通过下属的成功而成功。

授权的本质是权力和责任的统一,而要做到这一点,必须合理授权,表现在一是把权力授予做事情的人,二是把权力授予有能力的人,三是把权力授予担责任的人,四是把权力授予你信任的人。与此同时,还要合理选择授权方式。做到:

1. 授权留责。领导者将权力授予下级后,下级在工作中出问题,自己应负责任,领导也应负领导责任,士卒犯罪,过及主帅。

2. 视能授权。领导者向下级授权,授什么权,授多少权,应根据下级能力的大小而定。

3. 明确责权。领导者向被授权者授权时,应明确所授工作任务的目标、责任和权力,不能含糊不清、模棱两可。

4. 适度授权。领导者授权时应分清哪些权力可以下授,哪些权力应该保留。

5. 监督控制。领导者授权后,对下属的工作要进行合理的也即适度的监督控制,防止放任自流或过细的工作检查两种极端现象。

6. 逐级授权。领导者只能对自己的直接下级授权,不能越级授权,防止反向授权。

六、实现平等

在团队管理的过程中,平等比权威更重要。在一个团队中,领导者和员工尽管分工不同,但应该实现平等,唯有如此才能营造出积极向上、同心协力的工作氛围。具体来说,实现平等的第一个要求是重视和鼓励团队成员参与,与团队成员共同制定团队的工作目标。这里所说的共同制定目标是指,在制定目标的过程中,让团队成员尽可能多地参与进来,允许他们提出不同的意见和建议,但最终仍然由领导者做出选择和决定。实现平等的第二个要求是领导者要真心地聆听团队成员的意见。作为领导者,不要总认为自己高人一等,事事都认为自己是对的,应该平等地听取团队成员的想法和意见。在复杂情况面前,领导者要在综合、权衡的基础上果断地做出正确的决定。实现平等的第三个要求是领导者和团队成员在平等的环境里顺畅地沟通。不善于聆听的领导根本无法获得团队成员的支持和信任。

七、达成均衡，均衡比魄力更重要

很多人错误地认为，做领导就必须高调，有魄力，像一个精力充沛、一呼百应的将军一样。其实，这样的领导也许很适合一个19世纪的企业，但却不是21世纪的好领导。在21世纪，领导者的均衡能力比魄力更重要，易言之，最好的领导往往不是那种最有魄力的领导，而是那种具有很高情商，能够在不同的个性层面达到理想的均衡状态的"多元化"领导者。要知道，正确的结论来自多元的声音，而非权威的选择。

一个领导要使自己的组织保持持续增长，使自己的个人能力从优秀向卓越迈进，就必须努力培养自己在"谦虚"、"执着"、"勇气"这三个方面的素质，使自己达到三心二意的境界：三心是指信心、雄心、虚心；二意即注重民意、接受建议。

谦虚使人进步。唯我独尊，不能听取他人意见的领导者也许可以取得暂时的成功，却无法在事业上不断进步，达到卓越的境界。清朝重臣曾国藩视谦虚为修身处世之首要，书曰："虚心、实力、勤苦、谨慎八字，尽其在我者而已。"①作为领导者，要领导团队走向事业成功，必须离开位子，放下架子，虚心听取方方面面的建议，如，听取高人的见解，征询有经验之人的意见，倾听基层员工的心声等等。

梅兰芳先生是我国著名的京剧大师，他不仅在京剧艺术上有极深的造诣，而且还是丹青高手。他拜著名画家齐白石先生为师，虚心求教，总是执弟子之礼，经常为齐白石老人磨墨铺纸，丝毫不因为自己是名角而骄傲。

梅兰芳先生不仅拜画家为师，也拜普通人为师。他有一次在演出京剧《杀惜》时，在众多喝彩叫好声中，他听到有个老年观众说了一声"不好"。梅兰芳先生来不及卸装更衣就用专车把这位老人接到家中，恭恭敬敬地对老人说："说我不好的人，是我的老师。先生说我不好，必有高见，定请赐教，学生当亡羊补牢。"老人指出："阎惜姣上楼和下楼的台步，按梨园规定，应是上七下八，博士为何八上八下？"梅兰芳恍然大悟，连声称谢。以后梅兰芳先生经常请这位老先生观看他的演出，请他批评指正，称他为"老师"。

---

①《曾国藩家书》卷一。

这大概就是梅兰芳先生何以成为大师的原因。

执着是指坚持正确的方向，保持矢志不移的决心和意志。作为团队领导者，一旦认清了团队工作的方向，就必须在该方向的指引下锲而不舍地努力工作。在工作中轻言放弃或者朝三暮四都不能取得真正的成功。

八、自省自控

领导者应善于理解自己，能够在工作中自觉地、理智地进行自省、自控。所谓自省是指领导者应该对自己的能力有充分的认识和理解，清醒地知道自己的长处和不足，明白哪些事情是自己擅长的，哪些事情是自己办不到的。只有充分地自省，才能在各种复杂情况面前做出正确的判断，才能在与同事或下属合作时，得到他人充分的信任。所谓自控是指在发生危机或面临挫折的时候，领导者要能够充分自控，并在理智、冷静的基础上做出审慎的选择。这里所说的自控包括：

1. 在高压的环境中，能够控制自己的反应，并且让自己和自己的团队镇定下来，冷静处理问题。

2. 理解自己的位置和影响力，懂得自己随时都在被他人（上级、下属、其他部门乃至客户）关注。

3. 利用各种机会，通过自己的一言一行影响团队。领导要善于通过言传身教来带动团队。

为什么有许多在专业上非常优秀的人，无法带领团队，原因在于容易发脾气，动辄大发雷霆，这就使他们的感情和思想暴露无遗。一个连自己都无法约束的人，当然无法领导别人。因为你常常将自己的缺点在情感发泄中传给上级和团队成员，使他们能洞察你的心理，以后你就很容易受人蒙骗；再者，对你发的无明火大家没有理由照单全收，而你则要承担全部后遗症——你是一个难以把控自己的人，人们无法预测什么时候你会发作，因而不敢冒险把重要任务交给你。

现实中，有性格各异的领导者，脾气暴躁、敢于率性而为的人中也有人会成为成功的领导者。但是，总的来说，脾气暴躁、率性而为的领导者在团队中不怎么受欢迎。因为一个人一旦率性而为，必然使自己与周围人之间关系紧张。而这种紧张将会给他日后带来许多意想不到的不便和不利。假使他们能多一点自我控制，他们所做出的成就可能会更大。如果一个人能够把控自己的情绪，就会进行理性思考，进而理智地对待周围的人和事，审慎地处理工作中的各种问题。

相反，当一个人愤怒、咆哮甚至疯狂的时候，他的情绪就会极度高昂，进而丧失理智，此时很容易失去判断力，进而把事情搞得一团糟。作为团队的领导者，要切记，理智比激情更重要。重大决策必须要在心情平静时做出，出现问题时要理智，面对错误一定要承认，采用公开原则，把好坏条件分离，表现出勇于担当的积极态度，否则会把事情搞得更糟。

九、真诚待人

真诚是所有卓越领导者共同的品质，真诚比体面更重要。团队领导者应当学会真诚待人，尊重员工，让团队成员知道你理解并且感谢他们的工作。

真诚意味着领导者善于使用同理心，从他人的角度出发考虑问题。真诚意味着领导者对团队成员充分信任，不对团队成员指手画脚，不任意干涉团队成员的行为方式。既坦诚地面对自己，同时也坦诚地面对他人，努力赢得同事或下属的信任。真诚意味着领导者和团队成员之间可以在平等的环境中，直截了当地沟通交流。

第四节　卓越团队领导重在创新

今天的社会一切都处在变化之中，唯一不变的就是变化。在这样变动不居的环境下领导必须主动求变，从变化中寻找发展的机会。越是高层领导越应关注时局变化，关注时局对组织发展的影响，进而顺应形势进行有效的变革，尤其是大幅度的变革。领导要进行创新，则必须实现四个转换：

一、由用小看大转向用大看小

有些领导看问题、想事情倾向于用小看大，立足于本单位的“小”，看外面世界之“大”，这样就很容易坐井观天，造成决策失误。有些领导看问题、想事情的时候能摆正位置，把本单位的具体情况放在一个大的背景下去考虑，作出果断正确的决策。我们一定要知道，企业是小，市场是大。用大看小就是市场观点，是市场导向，用大看小才能看到我们的优势，我们的不足，我们的方向。用大看小是现代意识，是领导眼光。

二、由排斥差异转向重视差异

要知道，思想有偏见的一群人组织起来(无差异)会产生多么可怕的力量和结果。过去我们常讲男女都一样，但男女除了政治层面上、人格上一样外，我们不能忽视男女存在的差异。今天的管理讲男女不一样就是强调男女各有优缺点，正视其优缺点，才能让男女各得其位，各尽所长。一般来说，女性有四大优点：第一，亲和力。女性的亲和力比男人高 4 分，21 世纪的管理恰恰需要亲和力。第二，做事认真、细致。第三，敏感，第六感强。第四，善于协调兼顾。女性比男性更加注重健康、生活、家庭、子女等一些根本性问题，且能够协调兼顾。凡是跟人打交道的职业，女性通常都会做得比较好。

三、由单向思维转向多向思维

假设可乐 2 块钱一罐，两个空罐可以换一罐可乐。如果给你 6 块钱，你最多能够喝到几罐可乐？大多数人会说能喝到 5 罐可乐。

但是有人却喝到了 6 罐可乐，他使用了什么方法呢？他向别人借了一个空可乐罐，于是换回了第 6 罐可乐，喝掉这第六罐可乐后，他把空罐还给了人家。

为什么有的人只能喝到 5 罐可乐，而有的人则能喝到 6 罐可乐，这说明有的人只会进行常规性思维，或者说是单向思维，而有的人则善于运用多向思维，

多向思维的特点：

一是思维的敏锐性。主要体现在人们的发现意识上，即要拥有一双善于发现的眼睛，这是创造性思维的源泉。在发现的过程中，要不断地将发现的事物与已有的知识或假设联系起来思考，于平常之处发现不平常。

二是思维的独创性。即有独特观点或看法，具有探索性(如第一个提出)、求实性(实事求是)和应变性(独立而不固执)。

三是思维的跨越性。表现在：首先，跨越次要矛盾，能找出最紧迫、最重要的东西。在保健品都宣称其滋补功效时，很多父母都会担心，吃多了这些东西会不会影响孩子吃饭。作为儿童保健品的“娃哈哈”于是强调：“喝了‘娃哈哈’，吃饭就是香”，从而一举占领了市场；其次，跨越相关度的差距，即突破原有的思维定势和信息领域。如百货店卖咖喱饭；再次，跨越事物可观度，即能够预测未来，透过蛛丝马迹，看到未来征兆，进而拿出对策。

四是思维的综合性。即思维的整体综合品质。综合就是创造，要善于利用别人的经验、智慧，结合自己原有的知识，巧妙结合形成新的成果，要面对环境的种种变化，高瞻远瞩，化繁为简，抓住事物的关键，提出解决问题的方案。

创造性思维的方式主要有：

一是直觉思维。这种思维源于四个方面：第一是知识。知识广博才能融会贯通，触类旁通。第二是经验。创意、创造常常产生于对社会实践的总结和提高上。第三是直觉。它是以已经获得的知识和积累的经验为依据的，因此，直觉往往具有相当的正确性和可行性。第四是概念。通过概念形成了反映客观事物的一般的、本质的特征，从此处出发走向创新，即可得到解决问题的新的构思和方案。

二是倾向思维。即在对事物有一定了解的基础上，沿着一定的目标和倾向进行思维活动，通过分析和推理发现解决问题的方法，进而提出方案的一种思维过程。它常常表现为灵感思维的特征，即“多思出智慧”，如经过长期的思考，偶然受到某一事物的启发，于是问题迎刃而解。

三是联想思维。是指通过某一事物联想到其他事物而产生对某一具体事物的认识、理解并创新思路的心理活动过程。即在解决问题的过程中，通过把注意力引向外部其他领域和事物，来寻求解决问题的途径。

四是综合思维。是指用来将各种事物、观念等做合乎逻辑的或偶然的连结，以产生新的事物或观念的思维方式。通过合乎逻辑的组合，往往能够引导出新而有用的构思。有关研究表明，大凡创造性的东西，97.7%的内容是大家都知道的，但当它们被一种新的关联体重新组合起来时，就变成了创新。而这种新的关联就是画龙点睛，就能化腐朽为神奇。

五是类比思维。类比思维是把不同的两类或几类对象进行对比，根据已知的相似性，来类推其他属性的相似，使人们触类旁通，从已知事物的特征看到未知事物的特征，把未知变为已知，从中获得新的知识的创造性思维方式。

六是逻辑思维。这是用抽象的概念揭示科学的本质，表达认识现实的结果，并在人们的认识过程中，借助于概念、判断、推理反映现实的过程，逻辑思维是一种具有严密科学性的思维方式。

七是逆向思维。逆向思维就是从反方向进行思考，即从相反的方向去思考问题。逆向思维法具有挑战性，常能出奇制胜，取得突破性解决问题的方法。

四、由单脑思维转向多脑思维

多向思维要靠大脑，但仅有领导人一个人的大脑远远不够，而是要靠多脑，什么叫多脑？第一个叫做“人脑加电脑”。电脑即电子政务、电子商务、网络技术，电脑帮助我们收集、加工信息，帮助我们提高工作效率。第二个叫做“内脑加外脑”。外脑就是出主意的人，可以是专家也可以是客户乃至普通公众。内脑就是领导，外脑出主意，内脑选主意。如何利用外脑呢？一是要听多数人的，要广，有男有女，有老有少；二是要与少数人商量要细，这少数人就是内行、班子成员，一定要细细地商量；三是要对个人分管的业务决断要快，协商后要当机立断，不可犹豫不决。第三个是“左脑加右脑”。人的大脑分为左右两部分，左脑的优势是语言、逻辑、数学；右脑的优势是人文、艺术。领导者应该不断开发左右脑，使之达到和谐共进。有媒体报道，2005 年省部级高官调整，学文科的占 60%，现在远远超过三分之二。

案例分析：唐僧凭什么当领导

在西天取经团队中，唐僧可以说是最“无能”的一个人，可恰恰是这个最“无能”的人成为了团队的领导，那么唐僧究竟是凭借什么成为领导的呢？

1. 坚定的信念和目标

唐僧有坚定且崇高的信念和目标，那就是前往西天求得真经，不达目的决不回头。唐僧为了自己的信念和目标，牺牲性命都在所不惜。在这一点上西天取经队伍中的其他人都无法与之比拟。论能力，孙悟空是取经队伍中能力最强的，猪八戒次之，但是他们有一个共同点，那就是没有坚定的信念，一遇到问题就打退堂鼓。要知道，没有信念的人，是不能给别人以信心的，更不能推动别人，遇到困难自己先退缩了，整个队伍必然人心涣散。当然，仅仅有坚定的信念是不够的，这种信念还必须崇高，领导者如果心胸狭隘，自私自利，也会失去影响力甚至让下属弃他而去。此外，唐僧的目标非常明确，无论取经路上有多少艰难险阻，无论多苦，都要求取真经，有此目标作为动力，永不言弃。

2. 知人善任

在西天取经队伍中相比于孙悟空、猪八戒和沙僧，唐僧看上去最“无能”。但是“无能”有时会成为领导者的财富！从管理学角度来看，作为团队的核心领导者,应该最大限度地发挥每位成员的特长,把合适的人放在合适的岗位上,避免内耗,使 1+1>2。因此,领导者个人能力未必胜过其他成员,甚至可能是最弱的,但是他必须具有难以替代的协调能力和凝聚力。而这一点正是唐僧有而其他三人没有的,唐僧欣赏孙悟空降妖除怪的本领,鞭策他冲锋陷阵;容忍猪八戒的好吃懒做,使之化斋,负责生活起居;宽待沙僧的愚钝,让他充当杂役,挑担牵马,最终凝聚三个有本事的徒弟来保护自己。可以这样说,正是因为唐僧的"无能",所以孙悟空、猪八戒、沙僧才有了用武之地,他们也才有机会在取经途中充分发挥自己的才能,实现自己的价值。

对于任何一个团队而言,创业伊始,为了生存,有一个全知全能的领导者非常必要,但是一旦生存问题解决了,领导者就要考虑怎么给员工搭建平台,让他们发挥自己的才能,实现自己的价值,同时去寻找和吸引那些能弥补自己不足的队员,而不是所有事情都亲力亲为。唯有如此,才能使自己摆脱日常繁琐事务的干扰,致力于回顾昨天,干好今天,谋划明天,为团队的未来发展制定科学有效的战略。

3. 仁德

唐僧有"仁德"之心。唐僧的仁德之心是他三个徒弟都欠缺的,唐僧悲天悯人,连对妖怪都会怜惜,自然不会盘剥算计自己的徒弟。唐僧虽然利用三个徒弟为自己保驾护航,但是绝对没有恶意剥削他们,而是与他们勠力同心,历经九九八十一难,使三个徒弟都有了成长进步,最后三个徒弟乃至白龙马都有了自己的成就,达成了自己的理想目标。

4. 良好的人际关系

唐僧有常人难以企及的良好"人际关系"。唐僧的前生是释迦牟尼佛的弟子,而孙悟空是一个天生地造的没有任何关系网络的石猴子,虽然拜了菩提老祖为师,但是和师兄弟关系都不好,最后被师父赶走了;和牛魔王拜把子,后来又闹翻了;和东海龙王是邻居,却抢人家的东西;和二郎神等一些天官天将是同事,可是不给人家面子,后来还大闹天宫踢了很多人的屁股。总之,孙悟空的人际关系不大好。

而唐僧就不同了。他不仅是如来佛的弟子,还是唐王李世民的拜把兄弟。虽然有如此好的背景,但依然谦逊低调,见了神仙就叩拜,结果人神两界上下通达,这样的人当领导,自然拥有诸多资源,开展工作顺风顺水。

社会是由人构成的,这个地球如果没有了人,一切财富,一切物质都没有任何意义。人是这个世界上最本质的资源,是所有财富的创造者。一个团队领导,如果懂得对外创造人际关系资源，对内创造优质人才资源，他一定是一个成功的领导。

在西天取经团队里，唐僧看上去最软弱、最无能，但却是一个成功的好领导。因为他有崇高的信念和目标，会用人善用人；他是德者，有仁德怜悯之心；具有良好人际关系，这些是另外三位所不具备的，即使本领高强的孙悟空也无法比拟。孙悟空虽然本领超群，但是没有崇高的理想和目标，且桀骜不驯，故而难以成就大业，他必须要靠一个唐僧一样的领导来带领。从这个意义上看，唐僧才是最合格的领导者。

第三章 卓越团队与团队执行力

IBM前总裁郭士纳认为：一个成功的组织必须具备三个基本特征：明确的核心业务，卓越的执行和优秀的领导能力。对于任何一个组织来说，仅仅有战略的成功是远远不够的，战略的成功不能保证组织的成功，战略的成功只是成功了一半，另一半取决于执行的成功。如果执行不到位，一切都等于零。换言之，正确的决策，离不开强有力的执行。而要确保强有力的执行，必须打造团队的执行力。

第一节 执行力概述

一、执行力释义

所谓执行力，指的是贯彻组织战略意图，完成预定目标的操作能力。执行力包含了完成任务的意愿，完成任务的能力，完成任务的程度。对个人而言执行力就是办事能力；对团队而言执行力就是战斗力；对组织而言执行力就是经营能力。执行力是把组织战略、规划转化成为效益、成果的关键。衡量执行力的标准，对个人而言就是按时按质按量完成自己的工作任务；对组织而言就是在预定的时间内完成组织的战略目标。换言之，当组织的战略方向确定后，执行力就变得至关重要了。这样我们就理解了盖茨所说的：微软在未来的十年中，所面临的挑战就是执行力。那是因为对于微软来说，组织的战略方向已经确定，执行就成为首要问题了。

有人从操作层面对执行力进行了总结，提出了执行力九字诀：马上做，完成它,有回报。所谓马上做,就是立即执行,接受任务立即付诸行动;所谓完成它,就是保质保量完成任务;所谓有回报,就是完成任务后有回复、有报告。

执行力的构成要素:执行力由运作流程、技能水平、执行意愿三个方面构成。运作流程主要指业务流程和管理流程;技能水平主要指组织成员的执行技能和水平;执行意愿主要指组织成员的工作主动性与工作热情。

执行力分为五个环节:沟通、协调、反馈、责任、决心。

从组织活动的层面来审视执行力,可以将执行力分为领导层执行力、中层执行力和基层执行力。所谓领导层执行力,就是把握全局和制定战略的能力,高层领导者的执行力重在战略性和方向性,强调目的,简言之就是"做正确的事";所谓中层执行力,既是把高层的战略转化为具体的战术能力,强调人、财、物的组织协调,强调制度性和战术性,强调做什么、做多少。在现实中,我们经常看到这样的现象,同样一件事情,张三做和李四做的结果会迥然相异,并不复杂的事情有时处理起来环节多、时间长,团队的规章制度和岗位责任难以落到实处。所有这一切,皆因缺少科学完备的制度、标准、流程、监督,一言以蔽之,就是缺乏中层执行力;所谓基层执行力,就是实现中层提出的目标和指标,强调把事情做好,简言之就是"正确地做事"。

二、执行力的三个层次

对于一个组织而言,执行力可以划分为三个层次,具体表现在:

(一)个人执行力

个人执行力即个人执行并完成任务的能力。个人执行力包括战略分解力、时间规划力、标准设定力、岗位行动力、过程控制力与结果评估力。以上六种力只是从宏观上概括了六种职业的执行能力,它与组织中占据不同岗位的人所需要的执行力并非完全吻合。

(二)团队执行力

团队执行力即团队成员执行力的结合,但并非团队成员执行力的简单累加。从某种意义上说,任何一个组织都是一个执行的团队,只是不同组织面临的任务不同,需要的执行力也不尽相同。对于任何组织来说,最重要的团队是领导团队,领导团队的执行力对组织领导的成功具有重要意义。

(三)组织执行力

组织执行力主要体现在组织执行并实现组织既定战略目标的能力。当然,组织成员具备强执行力并不意味着整个组织也具备强有力的执行力。换言之，组织执行力不等于组织成员个人执行力度的累加，亦非组织中若干团队执行力的累加，组织执行力可能小于个人执行力之和，也可能大于个人执行力之和。因为执行力的高低还受其他因素的影响，如信息传递、协调分工等等。

三、执行力三要素

（一）执行的动力

执行的动力是指由组织提供的，能够促使组织成员完成各项工作任务的驱动力。这种驱动力来自组织提供的激励机制能否有效地与组织成员的个人需要有机结合起来。

（二）执行能力

执行能力是指执行者完成工作任务所必需的素质、技能等。执行能力包括心态能力和技术能力两个方面，两个方面不可偏废，偏废任何一个方面都可能造成执行力的丧失。换言之，执行力强的员工一定是心态好、能力强的员工。

（三）执行保障力

执行保障力是指组织为执行者提供且保证执行者熟知的运营流程、工作流程等。执行保障力来自三个方面：一是战略保障，二是制度保障，三是流程保障。

战略保障，指的是组织的战略必须是正确的，战略正确，执行才有意义，战略方向错误，任何执行都是白费，甚至会给组织造成极大地浪费。进行战略保障需关注两点：一是组织战略与组织资源能力匹配；二是战略目标要分解为具体目标，即制定战略规划。战略规划是组织各项工作的总指导，是执行力的最大保障。它既是提高执行力的有效工具，同时又是确保执行产生效率的关键。

制度保障。制度保障包括两个方面：一是制度的确立与健全；二是制度的严格执行。对团队而言，建章立制的目的是为了确保团队成员能够充分发挥积极性和创造性，提高团队的运行效率，基于此，要求团队在建章立制时应明确规章制度是为了帮助团队成员更好地开展工作，是提供方便而非管卡压。因为管理的真谛在“理”而不在“管”。管理者的主要职责就是建立一个科学合理的制度（好制度使坏人变好，坏制度使好人变坏）。让每个员工按照制度自我管理。当然，制度要兼顾组织利益和个人利益，并且要让个人利益与组织整体利益统一起来。责、权、利是管理平台的三根支柱，缺一不可。缺乏责任，组织就会产生腐败，进而衰退；缺乏权力，管理者的执行就会变成废纸；缺乏利益，员工积极性就会下降，甚至消极怠工。只有管理者把“责、权、利”的平台搭建好，员工才能“八仙过海，各显其能”。同时，制度一旦确立就要在实际工作中落实，而不能仅仅写在纸上，表现在口头上。

流程保障即流程的科学与优化，这种科学与优化的本质在于减少非增值活动，减少等待时间，避免重复工作，协调工作量，进而提高增值活动效率。

第二节　卓越团队执行力的体现

在一个卓越团队中，对于成员而言，必须有执行力，而对于团队领导而言，则需要有敏锐的洞察力加行动力，一旦发现风吹草动，就要立刻调查分析原因，找出问题的症结，避免问题进一步恶化。比如作为一个团队领导者，要随时观察团队成员的行为和情绪，一旦出现异常，要立刻想办法纠正和解决。

一个团队之所以卓越，之所以无往而不胜，就在于它能够把正确战略执行到位，有着强有力的执行。这种强有力的执行主要表现在：

一、对战略目标理解认同

战略为执行提供了方向，同时也决定了组织的目标。战略目标引领执行，执行必须建立在对战略目标的理解上，只有对战略目标有深入理解和认同，才能在执行层面上把握方向，采取正确的行动。

对于团队领导者而言，确立战略目标固然重要，但是诠释目标使之为团队成员理解和认同亦不可或缺。领导者不能因为自己清楚明白战略就想当然地认为团队成员也理解和认同战略目标。由于领导者与其成员所处地位不同，所关注的角度不同，认识能力不同，导致他们对战略的认识和理解会有所不同，因而需要领导者进一步加以诠释，通过解释、沟通争取团队成员的理解和认同。为了让团队成员真正理解和认同战略目标，领导者需要完整地解释战略目标，要把战略目标确立的原因、目标实现的途径以及目标实现之后呈现的成果等等告知团队成员。为此，团队的领导会通过多种渠道向团队成员广泛解释传达战略目标的内容及价值，如，通过会议传达、书面通知、个别谈话以及各种多媒体手段解释说明战略目标，以期获得团队成员的理解和认同。

为什么今天依然要求领导者做到能说会写。因为说是第一位的，作为团队领导者必须善于把自己为本组织确立的战略目标诠释给下属，并赢得他们的认同，此时，你的目标才会变成团队全体成员的目标。关于这一点，一位从事乡村房地产生意的经纪人很有感触。这位经纪人结合自己的工作实践讲过这样一段话，“我的整个销售计划是有关农场未来的发展，如果你只是告诉顾客，这个农场占地多少亩，拥有多少亩的森林，距离市区多少公里，是无法打动顾客购买的。但是如果你告诉他一个利用农场的具体计划，顾客就很可能被你说动心。”说着，他打开公文包取出一份资料说：“这个农场是我刚接手的，跟其他农场买卖的情况很相似，这个农场距离市区四十三里地，房屋破旧，农田已经荒废五年。我是怎么做的呢？我花了两天时间来研究此事，我还多次到农场去，仔细观察临近的农场，研究这个农场跟现有的以及计划中的高速公路之间的位置关系，然后提出了三种可能。其中一项计划是将农场改为骑马场。因为该市正在发展，喜欢户外运动的人越来越多，人们用在娱乐方面的费用也越来越大，而且交通很方便。计划还指出，该农场能养大量的马匹，能使骑马活动带来可观的利润。这个创意很有说服力，使人仿佛看到一群游客正在骑马穿越森林。最后这位经纪人说：“我跟顾客谈话时，不一定要说服他们相信这个农场值得买。我会帮助他们看到一幅使农场盈利的远景规划图。”

除此之外，领导者还必须做出表率，“用行动说话”，即借助行动来传达战略目标，如，领导者用行动说话，身先士卒，做出表率，以期带动团队成员强有力地执行。

二、对工作理念认同

每个团队都有其独特的工作理念，工作理念是团队成员的行为指南。团队成员认同工作理念，其努力方向与团队整体发展方向就会高度一致，进而最大限度利用人力、物力和财力，取得良好的工作业绩。卓越的团队会把认同工作理念作为重要的管理环节，他们会通过灌输、教育、辅导争取团队成员对工作理念的认同，以期把团队倡导的工作理念、责任心转化为团队成员共同的理念和责任心。

1984 年 12 月，35 岁的张瑞敏上任青岛日用电器厂，到任后，张瑞敏调整经营策略，退出并不擅长的洗衣机领域，转而生产电冰箱，并将厂名变更为“青岛电冰箱总厂”。

1985年的一天，有朋友想买一台电冰箱，到厂里挑了好久，勉强找到一台没有毛病的产品。朋友走后，张瑞敏下令将库房里的400台冰箱拉出来全面检查，结果发现有76台冰箱存在这样或那样的毛病。张瑞敏把全厂员工集合起来，问大家如何处理，当时一台冰箱价格800多元，直接报废实在可惜，有人提议，反正不影响使用，干脆低价处理。张瑞敏听后，义正辞严地说："我要是允许把这76台冰箱卖了，就等于允许你们明天再生产760台这样的冰箱"。于是下令，将76台冰箱全部砸掉，"谁干的谁来砸"。员工们心痛得下不去手，一台冰箱相当于他们两个月的工资。张瑞敏见状亲自拿起大锤，砸下第一锤，很多人看着砸烂的冰箱流下了眼泪。面对此情此景，张瑞敏语气坚定地说："过去大家没有质量意识，所以出现了这起质量事故。这是我的责任，这次我的工资全部扣掉，一分不拿。以后再出现质量问题就是你们的责任，谁出问题就扣谁的工资"。从这一天开始，"质量"二字在青岛电冰箱总厂员工心中落地生根。

三、对完成任务热情高涨

影响团队成员执行力高低的不仅仅是环境，更是心态，或者说心态才是决定性的因素，心态控制着人的思想和行动，决定着事业、视野和成就。一个人如果对所做的工作充满热情，其成功的概率就会大大提高。因为对工作热情高涨的人，会主动去了解自己应该做什么并进行规划，然后全力以赴去完成，而不是被动等待别人告诉他应该做什么以及怎么做，进而言之，他会依靠自己的努力，自己想办法解决问题而不是使自己成为问题。纵观一些卓越团队，他们之所以卓越，就在于其成员对完成任务充满热情，信心满满。

日本人被称为工作狂，日本人是如何满怀热情地投入日复一日的平凡工作的呢？原来他们有一种与众不同的手段：那就是每天上班前，对着镜子很自信地微笑，大喊一声"我是最好的"，全身为之一振，然后再出门上班。据说，这样振作一下，可以使自己对每天完成工作热情高涨。

管理学中有一个著名的例子，叫做把信送给加西亚。

美西战争爆发后，美国必须马上与反抗西班牙的古巴起义军首领加西亚将军取得联系，而彼时的加西亚将军正隐藏在古巴辽阔的崇山峻岭中——没有人知道他到底在哪里，因而无法把信送给他，也无法给他发电报。但是，美国总统必须尽快与他建立合作关系。怎么办呢？有人对总统说："有一个叫罗文的中尉，如果有人能找到加西亚将军，那个人一定是他。"于是，总统派人把罗文找来，交给他一封信——写给加西亚的信。罗文接过信,并没有问:“加西亚在哪里?如何找到加西亚?”而是把信装在一个油纸袋里密封好,贴在前胸放好,然后就出发了。四天后的一个深夜,罗文乘一艘敞篷船到达古巴海岸,消失在茫茫丛林中。三个星期里,罗文徒步穿越危机四伏的岛国古巴,一路上,他凭着自己的勇敢与智慧,克服了一个又一个难以想象的艰难险阻,终于把信交给了加西亚将军。

如今“把信送给加西亚”已成为一种象征,激励人们用热情高涨的态度去努力工作,赢得事业的成功。

有人说,在每个组织中,都存在有三种典型的员工:

第一种,完全被动,被动地对待工作,听候领导吩咐,从来不会主动承担责任和追求为组织做贡献。

第二种,麻木,把工作看成是干活挣钱。这种人抱着为薪水而工作的态度,为了工作而工作。这种人不是组织可以依靠、领导可以信赖的员工,也不是优秀的员工。

第三种,完美地体现了工作的哲学:自动自发,积极主动。这种人能够倚仗自我激励,把工作当成报酬,视工作为快乐。

毫无疑问,第三种类型的员工是每一个组织都乐于接受的,持有这种工作态度的员工,是每一个组织所追求和寻找的员工,因为这种员工最容易发展出强执行力。

四、对达到目标充满信心

信心是一个人对自己的积极感受,是人对自身力量的确信。每一个成功者都是从相信自己开始的。古人云:“自知者明,自信者强”。屠格涅夫说过:先相信你自己,然后别人才会相信你。玫琳·凯化妆品公司董事长玫琳·凯则坚定地认为:如果你认为自己行,你就行。如果你认为自己不行,那你也是对的。

自信者并不绝对能成功,但自卑者却一定不能成功。因为有自信才会去努力,而努力就有机会,而自卑者连努力都不肯,自然永远都不可能成功。有人说,自信是心灵的第一号化学家,当自信融合在思想里,潜意识会立即拾起这种悸动,把它变成等量的精神力量,再转送到无限智慧的领域里促成成功思想的物质化。的确,你如何看事情,事情就会如何,你会成为你人生中最好的预言家,你的身体相信你说的每一句话,当你告诉自己你一定能成功,那么结果肯定会朝着成功的方向发展。当你心存疑虑时，便无法发挥你的优势，失败就不可避免。

卓越的团队之所以能够高质量高标准完成自己的团队目标，皆因团队成员对目标充满信心。也正是因为这种信心才使得他们在工作中敢于面对挑战，敢于追求卓越。

五、对岗位工作驾轻就熟

卓越团队特别强调岗位和职责，要求团队成员无论在什么情况下都要认真、熟练地履行岗位责任。就像美国著名黑人领袖马丁·路德·金所强调的那样，如果一个人是清洁工，那他就应该像米开朗基罗绘画、像贝多芬谱曲、像莎士比亚写诗那样，用同样的心情来清扫街道。他的工作如此出色，以至于天空和大地的居民都会对他注目赞美："瞧，这儿有一位伟大的清洁工，他干活真是无与伦比！"

"南水北调"中线工程开工前，国务院组织有关专家对线路进行勘察，当时正是初春，北方原野风大沙尘肆虐。专家团队抵达河南方城段时，在野外遭遇 7 级大风。后勤人员先后拿出几张纸质地形图，全被大风吹破。后来专家队伍中一位年轻处长从自己的包中找出了一张布做的地形图，才使勘察工作得以进行下去。事后，有人问他为什么备有布制地形图。这位处长说，来前他查过当地的气象材料，知道那里是一个著名的风口，所以预先做了相关准备。之后专家团逐渐领略了这位年轻处长的厉害，他简直就是一个"活资料库"——一些容易被大家忽略的数据，他连小数点后面的数字都能说出来……这种对工作的认真细致、驾轻就熟为大家的工作提供了极大的方便，因而备受同仁称道。几年后，才三十几岁的他升任为某部委的重要领导。

六、对完成工作准确到位

团队的成功，源于全体团队成员对自己工作的尽职尽责，只有全体团队成员对工作尽职尽责，完成工作准确到位，团队才能在竞争中脱颖而出，这是任何一个团队管理者都明白的道理，也是他们对团队成员迫切的要求。

有一个部门经理要跳槽到一家香港公司去，离开的时候，做了三件事。第一，交给老总一个本子。本子上面记着该部门所涉及到的政府部门、各个配套公司、各个协作单位。并清楚地写着与哪个公司合作或联系到什么程度，下一步还有什么工作要做，还有什么难题需要解决。第二，他列出了一个完完整整的联络表。比如，规划局在什么地方，门牌号码是多少，联系人是谁，电话是多少，什么时候接待……第三，领着将要接替他工作的同志到所有部门去交接，非常全面、仔细地做完了交接工作。这个部门经理离开以后，整个公司对他的评价都非常高。公司老总说："这样一个人才，以后有机会，我还会请他回来。"

第三节　影响团队执行力的主要因素

执行，是团队正常发挥作用的前提，任何一个有组织的团队活动，不论其性质如何，唯有在有效执行的条件下，才能按照所要求的方向进行。

一、执行的要点

执行有三个要点：

1. 执行是组织战略的内在组成部分，是组织战略中不可或缺的重要一环，不考虑执行效果的决策不可能是科学的决策，团队领导在进行决策时必须把执行的内外部环境、人员的执行能力、执行流程和承载能力、组织机构的运转水平等作为重要的考量因素考虑进去，如此才能保证执行的效果。可以这样说，战略和计划的成败关键，在于其可行性，没有良好的执行，再好的战略都会落空。

2. 执行是团队领导的主要工作。执行不单单是普通团队成员的行为，而是自上而下所有成员的行为，也就是说，执行力不仅体现在一般团队成员身上，而是贯穿于高层、中层和基层所有人身上，执行力的高低，在相当程度上取决于团队领导者的执行力。因为执行有赖于对团队、人员及其环境的清晰了解，而唯有居于领导职位的人才有可能获得这样的了解，在此基础上，领导者会搭建一个执行的架构，建立有利于执行的文化与流程，提升能够迅速有效完成任务的团队成员，并给予奖励。

3. 执行是团队文化的核心元素。执行必须渗透到团队的回报系统和行为准则当中，它既是团队文化，又是塑造团队文化的方法。执行本身就是一种团队文化或者说团队文化的核心元素，贯彻或培养这一团队文化的关键，在于领导者要真正关注战略或计划的可行性及其具体实施过程，团队的领导者必须首先是积极的执行者。

二、影响团队执行力的因素

《做事的科学——细节与流程》一书的作者龚其国曾指出：中国人工作时间长效率却很低，有统计数字表明：中国是世界上工作时间最长的国家之一，一年约为2200小时，阿根廷是1903小时，巴西是1841小时，日本是1758小时，美国是1610小时，英国是1489小时，荷兰式1389小时。为什么中国人工作时间这么长？TCL收购法国汤姆逊后发现，法国人根本就不加班，准时上下班，下班后手机关机。不像中国很多单位要求员工24小时开机，甚至半夜都可能被叫起。为什么会如此，一个重要原因是执行力不强。有研究表明，中国企业只有3%左右具有较好的执行力。有97%左右的企业处于执行不力和执行不到位的状态，大多数企业的执行力水平在50%左右。实际上执行力不强或者说不到位不仅是企业面临的问题，也是大多数团队面临的问题，那么，究竟是哪些因素影响了团队的执行力呢？

（一）战略与目标不清晰

战略是团队执行的前提，为执行提供了方向，同时也决定着团队的目标。如果团队的战略与目标不清晰，团队成员就不知道朝着什么方向努力，需要制定什么样的工作规划，不清楚该做什么事情，把事情做到什么程度，什么事情最重要，什么事情最紧迫，如此一来执行的效果就会大打折扣。

有位记者在采访美国财务顾问协会前总裁刘易斯·沃克时问到一个问题："一个人不成功的主要因素是什么？"

沃克回答："模糊不清的目标。"

当记者请沃克进一步解释，沃克说："在几分钟前我就问你：你的目标是什么？"你说希望有一天能够拥有一栋在山上的房子，这就是一个模糊不清的目标。因为'有一天'不够明确，因为目标不明确，因而成为现实的可能性就不大。"如果你真的想在山上买一栋房子，你必须先到那座山，计算出那栋房子的现值，再把通货膨胀的因素考虑进去，算出若干年后这栋房子值多少钱。之后你必须决定，为了达成这个目标你每月需要存多少钱。如果你真的这样做了，你可能在不久的将来真的会拥有山上的那栋房子。但是如果你只是说说而已，目标就不会实现。计划和目标是美好的，但是模糊的计划和目标，是难以成为现实的。

（二）组织结构不合理，岗位职责不清

团队组织结构不合理，机构臃肿，层级繁多，机构混乱，职责不清，分工不明

确,结果导致工作界限模糊,团队成员不清楚自己该做什么,不该做什么,进而工作相互推诿扯皮,造成工作效率低下。

在一个团队中,不同的岗位有不同的职责,团队领导要做领导应该做的事情,团队成员要做下属应该做的事情。如果领导去做下属做的事情或者下属去做领导做的事情,那么这个团队离解散也就不远了。以领导特别是团队的高级领导为例,他应该做什么事情呢?高级领导应该做最重要的事情:思考——团队的战略方向,哪里做得好,哪里还可以做得更好;学习——学习同行中成功的经验和方法,掌握行业内外大量的资讯;不断提升自己的领导力;随时随地为自己的团队挖掘招聘优秀人才等等。

(三) 缺乏可操作性的工作制度与标准

制度是指要求全体团队成员共同遵守的、按一定程序工作的规程。制度是执行的前提和条件,没有制度,执行便无从谈起。因此,团队领导者和管理者的主要职责就是建立一个科学合理且具有可操作性的规章制度,让每个团队成员按照规章制度进行自我管理。在实践中,一些团队由于缺乏具有可操作性的工作制度,团队成员不清楚什么可为,什么不可为,团队工作就会处于混乱状态,进而大大影响团队工作效率。

团队的工作标准是团队成员的行为指南和考核依据,缺乏工作标准,往往导致团队成员的努力方向与组织整体发展方向不统一,造成大量的人力、物力和财力资源浪费。因为缺乏参照物,时间久了团队成员容易形成自满情绪,导致工作懈怠。一般来说,制定工作标准应该尽量做到细化或量化,要与考核联系起来,注意可衡量性。

我国一位著名企业家曾讲过这样一个故事,他去韩国参观访问时,发现他们一家加工 1500 吨面粉的工厂才 66 位员工,他非常惊讶。而这家工厂的老板却告诉他,自己刚从中国失败而归。本来他在中国办的工厂的设备比韩国的还先进,但是 100 多号人却只能加工 200 多吨面粉。我们的企业家问其原因,这位老板回答:中国员工做事不到位,员工的差异性决定了企业的差异。我们的企业家听后感慨万千,并由此悟出,企业成功背后依靠的是具有专业工作精神、完成工作准确到位的高素质的员工。而要使员工具有专业工作精神,完成工作准确到位,就必须首先确立科学合理且具有可操作性的工作制度与标准。

(四) 沟通不畅

有人说,执行力不佳都是沟通不畅惹的祸,此话不假,沟通不畅确实会影响进一步的执行。在实际工作中,沟通不畅主要表现在如下几个方面:一是高层没有将战略与目标清晰地传递给中下层，致使处于执行层面的员工对各种指令不甚理解甚至难以认同，如此执行效果必然打折扣。二是沟通渠道不畅通。主要包括两个方面：(1)自上而下的渠道不畅通，此问题一般出在中层管理者身上，由于高层制定的制度规范和政策设计不利于中层的利益，中层管理者出于自保而使信息的传递走样，结果执行在中层这个层面便打了折扣，更毋庸谈进入基层的执行效果了；(2)自下而上的信息反馈渠道不畅通，主要表现为基层人员在执行中遇到的问题没有及时向上反映或在中层遭遇拦截，问题没有得到及时处理或解决，进而影响了执行效果。

（五）领导者的影响

真正的执行都是从领导开始的，领导者的领导能力决定着组织执行力的强弱，领导者的执行力对下属是标杆和榜样，会引起下属的纷纷效仿。领导者工作不务实，搞花架子，其团队成员就会亦步亦趋，执行效果自然就会大打折扣。很多团队都有这样的经历，为了提高团队成员的执行力，专门花重金请来专业的咨询公司，编制了一套文采飞扬、图文并茂、理论与案例俱佳的规定性和执行性文件，但最后的结果却是所有的文件都被束之高阁，根本没有得到有效的执行。之所以会出现这样的结果，根本原因就在于领导者奉行形式主义，缺乏踏踏实实的工作作风，没有从自身做起。

（六）人岗不匹配，人才满足不了组织需要

人岗不匹配主要表现在没有合适的人做合适的事，缺乏必要的人才，致使项目或工作无法按计划推进，造成执行力低下。海尔公司掌门人张瑞敏说过这样一句话，他说，在中国做企业要“因人设事”。事要靠谱，但更重要的是要找到靠谱的人，我觉得这个人能够控制这个事，这个事就可以干。张瑞敏所强调的实际上就是必须要有合适的人做合适的事。

GE公司的前董事长杰克·韦尔奇曾经说过：“管得少，就是管得好”。如何才能管得又少又好呢？答案是：用人是关键，优秀的领导者会把人才的培养和选拔当做领导者最重要的执行内容，把大量的精力放在人才的培养和选拔上，为团队发展储备必要的人才。但由于该工作难以在短期发挥效应，故而被有些领导者所忽视，进而导致人才难以满足团队发展需要。

（七）缺乏跟进

对项目的跟进是团队领导者和管理者执行力的核心所在，通过跟进工作能够发现规划与执行之间的差距，促使人们采取相应的行动来协调工作进度，调动一些资源来弥补一些缺陷。但在实际工作中，由于领导者和管理者没有持续不断地做好跟进工作,导致或者对制度、规范、政策的执行未能始终如一地加以坚持,或者干脆不按流程做事,结果造成很多工作效率低下,虎头蛇尾,甚至不了了之。

(八) 没有形成培养和支持执行力的团队文化

所谓的团队文化是指一个团队在长期发展过程中形成的某种文化观念、行为方式、价值准则、道德规范等等,它通过非正式的规范、文化习惯的影响和集体精神的感受,协调着团队的组织管理和人际关系。一个团队一旦形成一种优秀团队文化,就会对团队成员的执行力产生极大的积极影响,表现在:优秀的团队文化会对团队成员产生很强的感召力和凝聚力,并形成一种积极进取、信任合作的组织气氛,促使团队成员踏实工作,锐意进取,高标准高效率地完成工作任务,达到团队的目标。在现实工作中,一些团队的团队文化华而不实,不接地气,缺乏可操作性,不利于团队成员养成踏实、负责、专业的工作作风和工作习惯。

第四节　打造卓越团队执行力

执行力是所有团队都非常看重的能力,如果不能有效地执行,再好的战略、再宏伟的目标也毫无价值。培养和发展团队成员的执行力,是打造优秀团队的重要内容。想到还是做到,这是团队成功与失败的最大区别。

16 世纪,航海家哥伦布发现了一条新航线,西班牙女王知道这一消息后,设宴款待哥伦布,席间有很多达官贵人作陪,但是达官贵人对哥伦布的发现很是不以为然。宴会进行到一半的时候,一位贵族借着酒劲贬低哥伦布,你发现的这条航线,大家以前就知道,这其实没有什么了不起。众贵族立刻随声附和。面对此情此景,哥伦布没做任何反驳,而是拿起一只熟鸡蛋问众贵族,谁能把这个鸡蛋立起来。众贵族一个人接一个人地试了一遍,谁也无法把鸡蛋立在桌子上。最后,鸡蛋回到了哥伦布手中,满屋子鸦雀无声,大家都要看他怎样把鸡蛋立起来。哥伦布不慌不忙,拿起鸡蛋,猛地往桌上一磕,鸡蛋稳稳地立住了。贵族们面面相觑,随后不约而同地说,这个我们也知道。哥伦布听了微微一笑,慢条斯理地说道:不错,你们都知道,但是,你们却没有做到,这就是成功与否的最大区别。

知道的、想到的和做到的有着本质区别。在有些团队中,团队成员不乏奇思妙想,但是他们没有执行力,结果那些奇思妙想只好停留在睡梦里,永远不会变成现实,而有执行力的团队,会很快付诸行动,结果取得了令众人艳羡的巨大成功。

美国著名成功学家格林曾经对朋友说,快递公司其实是他发明的。朋友们都认为格林这是在开玩笑。而事实上，格林确实曾有过这样的创意。原来格林在事业刚刚起步时，每天工作都极其紧张，经常被要求在一定时限内将文件从美国的一端送往另一端。当时格林曾想过，如果开一家将重要文件在 24 小时之内送往任何目的地的快递公司一定会赚钱。但是这个奇思妙想仅仅停留在了创意阶段而没有了下文。几年之后，一个名叫弗雷德·史密斯的人付诸了行动，他开办了美国历史上第一家快递公司——联邦快递，该公司目前已成为美国最大的快递公司。

一、提高团队的执行力

细节管理专家汪中求指出："在中国，想做大事的人很多，但愿意做小事的人很少，我们不缺少雄才伟略的战略家，缺少的是精益求精的执行，我们不缺少各类管理规章制度，缺少的是对规章条款不折不扣地执行。"①那么，我们该如何提高我们的执行力呢？

（一）构建合理的团队结构

根据组织战略和目标要求，构建合理的团队结构。合理的团队结构是提高执行力的基础和前提，不合理的团队结构是影响执行力的最大桎梏。因此，组织决策层应该基于组织战略的需要，尽可能设置简单、实用、层级较少的团队结构，以保证组织决策和指令的迅速传达及信息沟通渠道的畅通无阻。管理大师彼得·德鲁克说过："最好的管理是那种交响乐团式的管理，一个指挥可以管理 250 个乐手。"德鲁克通过调查和研究得出结论，管理的层级越少越好，层级之间的关系越简单越高效。

（二）强化制度保障

没有规矩，不成方圆。一个团队要保证团队活动的高效进行，必须有强有力的规章制度作保障。所谓强有力的制度主要是指科学合理且具有可操作性并能够落地执行的制度。

有这样一则故事，讲的是有七个人住在一起，每天分食一桶粥。遗憾的是，僧多粥少，粥总是不够吃。一开始，他们抓阄决定由谁来分粥，每天轮一个。结果七天下来，每个人只有一天能吃饱，那就是自己分粥的那一天。见此方法不成，他们决定推选出一个道德高尚的人出来担当分粥重任。孰不料，强权产生腐

---

① 转引自范爱民：《从平凡到卓越》，北京：中国人民大学出版社 2006 年版，第 132 页。

败，大家开始挖空心思去讨好他，贿赂他，结果搞得整个小团体乌烟瘴气。于是大家决定组成三人分粥委员会及四人评选委员会，但他们常常互相攻击，扯皮下来，粥吃到嘴里时全是凉的。痛定思痛，最后决定采用轮流分粥制，即大家轮流来分粥，但无论由谁来分粥，分粥的人都要等其他人都挑完后拿剩下的最后一碗粥。为了不让自己吃到最少的，每个人分粥时都尽量分得平均。至此，分粥问题得到了圆满解决，小团体气氛由此也变得融洽和谐。

七个人还是原来的七个人，粥还是原来的一桶粥，由于采用了不同的分配制度，形成了不同的风气和氛围，问题也得到了圆满的解决。由此可见，好制度使坏人变成天使，坏制度使好人变成魔鬼。一套科学与合理且富有可操作性的制度是提高组织执行力的重要保障。在一个团队中如果有不好的工作习气，一定是机制和制度出了问题，一定是缺乏公平公正公开、科学合理的奖勤罚懒制度。如何制订这样一个制度，是每个团队领导需要考虑的问题。

当然，对有些团队来说，并不缺少制度规范，而是缺少对制度规范的贯彻执行，制度规范成了贴在墙上、挂在嘴上、印在文件中的摆设。之所以如此，大多是因为这些制度规范与现实存在差距，缺乏严谨性、针对性和可操作性。针对以上问题，在建章立制时要充分考虑团队的实际情况，确立能够被团队成员接受且易于操作的规章制度。不仅如此，还要制定相应的制度执行情况的监督机制和考核机制，确保制度落到实处。

（三）优化业务流程

优化业务流程的本质在于减少非增值活动、减少等待时间、减少重复工作、协调工作量，从而提高增值活动的效率。为此，要以整体流程全局最优为目标，设计和优化流程中的各项活动。不仅如此，还要考虑业务流程之间尽量实现单点接触，确保流程通畅、责任明确，同时还要特别注意运用现代计算机信息技术，以便协调业务分散与管理集中之间的矛盾。

（四）确保中层管理者的领导力

中层管理者的领导力是执行领导人意图的重要保障。中层管理者是团队的中层执行者，如果把团队比做人，团队决策层是脑袋，负责思考团队的方向和战略，中层就是脊梁，负责协助大脑传达和执行命令到四肢——基层。作为团队中层管理者，必须让领导和基层从他的身上感受到坚定的力量和积极的态度，如此才能带动执行层的有力执行。如果中层管理者被畏难情绪所左右，连正常的能力都发挥不出来，那么执行过程的“腰”就软了。同时，中层管理者还必须充当教练，去激励下属、赞美下属，要充当充电器，而不是耗电器。除此之外，作为团队的中层管理者，还要善于沟通，要给下属讲清道理，该干什么，不该干什么，能干什么，不能干什么，为什么要这么干，也就是说，要提高下属执行力，管理者须赋予个人明确的任务，说明预期结果、指导原则和可用资源。

二、提高领导者自身执行力

（一）了解自己的团队和团队成员

了解自己的团队并从整体上对自己的团队加以把握，知道并理解团队成员的需求，这是正确决策的前提，也是实施激励、提高行动力的前提。

（二）坚持以事实为基础

坚持实事求是是有效执行的基础，掌握事实是解决问题、使计划落实的关键之所在。在现实中，总有一些人基于自身利益有意掩盖事实来逃避责任，或者拖延时间来寻求新的解决方案，最后延误了解决问题的时机。基于此，团队领导者必须切实了解和掌握团队的实际情况，以便及时发现问题并有效解决问题。

（三）设定目标及其优先顺序

大多数团队都拥有多个目标或者模糊的目标，导致人们无所适从。不知道到底要先干什么，结果导致最终目标流产。因此，真正有执行力的领导者首先会制定足够明确、清晰的目标，以便让每一个人都明白自己的任务。然后选择三四个目标，排定优先顺序，以便让人们知道应该先做什么，后做什么。

（四）对目标的追踪和跟进

这是执行能力的核心所在：对团队领导来说，除了选人，对项目的追踪、跟进也是其执行能力的核心所在，所有善于执行的人都会带着宗教般的热情来跟进自己的既定计划。通过跟进工作能够暴露出计划和实际之间的差距，并迫使人们采取相应的行动来协调整个工作的进展。此时，团队领导者一定要制定出一份清晰的跟进计划：目标是什么？谁负责这项任务？什么时候完成？通过何种方式完成？需要动用哪些资源？下一次项目进度讨论在何时进行，通过何种方式进行，将有哪些人参加？如果没有精力对某个项目进行彻底跟进直到其最终渗透到整个组织当中，就千万不要批准这个项目。

（五）对执行力强的团队成员进行奖励

奖励是团队成员执行动力的源泉之一，同时奖励本身也是一种行为导向，它能够明确无误地告诉团队成员团队希望的行为是什么。因此，学会及时奖励那些任务完成及时的团队成员是领导者提高执行力必须掌握的技能之一。

在美国的西方标准石油公司，有一位名字叫阿基勃特的职员，该人有一个不同寻常的工作习惯，无论在什么时候，什么地点，只要需要自己签名，他都会在自己签名的下方写上“每桶四美元的标准石油”。由于每每如此，同事们便给他取了个外号，叫做“每桶四美元”。

公司董事长洛克菲勒得知此事后非常诧异，他对秘书说：“竟有职员如此努力宣传本公司的形象、推广本公司的产品，我要见一见他。”于是请阿基勃特共进晚餐。交谈中洛克菲勒发现阿基勃特的确有许多可贵品质，于是便留意栽培他，让他到各个部门锻炼。后来，洛克菲勒卸任，阿基勃特便做了西方标准石油公司的董事长。

我们赞叹阿基勃特工作的积极主动，他不仅仅用手和脚工作，还在用脑袋工作——聪明地工作，我们更对洛克菲勒的做法推崇之至，洛克菲勒让人们看到了执行力强的员工是如何获得公司的信赖和奖励的。管理学认为，你奖励什么就会得到什么，相信西方标准石油公司会得到更多执行力强的员工。

（六）了解自己

正确认识自己，提高自己的情感强度，是提高领导者执行力的重要工作。因为良好的情感强度能使领导者诚实面对自己，面对自己的业务和团队现实，并对人们做出正确的评价。情感强度的四个核心特质包括：

一是真诚。中国传统文化要求人对己以正直诚实立身，对他人以正直诚实处世。把正直诚实作为做人的基础。正直诚实的人之所以受到人们的青睐，是因为人们认为正直诚实的人更为可靠，让他们有安全感。作为团队领导者，如果能够对下属真诚不欺，言行一致、表里如一，下属就会对领导产生比较高的信任度，工作自然就比较积极主动。相反，如果猜忌、防范、围堵、监督下属，不但降低工作效率，工作也会被动而不愉快。

二是自知之明。所谓自知之明就是能够正确地认识和评价自己，清楚自己的优长和短板，明白自己擅长做什么，不擅长做什么，进而取他人之长补自己之短，团结一切可以团结的力量，集众力众智达成团队目标。

三是自我超越。自我超越意味着能够与时俱进，乐于并善于接受新事物，能够随着环境的变化调整自己的行为和心态。

四是谦虚。谦虚，简而言之就是虚心，不夸大自己的能力或价值；不虚夸不自负；不鲁莽或不一意孤行。谦虚有两个基本内涵：一是对待自己的态度，二是对待他人的态度，把二者结合起来，就是卑己和尊人——是低己高人、以人为师。谦虚对于团队领导者而言，是一种不以自己的功、德、才、能、位而自满、自夸、自傲，不自以为是，肯于向他人学习的品德。团队的领导者拥有谦虚的德性，就能包容下属、善待下属,学习和吸取别人有益的经验和知识,从而提高自己,避免浅薄无知。在当下这种竞争日趋激烈的形势下,团队的领导者必须学会“集众智”,发挥下属的聪明才智。因为即使作为领导,个人的智慧和力量也是有限的,只有集中大家的智慧和力量,群策群力,执行才能到位,任务才能高质高效完成。而要实现“集众志”就必须谦虚待人,向下属学习。如,听取下属的意见和建议,善于发现下属的优长和不凡之处,并及时给予鼓励与表扬。在实际工作中,不乏这样的团队领导,他们自恃权高位重,因而自以为是,盛气凌人;“看不见”或根本不愿意看见下属的优长,特别是当下属比自己强的时候,反倒觉得没面子;当下属提出了有价值的思路和方案之后,反倒觉得心里不舒服,实际上这不过是妒贤嫉能罢了;而一旦下属做错事情,根本不考虑自己的教导培养之责,一味地批评指责。这样的领导根本无法获得下属的认可,更毋庸说提高团队的执行力了。

三、提高下属的执行力

培养和提高下属执行力不仅是团队领导者的重要工作之一,也是团队领导者执行力的体现。优秀的团队领导会借助一切机会向下属传递工作经验和工作体会,以此来培养下属,提高团队的执行力。

(一) 适才适用

适才适用,具体来说,就是把合适的人放在合适的位置上。同时还要让那些想干事的人有事干,能干事的人干好事。有“经理人中的经理人”之称的韦尔奇是 20 世纪最伟大的 CEO 之一。在谈及自己的成功秘诀时,他宣称最重要的就是用人。韦尔奇把 50%的工作时间花在了人事上,他说:“我们所能做的是把赌注压在我们选择的人上。因此,我们全部的工作就是选择适当的人。”有人说,管理的任务很简单,就是找到合适的人,放在合适的地方做一件事。然后鼓励他们用自己的创意完成手头上的工作。团队领导应该以每个团队成员的专长为思考点,安排适当的位置,并依据其优长和缺点,做机动性调整,使团队发挥最大的效能。以西天取经团队为例,唐僧之所以能够率领众徒弟西天取经成功,主要在于他做到了知人善任,适才适用,把孙悟空、猪八戒、沙和尚安排到了最适合他们专长的岗位上,让他们英雄有用武之地,并且实现了人才所长与岗位所需的最佳组合。

(二) 指导训练

团队的执行力不是领导者的执行力所能替代的,而是团队所有成员执行力的有机整合。任何团队都不能只使用其成员,而是要把团队成员当作自家人,致力于培养团队成员，提高团队成员的综合素质。而优秀的管理者绝非仅仅是独善其身，而是要不断地引导和帮助下属提升他们的业务技能和综合素养，培养下属的执行力，否则，其最多只是一个优秀员工。

"授人以鱼不如授人以渔"，[1]提高下属执行力的方式之一就是对其进行指导。如何指导训练呢？从宏观上讲，主要包括：启发下属认识到自身角色的重要性；告诉下属工作的目的是什么；让下属知道你对他的期望；及时告诉下属他做得如何。只有这样，你的监督和检查才能顺利进行。从微观上讲，让下属明确自己的任务，清楚地定义任务，消除那些不必要的工作任务；专注本业，引导下属关注与工作有关的事情；为下属确认工作业绩的标准，如，什么是工作业绩，是质量，还是数量，还是二者的结合；督促下属不断学习，并使之举一反三，触类旁通。

（三）对项目追踪和跟进

团队领导者的主要职责是决策，但决策的落实需要领导者和管理者的跟进和追踪。通过跟进和追踪能够及时发现下属在执行过程中遇到的问题，并及时采取相应措施，帮助其扫除前进路上的障碍。

（四）考核

要提高团队成员的执行力，考核必不可少。一般来说，对执行力的考核主要体现在三个方面：按时、保质、保量。所谓按时就是对工作成果在时限上的要求；所谓保质就是对工作成果品质上的要求，即工作成果不能低于标准值，不允许得过且过、敷衍塞责、假冒伪劣、以次充好等等；所谓保量就是工作成果在数量上的要求，即至少要达成规定的数量，不允许偷工减料、缺斤短两、减少程序等等。

美剧《欢乐酒店》里，Norm 被任命为"公司之斧"，专门负责开除与公司签订长期合同的员工。Norm 之所以获得这么一个职位，原因很简单——他的主管没有胆量自己开除员工。

作为团队领导者不能学 Norm 的老板。如果在你的团队里有人不能胜任工作或者工作不到位，你要通过考核整肃纪律。领导者应当意识到，不管出于什么原因，团队成员缺乏执行力，自己也有责任。因此，要通过考核结果告知下属哪些工作不达标，帮助他改进，并共同承担后果。即使根据规定不得不对下属进行停职处理甚至开除，也应当亲自处理。

（五）奖励

奖励是员工执行动力的源泉之一，同时奖励本身也是一种行为导向，它能够

---

[1]《老子》。

明确无误地告诉员工组织希望的行为是什么。因此,学会及时奖励那些任务完成得好的员工是领导者提高执行力必须掌握的技能之一。

1. 奖励应适时进行。美国前总统里根曾说过这样一句话:“对下属给予适时的表扬和奖励,会帮助他们成为一个特殊的人,使之由‘平凡走向不平凡’。这种‘零成本’的激励。往往会‘夸’出很多为你效劳的好下属。”

如果领导问自己的团队成员,希望团队多提供什么,也许很多人会说“涨工资”,但这并不意味着所有人都觉得钱最重要。团队成员需要赞扬,需要知道领导层注意到他们的努力和工作成果。褒奖是对团队成员工作的肯定,能够充分激发团队成员的主观能动性,让他们畅所欲言、提供有价值的意见、方案或创意。

2. 奖励要因人而异。领导者在奖励下属时,一定要区别对待。最好在奖励下属之前,要搞清被奖励者最喜欢什么,最讨厌什么,最忌讳什么,尽可能“投其所好”,否则,就难以达到奖励的目的,甚至有可能好心办坏事。

3. 奖励注意多管齐下。奖励的方式方法很多,但从大的方面来划分主要可分为精神奖励和物质奖励两大类。领导者在进行奖励时。要以精神奖励为主,以物质奖励为辅,只有这样的奖励机制,才是一种有效的奖励机制,才是一种长效的奖励机制。

第五节　构建富有执行力的团队文化

培养和提高团队的执行力,将团队塑造成一个富有执行力的团队,领导者应关注团队内执行力文化的构建。构建团队执行力文化应从以下方面入手:

一、选择正确的价值观

对于团队的领导者来说,即便身处一个大中型机构,团队的价值观早已确立,他依然有责任确保他的团队真正理解其中的含义,知道如何去实现,明白如何朝正确的方向去推动。这倒不是说他要不停地喊口号,而是要牢记在心,在工作中以此为基础不断调整,将价值感传播、渗透下去。

美国 IBM 公司一位总经理曾经说过:在急速变化的世界中将 IBM 团结在一起的共同因素不是它的技术,而是它独特的伦理和文化,作为公司的主要动力不能过分强调信仰有多么重要,这种信仰应成为与其他公司竞争的特殊管理风格。因此，IBM公司要求员工必须认同这样一种价值观念：尊重公司内部每一个人的尊严和权利；提供全世界所有公司中最佳的服务给广大用户；相信本公司的每一项目标任务是以卓越的方法完成实施的。

日本松下公司坚持“自来水经营观念”。松下公司的创始人松下幸之助说过：“我的任务就是要制造像自来水一样多的电器用具，这是我的使命。尽管实际上不容易办到，但我们要尽力使物品的价格降低到最便宜的水准”。正是因为松下电器公司在生产、销售乃至售后服务中一贯执行“自来水经营观念”，才赢得了顾客的长期信赖。

二、选择正确的理念

对于团队而言，理念是在团队精神直接牵动下，在工作中形成的一种信念和战略指导思想，它决定着团队的工作作风，也决定着团队的未来。选择正确的理念对于团队发展至关重要，因为理念直接影响团队的行动，有什么样的理念就有什么样的行为，正确的理念必然推动团队产生正确的行为。依靠正确理念获胜的团队很多。比如，海尔集团的经营理念是：“只有创业，没有守业。”所以，当海尔在国内小有名气时，它并没有固守在国内的市场，而是主动出击，提出了“国门之内无名牌，冲出国门创名牌”的战略思想，确立了“企业现代化、市场全球化、经营规模化”的目标。正是这一明确的经营理念，推动着海尔不断大踏步向前，逐渐成为响当当的世界名牌。闻名于世的麦当劳也是靠正确的理念而成为世界快餐巨头的。麦当劳的汉堡其实不过是两片小面包夹着一块圆肉饼的快餐，为什么能如此风靡世界呢？究其原因，就在于它所确定的以品质(Q)、服务(S)、清洁(C)、价值(V)为内容的经营理念，几十年来，它自始至终恪守着“Q、S、C、V”理念，并且把这种经营理念贯彻到所有行为和宣传中去，让麦当劳的顾客得到一种精神满足。

三、选择正确的行为规范

行为规范是指团队的规章制度、团队机构设计、管理工作程序、团队成员的行为准则和技术操作制度等一系列标准的总称，是团队成员从事各种工作的行为标准和准则。团队行为规范表明了团队内什么行为被鼓励和提倡，什么行为被制止，它对人们的行为具有指导性和约束力。选择正确的行为规范旨在通过科学合理的制度规范准则引导人们正确地做事，通过有效的执行提高工作效率。以海尔为例，海尔公司创造了："日事日毕，日清日高"的工作法则。要求当日的工作必须当日完成，决不拖延到第二天；今天的工作决不是昨天水平上的简单重复，要日新月异，每天进步。这样的工作规范大大提高了海尔的执行力。

美国的西点军校是人才的摇篮，培育了一代又一代名将和军事人才，据统计，毕业生中有4000多人成为将军，2人成为美国总统，此外，还培养出无数商业上的精英。西点军校是如何取得如此骄人业绩的呢？就在于它有一套正确的行为规范。

"没有任何借口"是西点军校奉行的最重要的行为规范，西点军校有一个传统，新生遇到学长和军官发问时，只能有四种回答可以选择："报告长官，是的。""报告长官，不是。""报告长官，没有任何借口。""报告长官，我不知道。"打个比方说，有军官问话："你的腰带这样算系好了吗？"被问者如果没有系好，当然希望为自己辩解。但是，只能有以上四种回答方式，别无其他选择。

西点军校确立这样的行为规范，就是为了让每一个学员明白：失败是没有借口的。犯错就要承担错误所造成的后果。

"没有任何借口"作为西点军校奉行的最重要的行为规范，它强化的是每一位学员竭尽全力完成每一项任务，而不是为未能完成任务寻找任何借口，其目的就是要锻炼学员适应压力，培养他们不达目的决不罢休的毅力。它让每一个学员懂得：失败是没有任何借口的，无论遇到什么情况，都必须对自己的一切行为负责！

四、组织有效的对话和沟通

要在团队内部组织展开强力对话，如果不能真诚、开放、平等、随便地讨论当前的情况，就不能真正建立起执行力文化。坦白的沟通对于价值观的传递、强化都是极为重要的过程。团队有别于集体之处，就在于团队成员要相互协作，合力完成共同的目标。而要做到这一点，团队成员之间的沟通交流是必不可少的。一般来说，团队规模越大，沟通的复杂程度就越高，而有效地组织对话、顺畅地进行沟通，可以对整个团队效率产生积极的影响，

五、以身作则，领导身体力行

人先正己，做事先做人。团队领导者要想管好自己的团队成员，必须身体力

行，以身作则。示范的力量是惊人的。

彼得·德鲁克在《有效的管理者》一书前言中指出："管理工作在很大程度上是要身体力行的，如果管理者不懂得如何在自己的工作中做到卓有成效，就会给其他人树立错误的榜样。"①孔子说："其身正，不令而行；其身不正，虽令不从。"②管理的形式多种多样，诸如树立典型、学习材料、宣讲规范、个别谈心、反例警示、创造环境等，其中运用最多的是言教，而效果最好的是身教。身教重于言教。如果领导者能够严格要求自己，事事为先，起表率作用，就会在团队成员中树立起威望，进而做到上下同心，大大提高团队的执行力。

当今的新一代员工无不崇尚人格魅力，团队领导者要实现对团队成员的有效管理，提高其执行力，必须首先赢得团队成员的尊重。而要做到这一点，除了自身德才兼备以外，还必须以自己的真诚无私去换取团队成员的真诚无私，以自己的善良正派去构筑团队成员的善良正派，以自己的务实强干引领团队成员的务实强干，以自己的纯洁美好去塑造团队成员的纯洁美好。唯有如此，团队领导者才能以榜样的力量激励团队成员，以高尚的人格感染团队成员，以实在的行动带动团队成员，使之产生强烈的认同感，消除其对抗情绪和逆反心理，促使其真正做到言行一致，知行合一。

六、报酬与业绩挂钩

要在团队中建立执行力文化，必须将报酬与工作业绩挂钩，让团队成员得到的报酬与其贡献成正比。通过肯定和奖励优秀工作者，激发全体团队成员的工作动力，引导其高效完成工作任务，进而在团队中形成执行力文化。

第六节　执行力与团队创新能力培养

创新是社会进步的根源，也是与时俱进的要求，有人说，在这个变动不居的社会中，唯一不变的就是变化。身处这样的环境中，要提高团队的竞争力和执行力，不断创新就成为追求卓越的团队的不二选择。李开复在给中国高校学生的一封信中曾这样写道：仅仅勤奋好学，在今天已经远远不够了。因为最好的企

---

① 彼得·德鲁克：《有效的管理者》，北京：求实出版社1985年版，第2页。

②《论语·子路》。

业需要的人才都是既掌握了丰富的知识，又具备独立思考和解决问题的能力，善于自学和自修，并可以将学到的知识灵活运用于生活和工作实践，时时不忘创新，以创新推动实践，以创新引导实践。只有这样，我们才能不断研发出卓越的产品。

基于此，团队建设必须把培养团队成员创新能力放在重要日程之中，引导他们关注专业领域前沿的最新动态，在工作实践中养成独立思考、大胆质疑的习惯，逐渐提高自己思考问题、发现问题、解决问题的能力。

一、培养发现意识

有人将创造性解决问题训练模式归纳为五个内容，六个目标。五个内容是：事物发现、问题发现、设想发现、解法发现、接受发现。六个目标是：善于发现问题、能够确定问题、能够打破习惯性思维、能够推导判断、能够看出新的关系、能够评价行动的结果。

二、培养思维的流畅性、灵活性和独创性

流畅性、灵活性和独创性是创造力的三个因素。在广博的知识基础上，才谈得上思维的快速流畅反应能力、随机应变能力等。20世纪60年代，美国心理学家曾采用所谓急骤的联想或暴风雨式的联想方法启发大学生们思维的流畅性。在训练中，要求深长迅速地抛出一些观念，不容迟疑，也不要考虑质量高低，评价在训练结束后进行。速度愈快表示愈流畅，这种方法值得借鉴，它对于提高思维的质量和流畅性都极有好处，可促进创造性思维的发展。

三、坚持头脑训练

美国著名管理学家马斯洛说过："教育不再是唯一的学习过程，更重要的是性格训练或个人训练的过程，而且这种情形会越来越普遍。"①

再好的教练也只是担负启蒙工作，只有懂得自我训练，才会越来越出色。不少杰出的运动选手，都有一套独特的自我训练法。比如，一直刷新棒球安达记录

① 转引自冯化平：《打破常规的西方人性管理》，北京：时事出版社2002年版，第262页。

的铃木一郎，为了训练自己的还击力，不怕被球砸到的危险，练习时总站在一般打击区前一米处挥棒(平均时速会增加百分之十五左右)。而王贞治苦练稻草人打法时，也曾用窄幅的木剑代替棒球来挥棒——不但训练了自己的精准度，还训练了自己面对挥棒落空时的耐挫力。

四、培养创新的行为方式

团队成员的创新在很大程度上取决于团队赋予他们的创造激情，那么如何提高他们的创造激情，进而提高其创新力呢？

就组织而言：

一是善用诱导技术，培养大家共同创造的工作习惯。(诱导技术主要有头脑风暴法和集思广益法。集思广益主要的核心思想是见怪不怪和异中求同)

二是雇用有创造力的人，增强团队活力。

三是对所有团队成员进行创造技能方面的培训。

四是营造富有创造性的团队氛围，为创新缔造好的环境。

就个人而言：

一是培养团队成员广泛的兴趣。对事物的好奇心理，往往能使人从平常中发现奇特，从习以为常的现象中找到独特之处。

二是培养敏锐的洞察力。洞察力是在仔细观察的基础上，找出事物内在本质的能力。

三是培育创新思维能力。

创新思维有诸多形式，首先是直觉思维。这种思维源于四个方面：(1)知识，知识广博才能融会贯通，触类旁通。(2)经验，创意、创造常常产生于对社会实践的总结和提高上。(3)直觉，它是以已经获得的知识和积累的经验为依据的，因此，直觉往往具有相当的正确性和可行性。(4)概念，通过概念形成了反映客观事物的一般的、本质的特征，从此处出发走向创新，即可得到解决问题的新的构思和方案。其次是倾向思维。即在对事物有一定了解的基础上，沿着一定的目标和倾向进行思维活动，通过分析和推理发现解决问题的方法，进而提出方案的一种思维过程。它常常表现为灵感思维的特征，即“多思出智慧”，如经过长期的思考，偶然受到某一事物的启发，于是问题迎刃而解。第三是联想思维。是指通过某一事物而联想到其他事物而产生对某一具体事物的认识、理解并创新思路的心理活动过程。即在解决问题的过程中，通过把注意力引向外部其他领域和事物，来寻求解决问题的途径。第四是综合思维。是指将各种事物、观念等作合乎逻辑的或偶然的连结，以产生对于新的事物或观念的思维方式。通过合乎逻辑的组合，往往能够引导出新而有用的构思。有关研究表明，大凡创造性的东西，97.7%内容是大家都知道的，但当它们被一种新的关联体重新组合起来时，就变成了创新。而这种新的关联就是画龙点睛，能化腐朽为神奇。第五是类比思维。类比思维是把不同的两类或几类对象进行对比，根据已知的相似性，来类推其他属性的相似，使人们触类旁通，从已知事物的特征看到未知事物的特征，把未知变为已知，从中获得新的知识的创造性思维方式。第六是逻辑思维。这是用抽象的概念揭示科学的本质，表达认识现实的结果，并在人们的认识过程中，借助于概念、判断、推理反映现实的过程，这是具有严密科学性的思维方式。第七是逆向思维。逆向思维就是从反方向进行思考，即从相反的方向去思考问题。逆向思维法具有挑战性，常能出奇制胜，取得突破胜解决问题的方法。

四是要有独立意识和坚定的信心。

五是坚持终身学习。

案例分析：大师的鞋带松了

一位表演大师上场前，鞋带松了，弟子提醒他，他马上把鞋带系紧了。等弟子离开后，他又把鞋带松开，有人不解。他回答，“我饰演的是一位长途跋涉的人，鞋带松表示劳累憔悴。”那何必系上又解开呢？大师说，“要保护弟子的热情的积极性，及时给予他鼓励。至于为什么松开又系上，以后还有很多机会教他表演，可以下一次再说呀！”

分析：指导必须注重技巧，要保护员工的热情。管理者必须避免教训式指导，应当语重心长地激励员工提高自身业务素质。除了现场指导外，还可以综合运用培训、交流会、内部刊物、业务竞赛等多种形式，激发员工不断提高自身素质和业务水平，形成一个积极向上的学习型团队。

第四章　选择和搭配合适的人才

要打造卓越团队，增强团队整体凝聚力，提高团队工作绩效，必须在选择和搭配人才上下功夫。选择合适的人才是团队形成的首要环节，在此基础上要进一步定义每位成员的角色以及这个角色所赋予的权利和义务，同时让他们知道自己在每个职能环节中的位置以及和上一道工序及下一道工序的衔接，只有这样，团队成员才可以根据工作的需要自觉而有效地做出反应，并采取恰当的行为来完成团队的共同目标。

第一节　人才的内涵界定

一、人才的含义及特征

随着国际全球化的发展以及市场竞争的日益激烈，企业开始从战略的视角关注企业本身的发展状况，意识到要实现可持续发展，就必须在自己的领域中具备核心竞争力，而最强健的核心竞争力莫过于企业所拥有的优秀人才。对于团队发展来说，亦是如此。

人才一词出于古老的《易经》"三才之道"："《易》之为书也，广大悉备。有天道焉，有人道焉，有地道焉。兼三才而两之，故六。六者非它也，三才之道也。"[①]人中之才，即人才，有谋略之才、谋事之才、栋梁之才、将帅之才。在古代就已经开始使用"人才"一词，一般将其解释为有才学的人或者人的容貌等。现代社会，

① 《易经》。

一般将人才定义为具有较高文化基础知识，具有某种特长或某些才能，能够用自己的创造性劳动为特定的组织、社会发展和文明进步做出较大贡献的人。

人才是推动人类物质文明建设和精神文明建设的最有创造力的因素，是人群中比较优秀和先进的一部分人。一般而言，人才具有以下特征：第一，人才的广泛性。正所谓“三百六十行，行行出状元”，随着社会分工的不断细化，生产社会化程度的不断提高，社会上涌现出的各类专业人才越来越多。尤其是随着科学技术的飞速发展，各种学科、技术日新月异，必然会出现各种新型人才和高科技复合型人才。第二，人才的社会性。马克思认为，人的本质是一切社会关系的总和。人是社会中的人，人才必然是社会中的人才，任何人才都离不开他所工作和生活的环境以及具体的社会历史条件。不同的社会历史环境中，对人才的要求必然也不尽相同。第三，人才的层次性。从不同的标准出发，可以将人才分为不同的类型。按照人才对组织和社会的贡献程度来分，可分为一般人才、优秀人才、杰出人才；按照工作的模式划分，可以分为脑力人才、体力人才和脑体结合性人才；按照年龄段来分，可分为老年人才、中年人才、青少年人才等；按照所从事工作的专业化程度来分，又可以分为初级人才、中级人才和高级人才。第四，人才的专业性。骏马能历险，犁田不如牛；坚车能载重，渡河不如舟。在学科门类数量越来越广、学科分工越来越细、知识高度分化的今天，绝大多数人才都表现出非常明显的专业性特点，这就要求团队领导者在人才的管理和应用上要根据实际情况，因人施用，切忌求全责备和任人唯全。第五，人才的动态性。所谓动态性，是指人才的内涵和层次并不是固定不变的，而是会随着时间、地点、条件的变化而变化，在一定条件下，人才和非人才、各种层次和各种类型的人才是可以相互转化的。人才的概念本身在不同历史时期也有着不同的内涵和衡量标准。

二、人才的来源

团队（Team）是由管理层和基层人员组成的一个共同体，它能够合理地利用每一个成员的知识和技能协同工作、解决问题，以达到共同的目标。每个团队都有其存在的理由，也即团队存在的目标。“构建卓越团队，首先要弄清楚它的目标，然后确定需要什么样的人才来实现这个目标，确定具体的用人标准，明确每位团队成员所需要具备的知识和技能，进行人员的选拔。”①

① 李强：“从优秀个人到卓越团队”，《HR MANAGER》，2007年第9期。

人才是指具有一定的专业知识或者专业技能，通过创造性劳动对社会和企业做出贡献的人，是组织人力资源中素质和能力较高的人群。人才来源的途径很多，从不同的角度出发有不同的来源渠道，例如从选择方式的不同，可以分为被吸引来的、被筛选出来的和通过薪酬福利等手段重金挖掘来的等三种方式，例如《亮剑》中李云龙身边的和尚原本是国民军，一听说是李云龙带的队伍，就马上同意跟他干，这种人才就是吸引来的；张大彪是因为在战场中表现突出而被重用，这是筛选出来的；骑兵连的孙连长是用五挺机枪换来的。李云龙的部队无论走到哪里，都不会忘记两件事，一是招兵买马，二是筹备武器装备，正是因为重视人才的选择，李云龙的部队才可以从千人的团队发展到将近万人。

运营团队绝非易事，在讨论应该如何选择和搭配之前，一定要审视不同来源的人才所具有的优点和不足之处，以便提高人才选拔过程中的针对性。下面通过表格的形式进行了分类总结：

不同人才来源的优势劣势分析

人才来源	主要优点/长处	存在缺点/短处
从内部提拔式“优选”	对团队的忠诚度高、依赖性强 认同团队文化 熟悉团队内部情况 熟悉团队的管理风格和流程	对团队外部情况了解少 视野不够开阔 容易滋生惰性、进取心比较差 容易结成派系
录用应届生或毕业时间不长的大专院校毕业生	求知欲强、可塑性高 思想单纯，需求较低 领悟性强，学习劲头高 服从安排，易于安排	经验欠缺 知识面相对较窄 专业技能不足 职场人际关系处理能力较差
选聘原就职于专业生产厂家或企业的中层和基层人员	业务管理人员 专业知识丰富 富有职场工作经验，适应性强 了解相关行业的发展趋势，熟悉主流企业的运作态势	对新事物接受度较差 缺乏创新求变的意识
从同行中吸引愿意跳槽过来的人才	清楚行业运作的惯例，拥有行业实操的经验 专业技能扎实，行业底蕴深厚 上手速度快，入门时间短	容易和原有团队成员产生隔阂 总体上不够稳定，易受利益驱使 工作激情少，通常利用原来的经验做事

团队在进行人才选择时一定要遵循“因岗定才、才岗匹配”原则，基于团队特色和团队需求，通过正确的渠道和方法选择最适合的人才，以此确保团队的活力与合力，防止不考虑各种来源人才的优劣，草率而盲目地为其定岗定位，导致事

倍功半，甚至功亏一篑。

三、人才的类型及价值

由于人本身的素质和实践领域的不同，所造就的人才亦会有不同的类型。了解人才的类型，对于合理地使用人才、最大程度发挥不同人才的作用具有重要意义。从人才内在素质倾向性的角度出发，可以将人才划分为以下几种类型：实践型人才，这类人才务实有耐力，行为机敏，观察和操作能力都特别强，适合于做技术人员、实验和操作人员等；理论型人才，这类人才有较强的抽象思维能力、记忆能力很强，善于推理和掌握事物的本质规律，适合做自然科学和社会科学的理论研究工作；创造型人才，这类人才勇于追求新知识，不受陈规和旧观念的束缚，想象力较丰富，创造能力很强，适合做科学发明、技术革新等具有独创性要求的工作；再现型人才，这类人才接受能力和模仿能力较强，知识再现能力比较突出，善于传授知识和推广应用各种新技术，因此，一般适合从事教师和培训等工作；组织型人才，这类人才的组织协调能力和判断能力较强，善于处理各种工作关系和人际关系，适合做党政领导干部和经济、技术管理工作。

团队的发展离不开人才，人才在团队中发挥着重要的作用，其价值主要表现在：

第一，人才是一种稀缺资源。现代社会高度发达的技术体系和通讯体系，使普通劳动力的获得变得越来越容易，而高素质的劳动力越来越成为一种不易多得的稀缺资源。人才在现代社会被作为一种稀缺而抢手的资源予以储备和使用，而且人才是一种不可再生资源，使用一个则少一个。

第二，人才是团队的核心竞争力。社会经济的发展更多地取决于劳动力的素质和技能，取决于是否拥有雄厚的科技研发基础。经济生产活动的核心生产要素开始由有形资产和一般劳动力转为知识、科技劳动力、无形资产、风险资金以及发展环境等因素。是否拥有能够充分提供知识生产与创造的人才，是一个团队和组织是否具有竞争力的核心因素。

第三，人才是决定未来发展的战略资源。20世纪中叶以来，很多国家特别是发达国家，资源开发战略已逐步从以物力资源开发为中心向以人力资源开发为中心转移。联合国发展规划署在20世纪90年代初提交的《人力发展报告》中早已明确地将人力发展定义为社会发展的核心。

第四，人才是一切竞争的焦点。国与国的竞争、经济技术的竞争、文化的竞争、服务的竞争、制度的竞争、产品的竞争等，其背后终究都是人才的竞争，竞争优势的大小取决于人才质量的高低。美国之所以能够成为世界超级大国，就在于它拥有强大的科技力量和人才优势，二战期间美国从欧洲各地区吸纳了数千名犹太科学家，这对于其战后的经济繁荣与科技创新产生了不可估量的影响。

第五，人才是领导成就事业的第一资本。任何一个团队中的领导与管理都离不开对人、财、物和信息等要素的协调与配置，而财和物等资源都是人来创造的，并被人用于生产和生活中去，正是由于人的活动和运用，财和物才能被作为社会系统的组成部分而发挥作用，所以人才是成就事业的最关键的资源。

四、人才的衡量标准

所谓人才，有多种多样的解释，可谓“仁者见仁，智者见智”，并没有一个固定的答案和标准。在这里，我们所说的衡量人才的标准主要是指用于人才选择方面的一些标准，最基本的主要有如下两个方面：

第一，具备良好的人品。人品，指的是人的品性道德，可以概括为“责任和利他的行为”，是个体依据一定的社会道德准则和规范，对社会、对他人、对周围事物所表现出来的稳定的心理特征或倾向。具体表现为对人慷慨大方，宽以待人；对工作要爱岗敬业，忠诚热爱。具有良好的品行和道德素质是对人才的最根本要求。

第二，能力优于知识。团队中所需要的人才不是应试性人才，而是能做事会做事的人才。面对日益激烈的市场竞争，团队的生存和发展很大程度上依赖于人才的能力，这里所说的能力主要包括以下几个部分：技术专长与创新能力——没有过硬的技术或者只会纸上谈兵的人必然会在竞争中被淘汰，这样的人所组成的团队也必然没有竞争力；组织与规划能力——在一个团队中，组织工作必不可少，团队成员的能动性要得到充分的发挥，而不是局限于按部就班的传统模式，需要团队成员拥有高水平的组织与规划能力；说服与交流能力——团队成员之间懂得如何表达思想和传达信息，并能够积极倾听他人的想法与意见，出色的说服与交流能力在未来团队的人际交往中是必不可少的；想象能力——团队发展需要想象力所带来的创造力，想象力可以开拓团队的思维方法及观察的视野，简单来说，想象力在某种程度上可以带动团队的创造性和创新能力；文理贯通能力——文理贯通要求团队成员学会通过各种知识的融合来提高工作的效率；学习能力——突出的学习能力能使人提高工作效率，有助于团队达成预期目标。

任何一个团队的发展，都必须依赖于合适的人才。人才的选择和搭配直接关系到团队目标的实现和团队未来的发展。合适的人才既能适合岗位的需要、适合上级的要求，亦能适合工作环境和团队的需要，并且能以自己的创造性劳动为组织为团队做出贡献。

第二节　人员选择与招聘

当今世界，科学技术飞速发展，人才在综合国力竞争和经济社会发展中的地位和作用变得日益突出，人才已经成为所有资源中最为重要的资源。随着社会生产力水平的提高和科学技术的进步，团队的发展也正在从以依赖物质资源为主转为以依赖智力人才资源为主。

岗位匹配是人与团队匹配的基础，如果一个人找不到合适的工作岗位，工作岗位也没有合适的人来胜任，则无法实现人与岗位的相匹配，人与团队的全面匹配便失去了基础。人才是团队发展的前提，只有具备优秀的人才，团队才可以在异常激烈的竞争环境中生存和发展。

一、工作分析

团队的人才选择方式和用人方式关系着团队能否实现可持续发展，为了获得足够的竞争优势，团队必须注重人才的选择和培养。就人才选择而言，除宏观上进行战略性的规划与选择外，为了保证团队人才选择的质量和效率，还必须做好工作分析，运用正确的人才选拔测评工具。

工作分析是整个人力资源活动的基础和前提，又称为职务分析、岗位分析，是指获取并分析某个特定工作职务或岗位的重要信息，以便对该职务、岗位的工作内容、工作要求和任职资格等做出明确规定的过程，工作分析的成果就是工作说明书。

工作分析是进行人才招聘的前提，工作分析的进行有助于人员的选择和录用，通过分析可以确定各项工作的近期和远期目标，通过调查了解各个岗位、各项工作的责任与要求，掌握工作岗位的动态和静态特点，提出从事该岗位的人员应当具备的生理、心理、技能、品格和知识等的要求，在此基础上确定人员任用的标准。具体在团队运行的过程中，很多事件都可能引发工作分析的需求，应当看到，随着组织调整速度的加快，工作分析已经成为团队管理中的一项日常工作，很多卓越的团队更是经常进行工作分析，以快速适应团队环境的动态发展，尤其是一些高科技团队，例如联想集团，每三个月就会进行一次工作分析。通过工作分析，一方面可以使团队管理者严格依据工作职责和要求选择和招聘员工，消除用人不公现象；另一方面还能使团队成员明晓团队对自己的期望，知道自己该干什么，怎么干。

为了提高工作分析的有效性，一定要注意工作分析的内容、方法和程序的选择。工作分析的内容主要包括两个方面：一是工作描述，确定工作职务的具体特征。二是工作要求，说明任职人员应该具备的资格条件。工作描述就是通过各种调查后获得说明某一职务或岗位的各种信息，在此基础上对工作职务和岗位的性质、名称、程序、任务、条件和内外部环境等内容做出比较系统性的描述。它主要包括以下内容：工作性质分析，主要是确定这项工作和其他工作的质的区别，使人看到名称就能大致了解工作的性质与内容；工作任务量分析，对同一岗位工作任务量的多少进行分析，从而确定为完成这一工作所需要的人员数量；工作环境分析，包括物理环境、安全环境和社会环境等；工作责任分析，分析某一职务与其他工作的职责范围，以及这些工作在团队中的重要程度，尽量用量化的概念来说明其重要程度；工作关系分析，就是分析某一工作岗位和其他工作岗位的联系和协作内容。而工作要求的主要内容一般包括和该职务有关的技术要求、工作技能、注意力、独立思考和判断能力、记忆力、操作能力、工作态度、警觉性和各种特殊能力的要求，职务要求同时还包括工作经验、文化程度、健康状况和生活经历等。工作分析的方法五花八门，比较常见的方法有调查问卷法、观察法、面谈法、实验法和记录法等。

工作分析是对工作职务和岗位所进行的一个全面评估的过程，这一过程可以分为五个步骤：

步骤 1：明确工作分析的目的。工作分析的目的直接决定了需要收集的信息的类别以及获取信息的方法，例如编写职务说明书，为空缺岗位甄选新员工，可以采取与员工面谈的方式收集和工作有关的信息。

步骤 2：确定参加人员。参加工作分析的人员一般有人力资源专家、工作分析专家或咨询人员、直接主管和工作的实际承担者等，有的时候，其他团队的其他人员也可以作为工作分析信息的重要来源，例如与团队工作联系较紧密的其他部门人员等，而对服务性的工作岗位来说，顾客也是一个十分重要的信息来源。

步骤 3：选择分析样本。当需要分析的工作较多，而且它们之间很多具有相似性的时候，例如流水线上所做的工作，为了提高效率并节约成本，没有必要对每一个职务都进行分析，而是应该选择具有代表性的职务展开深入的分析，这样更具有实际的意义。

步骤 4：收集并分析工作信息。首先明确信息收集的范围，然后采用各种方法收集前述有关工作的信息，不同的工作分析目的，所要收集的信息范围也不尽相同。

步骤 5：编写职务说明书。

二、人才的选择与测评

人才的选择过程就是人才招聘与选拔的过程，是团队根据岗位的需要从众多应聘者中寻找、甄选并录用那些有能力、有兴趣到本团队中工作的最合适人选的过程。团队的业务是多方面的，需要多方面的人才，团队管理者在选择人才时，应该全面遴选以获得各个方面的人才，这样才能实现人才互补，从而使整个团队顺畅运行。

（一）测评工具

测评工具是团队管理者用来评价和判断应聘者知识、智力、以往的工作经验、心理、能力和业绩的手段，借此判断其是否能够胜任岗位的要求。团队选择的人才不一定是最优秀的，但必须是最合适的。通过有效地运用测评工具可以实现人才和岗位的匹配，让合适的人才担任合适的职务，进入合适的岗位，高效地发挥人力资源的作用。

测评工具是以事先设定好的测量标准为参考，对求职者的知识结构、性格特征、技术能力、做事态度等维度进行判断和测量的一套科学的综合选才方法体系。用人才测评方法来筛选求职者中哪些人适合并且能够胜任团队所提供的岗位是一种行之有效的选择。目前，在人力资源招聘环节，测评工具有很多，概括起来主要包括简历筛选（资格审查）、笔试、面试、心理测试和情景模拟等。

（二）资格审查

资格审查是人员选择的第一步，也可以说是对求职者材料的一种筛选，包括简历的审查，即分析简历的结构、审查简历的客观内容、判断是否符合职位的需求、审查简历中的逻辑性和真实性等信息；还包括对应聘者申请表的审查，判断应聘者的态度、关注表格中和职业相关的问题、对可疑之处进行标注并进行实际的核查，通过材料的审查，进行筛选，通知其合格者进入下一步的测试环节。

（三）笔试

笔试是考核应聘者理论水平和学识水平的一种重要工具。首先由应聘者在试卷上回答事先设计好的问题，然后由招聘小组根据其解答情况来评定成绩。这种方法可以直观有效而快速地对应聘者的基本知识、管理知识、专业知识、文字表达能力和综合分析能力等素质及能力作出判断。当然，还可以通过答题时的书写情况来分析笔迹所折射出的个性特征是否符合岗位要求，当然，这只具有一定的借鉴意义，而并非绝对的。参考以下两表：

运笔走势、字体全局折射的性格信息

字体整体布局	折射的性格信息
公正、拘谨	冷静、内向，不爱自我表现
沉稳、浑厚	有智有谋，适合创业、管理
刚劲有力	行动力、生命力强
龙飞凤舞	感情丰富、放纵自我、外向

笔迹字形折射的性格信息

笔记字形	折射的性格信息
圆形字	忍耐力强，不与人正面冲突
扁形字	教条、呆板
长形字	思考力强而行动力弱
梯形字	自大、不灵活、固执
倒梯形字	虚伪、有野心
正方形字	正直、固执、讲原则、刚强
流利而圆润的字体	从容、灵活
有棱有角的笔画	爱批评、易激动，不安于现状

（四）面试

面试是通过主试和被试双方面对面的观察、交谈等双向沟通的方式，了解应聘者的能力特征、素质状况及求职动机的一种人员测评方法，这种方式可以更直观和深入地了解应聘者的个人情况，来判断应聘者是否符合团队及其空缺职位的要求。面试是最常用的一种甄选办法，从类别上来说主要分为结构化面试和非结构化面试。结构化面试是在工作分析的基础上精心设计与工作相关的问题和各种可能的答案，根据应试者回答的速度和内容对其做出等级评价的一种面试，这是一种比较规范的面试形式，可靠性和有效性较高，但是不能设定问题以外的提问，从而局限了面试的深度；非结构化面试则没有必须遵循的固定形式，谈话可以向各个方向展开，面试者会提出一些开放性、探索性的问题，鼓励应试者尽情发挥。非结构性面试是综合性的，正好弥补了结构性面试的缺陷。

当前比较常用的面试形式主要有：

1. 情境面试(situational interview)：情境面试包含一系列和工作相关联的问题，这些问题有预先设定好的固定答案，所有的被试者被询问同样的问题。该方法和定向面试类似，所提问题都是预先确定和结构化了的。在情境面试中，可以提问和具体工作相关联的问题，即在工作分析的基础上所制定的问题，由面试官来对求职者的回答情况做出评定。

2. 压力面试(stress interview)：指在面试过程中有意制造压力，以了解应聘者面对压力如何应对。在压力面试中，面试者通过故意提出不礼貌的或者一些生硬的问题让应聘者感到不舒服，针对某一问题或事情进行一连串的发问，面试者会寻找被试者在回答问题时的破绽，之后针对破绽进行提问，打破沙锅问到底，直至对方无法回答。进行压力面试的目的是确定求职者面对压力时的承受能力以及在压力面前的应变能力以及人际关系处理能力等，如果求职者表示出愤怒和不信任，就被看作是在压力环境下承受力差的表现。常见的压力面试题如：你怎么评价你原来的上司？你与之前的老板相处很久了，为什么不继续干下去了呢？你认为我们公司有什么不足之处？你不会游泳，但是你发现一个孩子落入一个三米之深的水池中你怎么办？诸如此类看似很难回答的问题，尤其在压力和咄咄逼人之下更显得难解，但是其实只要冷静下来后就会发现都有最好甚至十分简单的回答方法。

3. 小组面试(panel interview)：这是用人单位在对应聘者做出录用决定前，由几位主试者共同对应聘者所进行的面试。每一位主试者可从自己的角度出发来观察应聘者的表现，提出不同的问题，并形成对应聘者独立的评价意见，然后再对每位主试者的评价结果进行综合性的比较分析，最后根据综合评价结果做出是否录用的决定。小组面试的优点是允许每位主试者从不同侧面提出问题，要求求职者回答，类似于记者在新闻发布会上的提问，有利于获得深入而有意义的回答，而且它能够给被试者造成额外压力，考验他们临场发挥的应变能力。

(4) 集体面试(group interview)：是小组面试的一个变体，即面试小组同时对几位候选人进行面试，面试小组提出一个需要解决的问题，然后观察哪位被试者首先给出答案、哪位被试者给出的答案最正确合理等。

(五) 心理测试

人的心理虽然是看不见和摸不着的，但是可以通过一定的方法进行测量，因为它是人的大脑对客观现实的一种主观反映。心理测试是通过观察少数人的具有代表性的行为，在一种控制的情境下向应试者提供一组标准化的刺激，根据一定的原则和标准对应试者的反应进行分析，对贯穿于人整个行为活动中的动机、思想、个性等心理特征进行推断和分析的过程。在人员选择中较常用的心理测试有智力测试、人格测试和职业兴趣测试等，很多团队在心理测试中一般会选择笔试的技术，实际是对心理测试的一种简化。团队在人才选择过程中如果运用心理测试方法，必须由受过专门心理测试训练的人来进行，或者直接委托给心理学研究机构的专业人士来进行，以提高心理测试的有效性，避免流于形式。

1. 智力测试：此乃对人们智力水平的科学测试，主要是检测一个人的思维能力、环境适应能力和学习能力等，在智力测试中，常常用“智商”这一概念来表示智力水平的高低，世界上应用最广泛的智力测验是威克斯勒智力量表，通常称为“韦氏量表”。

2. 人格测试：人格测试方法包含结构明确的问卷测试和结构不明确的投射测试两大类。投射测试是人格测试中最为常见的方法，通过为受测试者提供一些随机的刺激环境，观察受测试者在不受限制条件下的自然反应，主测者通过分析受测试者的反应来推断其人格特征，较常用的刺激情境包括图片、语句和数码等。问卷式测试的工具是各种量表，这些量表一般都经过了标准化的处理，又称作为问卷。测试量表的编制结构明确，十分严谨，一般由很多具体的问题组成，这些问题从不同角度出发来了解受测者的情况。问卷式测试中较为常用的方法是自陈式问卷法。

3. 职业兴趣测试：兴趣是人积极探索某种事物的认识倾向，职业兴趣代表人们对某职业或岗位所持有的态度积极性。常见的职业兴趣测试有库德职业兴趣测试、斯特朗-坎贝尔兴趣调查(SCLL)和爱德华职业兴趣测试等。

(六) 评价中心

评价中心，也称情境测试，是一种综合性、标准化的测评人员的方法，广泛应用于管理者的选拔中，用来测评被测者在特定情境下的行为特征及其行动能力与绩效的评价方法。评价中心是现在人才选择和测评方法中最具特色又最为复杂的一项技术，它是根据被测试者可能担任的职务，编制一套和该职位实际情况相类似的测试情境，将被测试人员安排在逼真的、模拟的工作环境之中，要求被测试者处理那些可能出现的各种问题，以此来测试其实际工作能力、心理素质和各种潜能等。评价中心技术经常用于管理人员、招聘服务人员和事务性工作人员等，并为人员晋升、制定管理和人员培训方面的决策提供依据。常见的评价中心方法有：

1. 文件筐技术(in-basket)：也称公文处理，是一种经过多年实践检验的、对管理人员潜在能力进行测评的最主要方法之一。比如模拟一种假设环境，提供给受测者的信息如报告、函电、请示、声明及有关材料等文件，内容涉及人事、财务、资金、市场信息、工作程序、政府的法令等多种材料，所有这些材料都被放在公文筐里，要求受测试者以管理者的身份，模拟真实工作中的情景和想法，在规定的条件和限定时间(通常为1—3小时)内对各类公文进行现场的处理，通过对受测试者处理文件过程中的书面答案和行为表现，评价其计划、组织、授权、沟通和决策的能力，该测试通常被用于管理人员的选拔之中。例如：假设你是审计经理，明天上午办公室只有你一人，却有以下5件事要你处理，你打算怎么办？①你母亲生病住院，于明天上午8点15分动手术；②单位领导要你明天上午8点带着你负责起草的重要材料参加关于修改这份材料的讨论会，会议时间约需2小时；③董事长通知审计部派人参加明天上午8点召开的"年度财务形势季度报告会"；④一周前你和子公司的财务经理约定，明天上午8点要一起和银行洽谈一个合作事项；⑤有一个对本公司一大项目有合作意向的某公司老总明天上午9点将到本公司考察，领导点名需要你参加接待工作。

2. 无领导小组讨论(LGD)：即采用情景模拟的方式对应聘者进行集体的测试。这种方法通常把应聘者按每组5—8人不等分成若干小组，事先不指定讨论主持人，面试官指定一个与拟任岗位有关的问题，让应聘者以小组的形式进行自由讨论，并在限定的时间内给出一个解决方案，小组中自行决定主持人、计时员、记录员、发言者等角色。

3. 角色扮演：是在一个模拟的人际关系环境中，设计一系列尖锐的人际冲突与人际矛盾，要求应聘者扮演其中的某一角色，并进入这一角色情境去处理和化解各种矛盾。面试官通过对被测试者在不同角色情境下所表现出来的行为进行记录和观察，进而评价被测试者的人格特征和素质潜能。

4. 个人演说：通过让被测试者就某一指定主题进行演讲，评价其快速思维能力、语言表达能力和逻辑能力的一种测试方法。

第三节　团队人力资源的优化配置

一、何谓人力资源优化配置

团队人力资源优化配置是指根据团队、组织目前的战略目标和岗位框架，在可持续发展思想的指导下，运用一定的方法测算出整个团队及组织各部门人员合理结构的最优比例，基于便于对市场的变化做出快速反应的团队架构，确定合理的人员数量、技能、年龄、性别以及文化素质的结构，通过不断改善人员的招聘、录用、升迁、调动，以及考核、合理流动、合理组合等工作，达到人尽其才、事尽其功的目的。

团队人力资源结构就是团队运转过程中各种人员的搭配和组合，它从根本上反映出团队人力资源配置的真实状态。团队人力资源结构可为“硬结构”和“软结构”两类：“硬结构”即年龄、专业、学历、职称等方面的结构；“软结构”即知识、经验、素质、能力等方面的结构。

“团队”一词最初源自于体育比赛，在团体比赛中，团队中每个队员都有自己的位置和具体职责，每个人是否能够履行各自的职责以及相互之间的合作配合如何是比赛能否取得成功的关键。团队人力资源优化配置的根本目的是为了更高效合理地运用“人力”，包括技能、体力、智力、创造力和知识力等方面的能力，通过一定的途径使其与物质资源等进行有效的结合，以产生最大的经济效益和社会效益。如何使人力资源配置达到优化从而保证各项目标的实现，不仅是人力资源管理的问题，也是一个社会经济学的问题。

优化团队人力资源配置，对团队发展至关重要，一是可以调整团队内部的工作关系和人际关系，有助于形成团队内部的竞争机制和对外的竞争力，产生良好的团队激励效果；二是可以使团队内部的人力资源结构趋向合理，最大限度地做到人尽其才、才尽其用，使团队中每个成员的潜能和才智都得到充分的发挥。

二、团队人力资源配置的基本原理

要素有用原理。在人力资源的优化配置中，任何人都是有用的，团队中没有无用之人，只有没有用好之人，优化配置的目的就是为团队中的每个人都找到和创造使其发挥作用的条件。为此，既要正确地识别人，又要为他们施展才华创造必备的条件。以相声为例，相声包括单口相声、对口相声和群口相声，其中双口相声需要逗哏和捧哏两个角色的合作与搭配，捧哏的角色要达到一定的效果，需要逗哏的帮忙，从这个角度讲，团队中没有无用之人，必须正确识别人才。团队营造的氛围和环境很大程度上取决于团队的领导者。有这样两个团队，甲团队氛围整体上很压抑，在问题面前团队成员互相之间推卸责任、抱怨而消极，每个人都想着怎么拍领导的马屁，在领导面前背后两副嘴脸。乙团队大家齐心协力，拧成一股绳，互相帮助，领导者鼓励大家积极创新，大胆表现，团队氛围和谐而融洽。小张来到甲团队，畏首畏尾，即使非常努力也会受到其他同事冷嘲热讽，最后小张要么不能适应团队而离开，要么变成和他们一样的人。小张来到乙团队后，放心大胆地表现，潜能得到极大的激发，也取得了很大的成绩。同样一个人，为什么在不同的团队会有截然不同的表现和结果？就在于人才的发展需要一定的环境作支持。

能级对应原理。团队中的人力资源是由一个个独立的个体组成的，每个个体的劳动能力由于受到身体状况、实践经验、受教育程度等因素的影响而各自不同，因此，人与人之间不仅存在着能力特点的不同，在能力水平上也存在不同。要合理使用人力资源，就要对人力资源的构成与特点有一个详细的了解。要把具有不同能力特点和水平的人，安排到不同的职位上，并且赋予该职位应有的权力与责任。

一个团队的工作，一般可以分为四个层级，即决策层、管理层、执行层和操作层。决策层所负责的工作属于全局性的工作，决策的正确与否，直接关系到团队事业的成败；管理层的工作是将决策层所做的决策付诸实施的一整套计划、协调、监督和控制的过程；执行层的工作是将管理层拟定的方针、计划、方案和措施等变成具体的工作标准或工作方法，以及各种检查、督促手段的实施过程；操作层的工作就是通过具体的操作来完成执行层所制定的工作标准和工作定额，并接受各种检查监督的过程。一个团队或组织中四个不同层次的工作，应该安排具有对应能力等级的人来承担。只有这样，才能形成合理的能级对应，大大提高团队的工作效率。如果把企业的销售部门看作一个团队，那么决策层是企业老板，管理层是销售经理，执行层是销售主管，操作层就是销售人员。

互补增值原理。强调人各有所长，各有所短，在团队人力资源配置中要坚持“以己之长补他人之短”这一原则，使团队中每个人的长处都能得到充分发挥，避免短处对工作的影响，通过团队个体之间的取长补短而形成整体的优势，实现团队目标的最优化。按照现代人力资源管理的要求，一个团队内部各个成员之间应该是密切配合的互补关系，互补的内容主要有知识（专业）互补、能力互补、性格互补、年龄互补和关系互补等，互补的前提是团队所有成员必须拥有共同的理想和追求，互补增值原理最重要的是实现增值。

动态调节原理。团队中人与事的适应是相对的，不适应是绝对的，从不适应到适应需在变化之中逐渐实现。随着事物的发展和环境的变化，适应又可能会变为不适应，只有不断调整团队中人与事的关系才能重新实现适应，这正是动态适应原理的体现。从团队内部来看，团队成员与团队的适应并不是绝对和一定的，无论是由于团队发展变化对个人的能力要求提高了，还是团队成员本身的能力提高了，团队如何防止人才的流失，需要我们及时地了解个人与团队的适应程度，从而不断地进行调整，以达到人适其位，位得其人。

同素异构原理。同素异构原理指由于事物的成分在空间关系上的变化而引起不同结果的发生，产生了质的变化。它原本是化学中的原理，例如石墨和金刚石都是由同等数量的碳原子构成，但在结构方式和空间关系上却截然不同，物理性质上的差别也十分明显，石墨很软，金刚石则坚硬无比。将该原理移植到团队人力资源优化配置中，就是指同样数量的人，用不同的结构网络连接起来，形成不同的协作关系和权责结构，会取得完全不同的效果。比如，对于团队成员的组合，同样素质和数量的一群人，采用不同的排列组合方式将会产生不同的效应，良好的团队组织结构，可以充分地挖掘团队成员的潜力，实现团队整体功能的优化。

弹性冗余原理。团队在人与事的优化配置中，既要达到工作的满负荷，又要符合团队成员的生理、心理要求，不能超出其身心的极限；对人对事的安排需要留有一定的余地，既要避免工作量不饱满的情况，也要避免过劳现象的发生。脑力劳动要适度，以保证劳动者能够保持旺盛的精力；体力劳动也要适度，不要超过劳动者正常可以承受的范围；劳动时间上要适度，以保持劳动者身体和心理的健康；同时，对于工作目标的管理也要适度，目标既不宜定得太高，也不宜定得太低。总之，根据行业、工种、类别、环境等具体情况的不同，弹性冗余度应有所不同。通俗地讲，既要给团队成员一定的压力，又要为团队成员的身心健康创造条件。

第四节　人才的合理搭配

科学的团队人才培养战略离不开合理的人才搭配，在完成人才的选拔和录用后，团队又会面临一个亟待解决的问题：如何将每一个人放在最合适的岗位上，实现人才的合理搭配，最大限度地发挥每个人的才能。

人才搭配是指在对人员任用前，不仅要考虑其个人的素质，而且要考虑团队整体配置，使各种人才在团队中合理搭配，形成最佳的人才群体结构，让每个人在总体的协调之下释放出最大的能量，进而产生团队总体力量大于个人力量总和的效用。人才搭配主要强调的是人才之间的互补，人才之间的取长补短。按照取长补短的原则，将各种类型的人才进行有机的结合，以期达到提高工作效率的目的。

人才搭配对团队的重要性正如同骆驼的各个器官对骆驼生命的重要性。骆驼长长的睫毛能够阻止沙粒进入眼中，使之能够在强烈的风暴中辨清前进的方向；高耸的驼峰能够储存充足的水分和养分，使之在长途跋涉中免受饥渴之苦；宽大而厚实的脚掌能够最大程度上减少负重时身体对沙子的巨大压强，使之在沙漠中也能行走自如。同理，团队只有具有了骆驼的“睫毛”、“驼峰”和“脚掌”，才能够走出荒漠，靠近事业的绿洲。

一、团队成员的角色类型

什么样的团队是卓越的呢？是不是将所有最优秀的人才都集合到一个团队之中，这个团队就是战无不胜的呢？事实上并非如此。从实践来看，95%的聪明型团队都失败了，成功的只是少数的5%，这种现象被称为“阿波罗现象”。实际上，由于团队目标、团队任务、团队性质不同，所需要的团队成员的角色配比也不尽相同，并非要求人人都是聪明人，而是需要各种类型的人取长补短。关于团队成员的角色分类比较典型的理论是著名的贝尔宾团队角色理论。

前剑桥产业培训研究部主任贝尔宾博士和他的同事们经过多年的实践和研究，提出了著名的贝尔宾团队角色理论，他认为一支结构合理的团队应该由三大类、九种角色组成，分别是行动导向（推进者、执行者、完美主义者）、人际导向（协调员、信息员、凝聚者）、谋略导向（实干家、监督员、创新者）。本文用表格对比的形式对其进行总结：

九大团队角色分析

角色	角色描述	典型特征	适合的工作
实干者	传统、现实甚至有点保守，计划性强，崇尚努力；有自控能力，守纪律；对团队忠诚，富有自我牺牲精神	有一定的组织能力和实践经验； 勤劳，肯吃苦，自我约束性强； 没有主见、缺乏激情	适合做计划、方案设计等工作
协调者	自信、成熟，办事客观；有一定的个性感召力，善于发现并运用团队各成员的优势	冷静； 自信； 有控制力	适合做项目管理工作
推进者	办事效率高，雷厉风行； 目的明确，工作热情高，成就感强；遇到困难时，能想办法解决； 喜欢挑战，有时候缺乏合作意识	喜欢挑战； 好交际； 富有激情	适合做影响项目进程的工作
创新者	高度的创造力，思路开阔； 观念新，富有想象力，不拘小节； 爱出主意，有时较偏激，脱离实际	有创造力； 个人主义； 非正统	适合做系统构架设计工作
信息者	具有高度热情；反应敏捷，性格外向，善于与人交往； 对外界环境敏感	外向、热情、好奇，善于交际	适合做调研类工作
监督者	理智、严肃谨慎，不感情用事； 与群体保持一定的距离；有很强的批判能力，善于综合思考谨慎决策	冷静、不易激动、谨慎，精确判断	适合做绩效考核工作
凝聚者	善解人意，关心他人，处事灵活，容易相处；对任何人不构成威胁，受人欢迎	合作性强； 性情温和； 敏感	适合做团队建设工作
完美者	持之以恒的毅力；做事注意细节，力求完美；很少做没有把握的事情；喜欢事必躬亲，不愿意授权； 无法忍受做事随便的人	埋头苦干； 守秩序； 尽职尽责； 易焦虑	适合做一些重要的评审工作
执行者	具有强烈的自控能力； 纪律意识强；十分努力工作，善于系统化解决问题； 将自身利益与团队紧密相连； 较少关注个人诉求	实用主义者； 纪律意识强； 超强执行力	适合做推广等执行性要求高的工作

二、确定团队角色的原则

清晰的团队角色职责对成就卓越团队意义重大,是团队高效的前提,要实现清晰的团队角色定位,需遵循如下原则:

第一,每个团队成员都同样重要。“世间万物各有功用”,人亦是如此,团队中的每个人都非常重要,“一个都不能少”。通过这样一条线可以清晰地看出在团队中每个角色类型的成员都各自发挥着重要的作用:创新者首先提出观点——实干者开始运筹计划——推进者希望计划后赶紧实施——协调者在想谁干合适——监督者开始泼冷水——凝聚者润滑调试。基于此,团队在确定角色职责时,首先就要坚持每一位团队成员都十分重要的理念,每个成员都必不可少。唯如此,才不至于在确定团队角色职责时重视这个成员而忽略那个成员,才能全面而充分地发挥和调动团队所有成员的才能和特长。试想,一个能够充分发挥和调动全体人员力量的团队,又怎能不高效。

若要将所有成员都看作是同样重要的个体,就必须坚持以人为本的原则。所谓团队管理说到底是对团队成员的管理,团队成员是团队中最重要的“资产”,对团队成员管理的好坏直接关系到团队的兴衰成败,这一点已经被无数实践证明。我国古时候有一位名将,他十分善于知人善任,不仅善于用人之长,也善于用人之短。有一次他的朋友向他推荐了一个人,拜托他给安排一个职务,但是此人不善言辞,半天都不说一句话,坐下来可以一天到晚都不动,是个典型的木头人。周边的人都觉得实在没有什么职位可以安排。但是名将不愧是用人的高手,他将这个所有人几乎都认为无用的“木头人”安排在了看管库房大门的岗位上。“木头人”恪尽职守、一丝不苟,任何想要通过大门偷拿公物的人都无机可趁,从此库房物品流失的现象也大为减少。这种以人为本根据个人专长来安排其角色职责的做法无疑是发挥了个人所长,进而达到提高团队整体效率的目的。让合适的人到合适的岗位去做合适的事,同时获得合适的资源和空间,这样,团队成员的潜能自然就会被激发出来。

第二,平衡团队成员的构成。所谓平衡团队成员的构成,即团队成员的构成合理、人才配合恰当。在数学上一加一必然等于二,但是在人与人的组合搭配上则不具有必然性,组合搭配合适一加一就大于二,组合搭配不当可能等于一也可能等于零。

松下幸之助被日本人尊称为“经营之神”,这个称号对于松下幸之助来说,是当之无愧的，因为无论从团队发展来说，还是从其个人角度而言，他所创造的辉煌都是空前的。松下幸之助之所以可以取得如此巨大的成绩，其管理思想的核心“人才思想”奠定了重要的基础。在松下幸之助看来，聚集智慧相当的人未必能使团队工作进展顺利，他曾举例说：三个能力和智慧都很突出的人组成一个团队创办了一家公司，一般人肯定认为这家公司的业务一定会是欣欣向荣，但是没想到却一直亏损。面对这一事实，团队开始研究对策，最后决定敦请这个团队中的一位创始人退股，改到别家公司去投资，没有想到留下的两人之后竟齐心协力挖掘出了公司的最大生产力，而那位到别家企业投资的人也充分发挥出了他的实力。这其中的奥秘就在于团队成员的构成合理、人才配合恰当。

要实现团队成员的平衡，必须做好以下工作：

首先，做好团队成员的配比分析。可以从团队成员的男女配比、学历构成、知识结构和行业背景四个方面出发进行分析。不同目标任务的团队对人员性别的要求是不同的，例如炼钢厂的工人要以男性为主，纺织厂的工人要以女性为主，因为男女在性格特征上呈现的特点不同。但是不管管理的目标任务如何不同，团队管理者还是应该注意男女搭配，这也正是俗话所说“男女搭配，干活不累”。从专业性角度来说，由于异性效应、美感心理效应、气氛的暗示作用和思维互补性这几个原因，团队中一定要注意男女的合理搭配。不同目标任务的团队对成员的学历要求与知识结构的要求也必然不同，对于研究型团队来说，成员一般以高学历为主；而对于执行性较强的团队，都是高学历的成员未必是一件好事。现在有些团队在组建时非常注重成员的综合能力与素质，学历所占的比重反而逐渐变小，明显的一个例子就是销售团队，对成员的沟通能力、交际能力和协调能力的要求肯定要比学历的要求更高。我们还可以将团队成员的知识结构分为单一的知识结构和多元化的知识结构。所谓单一的知识结构是指团队成员的知识结构基本一样，或者说来自于同一个专业；而多元化知识结构是指团队成员的知识结构不尽相同，来自于不同的专业。现今社会专业细化愈加明显，一个团队要实现某一目标，必须由具备不同知识结构的人员来合作共同完成，而根据团队目标的不同适当配备来自不同专业的人才是十分必要的。

其次，注意团队成员的气质构成。在进行团队人员配置时，要充分考虑不同成员之间的性格和气质类型的差异性，切忌由同一类性格和气质类型的人组建团队，这样的团队必定会陷入你争我斗，造成工作效率低下。关于气质类型的划分，最常用的是古希腊医学家希伯克特的气质体液论，他将人的气质划分为四种类型：粘液质、胆汁质、多血质和抑郁质，每种类型的人都有独特的心理和行为特征。团队人员配置必须考虑团队成员的性格特点和气质特征，按照各人的气质特征进行人事的安排，使不同气质特征的成员之间相互合作，发挥彼此气质的相辅和互补作用。无数事实证明，团队成员气质的相辅和互补有助于协调团队的人际关系，和谐团队内的社会心理气氛。例如胆汁质和多血质的人热情主动，善于和人交往，而抑郁质和粘液质的人内向而拘谨，在人际交往中往往处于被动的地位，二者搭配就会使团队中的关系和氛围变得更加协调。

第三，在人才搭配中管理者的作用至关重要。根据阿尔布莱特法则，人才使用中最好采用高低搭配的原理。"把一群聪明人收编进组织后，结果往往变成集体性的愚蠢。"国际知名未来学家、管理顾问卡尔·阿尔布莱特这句名言充满了辩证的哲理。一个团队的价值，肯定是拥有"聪明人数多"比"聪明人数少"要好，问题的关键在于如何对人进行统筹规划、使之步调一致，这时就应该发挥团队领导者的作用，在团队领导者这统一指挥棒的调配下，实现人才的高低参差配置，以确保团队产生出最大化合力。倘若团队领导者不能充分发挥"最高大脑"的作用，缺失促使团队合作的核心领导力，团队即使拥有很多聪明人，也会因为各自为政，出现"多头马车"而使力量相互抵消。美国宇航局探测火星气象的人造卫星有一次发射以失败告终，原因是其中一组工程师采用"公里和公斤"的公制单位撰写程序，而另一组工程师使用"英里和英磅"的英制单位进行计算。这个细节上的合作与沟通的失调，最终导致"搭错线"，致使卫星无法成功抵达火星。美国宇航局是各种专家的聚集地，也犯了如此低级错误，这正是团队中人各自逞能、缺乏统一指挥和调配的缘故。核心领导出错，会把一批"聪明人"带成一群"愚蠢人"。

在团队人才搭配过程中要充分发挥团队领导者的作用，协调领导者和其他成员的关系。一个好的团队领导者所做的工作主要包括确定团队目标、建立团队自信和共识、消除外界阻碍、提升团队工作技巧等。成功的团队领导者首先要参与实务，让成员学习如何做，其次要善于引导，引导成员进行自我学习。一个好的团队领导者还应该做好团队成员的教练，为他们提供知识和指导，教练工作的原始目标在于开发团队成员的能力和技术，帮助他们调整好个人的状态。在这里，我们再次以大雁飞行为例，雁群是由很多有着共同飞行目标的大雁所组成，它们分工合作，组成了一支完美的团队。当雁群中途飞累了停下来休息之时，年轻而强壮的大雁负责觅食，有专门的大雁负责雁群的安全工作，而领头雁则负责安静休息、调整体力，保证飞行工作的继续进行。在飞行过程中，雁群通过大声嘶叫来相互鼓励，通过共同扇动翅膀来形成有助于飞行的气流，为后面的队友提供向上之“风”，直至它们成功飞到目的地。在这个过程中，领头雁相当于团队中领导者的角色，任务最为艰巨、角色十分重要，为了保证飞行的成功，领头雁的选择要慎之又慎。

三、团队人才匹配的技巧

有这样一段话，“所谓一流企业，是招到三流的人才，做二流的事情，却赚到一流的钱；而三流企业，却是招到一流人才，做出二流的事情，只赚到三流的钱。”由此可以看出，企业用人的关键是什么？是“匹配”。从某种意义上讲，招聘选才未必是去招聘那些所谓“最优秀”的人才，“理想”的人才并不是指那些学历最高、背景最好或者水平最高的人，而是指招聘到一些与岗位任职要求最匹配的人。

那么，匹配的人才，是指哪方面匹配呢？如何按照“人—岗”能级搭配进行适才适位，避免大材小用或小材大用呢？人岗匹配的前提是需要全面透视岗位本身的要求，不仅包括学历、工作经验等冰山之上的显性要求，更需要识别岗位所要求的素质、能力、个性、价值观等冰山之下的隐性要求。

团队中的人才搭配是一门复杂的学问，这里我们从贝尔宾的团队角色理论出发来总结怎么搭配人才最为合适：

第一，团队成员角色齐全。唯有角色齐全，才能实现功能的齐全，正如贝尔宾所说，用我的理论不能断言某个团队一定能取得成功，但可以预测怎样的团队一定会失败，所以，一个成功的团队首先应该是九种角色的综合平衡。

第二，容人短处，用人所长。知人善任是每一个团队领导者都应当具备的基本素质，领导者在组建团队时，应该充分了解各个角色的基本特征和角色职责，容人短处、用人所长。在实践中，真正成功的管理者，都能够透彻了解下属人员的秉性特征，只有在此基础上组建而成的团队，才能真正实现气质结构上的优化，成为卓越的团队。

第三，尊重差异，实现互补。对于一个既定的工作和岗位，完全合乎标准的理想人选几乎不可能存在，没有一个人能够真正完全满足岗位的所有硬性要求。但是一个由不同个体组成的团队却可以做到完美无缺，它并非是个人的简单排列组合，而是在团队角色划分的基础上，实现团队人员气质结构上的互补。正是这种异质性和多样性的存在，才使整个团队生机勃勃，充满活力。

第四，增强弹性，主动补位。从一般意义上而言，要组建一支卓越的团队，必须在团队成员中形成集体决策、民主管理、自我督导、相互负责的氛围，这是卓越团队区别于传统组织及一般群体的关键所在。另外，从团队角色理论角度出发，还要特别注意培养团队成员的主动补位意识，即当一个团队在团队某一种角色出现缺位时，其他成员应当在条件允许的情况下增加弹性，主动实现团队角色的转换，使团队的组成结构从整体上趋于合理，以便更好地实现团队共同目标。从现实来看，正是由于大多数人在个性和禀赋上存在着双重甚至多重性，才致使这种团队内部的角色转换成为可能。

人才搭配必须综合考虑团队成员的年龄结构、专业结构、知识结构和智能结构等方面，考虑团队成员心理和性格的相容性。在一个团队中，人才各有短长，这不是人才的缺陷，相反，正因为人各有所长，才能互相督促互相提高，通过团队磨合形成一股有利于团队协作的合力。合理搭配人才，就是根据团队不同成员的特长，巧妙搭配，各取其长、长短互补，充分实现团队整体竞争力的提升。除了从贝尔宾团队角色理论出发运用团队人员的一些搭配技巧之外，还可以从以下几个方面做出努力：

第一，根据人才的特长与能力合理安排。不同的团队，由于每个人都是独立而不同的个体，具有不同的特长和能力，团队领导者在使用和安排人才时，要基于团队中人才的不同特点，根据工作的性质对人才进行合理安排。20 世纪 40 年代，美国利用短短的三年时间，研制成功世界上第一颗原子弹，成功的关键就在于研制团队拥有善于组合人才的奥本海默这样的科学家。他能把数千名掌握各种专长的科技人员组合成一个团队，其中不乏世界上最杰出的科学家，例如意大利的费米、苏联的基斯卡柯夫斯基、德国的贝蒂、匈牙利的特勒、奥地利的拉比以及美国各大学杰出的数学家、理论物理学家、实验物理学家、冶金学家、辐射化学家等。奥本海默自己在原子能方面的知识远远不及他领导下的其他科学家，但是他拥有卓越的领导才能，非常善于组合和搭配人才，能够将各种具有不同知识结构、不同才能的人才组合在一起，并根据其不同特长及研发的需要，将他们再进行最佳配比，这种搭配最终产生了神奇的效果：在如此短暂的三年时间内研发出世界上第一个原子弹。

第二，根据人才的个性合理进行搭配。人的个性是指一个人习惯化了的、经常的态度和行为。从理论上讲，要防止把同一气质类型的人安排在一个团队工作，例如，在一个团队中易激动型的人过多，难免产生内斗，争战不休；而多愁善感的人过多，则团队气氛可能死气沉沉。团队领导者在用人之前一定要先认真分析团队成员的气质类型，然后对其进行合理的搭配，使之共同提高。

房谋杜断的故事大家耳熟能详，唐太宗李世民除了在用人上会扬长避短之外，还善于对各种人才进行结构和能力上的黄金组合，把杜如晦和房玄龄合理地搭配在一起使用。杜如晦作为兵部尚书，剖断如流、精明果敢，在决策判断方面胜人一筹，他虽不善于谋划，却能够对别人提出的想法做周密的分析、精于决断，凡事只要经他一审视，很快就能成为一项决策和律令提到唐太宗面前。中书令房玄龄，不以求全取人，不以己长格物，论者称为良相，特别善于出谋划策。李世民在与房玄龄研究安邦定国之策时，发现房玄龄能提出许多精辟的见解和具体的办法，但是，房玄龄对自己的想法和建议不善于进行整理，虽然有许多精辟的见解，但他难以决断具体颁布哪一条。于是，唐太宗将房、杜两人搭配组合在一起，形成一对最佳黄金组合，使房、杜二人功名盖世、千古流芳。

第三，注意年龄结构上的不同组合。在团队内部各类人才的构成上同样要讲究年龄的组合，就像现在社会上对于70后、80后、90后的评论与总结特别多，随着90后渐入职场，70后、80后、90后"三代同堂"现象越来越普遍，70后们正在向事业的巅峰冲刺，80后在感慨青春已逝的同时卖力工作养家糊口，而90后则带着独特的个性和不被70后、80后理解的文化杀入职场。这三代身上都有着各自的优点与锋芒，在团队中一定要根据团队任务的不同，合理地对他们进行配比。华人首富李嘉诚先生非常善于搭建结构合理、科学高效的领导班子团队。李嘉诚深知企业在不同的发展阶段需要有不同的管理方式和人才，在其创建的高层领导班子中，既有经营房地产的"老手"，也有年轻有为、生气勃勃的新人。评论家曾总结说："这个内阁，既结合了老、中、青的优点，又兼备中西方的色彩，是一个行之有效的合作模式。"

实践表明，团队发展，不仅需要探索者、创造者，也需要推进者、实践者。团队只有由不同类型的人才按合理的比例组成完整的人才智能结构，才能发挥出最大的团队效能。优秀的团队领导者不仅要看到单个人才的作用和能力，更重要的是要将不同类型的人才进行合理的搭配，并把他们放在最适合自己的位置，使之互补互足、相互启发、相互影响，形成一个有机的整体，如此方能发挥出团队最大的力量。

案例分析：华帝人员的合理配置使1+1>2

1992年，在邓新华带领下，7个各有所长的人在广东省中山市创办了中山华帝燃具有限公司。在公司股权分配上，当地政府占30%，剩下的则是由7个人进行平分，各占10%，在这中间有两个人是以营销和管理知识入股，这在当时称为中山市的一大新闻。这个由 7 个人组建的团队始终遵循“各尽所能、各取所长”的基本原则，对各自在团队中的角色职责进行了简单的合理分工，每个人根据自身所擅长的方面兼任一个部门的经理。在公司重大问题的决策上，7 个人中需有 4 个以上的人赞成才算通过。公司从成立时就制定了“不许亲属进华帝”的用人规定，从制度层面上根除了个别董事想要培植亲近势力的可能性。

创业初始，华帝就确立了其生产灶具“中国精品”的经营战略目标。1994 年，华帝组建集团公司，主营燃气灶具，实现除了极少数关键部件进口外其他零件全部自己生产，公司十分重视技术领先，创新势头强劲。1995 年，华帝一跃成为中国燃气灶具行业的龙头老大。华帝一直是专注于以燃气为主的燃气灶具行业，公司老总们认为“就是要专业化、集中各种人才和资源才能够做出精品”。1997 年华帝公司进行过一次大的改革，引进大量的管理人才、技术人才和销售人才，成立新产品开发项目组，根据不同人才的专业、背景、学历和经验等进行项目的分组和角色的划分，大大缩减了产品开发的周期，使华帝的综合实力远远领先于竞争者。

最终，华帝通过公司内各层次人才的优化配比，以及优秀的产品和过硬的技术，逐渐发展成为燃气灶具市场上的一支奇兵。

从华帝的成长中可以看出合伙创业与单枪匹马相比有着独特的优势。“一个好汉三个帮”，没有一定的支持、配合与认同，团队的成功几乎是不可能的。一个团队要走向卓越，就必须按照环境的需要和规律给自己进行定位，合理地配置和整合人才资源。

第五章　达成团队合作

在市场竞争日趋激烈的今天，靠独行侠的单打独斗已经远远不够，团队合作、抱团打天下已成为基本工作模式。因为在知识和技术密集时代，每个人的能力和技术都是有限的，其智慧必须经过各成员之间的合作来体现，其能力也必须通过团队的合作来展示。团队成员的能力各有不同，但各种能力互补、配合，就能形成强大合力，共同面对挑战解决问题。

第一节　团队竞争与合作

一、合作

"合作"一词，按照《新华词典》的解释，是指"二人或多人共同完成某一任务。"《现代汉语词典》则解释为"互相配合做某事或共同完成某项任务"。合作在心理上有三种意义：一是相互帮助。即参与合作的所有成员的行为是可以相互替代的。如果一个成员已经从事达到目标的某种行为，其他成员就不必重复这一行为；如果一个成员无法完成某种行为，从而阻碍其特定目标的实现时，则其他成员可以替代完成，表现为互相帮助。二是相互鼓励。成员彼此为完成任务而激发出肯定的情绪。若成员的行为能促进本团队更加接近目标，则成员的行为能为其他参加者所接纳，并受到他们的喜欢和鼓励。三是相互支持。互信产生相互支持的功能，这种情形下团队成员会激发出一种平时没有的能量，在面对各种困境的时候也能以更大的信心投入到团队努力中去。[①]

《纽约客》撰稿人马尔科姆·格拉德威尔曾经说过:“没有一个人,不管是摇滚明星,不管是职业运动员,不管是亿万富翁,甚至不管是天才人物——是自己单枪匹马取得成功的”。一个人无论多么优秀都存在缺陷,团队才能创造完美。团结就是力量。在任何一个组织中,个人优秀并不代表组织强大,如果只是个人优秀,但各自朝向交错的目标“努力”,众人的力量就会相互抵消,整体运作职能就会呈现分散的功能,造成诸多混乱,如此不要说组织做大做强,连起码的生存都会产生危机。从物理学的角度来看,团队各个成员的“分力”方向不一致,合力就不可能最大,也就不能达到 $1+1>2$ 的效果。对于一个系统来说,内部能量的损耗只会使系统很快丧失其生命力,而这对团队和个人的影响都是致命的。易言之,如果团队中的每一个人都只考虑自己的利益,只想着自己的发展,而不顾及整个团队的利益和团队整体发展,那么这个团队就会成为散沙一盘。团队无以发展,个人的发展自然也就无从谈起。反之,如果团队的每个成员都能够精诚合作,彼此之间取长补短,整体搭配,就会形成一股合力,由此便具备了实现共同目标的能力。

二、合作的本质

合作的本质是尊重差异,取长补短。对于任何一个组织来说,合作都是工作的必然选择。今天,人们越来越清楚地意识到了“零和博弈”现象的本质,转而寻求合作共赢。性格不同,可以合作;利益不均,可以合作;能力不同,可以合作;甚至目标不同,都可以合作(可以同路一段时间)。人各有其优长,同时也各有所需,通过合作可以扬长避短,各取所需。合作是一种基本的职业态度。合作要求以团体利益为先,在此前提下协调与他人的利益关系。通过合作创造出一种和谐与信任的氛围,并由此相互激发彼此的见解与想象力,在工作中相互依赖、相互支持,从共同利益出发,为了一个共同的目标去努力工作,获得彼此的工作成果。

合作是一种美德,更是团队之必须。国际21世纪教育委员会在呈给联合国科教文组织的报告中说:“由于竞争成为日常生活中各个领域中一种无处不在的现象,团结互助就显得尤为重要了。”钱学森被誉为“中国航天之父”、“中国导弹之父”、“中国自动化控制之父”和“火箭之王”。在谈到他令世人瞩目的伟大成就

① 参见白羽:《改变心力——团体心理训练与潜能激发》,北京:浙江文艺出版社2006年版,第148—149页。

时，钱学森曾这样解释："那些众人认为的'举世瞩目的成就'绝不是单个人所能取得的，一个人所干的不过是千分之一，万分之一而已。原子弹、氢弹、导弹、卫星的研究、设计、制造和实验，是几千名科学技术专家通力合作的结果，不是哪一个科学家独立创造出来的产物。"

合作是一种能力。2004 年，《华尔街日报》和哈里斯互动公司进行了一项联合调查，结果显示，美国一些公司在招聘企业管理的毕业生时，最看重的特质是团队合作能力和处理人际关系的能力。事实上，注重合作能力的并非仅仅是美国企业，我国的企业也越来越重视员工的合作能力，这一点仅在员工招聘环节就能略见一斑。

某著名企业招聘一名高管，复试之前，公司组织了一次爬山活动。

活动归来，公司亮出了考题，题目为《谈谈对其他人的印象》。应试者顿时明白，真正的角逐开始了。若要脱颖而出，那就必须竭尽全力彰显自身优势，暗示他人不足。于是，前面的几个人答案如出一辙。考官不置可否。终于，出现了另类的答案。这个应聘者说，爬山的过程中他发现李组织能力很强，而王任劳任怨，主动帮助大家拿东西，他还说，智力比拼时发现赵反应敏锐，张思维缜密。

考官问道："那你的优点呢？"他略微羞涩地笑了："我的长处是看见了他们的优点，而且我和他们相处得很好。"考官笑了，又问："那你是否清楚你们是在竞争同一个职位？""当然清楚。"他回答道。

"你认可了别人，难道不担心自己吗？"

他迟疑了一下，坚定地说："我当然希望自己应聘成功，但是我看到别人的优点也是事实，我必须面对这个事实。"

考官如释重负，他们如愿以偿了，因为终于找到了一个理想的人选——合作、相融、诚实、大度。

三、团队竞争与合作

有人说，市场经济就是竞争经济，唯竞争才能求得生存发展。因而奉行"丛林哲学"的价值观（弱肉强食，优胜劣汰），为了达到目的，甚至不择手段。毋庸置疑，对于身处激烈职场竞争的人们来说，竞争是必然的。市场竞争作为一种有效的动力机制，是组织发展的重要推动力量。竞争也确实会使人们更加积极努力，进而争取更好的发展。但是竞争仅是组织谋求经济利益的一种手段，而不是所有手段。合作作为竞争的对立面，同样能够使组织获得经济利益，实现组织的发展目标。竞争以共同提高为原则,竞争并不排斥合作,良好的合作就是为了更好的竞争,更快的发展。今天,处于团队中的人们越来越发现他们更需要相互依赖,而不是单枪匹马孤军作战,自己的需要和目标都需要通过和其他人合作才能实现。“因为竞争与合作的不同在于竞争是在利益总量不变的前提下而对利益进行分配的方式,一种不同于自上而下的层级分配体系运作的分配方式。而合作所考虑的不是如何更好地分配既有的利益,而是致力于提高利益的增量。虽然竞争在实现了既有利益和理性分配的同时也证明自己是促进利益增量的有效途径,但是,合作机制的运行更加直接地把利益增量作为目标指向。在这一点上,已经完全超越了竞争机制的价值。”①

对于任何一个团队的人们来说,既存在竞争,也存在合作,职场也是利益场,这一点团队也不例外,团队成员之间一定会有利益的纷争,甚至彼此间还会不时出现一些误会、摩擦或者隔阂,但是无论怎样合作都是第一位的,因为对于团队来说,竞争的最终目的还是为了更好地合作。如果团队成员之间能够彼此取长补短、互惠互利,懂得相互沟通,消除误会,达成彼此之间的信任,把时间精力放在共同开辟外部利益上,一定会有更大的收获,甚至达成共赢。而这种收获的总体利益一定比内部争斗要大得多。

第 16 届世界杯足球赛决赛在东道主法国队和上届冠军巴西队之间展开。按球王贝利的说法,“法国队著名的球星只有齐达内一人,而巴西队人人都称得上是球星。”然而比赛结果却令人大跌眼镜,巴西队以 0∶3 的悬殊比分惨败给法国队。究竟是什么原因导致如此结果?原来法国队非常重视整体的攻防配合,而巴西队只凭借球星个人的技术作战。结果,尽管巴西众球星单枪匹马轮番冲锋,在法国队的整体攻防前却无计可施,毫无优势。

2006 年,百事公司的 CEO 卸任,时任首席财务官的因德拉·努伊与几位候选人一起竞争 CEO 这一职位。当时呼声最高的当属副董事长迈克尔·怀特,因为他资历最深,和努伊一样,也当过百事公司的首席财务官。但努伊凭着出色的表现最终胜出,成为公司历史上的首位女掌门人。

怀特落选后,决定离开公司,他先去了科德角度假。努伊顾不上庆祝自己的荣升,匆忙赶去拜访怀特。二人见面后,沿着海滩漫步,闲聊了很久。回到怀特的别墅后,努伊看到房间里摆放着一架钢琴,便提出想唱歌,请怀特为自己伴奏。

一曲唱罢,努伊真诚地对怀特说:“你看我们是不是配合得很默契呀?留下来

---

① 张康之:“论作为合作的‘真正交往’”,《宁波党校学报》,2007 年第 6 期。

好吗？你提任何条件，我都会考虑。”怀特迟疑了一下说：“让我再考虑考虑吧。”

努伊没有放弃。接着，她邀请公司已经卸任的 CEO 去做说客游说怀特，但怀特还是没有松口。随后，她又给怀特涨了薪水，享受和自己同样的待遇。努伊还在公司会议上说：“怀特是公司最出色的经营人才，也是我最亲密的伙伴，有他的帮助，我才能干得更出色。”怀特终于被感动了，决定留下来。他对努伊说：“以后我弹琴，你唱歌，我们就这样一直合作下去。”

在努伊看来，能成为对手的人，必然有他的过人之处。与其把他推到对立面，不如和他合作共赢未来。

第二节　团队合作精神培养

去过寺庙的人都知道，一进寺庙的大门，首先看到的是笑口常开的弥勒佛，而在他的北面，则是黑口黑脸的韦陀。相传在很久以前，弥勒佛与韦陀并不在同一个寺庙，而是分别掌管不同的寺庙。在弥勒佛掌管的寺庙里，因为大肚弥勒佛笑口常开，慷慨大度，人们都喜欢他，所以来的人非常多，但他什么都不在乎，丢三拉四，寺庙的账务一团糟，常常入不敷出。而韦陀恰恰是管账的一把好手，但韦陀太过严肃，成天阴着个脸，搞得人越来越少，最后香火断绝。佛祖在查香火的时候发现了这个问题，于是决定将他们俩放在同一个庙里，由弥勒佛负责公关，笑迎八方客，而韦陀铁面无私，锱铢必较，就让他负责财务，严格把关。在两人的分工合作中，寺庙香火越来越旺，一派欣欣向荣的景象。

长期以来，无论是传统的文化熏陶还是校园教育都告诉我们，如果想从学习和工作中得到较大收获，就必须“独占鳌头”。也就是说，学习和工作实际上就是比赛，你必须要赢。别人得到的越多给你留下的越少。而且在人类文明史上，许多杰出的成就或重大事件也大多是由某个铁腕人物的决绝意志来成就，但是进入知识和技术密集时代后，人们发现，越来越多的卓越成就开始由具有团队合作精神的人们所创造。这一点正如史蒂芬·柯维所说：“在知识时代，千载难逢的机遇或攸关事件和卓越的成就，通常是留给那些深谙什么是‘我们’——团队精神——的人们。真正的大事业，通常只会由思维开阔，内涵丰富的头脑，经由忘我的合作精神——互敬和双赢——取得。”[①]美国社会学家哈里特·朱克曼对

① 史蒂芬·柯维：《高效能人士的七个习惯》，北京：中国青年出版社 2007 年，第 8 页。

1901—1972年的286位诺贝尔奖获得者的统计发现，与别人合作进行研究的有185位。在诺贝尔奖设立的第一个25年，合作的比例是41%；在第二个25年，合作的比例上升到65%；在第三个25年，合作的比例上升到70%。这些数字说明，“独行侠”已不合时宜，合作已成为科学研究的一种趋势。其实，何止于科学研究，在各行各业、各个领域，合作作战正在取代单打独斗。基于此，要达成团队目标，就必须改变长期左右人们的思维习惯和行为习惯，变你输我赢或我输你赢为双赢，变以己之长比人之短为取长补短，着力培养团队合作精神。

一、何谓团队合作精神

所谓团队合作精神，简而言之就是大局意识、协作精神和服务精神。团队合作精神的基础是尊重个人的兴趣和特长。核心是协同合作，最高境界是全体团队成员的向心力、凝聚力。团队合作精神并非要求团队成员牺牲自我，相反，挥洒个性、表现特长才能保证共同完成任务，达成目标。而明确的合作意愿和合作方式，则是内心的动力。也就是说，只有当人们具备了合作意识和合作的愿望，并通过其行为方式体现出来，才能形成做人的基本合作品质和相应的合作精神。

二、合作精神培养

（一）以理解为前提

在团队工作中，要实现与其他成员的有效合作，首先必须了解对方的个性，尝试理解他的思想、观点、诉求和行为做法，尊重对方与自己的不同之处，而不能一味要求对方按照你的意见和要求行事。美国管理学家史蒂芬·柯维认为：“与人合作最重要的是，重视不同个体的不同心理、情绪和智能，以及个人眼中所见到的不同世界。假如两个人意见相同，其中一人必属多余，与所见略同的人沟通，毫无益处，要有分歧才有收获。”[①]张康之教授也曾强调：“合作的交往不一定建立在高度认同的基础上，虽然能够在共同体中达到高度认同的境界是共同体凝聚力增强的基本途径，但在很多情况下，认同可能不是合作的基础，反而使合作产生变异，所以合作的确立并不刻意遵从认同原则。中国人‘和而不同’就是对合作原则和认同关系的准确定位。对于合作关系的确立来说，比认同原则更

① 史蒂芬·柯维：《高效能人士的七个习惯》，北京：中国青年出版社2007年版，第255页。

加重要的是合作主体的相互理解和相互尊重。因为,只有建立在理解原则上的合作才是充分理性的合作。理解原则高于认同原则。”[①]可见,理解是共事的前提。

管仲与鲍叔牙的合作就充分体现了理解原则。《列子》中记载了管仲的一段话:吾少穷困时,尝与鲍叔贾,分财多自与,鲍叔不以我为贪,知我贫也。吾尝为鲍叔谋事而大穷困,鲍叔不以我为愚,知时有利不利也。吾尝三仕,三见逐于君,鲍叔不以我为不肖,知我不遭时也。吾尝三战三北,鲍叔不以我为怯,知我有老母也。公子纠败,召忽死亡,吾幽囚受辱,鲍叔不以我为耻,知我不羞小节而耻名不显于天下也。生我者父母,知我者鲍叔也。

管仲的这段话讲的是他与鲍叔牙共事,表现在五件事上:第一件事,他年轻穷困潦倒之时,曾经与鲍叔牙合伙做生意,赚了钱,他分给自己的多,分给鲍叔牙的少,对此鲍叔牙没有认为他贪财,而是觉得他是因为家里贫穷。第二件事,他曾经为鲍叔牙出谋划策办事,结果事情办得很糟糕,可是,鲍叔牙并不由此认为他愚蠢无能,而是觉得有客观原因。第三件事,他曾经三次当官,三次被罢免,鲍叔牙并不觉得他没出息,而是认为他没有得遇良机。第四件事,他曾经三次作战,三次战败,鲍叔牙并没有觉得他是胆小鬼,而是认为他不过是因为顾虑家有老母。第五件事,他曾为公子纠争当齐国国君谋划出力,对后来做了齐国国君的公子小白,即齐桓公有过“一箭之仇”,公子小白当了国君后,管仲被“幽禁”,且“受辱”,鲍叔牙不认为他忍受侮辱是无耻,知他是“不羞小节”,只是耻于不能显名天下。鲍叔牙还在齐恒公面前为管仲说好话,并推荐他当齐国的相国,自己则甘心做管仲的副手。故而管仲深有感触地说:“生我的是父母,理解我的是鲍叔牙。”

由此看来,管仲和鲍叔牙之所以能够成为知己并合作良久,关键在于理解。

在团队中工作,要形成团结合作的局面,必须奉行理解原则。尤其是在遇到问题时,要以理解为前提。具体来说,可以从三个方面加以考虑,首先要站在对方的立场上,然后是事情本事,最后才是你自己。如果你能站在对方立场上考虑问题,通过真诚交流来获得更多信息,了解他们的处境和需要,然后据此给予帮助和支持,合作就会变得容易得多。

国外曾经有人开展了一项针对消费者的调查,调查的题目是:为什么你们最不喜欢推销员。大部分被调查者的回答是:推销员好像并不了解我的真正需

① 张康之:“论作为合作的‘真正交往’”,《宁波党校学报》,2007年,第6期。

要和面临的问题。此话可谓一语中的。在实际工作中，很多推销员确实不太用心用脑，他们不去了解消费者、理解消费者，发现他们面临的问题和需要，而是自顾自地认为，他们推销的产品就是消费者所需要的。殊不知，哪里有问题，哪里才有市场，了解消费者面临的问题和需要，有针对性地帮助消费者解决问题，满足其需要，才是赢得消费者的货币信任票，维系良好的客户关系的基础。事实上，岂止是推销员与消费者的关系，世界上任何一种良好人际关系的维系，都是建立在理解对方基础上的。没有彼此之间的相互理解，就没有良好人际关系，而没有良好人际关系做根基，就谈不上有效合作。

（二）以尊重差异为基础

成功的团队并非以压抑团队成员的个性为代价，相反，成功的团队无一例外都十分尊重团队成员的个性，重视团队成员的不同想法，真正使每一个团队成员参与到团队工作中，与团队风险共担，利益共享，与团队内的其他成员相互配合，完成团队工作目标。

培养合作精神必须以尊重差异为基础。尊重差异即尊重人与人在智力、情感以及心理上的差异。我们知道，即使是拥有相同的背景、相同经历的人，对一些事件、问题的理解和处理也会有很大的不同，更何况团队成员来自五湖四海，其异质性远远高于其同质性，要求他们完全相同不仅是不现实的，而且也没有必要。对于处在多变环境中的团队来说，正是由于其成员有着不同的见解、差异化的方案，各自处理问题的独特方式，才造就了它的生机勃勃和不断创新。

在现实中，我们也不难发现，团队中的每个人都有自己的优长，亦有自己的短板，优秀的团队都是尊重差异的结果。在合作过程中，要学会宽容伙伴的不足，看到伙伴身上所具有的而自己所不具备的宝贵资源。

（三）秉持互利共赢理念

互利共赢理念是一种基于互敬、寻求互惠的思考框架与心态。“合作是一种互惠互利的形态，由于有了互惠互利的合作利益，人们之间的信任得到增强，反过来又会进一步增加和促进人们之间的合作。”[①]秉持互利共赢理念，就是在思考问题时，以大家都能得到利益为原则，鼓励大家积极思考，寻找实现互惠的方法。

德国莱比锡马克斯·普朗克研究所在乌干达进行了一项关于黑猩猩合作的心理博弈实验。试验场地放有两个相邻的笼子，两个笼子之间有一道门用木栓

---

① 张康之：“论作为合作的‘真正交往’”，《宁波党校学报》，2007 年第 6 期。

插着。第一个笼子中关着一只非常强壮的黑猩猩，第二个笼子中关着一只相对弱小的黑猩猩。

在每个笼子前大约两米处，放置一块长木板，木板中央和两端放置三个盘子用于盛放食物。木板上还均匀安插了四根小木棍，用于绕绳子。由于绳子绕过木棍可自由滑动，只要拉住一端绳子就会被抽出，要想把木板拖到笼子前，必须同时拉绳子的两端。

实验的第一步，把食物放在任意一个盘子中，把绳子绕过中间两个木棍，然后把绳子两端放进笼子，由于绳子两端的距离足够近，黑猩猩只需双手各拉住绳子的一端便可以把木板拖到笼子跟前，从盘中取出食物吃。

实验第二步，把食物放进两端的两个盘子中，用绳子绕过两端的木棍，然后将绳子两端之间的距离加大，此时，黑猩猩已经无法同时抓绳子两端了，于是起身打开隔壁笼子的门，叫来伙伴帮忙。两只黑猩猩各自拉住绳子的一端，协力把木板拖到了笼子跟前，然后各取出眼前盘子的食物吃。

实验第三步，把食物放进中间的盘子，其他和第二步一样，两只黑猩猩仍能合作各自拉住绳子的一端，把木板拖到笼子跟前，但强势的黑猩猩这次抢走了中间盘子里的所有食物，而弱势的黑猩猩只能在一边怏怏不乐地看着伙伴独享盘中美食。

实验第四步，重复第三步的过程。当强势黑猩猩打开隔壁的门叫伙伴帮忙时，弱势黑猩猩不加理睬，并没有出来与之合作拉绳子，因为此时它已经知道，这种合作只会让强势的伙伴得到食物，自己是得不到食物的。强势黑猩猩无奈，只好自己试着拉绳子的一端，结果绳子从木板上脱落了，根本无法得到食物。

其实，在通常情况下，人的心理博弈与黑猩猩没有本质区别。合作，必须以互利共赢为基础。如果合作成果不能被公平分享，迟早会使合作破裂。当然，这里的“公平”并非平均，而是让合作者能够获得与自己的付出相称的一份报酬，

今天互利共赢理念作为一种市场经营准则已经为人们所熟知，其实，互利共赢不仅仅是一种市场经营准则，也是一种团队工作准则。团队中的工作与交往同样需要以互利为基础。的确，团队中的每个人的成长与发展都要使用和占据一定的资源，无疑要与其他人竞争；但一个人不可能全知全能，每个人都有自己的优长，也有自己的短板，每个人的成长与发展同样也需要其他人的帮助和支持，事业上每项成就的取得都需要与人合作。与人方便，才能与己方便。因此，应该懂得利人利己，以诚心实意对待领导、同事、客户等。当然，合作并非直接等于互利，而是要求在互利的前提下，尊重他人，并以建设性的态度积极与他人沟

通协调,分工协作,团结一致,共同完成既定任务,达成预期成果,并共享荣誉与成果。无数事实都表明,在一个团队中,唯有通过与他人的真诚合作,用他人之长补自己之短,养成良好的合作习惯,才会更好地完善自己,发展自己,并最终达成目标。

(四) 达成相互信任

相互信任是合作的前提,只有当团队建立起相互信任模式,团队成员间形成相互信任关系时,才会引起自愿合作的行为,如果团队成员之间缺乏相互信任,就不会选择合作。换言之,合作以相互信任为基础,合作又进一步强化了相互信任。克雷默和泰勒在《组织中的信任》一书中指出:“从理性的角度来看,信任是对未来合作可能性的预测。当信任下降时,人们越来越不愿意承担风险,实施更多的保护行为以应付可能遭到的背叛,而且更趋于坚持用高成本的制裁机制来保护自己的利益。”①张康之教授进一步强调:“在一切交往关系中,信任的在场与缺场都决定着交往的质量。信任的在场,可以使交往关系成为相互理解、相互尊重的关系,并能生成共同行动的合作行为。反之,信任的缺场则会使交往关系成为相互猜忌的关系,并会在共同行动中增加行为成本。”②

美国心理学家安德森曾设计了一种测试量表,列出 555 个描写人品的形容词,让大学生挑选出他们最喜欢和最不喜欢的品质。研究结果发现,有 6 个形容词评分最高,他们分别是真诚、忠诚、真实、信得过、理解和可靠,而评价最低的品质是说谎、装假和不老实。由此可见,在人际交往中,人们喜欢的是那些真诚可靠的人。因为与真诚可靠的人交往,会产生安全感和信赖感。可以想象,如果团队中的每一个人都以诚信为准则,都能够向他的同事、领导证明他(她)是一个诚信可靠之人,是一个可以信任的人,那么这种信任就会循环,变成相互的,我信任我,你信任我,这时合作就会变得顺理成章。

团队成员间的相互信任不仅促成了合作,还有助于合作中的相互支持。如果团队成员之间相互信任,就会在工作中相互支持,激发出平时所不具有的能量,特别是面对困难时,能以更大的信心和热情投入到团队工作中,朝着既定目标进发。反之,如果团队成员之间缺乏相互信任,就会各自为政,为了自身的需要而进取,此时,大家的注意力就会从团队目标转移到人事方面,如怎样化解个人之间的矛盾,怎样做事不得罪人……

团队成员间的相互信任可以让大家把焦点集中在目标上而不是其他事情

① 罗德里克·M.克雷默、汤姆·R.泰勒:《组织中的信任》,北京:中国城市出版社 2003 年版,第 4 页。
② 张康之:“论作为合作的‘真正交往’”,《宁波党校学报》,2007 年第 6 期。

上，如果一个团队中的成员相互信任，就会集中注意力于目标，心无旁骛地达成目标。反之，如果彼此间缺乏信任，大家的注意力是不可能全部放在目标上的，人们会考虑复杂的人际关系，如怎样化解个人间的矛盾，如何做好事情又不得罪人等等。除此之外，缺乏相互信任的团队，团队成员在描述问题时会躲躲闪闪，含混不清，让人难以理解问题所在，因为缺乏相互信任会导致团队成员产生很强的防御意识，结果小团体利益和个人利益最终淹没了团体利益，合作变得异常困难。

可见，唯有相互信任，才可以为有效合作打下良好而坚实的基础，才能够提升合作的品质。

总之，对团队来说，培养合作精神就是让团队成员们少一些防御意识，少一些针锋相对和自私自利，多一些坦诚相见，多一些相互依赖和相互扶助；少一些自我封闭、自我防御和玩弄权术，少一些占有欲和随意判断，多一些沟通理解、同情和关心。

第三节　卓越团队的团结合作

没有哪一个团队喜欢一个天马行空、独往独来的独行侠。在全社会都越来越崇尚团结合作的今天，单打独斗的独行侠越来越没有市场，合作正在逐渐取代竞争，或者说竞争的目的是为了更好地合作。对于卓越团队来说就更是如此了。

一、融入团队

作为团队的成员，要实现个人在职场上的成功，必须融入团队，这就如同一滴水要不干涸，就必须融入河流海洋一样。如果团队中的每个人都只谋求自己的发展，不考虑团队的整体发展，只为自己的利益着想，不顾及整个团队的利益，这个团队就是一盘散沙，不可能有发展，团队没有发展，个人的发展自然也就无从谈起。所以，只有将个人融入团队，才能实现最好的自我。当团队确定某种工作目标并且全力以赴的时候，作为团队成员必须积极努力工作，主动配合相关人员的工作，并力求超越大家期望完成自己的工作。即使某些时候对团队的工作目标不甚认同甚至反对，但作为团队的成员也要做好分内的工作，唯有如此才能真正融入团队，为团队所接纳，成为团队的一分子。

在团队中,有效合作的机会取决于和谐的人际关系。只有拥有和谐的人际关系,才能在自己周围创造出一个良好的工作环境;有了良好的工作氛围,才有利于工作上的沟通与交流,进而通过团队的力量进行有效合作,促进事业的发展。但是在团队中难免有一些自负之人,他们自视甚高,认为一般人无法达到自己的高度,以为离开了自己,团队就无法运转,因而总是自以为是,指责别人的做法,埋怨别人的过错,结果与团队格格不入。其实事实远非如此,个人对于团队的需求远远超过团队。真正的问题不是来源于领导和同事,而是来源于自己。一个人若是长期处于上司不欣赏、同事不接纳、客户不喜欢的状态,就需要深刻地反省自己,检讨自己的行为做派,自己为什么孤立无援,何以跟大家都合不来。

调查显示,以下三类人在团队中最不受欢迎:

第一类人:难以与人合作。这类人恃才傲物,孤芳自赏,鄙视他人的热情,不善于集体协作,也不愿与他人合作。

第二类人:以自我为中心,傲慢自负。这类人刚愎自用,听不进别人意见,以自我为中心,目中无人,总是强迫别人服从自己的意志。

第三类人:人际关系紧张。这类人不善于与他人交往,对于集体活动通常采取拒绝态度,感情淡薄,不懂得关心和体谅别人。

二、亲和友善

亲和友善对于达成团队合作非常重要,这也是为什么有些人在各方面并不出色,却拥有众多支持者的一个重要原因。亲和友善要求尊重他人,让人感觉亲切友好。在团队中,一个人只有让他人感受到你的宽厚与和善,他人才愿意和你共事,进而达成合作。一个没有亲和力的人,是很难与他人合作的,有时甚至会让人避之唯恐不及。在工作中,我们有时会遇到这样的人,他们是完美主义者,对己对人都要求苛刻,对于自己和同事在工作上的不完美之处不能容忍,一旦发现工作中的差池,便大发雷霆,导致与其共事的人特别紧张,感觉非常压抑。个人自由受到侵犯,自然就避而远之,结果造成人际关系的紧张。因此,作为团队的一分子,在工作交往当中一定要讲究交往艺术,注意自己的处事方法,无论身处何位,担当何责,都应当对他人体谅、友善,尊重别人的工作方式,不能把自己的工作理念和工作模式强加于他人,要允许自己和别人不够完美甚至是出错,毕竟有时候犯错误也是一种学习和成长的方式。唯我独尊、动辄训斥贬低别人的人会变成孤家寡人,没有人愿意和这样的人合作,也不会有人愿意支持这种人的工作。

三、互帮互助

有一个人被带去参观天堂和地狱。他先被带到了地狱。地狱的美味佳肴让他吃了一惊。因为每个人都坐在酒桌旁，桌上摆满了鸡鸭鱼肉、水灵灵的水果、五花八门的蔬菜。可坐在酒桌旁的人个个骨瘦如柴，愁眉苦脸。原来每个人左臂上都捆着一把叉，右臂上都捆着一把刀，而刀和叉都有约四尺长的把手，他们挥动着刀叉，却吃不到任何东西。之后他被带到了天堂。没想到天堂和地狱一样，同样的食物，同样的刀叉。然而天堂的人们个个面色红润、喜笑颜开，他们高高兴兴地喂对面的人东西吃，因为互相喂食，结果个个尽享美味佳肴。

"天堂"和"地狱"有一样的食物，一样的工具，一样的环境，一样的人，可为什么结果却大相径庭呢？

原因就在于天堂的人学会了互帮互助，他们在帮助别人的同时，也得到了别人的回报；而地狱的人只会以自己为中心画圆。

这个故事告诉我们，帮人就是帮己，只有帮助别人获得他们所需要的，才能得到自己所需要的。对于一个团队来说尤其如此。

《圣经》上说：你想要别人怎样对待你，你就要怎样对待别人。这句话好像是说你对待别人的方式最终会被返还给你自己。其实，它的更为深刻的内涵却是，如果你希望别人了解你的实际需要，就应该首先了解他们每一个人的实际需要。然后据此尽量给予帮助、支持和满足。对于一个团队来说尤其如此，团队良好的合作源自成员间的互帮互助。在团队中，你只有帮助别人成功你才能成功。如果你对别人没有用，不能帮助别人成功，别人也就没有必要与你合作。从这一点出发，一个人必须增加自己能为团队其他人利用的价值，即尽自己一切力量去帮助他人。你若能为团队的其他成员做更多的事情，提供更多的帮助和支持，他人就愿意跟你建立良好的关系，进而达成更好的合作。

四、有"他者意识"

人从其本质而言，都是自我为中心主义者，但是在一个团队里，每一个人的生存和发展都离不开他人的合作与协助。人如何从以自我为中心达到合作与互助，或者说自利的本性如何能够给他人带来利益而不是伤害，途径只有一个，那就是通过让别人得利而使自己获利，也就是通过利他进而实现利己。通过利他而实现利己，即以利人之行，实现利己之心，而要做到这一点，必须要有“他者意识”。什么是“他者意识”？学者寇东亮认为：“他者意识，意味着把‘他者’带入了‘我’的道德视野之内，呈现的是‘我’对‘他者’的认同，这种认同表现为‘团结互助’”。[①] 从现实看“一个有他者意识的人，在维护自己的利益时能够充分考虑、尊重和维护他人的利益，在行为上，不会依靠损人而利己，在人际交往中能够做到互惠互利，共谋发展，通过利他而利己。在客观效果上，做到‘双赢’、‘各有所获’，使自我利益与他人利益都得到保护和发展。”[②]

有“他者意识”也就是心中有他人。作为团队的一分子，如果心中有他人，能够设身处地为对方着想，无疑会发展和建立起良好的合作关系。当然，要做到这一点并不容易，它需要你不断地探索和发现。一旦做到了这一点，合作就会变得容易。古人曰：与人方便，与己方便。在工作中，每个人不仅要为自己的利益着想，也要为他人的利益着想，有他者意识，心中有他人，才会赢得团队其他成员的支持与合作。如果一味站在自己的立场做人做事而不顾及他人，就会成为孤家寡人。

沃尔沃集团总部坐落在瑞典哥德堡，占地几十公顷，除正常的办公设施外，还辟有运动场所、娱乐场所，整体绿化也搞得非常好，树木、花草随处可见。最令人赞叹的是，里面还设有一个可供超过 2000 辆车停放的大型停车场，停车位沿着大门左右两侧一字排开。按理说，偌大的一个停车场，堵车的情况应该时有发生。但是在这里，这种情况从来没有发生过。对此，一位住在附近的汽车爱好者好生奇怪，为了一探究竟，他决定观察一下沃尔沃的员工到底是怎么停车的。他住在 10 楼，特地在书房的窗口上放了一台摄像机。他发现，虽然公司规定早上 8 点上班，但是从 7 点开始，就陆续有员工来到公司，早到的员工会自觉地将车停在远离办公楼的地方，最远的泊车位离办公楼的距离超过了 1 公里，即使小跑过去，也需要 10 多分钟。在上班之前的这段时间里，进入总部的汽车都是有序地由远到近泊车。先来的员工自觉将车停到离办公楼较远的泊位，后面来的员工则将车停到离办公楼较近的泊位，天天如此。而下班的高峰期，所有的车总是从较近的泊位开始驶离总部。

如此停车，是不是公司有明文规定呢？为了进一步求证，这位汽车爱好者以记者的身份进入了沃尔沃总部对员工进行随机调查。他随机采访了 20 位不同

---

① 寇东亮：“‘他者意识’社会主义和谐人际关系的伦理基础”，《科学社会主义》，2007 年第 4 期。

② 薛妙勤：“培育和谐人际关系的伦理思考”，《洛阳师范学院学报》，2010 年第 12 期。

岗位的员工，向他们发问："你们的泊位是固定的吗？"得到的回答惊人的一致，他们说："我们到的比较早，有时间多走点路，晚到的同事或许会迟到，需要把车停在离办公楼近的地方。"而且调查中他发现，沃尔沃的领导没有专属的泊位，泊位也不固定，来得早的也会将车停在较远的地方，要是来得晚的话，远的泊位满了，只能在离办公楼近的停车位停放。

谜底揭开，根本不是公司的规定，只是为其他同事考虑。这么简单的做法，其实蕴含着深刻的道理："多为别人着想，你的路才能走得更远。"①

俞敏洪说他上北大的时候，因为来自农村，各方面都不如其他同学，但他坚持做了一件事情：为宿舍的同学打了 4 年的开水，做了 5 年的宿舍清洁工作。多年后，王强、徐小平之所以愿意从美国回来与他一起共创事业，其中一个重要原因是基于他 5 年的自觉自愿打开水和清洁宿舍。他们说："俞敏洪，我们回去是冲着你过去为我们打了 4 年的水。我们知道，你有这样一种精神——你有饭吃肯定不会给我们粥喝，所以我们愿意一起回国，和你一起干新东方。"

五、坚持互惠互利

所谓互惠互利，是指在团队合作中的每个人都应当获得某种应有的权益。互惠互利意识是一种功利意识和功利行为。"互利有三个层次，最低的层次是在利己时利他，高一个层次是通过利他来利己，最高的层次不仅通过利他来利己，还要对自己的职业行为负起社会责任。"②

社会是人们彼此相互服务的社会，团队也是成员彼此相互服务的团队，在一个团队中，一旦某个环节出现问题，整个团队就会深受其害。而且无论你在团队中充当什么角色，你的每一项工作与其他团队成员的工作都会有接口，这就意味着你的工作需要得到其他团队成员的帮助。而要想得到其他团队成员的帮助，首先你必须去帮助其他团队成员，只有这样你才能构建起与他人的良好的关系，才能在需要帮助的时候获得支持和扶助，进而实现自己的目标，在这一过程中，与你合作的人同时也可以实现他们自己的目标，这便是一种双赢的工作手段。因此，作为团队的一分子，每一个人在处理和他人的利益关系时，都应秉持双方利益的相互结合、相互兼顾和相互制约的行为规范，坚持互惠互利原则。互惠互利原则要求"一个人在维护自己的合法利益和追求更大利益时，必须充分考虑、

---

① 资料来源：《科学大观园》2014 年第 3 期。

② 钱昌照："德性与职业成功"，《赣南师范学院学报》，2012 年第 4 期。

尊重和维护他人的利益；在行为上，不能依靠损人而利己，要做到互利互惠，共谋发展，通过利他而利己；在客观效果上，要做'双赢'、'各有所获'，使自我利益与他人利益都得到保护和发展。"①

1985年，苹果公司董事会剥夺了创始人乔布斯的经营大权，迫使他第二次创业。到了1997年，苹果公司亏损高达10亿多美元，濒临破产，于是请乔布斯回来重振苹果。重回苹果的乔布斯，面临的首要难题是资金匮乏，乔布斯想到了比尔·盖茨。他在高层会议上指出，我们要摒弃此前"让苹果胜利，微软必须失败"的理念，与微软和谐相处。这话传到比尔·盖茨耳朵里，既吃惊又感动，于是决定与苹果合作。乔布斯找到比尔·盖茨，诚恳地对比尔·盖茨说："苹果的处境您十分清楚，急需资金恢复元气。如果我提出借一亿美元，你一定不会拒绝吧?"比尔·盖茨答应了。有了比尔·盖茨的帮助，乔布斯在之后的短短一年时间里，通过大刀阔斧的改革和技术革新，确立了苹果品牌主打发烧友和粉丝的战略，绕过微软占据了小众市场，让濒临死亡的苹果公司重新焕发了生机，当年便奇迹般盈利3.09亿美元。

六、不计个人得失

世上没有绝对的公平，大到一个国家一个组织小到一个团队无不如此。只有大家不计个人得失齐心合力，才能干出一番成绩，成就一番事业。在西天取经的团队中，孙悟空可谓神通广大，有降妖除魔的本领，其作用不可替代，对团队做出了巨大贡献；猪八戒有点小本事，生活能力强，会逗大家开心，但是，拈轻怕重，好吃懒做；沙和尚虽然老实，但是太过愚钝，只能干些粗活，又好盲从，容易被煽动；唐僧除了取经信念坚定和会念经外几乎一无所能。如果大家斤斤计较，西天取经大业根本无法完成。

1969年，美国载人宇宙飞船登月成功，此消息轰动了全球。当宇航员阿姆斯特朗迈上月球时，因一句"我个人迈出了一小步，人类却迈出了一大步"而成为家喻户晓的明星。而与之一同登月的另一位宇航员奥尔德林，却几乎被人们忽略了。

在庆祝登月成功的招待会上，有一位记者向奥尔德林提出了一个很尖锐的问题，他说："作为同行者，阿姆斯特朗成为登月成功第一人，你是否感觉有点遗

---

① 寇东亮、刘国荣："利益、互利主义与德性养成"，《延安大学学报》，2008年第8期。

憾?”在众人有点尴尬的注目下,奥尔德林很风趣地回答:“各位,千万不要忘了,回到地球时,我可是最先迈出太空舱的! 所以我是从别的星球来到地球的第一人。”大家在笑声中,给予了他最热烈的掌声。

几十年过去了,人们也许已经忘记了人类登月的轰动,却永远不会忘记奥尔德林面对荣誉与队友谦让不争的美德。

著名企业家李嘉诚先生做生意有一个基本原则,那就是减即是加。李嘉诚先生说过,我的生意之所以比别人做得大一些,道理很简单,就是在生意的过程中,本该赚 10 块钱的,我只赚 9 块钱,给对方多留 1 块钱。因为大部分人都想多赚,于是,会有更多的人愿意与我做生意,久而久之,我反而赚得更多。让别人多赚,就是自己赚多的秘密。李嘉诚先生的儿子李泽楷这样说:“父亲从没告诉我赚钱的方法,只教了我一些做人处事的道理。父亲叮嘱过,你和别人合作,假如你拿七分合理,八分也可以,那我们李家拿六分就可以了。”

正因为李嘉诚先生愿意让别人多挣一两分,所以,每个人都知道和他合作会多获利,就有更多的人愿意与他合作共事。如此一来,虽然只拿六分,但生意纷至沓来,赚的钱自然越来越多。

七、敢于担当

无论一个人的职位是高还是低,工作能力是大还是小,都要有责任感,能够担当,即使成不了团队中最出类拔萃的人,也要做一个负责任、敢于担当的团队成员。敢于担当意味着言必信、行必果,说到做到和勇挑重担。意味着让问题的皮球止于自己,意味着对做错的事情承担后果,不推诿、不找借口。如果工作中出现了问题,属于自己的责任范围,不仅要积极有效地解决问题,还要敢于担当,主动承担责任。一般来说,团队中的每个部门和每个岗位都有自己的职责,但总会有一些问题或突发事件,无法明确地划分到哪个部门和哪个人,于是就出现了边界不是很清楚的事情,而这些事情往往还都是比较紧急和重要的。对此,应该从维护团队利益的角度出发,勇于承担,积极妥善地加以处理。

在一个团队中,一个人的责任感与合作机会往往是成正比的,一个人越敢于承担,人们越愿意与之合作,也就越有大的发展。任何一个老板,都会将机会给予勇于担当的下属;任何一个团队,都会将重担交给能够挑大梁的队友。而正是通过敢于担当,一个人才能获得更多的机会,实现更大的发展!

八、增长知识和见识

一个团队中，有各色各样的人，这些人来自不同的领域，素质有高有低，学识有深有浅，能力水平各有不同，如果要争取和他们每个人相处得来，达成必要的合作，就必须保证让自己在每个领域都多少懂得一点。一个人的知识储备得越多，见识越广，视野越开阔，和他人能够找到的共同语言就越多，也就越“相似”，而“相似”是可以增进吸引的，这种吸引无论是对和谐关系还是对必要的合作都是大有裨益的。因此，不断增长知识和见识，拓宽自己的知识面，是推动合作的重要条件。除此之外，团队成员知识面广、见识多，对于团队顺利开展工作亦是必不可少的，特别是当遭遇疑难问题和重大挑战时，长期积累的知识和见识就会发挥作用，产生重大价值。

美国著名管理学家史蒂芬·柯维这样说过：“人们是如此的相似，又是那样的不同。思维方式不同，价值观、动机和目标也不尽相同，有时甚至是完全对抗的。毫无疑问，这些分歧带来了各种各样的冲突。面对这些分歧和冲突，社会倾向于用竞争的方法来解决，强调‘全力以赴，赢得胜利’这样的技巧。尽管巧妙地利用‘折中’的方法取得了一定的成效，即当事双方在追逐目标过程中，在彼此都能接受的程度上相互妥协，但结局通常是双方失望而归。这些分歧驱使人们机械地、平均化地接纳双方仅有的共同特征，这是多么巨大的浪费！而且人们也没能充分利用创造性合作，找到比任何一方的最初想法都好的问题解决方法，这又是一种多么巨大的浪费。”①由此可见，冲突随处可见，而解决冲突的方法又是多么不尽如人意。

对任何一个团队来说，合作都是一个不断磨合的过程。在任何一个团队中，都是竞争与合作并存。在错综复杂关系之下，出现一些误会、摩擦、矛盾乃至冲突都在情理之中，加之在具体工作中，人与人之间因观点、做法等问题难免产生这样那样的争执和冲突。面对误会、误解、摩擦或者冲突，如果仅仅站在自己的立场上看问题，力图证明自己正确他人错误，为自己的行为辩护，是很难做到真正解决问题，化解冲突和矛盾的。那么，究竟该如何有效处理冲突和矛盾，以实现和睦相处、有效合作呢？这正是我们下一节所要讨论的问题。

---

① 史蒂芬·柯维：《高效人士的七个习惯》，北京：中国青年出版社2007年版，第9页。

第四节　团队合作中的冲突及化解

一、包容不同

合作并不意味着必须达成双方乃至多方的相同甚至消除差异。古人云“君子和而不同”，[①]就是强调大家要和谐，而不必观点做法完全相同。这就如同一首曼妙的乐曲，不能从头到尾都是高音，如果真是这样的话，曲调就会变得不和谐，有高音也有低音，错落有致才会美妙动听。团队成员之所以走到一起结合成一个团队，是因为他们之间的不同，而非他们之间的相同，而团队的强大也是由于每一个人身上具有不同的优点，大家优势互补的结果。处理团队中出现的误会、冲突亦需秉持这一观点，认识到人与人之间的差异是有益的，进而正视差异，允许差异，包容不同。

二、以和为贵

在中国的处世哲学中，中庸之道被奉为经典之道，中庸之道的精华之处就是以和为贵。和为贵不仅仅是一种生存的需要，更是团队交往的需要。因为工作需要不同部门不同人员之间的相互配合，而这种配合需要人们之间的和睦相处。换言之，合作的前提是和睦相处，唯有相处和谐，才能有效合作。

三、主动姿态

面对矛盾或冲突，不能采用鸵鸟政策，更不能当作什么事也没有发生。正确的做法是：采取积极主动姿态来化解冲突、解决争执。而所谓的积极主动姿态，就是抱着积极的态度，坦率主动地与对方沟通，不要拖延，要尽早选择合适时机进行交流，拖延会使双方心理上的芥蒂进一步加深，使争执、冲突的化解和解决越来越难。更何况在工作场所发生的冲突和争执，对其他同事和同事间的正常关

---

① 《论语》。

系都会造成不良影响。因此,尽快化解冲突,解决争执是必须的,也是非常重要的。

四、坦诚沟通

一旦发生矛盾与冲突,沉默是不可取的,正确的态度是坦诚地进行沟通,把事情解释清楚。当然,此时的沟通要特别讲究技巧和方法。

首先,在沟通内容上,坚持对事不对人原则。只针对具体事情进行交流,让双方都明白,大家是各司其职,出发点都是为了把工作做好,在这个共同前提下,任何事情都是可以讨论和协商解决的。若一方不认同对方的观点和做法,应该采取的行动是,有理有据地指出其不妥之处,并提出你的解决方案。一般来说,人们对于建设性的建议,还是愿意接受的。当然,如果有必要,可以做出一定的让步。如认可对方观点和做法中的某些合理之处,这样一来,对方就会觉得你是通情达理的,因而愿意倾听你的意见和建议。一般来说,一方在某些问题上表示同意对方的意见,或者说同意对方的某些做法,可以缓和双方的紧张关系,博得对方的好感和喜欢。因为同意对方的某些观点和意见就是表示与其有着一致的思想和看法,支持、肯定他的意见和做法。美国著名心理学家约翰逊通过实验研究发现:被试一旦认为对方跟他持有相同的意见和态度,就会表现出更多的合作倾向与行为。

其次,选择合适的沟通方式。沟通方式既可以选择比较正式的,也可以选择非正式的,同时还要注意沟通的时间和场合,在时间上要注意避开体内时间(身心俱疲的时间)进行沟通,在场合上最好选择一个舒适的且比较中立的场所,这样可以为沟通确定一个积极的基调——在一种理性及平和的情绪下交流思想和看法,把事情说开来,寻找共同点,求大同存小异。

第三,避免冲突升级。避免冲动升级是冲突沟通中的重要准则,冲突中怒发冲冠——言辞犀利、冷嘲热讽、口不择言地放狠话等,并不能显示你高人一等,胜人一筹,更无法解决问题和化解冲突,相反会制造出更多问题,使冲突进一步升级进而变得一发而不可收拾。反之,保持冷静,给自己一个缓冲的时间(不匆忙做出决定),怒气就会消退,情绪也会逐渐平复,这时头脑也清醒了,就能寻找到化解冲突的对策方案。

五、心平气和

有一句成语叫“理直气壮”,意思是说,理由正当充分,胆子就壮,说话就有气势。在一般情境中这可能没有错，但是当处于误会、误解、摩擦或者冲突之时就另当别论了。对于已然产生误会、误解、摩擦或者冲突的人们来说，如果坚持理直气壮，据理力争，愤怒甚至发脾气，往往会适得其反——进一步加深误会、扩大摩擦和冲突。大量事实也证明，理直气壮、据理力争、愤怒甚至大发雷霆，绝非化解冲突之道，更不是赢得他人合作的有效工具。所以，理直也不必气壮，有理也无需声高，相反，理直也要心平气和。明代思想家吕坤说过："心平气和，而有刚毅不可夺之力。"①可见气和是一种直抵心灵的力量，那种靠盛气凌人、粗暴打压产生的力量，根本无法与之相比。心平气和意味着好好说话、友善地待人和处事，这样既不伤人，又不失人情，它以润物细无声的和悦方式，最终使对方心悦诚服。大量事实证明，心平气和才是化解纷争与冲突的最高境界。

六、适当妥协

妥协即让步，懂得妥协就是用让步的方法化解冲突或争执。在团队合作中，不可避免与领导、同事交往，产生不同意见和做法是常有的事，有时还可能发生激烈的矛盾和冲突，此时，如果坚持要求对方对你言听计从几乎是不可能的。相反，他总是会找出种种理由为自己辩护，因为他之所以如此想如此做，就是因为他相信，那才是合乎逻辑、合乎情理的。在这样的情况下，如果双方各执己见，争锋相对，一味指责批评对方，是很难解决问题的，有时甚至会把问题越搞越大，双方关系越来越僵。因此，面对意见分歧、矛盾乃至冲突时，采取理性态度，对对方正确的意见和做法予以肯定，并做出必要的妥协，如认可对方的某些观点和做法，答应一些合理要求，为对方提供一些选择，才能有效化解冲突和解决问题，实现共同前进，否则一定是对立的，就是你输我赢，你赢我输，更有甚者就是双输。

妥协是一种艺术，有一位资深记者曾经这样说：什么是好群众，能够改变领导的群众才是好群众。这里的改变领导实际上讲的就是妥协，就是为领导提供新选择。比如，关于解决问题的方法，提出新的选择，A 方案是 100 分，B 方案是 80 分，C 方案是 60 分，90％的情况下领导会在三个方案中选择一个，而无论他选择哪一种方案，都意味着进步，都要比争执不休、悬而未决好得多，因为它达成了共同前进。

---

①《呻吟语》。

七、着眼未来

矛盾、冲突化解后并不意味着万事大吉，还应该就产生矛盾冲突的原因进行分析，到底是规章制度有问题，还是工作程序上出现了问题……通过复盘，找到问题的关键或者问题的症结所在，进而开展反思和反省，总结经验教训，以便在以后的工作中有效规避此类问题，避免同样事件的再次发生，或者找出规律性的东西，为日后的工作提供借鉴。

拓展训练 1：穿越电网

目的：让团队成员体会团队合作精神及计划的重要性。

操作程序：

1. 将团队成员分成若干小组。

2. 在两棵树之间用绳索组成一张与地面垂直的网，小组成员必须集体从网的一边穿越到网的另一边。

3. 网上的一个洞就是一条生路，一条路只能使用一次。通过的时候，身体的任何部位都不能触网，一旦触网即被算作死亡(扣除相应的分数)。

4. 活动可以采取竞赛的方式进行，以幸存者最多者的小组为胜方。

计分单

组员人数	最低分	最高分	计划得分	实际得分

讨论：

1. 活动过程中，你感觉团队合作精神如何，是否思考过怎样才能既节省时间又减少牺牲的方法？

2. 该游戏最难的地方在哪里，下次行动前你会如何改进？

3. 你对计划的重要性有何认识？你认为这次活动的计划做得怎样？

总结：

每个人的人生都可能遇到曲折、困境，但常常可以在别人的帮助下化解。成功需要人力资源的合理分配及利用。在工作和学习的过程中，认真严谨、一丝不苟、协作配合的态度往往是致胜的法宝。

拓展训练 2：齐心协力

活动目的：体会团体间相互配合与协调，感受彼此间的互助精神。

操作程序：

1. 先两人一组坐在地上，背靠背，手臂扣手臂，然后听口令一同站起来。

2. 完成动作后再增加人数，直到人数多的无法站立为止。

3. 此活动可以分成几个组同时进行，增添活动的竞争性，以最后站起来人数最多的组为胜方。

讨论：活动中你认为失败的原因是什么？成功的关键因素又是什么？在团队合作中怎样做效率最高？

总结：

在团队合作中，人与人之间的相互支持、配合非常重要。虽然每个人的初衷都是好的，但由于用力方向和工作重点的不同，很可能导致团队效率的低下，这就需要大家在工作中不断磨合，通过有效的相互配合来达成目标。

拓展训练 3：同舟共济

活动目的：加强团队成员间的相互信任，培养合作意识和协作解决问题的能力。

操作程序：

1. 把一张报纸展开放在空地上。这张报纸就是滔滔洪水之中的一条小船，每组 8—10 人都站上去，至少停留 10 秒钟，不能让任何一个人落水。

2. 这一阶段成功后，把报纸对折。水不断上涨漫上来，全组成员如何团结一致，同舟共济是对信心和决策的一个考验，小组成员要想办法继续站上去。

讨论：在一张报纸上要站这么多人，一开始你是怎么想的？随着游戏的进行，报纸越折越小，你认为成功的原因是什么？

总结：

有时候我们认为不可能的事情，常常会在集体的智慧和合作中成为可能。这个活动让我们感受到在团队中建立有效决策、大家保持平衡、团结一致克服困难的重要性。

第六章　保持团队有效沟通

美国著名未来学家约翰·奈斯比特曾说过:“未来竞争必是管理的竞争,竞争的焦点在于每个社会组织内部成员之间及其外部组织的有效沟通上。”[①]有效的沟通是团队合作成功的重要基础,在团队合作中,没有什么比有效沟通与协作更重要的了。它不仅有助于团队成员明确自身的任务与使命,激发自己的工作潜能,促进团队目标的实现,还可以调节团队内部的人际关系和工作关系,提高团队成员之间的关系质量,营造轻松愉快的工作氛围,避免因信息不畅造成的浪费,形成高度信任与合作。

第一节　沟通释义

一、沟通

沟通原本的含义是开沟以使两水相通。后来沟通的观念进一步泛化,用于指人与人之间、人与群体之间思想与感情的传递和反馈的过程,以求思想达成一致和感情的通畅。沟通是有效传递信息给对方,是双向的互动过程。沟通包含了三大要素:沟通的内容、沟通的方法、沟通的动作。所谓沟通的内容,是指说话者的语词和讲话内容;所谓沟通的动作,是指说话者看起来像表达什么意思;所谓沟通的方法,是指说话者的语气、语调、音量影响。研究表明,在沟通三要素中,影响力最大的是沟通的动作,占55%,其次是沟通的方法,占31%,影响最小

① 转引自刘银花、姜法奎:《领导科学》,大连:东北财经大学出版社2011年版,第225页。

的是沟通的内容，只占7%。也就是说，听者得出的结论，其中有93%来自说话者怎么说，而不是说什么。

沟通带有强烈的目的性，一般来说，其主要目的有两个：一是了解对方以及被对方所了解；二是让双方明确彼此的立场和观点。当然，要达到这两个目的，必须进行对话。

二、沟通的形式与风格

沟通依据其形式不同分为语言沟通和非语言沟通。语言沟通主要是指口头语言沟通和书面语言沟通。非语言沟通主要包括声音、语气、肢体动作等。

对语言沟通而言，有效沟通有三大特点：一是使用肯定性的语言。即使用正向的语言表达方式表达，避免攻击性的语言；二是使用负责任的语言。即避免说话过满，特别是要避免使用绝对性或下断语式的词语，以建立可信度；三是选择恰当的语言，即选取一种既适合自己，也适合听众，同时也与具体情景相协调的语言形式进行表达。

非语言沟通是沟通的第二种方式，非语言沟通在信息传递中占有重要地位，有人甚至认为信息传递中有90%的信息是借助非语言沟通来完成的。因为当人们讲话时，多采用非语言沟通的方式，如，通过面向讲话者，身体前倾、用目光接触等表示对说话者的关注与支持。尤其是当说话者的语言信息与非语言信息不完全一致时，人们更倾向于相信他的非语言信息而不是语言信息。当然，最有效的沟通当属语言沟通和非语言沟通两者的结合。

就沟通的风格来说，我们可以将其概括为四种：支持型、指挥型、回避型和敌意型。支持型沟通，即能够保持一种平和的心态，站在支持的立场表达反对的观点和意见。指挥型沟通，即采用一种权威心态与对方沟通。回避型沟通，即对沟通采取被动心态，用不参与来实现自我保护。敌意型沟通，即对对方的讲话表露出轻视和敌意。在以上四种沟通风格中，支持型沟通者的沟通风格和沟通方式最为有效，而敌意型沟通者的沟通风格和沟通方式效果最差。后者是团队应该放弃的，因为这种方式对团队合作最具有破坏性。

三、沟通之重要

有人说："这是一个团队致胜的时代，人与人之间理解与支持的关键在于沟通，沟通才能带来理解，理解促进合作。如果不能很好地沟通，就无法理解对方的意图，而不理解对方的意图，就不可能进行有效的合作！”[①]在现实中，沟通无处不在。可以说，沟通本身就是一项重要工作，没有什么比沟通更重要的了，我们时常讲一句话：成也萧何，败也萧何。从某种意义上说，沟通亦是如此，成也沟通，败也沟通。

美国《读者文摘》上曾登载过一篇文章，题目是《第六枚戒指》。

美国大萧条期间，有位姑娘好不容易找到一份在高级珠宝店做售货员的工作，在圣诞节的前一天，店里来了一位三十岁左右的顾客，他衣着破旧，满脸哀愁，用一种遥不可及的目光看着那些珠宝首饰。

店里的电话突然响起，姑娘急忙去接电话，匆忙中把一个装有六枚精美绝伦钻石戒指的碟子碰翻了，戒指滚了一地，姑娘急忙捡拾戒指，很快捡起了五枚，但第六枚怎么也找不到了。这时，姑娘看到那个男子正向门口走去，顿时她意识到第六枚戒指被他捡走了。正当男子开门欲离开时，姑娘柔声叫到：“对不起，先生！”

男子转过身来，两人相视无言，足足有十几秒。

“什么事？”男子问，脸上的肌肉在抽搐，再次问，“什么事？”

“先生，我是头一天工作，现在找一份工作很难，想必您也深有体会，是不是？”姑娘神色黯然地说。

男子久久地审视着她，终于一丝微笑浮现在他的脸上。他说：“是的，确实如此，但是我能肯定，您在这里会干得不错。我可以为您祝福吗？”他向前一步，把手伸给姑娘。

“谢谢您的祝福。”姑娘立刻也伸出手，两只手紧紧握在一起，姑娘用十分柔和的声音说：“我也祝您好运！”

男子转过身，走向门口，姑娘目送着他的身影消失在门外，转身走向柜台，把手中的第六枚戒指放回原处。

姑娘找回戒指的秘诀是什么？是有效而良好的沟通。

美国前国务卿希拉里上任后，造成参议院遗缺，按照美国法律规定该职位可以由纽约州现任州长指派。美国前总统肯尼迪的女儿卡罗琳一度呼声很高。奥巴马在竞选总统时，卡罗琳帮奥巴马站台，大大提升了奥巴马的人气。奥巴马当选后，投桃报李，希望卡罗琳能够继任这一职位，但最终未能如愿，原因很简单，卡罗琳的表达能力太差。有一次一位记者访问她，在长达四十分钟的访问中，卡

---

① 范爱民：《从平凡到卓越》，北京：中国工人出版社 2006 年版，第 180 页。

罗琳说"you know,you know"(你知道,你知道)这个口头禅竟高达两百多次。看了访问报道的人都无不感觉她的表达和沟通的能力太差,词不达意,对议题不熟。媒体曝光这件事后,她的支持率越来越低,后来只好退出竞争。

四、有效沟通是团队合作的前提

有效沟通包括了三个方面的内容,首先是怎么说,其次是如何听,第三是在听的基础上的沟通反馈。有效沟通的境界即一方能体会到另一方当时的感觉,并接受这种感觉。对于组织来说,有效沟通既是人际关系的润滑剂,也是团队合作的前提。就个人而言,唯有进行有效沟通,才能为同伴所理解,得到必要的信息和资源,获得同伴的帮助和支持;就团队而言,唯有进行有效沟通,才能了解团队成员的需求、愿望和情绪,采用有效激励,化解团队内部的矛盾和冲突,增强团队的凝聚力和战斗力。

古人将诚恳地修饰言辞看成是立业的根基,有"修辞立其诚,所以居业也"之说,[①]这是有其深刻道理的。在团队中,一个人要想工作顺利,获得事业上的成功,必须得到团队中其他人的接纳、认可、支持和协作。如,上级的信任,同级的支持,下属的理解和拥戴,客户的认可与接纳等等,而要凝聚这方方面面的力量,整合一系列的资源,有效而良好的沟通是必不可少的。

在哈贝马斯那里,有效沟通被视为交往理性。哈贝马斯之所以使用交往理性这个词,目的在于使社会的话语交往成为有效的沟通与互动。"所谓交往理性,是这样一种理智能力,这种理智能力通过语言实现出来,具有主体间性结构,符合一定的社会规范且具有一定程序性,这种理智能力的使用不是为了获取狭隘的真理和实现特定的目的,而是致力于在对话活动中促成交往者彼此之间达成协调一致与相互理解。"[②]并且交往理性是语言性的、主体间性的,其功能取向不是征服与宰制,而是沟通与理解。而沟通与理解,恰恰是和谐交往与合作的前提。

在团队合作中,有效沟通是提高执行力的前提。实际工作中,存在着四种沟通方式:(1)与上司沟通;(2)中层之间的沟通;(3)平行沟通;(4)与下属沟通。无论何种方式的沟通,其目的都在于获得对方的理解、认同、支持和合作,而要做到这一点,沟通必须是有效的。通过有效沟通,不仅可以沟通信息,达成共识,有助于团队成员投身既定方向与目标,甚至可以决定一件事的成败;而无效沟通则

① 《周易·乾文》。
② 徐闻:"哈贝马斯论实践理性与交往理性",《东岳论丛》,2011 年第 4 期。

会给团队成员之间的合作设置无形的障碍。无效沟通包括消极沟通和防御性沟通两种：前者通常表现为压制他人、挖苦他人、打击他人，特别关注贬低他人的内容等；后者则表现为总是设法说服别人，不关注沟通内容而是对讲话者品头论足、假装在听等。无效沟通不单单反映在语言上，更多时候是通过非语言信息传递的，并且很快且很容易被人捕捉到。因此，团队中的每个人都要注意自己的非语言表现，以免无端伤害别人。

在各种沟通方式中，语言对人的行为影响最大。哈贝马斯认为，沟通行动的目的是行动者为了协调彼此的相互行动而进行的行动。这种协调又是行动者彼此之间以语言为中介，通过相互沟通达到目的的。换言之，沟通行动是人们相互之间的一种运用语言进行沟通的行动，是使用语言的行动，亦即言语行动。

古人云：良言一句三冬暖，恶语伤人六月寒。表扬或温暖人心的语言很容易打开对方的心扉，使之对人对事产生正向的态度和行为；而充满敌意的语言，不仅让对方尴尬难堪，还会伤害彼此的关系，影响日后的共事乃至合作。有人说过：伤害他人的语言，就像钉在树上的钉子一样，尽管能取出来，但给他人留下的伤害就像钉子留在树上的疤痕一样难以去除。

第二节　有效沟通举要

孔子说过："言之无文，行之不远"。[①] 意思是说，只管自己痛快而不讲求沟通的表达形式，一般不会收到良好的沟通效果。那么，如何进行有效而良好的沟通呢？

一、有效沟通的"十贵"原则

在各种沟通方式中，语言是使用最频繁也是最重要的沟通方式，如何通过语言进行有效沟通，我们可以借鉴古人提出的"十贵"原则。[②] "十贵"原则主要是一些语言表达技巧，是古人对如何进行有效沟通的经验总结。"十贵"包括：言贵简、言贵诚、言贵和平、言贵婉、言贵逊、言贵当理、言贵有用、言贵适时、言贵养气、言贵养心。

---

① 《左传·襄公二十五年》。

② 《慎言集训》。

“十贵”表现在工作沟通中，就是要做到：

1. 言贵简：说话言简意赅，意思表达清楚明了，道理分析明白无误。这是团队中工作交往的基本要求，也是提高沟通效率的有效方法，同时还可以避免“言多必失”。

2. 言贵诚实：说话应遵循诚实原则，首先心要诚，要出于真心，为双方着想。其次要实在，即本着实事求是的态度，有一说一，有二说二，不能不着边际地乱说。

3. 言贵和平：说话心平气和，不疾言厉色，口气平等，语气平易，语速的快慢、声音的高低要适度，同时不以话压人。在反驳别人或者指正别人之前先予以肯定，尽量少用“不”等否定词。

4. 言贵婉：说话用语用词委婉，要用别人能够接受的方式谈论事情。我们提倡说真话，但是这并不是说可以不分场合、不看对象、不分轻重地随便说。不恰当的真话，过于直接的表达，有时比假话更有害。事实证明，许多真话，特别是对方不愿意听的真话，因刺激性太大，太难听、太刺耳，不仅达不到沟通效果，还会伤害对方的自尊，让对方难堪，甚至造成矛盾冲突。而温和委婉的话则让人听起来愉快舒畅，进而达成沟通目的。因此，在沟通中，对于否定或负面的信息应尽量采用曲折婉转的语言来表达，不能不顾及别人的感受直来直去，特别是在有其他人在场的情况下就更是如此。

5. 言贵逊：说话语气要谦虚，态度要谦逊，即便是对熟悉和亲近的人，也要保持尊重和耐心，特别是不能通过语言来表现自己、压制别人。

6. 言贵当理：说话应以事实为根据，且要做到合情合理，不能歪曲事实或随意解释。

7. 言贵有用：说话最重要的是要有用，不能废话连篇或者车轱辘话没完没了。

8. 言贵适时：说话要合乎时宜。孔子说：“可与言而不与之言，失人；不可与言而与之言，失言。知者不失人，亦不失言。”[①]该说的话一定要不失时机地说，不该说的话要坚决保持沉默。

9. 言贵养气：说话要心平气和，应该用理性思考主宰自己的语言，而不能让情绪支配说话的方式和内容。切记：盛怒之下不说话，悲伤之下不说话，狂喜之下不说话，妒忌之下不说话。

---

① 《论语·卫灵公》。

10. 言贵养心：说话要有利于修养身心。话不单单说给别人听，也说给自己听，不要被自己的语言激怒，要在让别人感到惬意的同时抚慰自己。

二、有效沟通的基本要求

1. 从容不迫。如果一个人处于紧张不安状态，是很难进行有效沟通的。我们知道，当一个人受制于惶恐不安心理时，根本无法集中精力谈话，更谈不上自如表达自己的意见或主张。要实现有效沟通，就必须消除这种紧张不安或惶恐状态，为此：一是要态度热情，同时面带微笑；二是选择一些较为轻松且双方都感兴趣的话题作为开场白。这样更容易建立起比较融洽的关系，进而推动沟通的有效进行。

2. 掌握有效要领。每个人都有自己的观点和目标，不能只强调自己的观点和想法，也要关注别人的观点和想法，即使你不耐烦也要让对方说。同时，切记下面的要领：一是明确沟通目的，知道自己要说什么。二是把握好沟通时间地点，即知道什么时候什么场合说，要想获得良好沟通效果，必须掌握好沟通的时间，选择好沟通的场合和火候。三是明确沟通对象，即知道对谁说，不论你说的如何精彩，如果选错了对象，是达不到沟通目的的。四是掌握沟通方法，即知道如何表达。语言表达要确切、简洁、完整、重点突出；要使用对方熟悉的语言，并且形体语言与自然语言要表达一致；同时要确认对方是否真的清楚明白自己所表达的意思。

3. 听取对方意见。沟通即对话。有人把单向的通知当成了沟通，如，领导组织开会，领导讲完就散会；公司组织培训，一个人在台上讲，大家在台下听。其实这不是沟通，沟通一定是双向的，任何单向的输出都不叫沟通，沟通一定是有反馈的，是双方或多方的交流，通过交流达成共识或共同协议。为了确保交流的效果，一定要让对方知道你对他的意见感兴趣，你愿意听他说。沟通的一方能否向对方传递此信息，一是取决于自己是否养成了认真听取别人意见的习惯，你的言谈举止会告诉对方你是否在认真地听，特别是你的身体语言。有人说过，良好沟通的一个重要方面就是双方在交谈时的非语言沟通。如眼神、手势、动作等身体语言，这种非语言表现甚至会决定双方交谈的深度和广度。事实证明，具有积极意义的身体语言有利于沟通（当对方向你微笑时，你予以回应，对方很可能觉得你很友好），而具有消极意义的身体语言则不利于沟通。总之，要通过身体语言传递这样的信号——你重视对方，并向其传递一些表达亲近的信号。二是你必须集中精力听对方所说的话，而不是对他的话做出反驳，如果你一味执着于自己的观点和做法，就有可能误解对方的话；如果你总是忙于反驳对方，你就会听不进对方的见解和意见。

4. 与对方产生感情共鸣。感情共鸣是有效沟通的催化剂。与人沟通交流时，重在有人际理解力，善于换位思考，能够设身处地站在对方立场上思考问题。如果沟通双方都有同理心，能够在感情上与对方产生共鸣，而非一味要求别人与自己趋同，甚至指责别人，沟通就会变得顺畅得多。

台湾作家刘墉写过一个故事：

从前有两户人家比邻而居，东家人和乐相融，生活幸福美满，西家人则经常争吵，天天鸡犬不宁。

有一天，西家人来问东家人："你们为什么从不争吵？"

东家人回答："因为我们一家人都认为做错事的人可能是自己，而你们一家人都认为做对事的人是自己。"

西家人问："这是什么道理？"

东家人便举例说："如果有一个茶杯被打碎了，在你们家可能会出现这样的情况，打破茶杯的人不肯认错，还理直气壮地大骂说，是谁把茶杯乱放的？而摆放茶杯的人则不甘示弱地反驳，你怎么不长眼睛？两人彼此不肯相让，当然接下去便是吵架了。可是在我们家里，如果谁不小心打碎了茶杯，就会抱歉地说，对不起，我不小心打碎了杯子。而摆放茶杯的人听了就会回答，这不全怪你，是我不该把杯子放在那里。彼此坦白承认自己的过失，互相礼让，怎么会吵架呢？"

我们不妨回顾一下自己与团队中的人发生的争执或争吵。毫无疑问，你认为你对问题的观点和做法是正确的，而对方的观点和做法是错误的。尽管你努力做到克制和忍让，但对方试图强迫你接受他的观点与做法。其实，对方可能也与你的想法一样。一旦双方的关系建立在这种利己姿态和缺乏换位思考的基础上，不仅沟通难以为继，人际关系也会由此变得紧张。当你与他人的关系出现这种紧张状态时，应该换位思考一下，为什么对方会产生这样的观点和做法，如果换作我，是不是也会如此？同时也建议对方，如果你处在我的位置，你会如何看待这个问题，你会怎么做？通过双方角色互换，进行换位思考，就有可能使讨论进行下去，进而达成双方的相互理解与合作。

5. 提问前先提供一些必要的信息。在提出问题之前，应该先交代一下事情的原委，让对方知道来龙去脉，明白你提出问题的用意，如此会大大提升沟通效果。沟通之所以失败，就在于对方根本听不懂你在说什么，你的用意何在？如此一来，沟通根本无法进行下去。

6. 言简意赅，一语中的。说话啰嗦，不得要领乃沟通大忌。要实现有效而良好的沟通，说话必须把握关键，能够一语中的，切中要害。因此，在团队合作中，无论是一对一的与人谈话，还是多人讨论，都需要言简意赅地阐明自己的观点，说到点子上，这样既可以节省大家的时间，避免跑题或妄加猜测，也有益于沟通的有效进行。

7. 关注对方的回应。衡量一个人是否有效表达了自己的观点和主张，是否对对方产生了影响，主要看对方的回应如何。尤其是口头回应。为此，一是要给对方留有回应的机会，二是鼓励对方发问。

一个人在团队中的沟通是否有效而良好，通过回答下列问题便可得知：

——你经常发现自己被别人误解吗？

——你经常说一些你不想说的话或说不出你想说的话吗？

——你发现自己常说："我想说的是……"

——你经常说："我不是这个意思，我的意思是……"

——当你坐下来写一份重要的文稿或备忘录时，你是很困难地把观点挤在纸上吗？

如果你的回答大多是肯定的，就需要加以改进了。

团队中沟通不良的四大弊端：

——价值判断——对他人的意见只有接受或不接受。

——追根究底——依自己的价值观探查他人的隐私。

——好为人师——以自己的经验提供忠告。

——想当然——根据自己的行为与动机衡量他人的行为与动机。[1]

三、有效沟通的技巧

有效沟通的目的在于有效，而欲使沟通富有成效，一是切记把沟通变为行动；二是掌握高效沟通技巧。

(一) 表达精准干练

在团队中，表达精准干练的人会让周围的人觉得可靠，易于沟通，容易合作。

---

① 参见安东尼·罗宾：《成功学》，北京：经济日报出版社 1997 年版，第 566 页。

那么，如何做到表达精准干练呢？首先，能抓住谈话的关键和重点，做到简明扼要。为此最好将说话内容归纳为三个要点，因为人们容易记住一、二、三点，不容易记住四、五、六点。其次，说话要清晰明快，但又不宜太快。说话速度太快，会让人产生这人说话没有经过大脑的感觉，也许你的话并没有错，却令人不敢相信。第三，争取每一件事情在三分钟以内说明。第四，善用数字的尾数或说出事情的细微之处。第五，如果受到质问，思考之后再回答。

（二）主动进行沟通

在团队中工作，无论是上下级之间，同事之间还是不同部门之间，都应该主动沟通。通过主动沟通不仅能够增进相互理解，促进下一步的合作，还能消除一些不必要的误会，达成彼此的信任。而消极沟通甚至不沟通，则可能带来一些不必要的麻烦。下面这个例子很能说明问题。

一家企业采购部门的秘书接受了领导布置的一项任务——对供应商的资料进行分类整理。秘书认真仔细并且很高效地整理了资料，之后交到了领导手上。她原本以为领导会对她高效率的工作给予赞许，没想到领导看后却直皱眉头，连呼“不对”。原来，领导希望资料按照材料类型分类整理，而这位秘书却是按照地区进行分类整理的。显而易见，是不主动沟通才造成了这样的结果。

（三）坚持双向沟通

沟通过程中必须时刻关注对方的回应。衡量一个人是否清楚明白地表述了自己的见解和主张，能否对对方产生影响，主要依据是对方的回应，尤其是口头回应。为了最大限度赢得回应，一是要给对方回应的机会和时间，二是鼓励对方发问。

（四）接受和赞同对方

在团队工作中，要注意接受、重视和赞同同伴，这既是一个人豁达容人的表现，也是对他人的一种尊重，同时还具有感化和激励他人的作用，有助于形成良好的合作氛围。一般来说，人们会更喜欢那些接受和赞同我们意见的人，而不喜欢批评和反对我们意见的人。每一个接受和赞同我们意见的人实际上都让我们获得了自尊，确认了价值。相反，每一个批评和反对我们的人对我们的自尊和价值都是一种潜在的威胁。简言之，当你接受和赞同一个人的意见时，你就是在帮助他更喜欢他自己。即使你知道在有些方面你必须反对同伴的意见，也应力求找出一些你能同意的内容来。你会发现，假如你能在赞同他人某些意见的基础上提出一些异议，你会更容易与那些与你持不同意见的人达成一致。如果确实不赞同对方的意见，至少不要取笑和讽刺对方，因为取笑会伤害别人的自尊，而讽刺则总是带有残酷的成分。民意测验表明：人们不喜欢被取笑，但如果别人非常了解你、喜欢你，你就可以与他开个玩笑，但要记住千万不要过了头。

（五）避免以自我为中心

以自我为中心是团队沟通中的一个致命错误。该如何避免以自我为中心呢？一是注意给别人发言的机会。沟通是双向的，不能以一个人为中心，一定要给别人发言的机会。事实上，如果你能够适时把话题转向别人，而不是喋喋不休地自说自话，就能赢得别人的更高评价。二是选择适当时间来谈自己的观点或方案。谈论自己观点和方案的恰当时间是当有人要求你讲的时候。如果别人对你的观点或方案感兴趣，他自然会问你，此时不要守口如瓶，若告诉他一些你的想法和方案，他会感到高兴的。因为你是用非常友好的姿态与他交谈，以便让他了解一些你的情况的，但不要做得过分，回答他提出的问题以后，再把谈论的中心转向他的身上。三是使用"我也是"这个字眼。从心理学上说，将你自己引进沟通的另一个动机，是你能告诉对方你自己的一些事情，而这些事情将与他所说的某些事情联系起来，或者在你们之间形成一种结合的时候。如对方说，"我现在正在设计某种方案……"而你恰好做过此类事情，这时你可以说："我在原单位做过类似的东西。"

（六）进行有效的目光交流

有人说：眼睛如同舌头一样能够表达，眼神所表达的内容有时甚至可以超出语言可以表达的内容。因此，目光的交流对谈话状态的维系是必不可少的。研究发现，交谈时注视的时间约占 30%～60%。对正在讲话的人来说，要学会把自己的真诚、热情和感染力通过目光传递出去，而听讲的人的目光便是无形的屏幕，它会把自己的情绪告诉对方。一般来说，目光的合理有效运用要注意以下几点：首先，交谈时双方的目光以与水平位置相同或相近为好，俯视对方会给人以盛气凌人之感。其次，交谈时应该看着对方，但不必总盯着对方的眼睛，以免使对方不自在，凝视、注视对方要适度，否则会显得不礼貌。第三，交谈时不要左顾右盼、东张西望，更不能斜视，因为斜视的贬义多于褒义。

（七）能够捕捉对方的变化，并给予有效回应和及时反馈

对照下表，看一看你是否能够在最适当的情况下加以反馈：

检查要点

是√　否×

1. 反馈是否能明确、具体地提供实例？

2. 反馈是否具有平衡、积极、正面与建设性？

3. 是否在正确的时间给予反馈?
4. 反馈是否集中于可以改变的行为?
5. 反馈是否考虑对方接受程度,确保理解?

四、应避免的交谈方式

1. 打断别人的谈话和抢别人的话头,扰乱对方的思路,或者当别人对某些话题兴趣不减时,你却很不耐烦,立即将话题转移到自己感兴趣的方面去。
2. 说话时信息量大但又忽略使用概括和解释的方法,使对方一时难以领会你的意思。
3. 因为自己注意力不集中,迫使别人再次重复谈过的话题。
4. 连珠炮式的发问,这样会让对方觉得你过分热心或者要求过高,以致难以应对。
5. 对待他人的问话或提出的问题,漫不经心,言语空洞,让人感到你很冷漠或者不愿为对方的困难助一臂之力。
6. 不负责任地随意解释一些现象或问题,轻率地下断语,借以显现自己是内行或专家。
7. 说话避实就虚,含而不露,让人迷惑不解。
8. 抓不住重点,不适当地强调某些与主题风马牛不相及的细枝末节。
9. 一个人独揽话头,喋喋不休,不给别人发言的机会。

第三节 团队中的几种重要沟通方式

一、演讲

演讲是团队沟通中的一种重要方式。也是任何一个要取得成功的人必须具备的自我展示技能。有人说过:一个不能够站在众人面前讲话的人,就不是一个真正引人注目的人。英国CMB形象设计公司曾经对1000家金融公司进行了调查,结果发现:总裁们把演讲、写作等列为展示员工良好形象的最重要的条件。

谈到演讲,有一位在美国工作的中国人颇有感触,他说:“我花了五年的时间才领悟到：不引人注目，就不能成功。开会演讲才是引人注目、树立自己形象的最好时候。你平日里所做的工作，在开会时才能最有效展示。以前开会时，尽管我做了许多工作，考虑到自己的英语可能不够完美，而且不想让别人太多地注意我，我都是让母语是英语的同事在会上讲。没想到我的工作成绩就归到了他身上，他很快得到了晋升。这时我才如梦初醒，之后我自费参加沟通、演讲的培训班，后来，无论是在大会上还是小会上，我不但主动演讲，而且还积极对别人的演讲提问。结果很快就受到了同事和上司的瞩目，我的才能好像突然之间被他们发现了。"

社会心理学家经过研究发现：杰出的领导人的重要特征之一便是能够在大庭广众之下清晰地表达自己对某种思想、道德以及未来发展的看法和观点，并且非常善于诠释组织的愿景和目标。从某种意义上说，出色的演讲是领导者吸引和激励追随者的重要条件，也是鼓舞团队的重要精神力量。林肯、肯尼迪、罗斯福、丘吉尔、尼克松、里根、克林顿、奥巴马等政治家都以他们著名的演讲才能而闻名于世。肯尼迪的《不要问国家能为你做什么，而是问你能为国家做什么》的著名演讲全世界几乎无人不晓。丘吉尔在第二次世界大战中利用广播激动人心的讲话来鼓舞英国人反抗法西斯。罗斯福在经济大萧条的年代里凭借在广播中发表的"炉边谈话"使美国人增强了自信心，进而渡过了难关。

演讲有三部分构成：

第一部分：开场白。

演讲的开场白相当重要，它不仅影响人们对整个演讲的总体评价，同时也会影响团队成员的工作情绪，因此需要加以仔细推敲。

(1) 力求形式新颖别致，以立刻引起注意。

(2) 以一个事件、一件事例或故事展开演讲。

(3) 制造悬念。

(4) 陈述一件惊人的事实。

(5) 请听众举手作答。

(6) 答应听众告诉他们如何获得他们想要的。

(7) 使用展示物。

(8) 以一些著名人物提出的问题作为开场白。

(9) 使用看起来很自然的开场白。

第二部分：论证。

论证要讲究方法，可以用故事、图解论证主要观点。可以用专家证言证明主要论点,也可以用类比、展示、统计数字来说明主要观点。需要加以特别注意的是,可以选择 3—4 个要点进行论证,不能要点太多。

(1) 用故事、图解论证主要观点。

(2) 用专家证言证明主要论点。

(3) 用类比、展示、统计数字来说明主要观点。

(4) 选择 3—4 个要点进行论证,不宜要点太多。

第三部分:结尾。

结尾包含了演讲的总论。演讲结束时,听众有可能对前面讲的还不是特别清晰,此时可以在结尾处重申一下要点,以总结整个演讲。

演讲前应做好充分准备,比如,要限制自己演讲的题材,即定出自己的演讲范围;准备一些生动具体的案例;必要时旁征博引,使演讲富含各种例证;语言大众化,尽量使用具体、耳熟能详的字眼。

(1) 总结自己的观点,以进一步揭示主题。

(2) 唤起听众的激情,促进其采取行动。

(3) 简洁而真诚的赞扬。

(4) 采用幽默的语言结尾。

(6) 达到演讲的高潮。

演讲时应该注意的问题:

一是演讲内容的时间安排。一般来说,听觉比视觉容易分散注意力。在听的最初时间领会能力比较强,之后效果会逐渐下降。据此可以把演讲的时间分为三段:第一阶段介绍 60%的内容,第二阶段介绍 30%的内容,第三阶段介绍 10%的内容。

二是摘出要点、重要事例作提纲。提纲是整个演讲的骨架,可以记在卡片或手机上以备忘,但不宜记得太多,否则反受其乱。

三是注意使用提示性语言。为了使演讲的内容清晰准确,可以使用提示性语言。如:我要说明的有三点;这是最后一点。这一点与前面所说的形成了鲜明的对比。

二、即席发言

即席发言是真正的"即时即兴",具有临时性、广泛性和不确定性特点。即席发言在团队沟通中最为常见,各种会议上要求参与者即席发言,团队建设中要求大家即席发言，讨论各种问题要求人们即席发言。即席发言表达的是发言者对听众和当时情境发自内心的所想所感，并与情境气氛协调融洽。较之于演讲，即席发言不仅体现了一个人的语言表达水平，更折射出了一个人的思维能力和应变能力。

欲使即席发言富有建设性，发言者应该做到：事先小有准备。估计要可能被要求发言，可以事先问一问自己，应该讲些什么内容？为避免自己话题被别人抢先一步，不妨多准备几个话题；即席发言的话题选择要慎之又慎。既然是即席发言，话题就不能太大太泛，重点是从“即席”中找话题。如，可以在大家的谈话内容中找话题，也可以从场合中找话题等。最后要注意的是话题的范围与深浅，切忌长篇大论。

三、信息交流

信息交流是团队沟通不可或缺的方式。通畅、透明、多向、经常性的信息交流体现了一个团队团结一致、信息共享的良好氛围。信息交流机制在一些成功团队甚至已成为一种极为重要的管理制度。无论是领导外出学习、参观、交流、谈判，还是业务人员因公出差或后勤职能部门外出履行职责，采集到的任何与团队有关的有价值的信息，都要与团队的相关人员进行分享与交流，重要的信息、资料、数据、创意等甚至还要形成书面报告，分类归档，以便为日后的决策提供依据。

第四节　良好沟通艺术

一、善于倾听

倾听不同于听见，听见是耳朵接受声音的一种简单生理反映，而倾听则需要全神贯注，理解所听到的内容并主动反馈回应。倾听有七个步骤：筛选、听见、理解、参与、记忆、评价、反馈。

倾听是准确接受和理解信息发送者意图的关键步骤，每个人的表达方式和沟通内容，会受到个人知识结构、能力、经验乃至文化背景的影响，只有清楚地掌握对方的真实意图，才能采取有效且积极的反应，进而达到有效沟通的目的。倾听的关键在于以开放性的和接受他人的态度来听，并给予积极的和建设性的反馈，缓解对方的压力，使对方能够畅所欲言，情绪得到释放和宣泄。积极的反馈会增强对方的信心，建设性的意见可以烘托和谐的气氛，有助于双方的良好互动，寻求解决问题的方案。

根据相关研究与实践总结，管理学认为在沟通过程中花费的时间和精力的比例分别为：花费在书写上的时间为 9%，花费在阅读上的时间为 16%，花费在交谈上的时间为 30%，花费在倾听上的时间为 45%。

善于倾听是一个人有涵养的体现。人人都喜欢别人认真地听自己说话，因为这是对他的尊重。倾听还是内心谦虚的表现，是对他人的尊重。一个人是否善于倾听，不仅体现了其道德修养水准，还关系到他是否能够与其他人建立起一种正常和谐的人际关系。

在团队合作中，与他人沟通、交流、共事是必不可少的，掌握倾听的艺术，就能够通过谈话者所表达的内容和非语言的信息，洞察对方的内心世界，了解其意见和主张，在沟通中给予积极的反馈，由此达到相互理解和认同。被美国学界誉为“思想巨匠”的管理学家史蒂芬·柯维说过：当我们舍弃回答心，改以了解心去倾听别人时，便能开启真正的沟通，增加彼此的关系。对方获得了解后，会觉得受到尊重与认可，进而卸下心防，坦然而谈，双方对彼此的了解也就更顺畅自然。

有一群推销员一起接受了六个月的训练，并准备卖同样的商品。在训练中，他们的销售技巧、个人性格和习惯，都经过了严格的考核并顺利过关。这说明这群人在技巧方面没有太大的差异，不过推销力最高的 10%和推销力最低的 10%之间，有一点非常耐人寻味的差异。

推销力低的一群人，在每一次的拜访中，平均说话 30 分钟，而推销力高的一群人，在每一次的拜访中，平均只说话 12 分钟！推销力平平的一群人，其说话的时间通常比客户多三倍。

这一事例表明，如果你希望某人按照你的要求做某事，你必须首先学会做一个好听众。因为你给予别人所需要的，他们才会给予你所需要的。

有人做过调查：在工作中，什么样的人最受欢迎？答案是善于倾听的人。从中不难看出人们对倾听的渴望。有人曾对美国 500 家大公司进行了一项关于倾听的调查，结果发现，有超过 50%的公司为他们的员工提供倾听方面的培训。而越来越多的事实也表明，在工作中，倾听已被看作是工作出色、提高管理能力的重要必备技能之一。

倾听会使人变得“聪明”。日本“推销之神”原一平说过：“懂得倾听对方的谈话，尊重对方的兴趣，你就成功了一半。”

莱瑞·金是美国CNN电视台最著名的节目主持人，他专门采访世界顶级的领袖和名流。一个如此杰出的主持人，照理说应该是最善于语言表达的，但是他却把倾听视为比说更为重要的采访方式。当莱瑞被问及成为电视超级节目主持人的秘笈时，他说：“我倾听。我从来就没有在说话的过程中学到过知识。”

松下幸之助是松下电器的创始人，松下先生把自己的全部经营秘诀归结为一句话：细心倾听他人意见。松下公司在商品批量生产前，一定要充分倾听各方面人员的设想和意见，在此基础上再确立经营目标。由于松下幸之助善于且认真听取多方面的意见，因此遇到问题时能够胸有成竹，当机立断，表现出敏锐的判断力和高超的决断力。

良好倾听的表现：

1. 与对方互动。正确的“倾听”是放下手头的工作，停止讲话，眼睛看着对方，让对方觉得你是有诚意和兴趣的。除此之外，还要注视对方，不做无关动作，全神贯注地听对方的讲话。人人都希望自己的讲话引起别人的注意，否则，他讲话还有什么兴致，又有何用呢？

2. 尊重讲话者的主题，尽量不中途打断讲话者，让讲话者把话说完，特别是对那些与自己意见、想法存在不同程度差异的发言，更要耐心地听。无论你多么想把话题转移，达到你和他对话的预期目的，但最好等对方讲完后，再岔开他的话题。讲话者最不能容忍的就是别人打断他的讲话。这样不仅打断了他的思路，也会让他觉得你不尊重他。

3. 对不了解的信息内容进行追问，使谈话更深入地进行下去。如有问题，可以用恰当的方式请对方澄清。

4. 吃透讲话者的主题，用讲话者的语言巧妙地表达你的意见或主张，使用讲话者的语言或配合对方的证据，提出自己的意见，以达成对方的理解。不要坚持明显与对方不合的意见，因为讲话者总是希望听的人“听”他说话，或希望听的人能设身处地地为他着想，而不是给他提意见。

5. 尽量进行正面的回答，不要在对方刚一说完话，你就立即提出评论性或批判性的意见，这不仅无助于你们的交流，还会伤害双方的感情，在双方关系上设置一道鸿沟。

6. 适当做笔记。做笔记不仅仅有助于倾听，还能够集中话题并赢得对方好感。

7. 及时进行反馈，要通过自然语言和体态语言给予讲话者必要和及时的反馈。要通过语言和动作使自己成为一个积极的“听话者”，如，朝讲话者倾斜身体，面带微笑，赞成对方的观点时，用点头、“嗯”、“噢”等表示自己确实在听和鼓励对方说下去，也可以对其暗示做出反应等。

8. 不要过早下结论或作出判断。如果你心中对某事早已经有了结论或做出了判断，沟通便难以持续，你就不可能再倾听了。

工作中的有些问题是没有解的，有时也不必去解，只要有人听，有人知道就行了，此时，你需要做的只是当一个好听众来表示理解、认同和关心就行了。

二、欣赏与赞扬

欣赏与赞美他人是一种视角和胸怀，它既是对他人的一种尊重，也是一个人豁达容人的表现。欣赏与赞美作为对他人付出的一种报偿，在团队合作中不可或缺，具有感化和激励他人的作用，有助于形成和谐的团队人际关系和融洽的团队工作氛围。某大学曾经进行过一项实验，将所有学生分成三组，第一组学生经常受到赞扬和鼓励；对第二组学生不表扬也不批评，任其自由发展；第三组学生除了受批评之外没有被其他对待。结果任其自由发展的一组进步最小，不断遭受批评的一组有一点进步，受到赞扬与鼓励的一组表现最为优异。由此可见，赞扬的力量多么强大。

在与人沟通的过程中，有时我们需要在恰当的时候给对方一些肯定和赞扬，这不仅能够让对方感受到自己的价值，引发并增强人的自尊和自信，更重要的是会缩短双方的心理距离，感化和激励对方，为下一步的相互支持和相互帮助奠定基础。反之，看不到别人的意见和主张中的合理或高明之处，只关注不足和问题，动辄予以反驳，很容易造成双方关系的紧张，甚至造成关系的对立，这无疑是不利于工作的。每个人都有自己的立场、观点和主张，不赞同别人的意见和主张可以保留意见，或者保持中立，求同存异才是最好的解决办法。

注意，赞扬不是逢迎和吹捧，真正的赞扬应遵循倡实立诚原则，具体表现为：一是赞扬必须发自内心。这也就是说，赞美要自然、顺势，不必刻意为之，唯有真诚的赞美才会形成双方感情上的共鸣。二是赞扬在内容上应该真实可信，符合基本事实，而不是牵强附会。三是多赞美基层的小人物。当基层员工有了良好的表现，一定要不吝赞美之词，因为对于基层员工来说，他们平日里最欠缺的就是赞美。

三、委婉拒绝

每一个人的时间、精力和能力都是有限的，有时候你必须对他人的请求加以拒绝。但是，当你对他人说“不”的时候，如果干脆直接，不讲究方式方法，很容易引起对方的不快，甚至会得罪对方。那么，如何拒绝别人，同时又不让人感到不快，这是需要一定技巧的。

请看下面这个例子。

桑德拉女士想请自己的一位好朋友担任一个社区委员会的主席，于是她打电话给这位朋友，询问她能否担当此任。那个朋友在听她表述完之后，很诚恳地对她说：“桑德拉，这件事确实很值得去做，我十分感谢你邀请我加入，我真的感到很荣幸，不过因为一些个人原因，我没有办法参加，可我想让你知道，我真的感谢你能够举荐我。”

桑德拉没有想到结果会这样。可是朋友虽然拒绝了自己，但并没有让自己感到不快。

当然，拒绝的方式有很多，但是原则只有一个，那就是既要说“不”，同时又让人可以理解，要尽可能减少因被拒绝而引起的不快。为此，你可以尝试着这样做：

1. 尽早拒绝，以免耽误对方。拒绝不能模棱两可、犹豫不决，要据实向对方表明你的态度，以便让对方有所准备，寻找其他途径与方法解决问题。

2. 拒绝的态度要诚恳且坚决。拒绝时要尽可能说明理由，让对方感觉到你确实无能为力；同时态度要坚决，对方就不好意思再强迫你了。如：“谢谢你想着我，但现在实在是不方便”或“实在对不起，这个忙我实在是帮不上”。

3. 以建议代替拒绝。如果自己不能提供帮助，也可以用提建议的方式来拒绝，这样既表示了自己的态度，又使拒绝具有建设性。

4. 区分拒绝与排斥。要让对方明白，你仅仅是拒绝了他的请求，而不是排斥他这个人。拒绝是针对事情的，与感情无关。

5. 拒绝时态度平和庄重，措辞委婉。如用推脱表示拒绝；用沉默表示拒绝；用拖延表示拒绝；用客气表示拒绝；用回避表示拒绝；用反诘表示拒绝；用外交辞令表示拒绝等等。无论采取何种方式，都要顾及对方的自尊心，如此才可能避免因拒绝引起的关系紧张。

四、主动道歉

在团队中，每个人都不可避免地与领导、同事和客户打交道，这之中发生失误或者犯错误在所难免。毕竟人非圣贤，不可能永远不失误、不犯错误。发生失误或犯错误可以理解，只要诚实承认、主动道歉和纠错，就能够迅速从错误中摆脱出来，并获得人们的谅解和帮助。反之，发生失误或犯错之后文过饰非、百般推脱则不仅难以为人们所谅解，还会招致人们的强烈不满。

主动道歉是一种美德，它可以帮助人们消除误会、争取谅解、甚至化敌为友，建立起良好的同事关系、客户关系。当一个人认识到自己有错时，应该爽快承认错误并主动道歉。主动道歉既不会伤害道歉者，也不会伤害接受道歉的人。发生在美国前总统肯尼迪身上的一件事很能说明问题。当肯尼迪竞选美国参议员时，他的竞争对手为了打击他翻出了他不光彩的老底：学生时代因欺骗被哈佛大学勒令退学。面对事实，肯尼迪是如何应对呢？他没有解释更没有抵赖，而是爽快地承认自己年轻时确实曾经犯下如此严重的错误。继而以适当的措辞表达了自己真诚的忏悔，他是这样说的："我对于自己曾经做过的事情感到很抱歉。我是错的，我没有什么可辩驳的。"

事情的结果如何呢？肯尼迪非但没有因为这一不光彩的历史而受到伤害，反而因为诚实地承认错误和真诚的道歉赢得了人们的同情和谅解。因为人们觉得，人非圣贤孰能无过，年轻人犯错误上帝都会原谅。

勇于道歉是一个人有担当的表现，但是要使道歉收到良好效果，还需要掌握道歉的艺术。

1. 道歉须发自内心。中国有一句古话"要鞠躬，就鞠到底"，基督教也要求"还清最后一文钱"。欲求道歉起到谅解或和解作用，须发自内心和真诚，即属于真正的悔悟，而且要让对方感受到。

2. 把握道歉时机。对理应道歉的事(即便没有造成后果，即便不是有意，却伤害了他人)要当机立断道歉。犹豫、拖延会使道歉变得艰难。如，当语言不当伤害了对方，当意识到自己做错了事时，都应该立即道歉，这不仅有益于进一步的沟通，还能改善双方关系，促成谅解与合作。

3. 采用多样化方式道歉。除了直接的道歉外，我们还可以采取间接的道歉方式，如一个微笑、一个友好的眼神、主动的握手、给予及时的帮助和扶持等等，这些无声语言和友好行动同样能够传递道歉的信息，在一定程度上起到和解的作用。

对于一个团队来说，当人们不再掩饰失误和错误，愿意主动道歉时，相信这个团队会更和谐，更温馨，人与人之间的关系也会更真诚，更包容。

五、赢得争辩

在团队合作中，有不同意见甚至争辩是常事，而面对不同意见和争辩，好胜是大多数人的特点，因为几乎没有人愿意自认失败。那么应该如何对待和处理不同意见和争辩呢？切记最关键的一点——你的目标不是赢得争辩。你可以坚持你的主张，你可以左右别人的计划，但这一切都不应当用争辩的方法来实现，因为你是赢不了争辩的。试想一下，如果你在争辩中输了，那你理所当然是输了；如果在争辩中赢了，从结果来看你依然还是输了。为什么会这样呢？因为倘若在争辩中你把对方驳得哑口无言，批得体无完肤，你好像是赢了，但此时对方一定会因为你让他颜面扫地而记恨你，这种赢是真正的赢吗？因此，对争辩的双方来说，你不是要赢得争辩，而是要让对方改变他的观点，站在你的立场上思考问题和解决问题。

一位经理人教练讲述了发生在自己身上的一件事：

当我还是一个小学生时，和班上的一个男孩发生了激烈的争吵。现在已经记不得争吵的原因和内容了，但我永远不会忘记因为那次争吵而学到的生动而有益的知识。

当时我确信我完全正确，对方完全错误；对方也坚定地认为他是对的，我是错的。我们的老师并没有当场对我们两个加以评判，而是在教室里给我们上了一课。她让我们两个来到教室的前面，让那个男孩站在讲桌的里侧，让我站在讲桌的外侧。在讲桌的中央，放着一个很大的球形物体。老师问那个男孩球形物体是什么颜色？男孩毫不犹豫地回答："白色！"

我惊讶极了，明明是黑色，他居然说是白色。我俩立刻展开了新一轮的争吵。男孩固执、决绝的态度，让我气愤至极，我觉得他简直不可理喻。

正当我俩谁也不服谁时，老师让我俩交换一下位置，我站在了讲桌的里侧，男孩站在了我刚才站的位置。老师问我道："告诉我，这个球形的物体是什么颜色？"我看了又看，最后不得不回答道："白色！"原来，这是一个两面涂有不同颜色的球体。"那么，你们两个究竟谁对谁错呢？"

我和男孩同时低下了头。

这个故事告诉我们，在争辩中，把争辩的标准设定为我是不是正确，是不是有理，这样的标准是错误的；仅仅站在自己的立场，以自己的眼光看待问题是不对的。正确的做法应该是：

1. 把争辩的标准定为，这场争论有没有必要，有没有价值。

2. 在争辩的时候，不仅要站在自己的立场，用自己的眼光看待问题，也要站在对方的立场，用对方的眼光看待问题，为对方考虑一下。

除此之外，争辩还要讲求技巧和方法。下面六条规则也许可以帮助你改变观点和做法。

1. 让对方充分表达他的意见和理由。你要让对方阐述自己的观点和主张，这样才会减轻其敌对情绪，如果你给予他发泄的机会，就有望消除他的怨气和种种不满。

2. 在回答问题之前稍作停顿。在回答问题之前停顿一下，说明你对对方提出的问题非常重视，在认真思考和琢磨，但不易停顿太长时间，否则给人留下迟钝或傲慢的印象。

3. 不去争取百分之百的胜利。最好是好的敌人，试图证明自己百分之百正确而对方百分之百错误，不仅是愚蠢的，也是非理性的。相反，如果你认可对方的某些观点和做法，投之以桃，当你提出更大的要求时，对方也会投桃报李，做出让步。

4. 平静而准确地陈述自己的情况和理由。实验表明：平静地陈述出来的事实和理由，对于改变对方的观点，远比恐吓和逼迫更有效。

5. 通过第三者讲话。较之于自证，来自于无偏见的第三者的观点或说法会显得更为客观、公正，更有说服力。

6. 给对方体面下台阶。高明的争辩者会给地方留下逃跑的门，让对方体面地从他以前的立场上撤退。换言之，如果对方错了，那就为他的错误找出某些借口来，如：“碰到这种情况，很多人都会这么想，最初，我也是这样感受的，可是后来我偶然获得了这个信息，整个局面就发生了变化。”记住，如果你想说服对方，不仅要让他认同你的观点和主张，还要帮助他从自我矛盾中走出来。

以上讲的都是沟通的艺术，为了保持沟通的通畅、及时、有效，还必须建立一套符合团队实际情况的双向沟通机制，形成领导层、管理层、员工之间多层次、全方位的对话机制。有了这样一套沟通机制，团队内各层级之间便可以依据实际工作需要，围绕团队的发展规划、工作任务、重大问题、员工诉求等进行沟通，在相互理解的基础上互通有无、优势互补、精诚合作。

第五节　如何与团队中难以相处的人沟通

在团队沟通中，会遇到各种各样的人，有的人很善于沟通也很好沟通，有的人则很难沟通，他们或者对事情吹毛求疵、充满抱怨，或者对任何事情都持悲观主义态度，或者属于拖延症患者，这样的人确实难以沟通，但是基于工作需要，又必须与之沟通，对此，必须讲究沟通策略，寻找适宜的沟通方法。

一、与抱怨者的沟通①

1. 认真地倾听对方的抱怨，即使不耐烦也要强迫自己听。

2. 依照自己的理解把对方的话解释一遍，并与对方核实自己的理解是否准确。

3. 避免指责—辩解—反指责这一模式出现。

4. 客观、不加任何评论地陈述事实，承认事实。

5. 向对方说明具体的过程或事情的来龙去脉。

二、与悲观者的沟通②

1. 注意防止自己或团队的其他人，因受其悲观情绪影响而陷入绝望。

2. 对于以往解决类似问题的成功案例做出乐观但又切合实际的表述。

3. 不说服或强迫他人放弃其悲观主义观点。

4. 在问题没有得到充分讨论前不要自己提出解决问题的诸种方案。

5. 在对解决方案进行认真研究时，主动提出如果实施这一方案，可能会导致何种不利结局。

6. 率先表明自己已经考虑到其所预料的不利结局，并做好了预防的种种准备。

---

① 参见罗伯特·M. 希拉姆斯：《怎样与难以相处的人打交道》，北京：新华出版社 1990 年版，第 72 页。

② 参见罗伯特·M. 希拉姆斯：《怎样与难以相处的人打交道》，北京：新华出版社 1990 年版，第 122 页。

三、与拖延者的沟通[①]

1. 听对方说话时，注意观察对方有无说话拐弯抹角、犹豫不定、欲言又止的现象，这种现象可以为确定问题锚定提供一些线索。

2. 把问题提到桌面上，帮助拖延者作出决定以求解决问题。

3. 如果拖延者持保留意见是针对你的，此时应该大方地承认过去存在的问题，不加辩解地陈述有关情况，然后提出计划并请求对方帮助；如果问题的根源不在你，要帮助拖延者确定下一步如何实施，并利用实施计划将可供选择的各种方案按照优先顺序加以排列。

四、与无反应者的沟通[②]

1. 用非限定性的问题提问。

2. 尽量心平气和等待对方作出答复，利用启发性的问题来促使无反应者回应。

3. 冷场的时候不要自己唱独角戏维持场面。

4. 如果对方不予回答，可对这一件事发表你的看法，但应该以非限定性的问题结束你的话。

5. 尽量等待，根据事态的发展发表自己的看法，然后继续等待，以明确的态度对待“现在我可以走了吗?”、“我不知道”这类回答，以求对双方的相互交往加以控制。

6. 当无反应者开口说话时，注意倾听并克制自己想要说个不停的冲动。但要纠正对方的离题话语，促使谈话回归正题。

7. 如果对方一直无反应，应避免简单地客客气气地结束谈话，而是要约好下一次谈话的时间，并且要告知对方，因为沟通失败，你必须采取和将要采取的措施。

---

① 参见罗伯特·M.希拉姆斯：《怎样与难以相处的人打交道》，北京：新华出版社1990年版，第178页。

② 参见罗伯特·M.希拉姆斯：《怎样与难以相处的人打交道》，北京：新华出版社1990年版，第91页。

五、与恐吓者的沟通[①]

1. 重温所有有关资料，并核对其准确性。

2. 注意倾听恐吓者的种种建议，将其要点按照自己的理解复述给对方，避免对方不厌其烦地一再解释。

3. 避免使用武断的说法。

4. 在发表不同意见时，用商量的口气，但不要含糊其辞，要用提问的方式提出问题。

5. 问对方延伸性问题，以有利于对计划进行再一次的复查。

六、与腹中空者的沟通[②]

1. 表述正确的事实和其他不同意见，但要把这些作为自己对现实情况的认识提出，并且尽量使用描述的方式。

2. 给对方台阶下，保全其面子。

3. 在谈话出现冷场时主动找话说。

4. 如果可能，单独与对方进行沟通。

拓展训练 1：单向沟通绘图与双向沟通绘图

目的：体会单方面交流和被迫接受信息的困难，强化采取互动的沟通方式进行交流。

操作程序：

1. 请一位团队成员背向大家，口头描述一张事先准备好的图，描述者不能有任何表情动作。

2. 其他成员按照描述者的描述画图，其间不能提问，一切听从描述者的指挥。

3. 绘图结束后将图加以展示，让大家核对所画的图是否准确。

4. 再请另一位团队成员上台做这个游戏，但这次允许大家相互交流，看结

① 参见罗伯特·M. 希拉姆斯：《怎样与难以相处的人打交道》，北京：新华出版社 1990 年版，第 144 页。
② 参见罗伯特·M. 希拉姆斯：《怎样与难以相处的人打交道》，北京：新华出版社 1990 年版，第 152 页。

果如何。

讨论：

1. 当我们被迫单向交流时是否感到不顺畅、焦虑和困难？为什么？

2. 即便是双向交流，也会有人出错，是什么原因？

3. 读图者的哪些表达是有效的，哪些表达有待改进？

总结：

单向交流因传递信息不准确或不及时，出现问题不能及时沟通交流，导致了错误百出。问题的根源在于没有反馈，听者对说者表达的内容存在这样或那样的误解。因此，人们在沟通过程中一定要注意双方的互动，表达者要准确表达自己的想法、意见，减少扭曲、防卫和伪装，同时要有同理心，体会对方的感受；倾听者要真正"听到"、"听懂"、"听完"，在互动过程中，要核查自己所听到和所了解的信息与表达者所表达的意思是否一致，在此基础上，要及时、恰当地给予对方回应。唯有彼此之间随时保持双向沟通，才能使大家的意见都得到重视，进而达到交流的目的。

拓展训练 2：人际问题脑力激荡

目的：了解别人的意见，扩展自己思考的空间，用集体智慧找到解决问题的方法和途径。

操作程序：

1. 全体成员 5—8 人组成一个家庭，在辅导者给定的时间内就某一问题发表意见，由一人记录家庭成员的发言，其间应遵循如下规则：一是不对他人的发言进行评价；二是尽可能地多出主意；三是鼓励新、奇，也可以巧妙地利用并改善别人的构想。

2. 讨论话题一：寝室里有一人正在谈恋爱，经常晚归，或者晚上很晚了还在煲电话粥，严重影响他人休息，作为室友，你如何处理此事？

3. 讨论话题二：几个人一起打乒乓球，轮到你上场了，可小王一定要打，你怎么办？

4. 每个"家庭"用"角色扮演"的形式表演讨论结果。

5. 可分别采用有效的和无效的交流方式进行表演。分享角色扮演的体会。

总结：

当我们面对一个问题，需要在思想上有所突破的时候，需要创造性地思考最有效的说服方式。脑力激荡法就是开发潜在创造力的方法，也是出现问题时建立与运用支持系统协调解决的途径。

第七章　建立行之有效的绩效管理体系

团队绩效管理的目的在于提升团队成员的工作绩效，实现团队的目标。行之有效的绩效管理不仅能够将团队成员的工作与团队的战略目标紧密相连，促进团队战略目标的实现，还能够整合团队现有的资源，解决团队发展阶段中出现的各种各样的问题，使团队真正走向卓越。

第一节　绩效管理体系概述

绩效管理被列为"十大管理问题"之首，一直受到理论界和实务界的共同关注。一个完善而有效的绩效管理体系能够为组织进行人力资源决策提供有效的信息和依据，进而有针对性地提高员工的知识、素质和技能，促进员工个人的发展和绩效的改进。

一、界定绩效

绩效是所有组织和团队都关心和关注的问题。组织抑或团队战略目标的实现，最终都取决于员工行动的结果，也就是员工的绩效表现。反过来，员工想要在团队中获得更多的机会，也要通过卓越的绩效来换取。所以，实现员工的高绩效，对于员工和团队来说都是至关重要的。基于此，管理学大师彼得·德鲁克提出，所有的组织都必须要思考"绩效"为何物。在德鲁克看来，所谓企业管理，最终是人力资源管理，而人力资源管理的重中之重是绩效管理。而英国《星期日泰晤士报》最佳雇主名单中的那些企业高管也都把绩效和绩效管理列入人力资源管理系统中最为重要的两个优先因素。

关于绩效，不同学科领域对其有着不同的理解。从管理学视角来看，绩效是一个组织所期望的结果，是组织为了实现其战略目标而在不同层面的有效输出，主要包括个人绩效和组织绩效两个方面。“工作群体的绩效只是个体绩效的总和，而团队的任务必须每个成员共同努力、积极协同才能完成，其绩效大于个体绩效的总和。”①这也就是说，个人绩效直接决定了组织绩效，进而影响到组织核心竞争力的提升，组织绩效的实现是建立在个人绩效提升的基础之上，但并不是个人绩效实现后就一定可以保证组织是有绩效的，组织绩效的实现还有赖于完善的绩效管理体系做支撑。从经济学视角来看，绩效和薪酬是员工和组织之间的一种合约和承诺关系，个体在进入组织前对组织所要求的绩效做出承诺，当员工实现承诺时组织相应兑现承诺，以薪酬的方式进行回报，形成一种承诺和合约关系。从社会学视角来看，每一个人在社会这个大舞台中按照分工的不同扮演着不同的角色，而绩效便是所扮演角色应该承担的那一份职责。社会中每个个体相互依赖相互影响形成纷繁复杂的社会关系，个人的生存发展受惠于社会，同时，每个人也必须为整个社会的发展贡献自身的绩效，这是作为社会成员一分子的义务。

随着管理实践广度和深度的不断扩展，人们对绩效概念的认识也在不断发生变化，不同的人有不同的理解。目前对绩效的界定主要有如下几种：有人认为，绩效就是完成组织任务的效能和效率；还有人认为，绩效就是那种经过评估和考核的工作行为、工作方式；更多的人认为绩效就是员工的工作结果，是员工对企业目标的实现所做出的具有效益和贡献的部分；“绩效是结果”的观点认为，绩效是工作所达到的一种结果，是一个人工作成果的记录；还有一种观点则强调绩效和员工潜能的关系，对绩效的研究不再局限于员工过去已经发生的行为，而是更加关注员工隐藏于冰山之下的潜在能力，关注员工的素质和未来发展。就实际操作而言，单纯地将绩效认定为过程性行为或者结果性产出都有失偏颇，将绩效界定为“过程＋结果”则更有意义。

综上所述，我们认为绩效是工作成效与成绩的综合，是一定时期内员工的工作行为、方式、结果及其对组织产生的客观影响。能够称之为绩效的那些行为，通常具备两个最基本的特征：首先，它们是可评估的，从表现形式上来说，员工的绩效可以表现为完成工作的数量、质量、耗费成本以及为组织做出的其他贡献

---

① 陆雄文：《管理学大辞典》，上海：上海辞书出版社2013年版，第48页。

等。其次，绩效是多维度的，这意味着能够帮助/阻碍一个组织实现其目标的员工行为类型是多样的，可评估的绩效要素并不是单一的。

基于本书的研究对象是卓越团队建设，在对绩效概念了解的基础之上，我们需要对团队绩效的概念做出界定。Sundstrom(1990)和 Hackman(1987)对团队绩效作出了广义的定义，它们认为团队绩效是指团队为了实现预定目标的行为和结果，主要包括三个方面：第一，团队在目标时间内所生产的产量(数量、速度、质量、顾客满意度等)；第二，团队对其成员的影响(结果)；第三，提高团队工作能力，关注团队成员未来发展和能力提升，以便将来更有效地工作。总的来说，团队绩效的关键在于团队行为、团队行为结果和通过对团队成员行为和潜能的关注来实现团队未来的进一步发展。

二、绩效考核和绩效管理

在现实中，不同的团队会呈现出不同的绩效管理水平，为什么会出现这种结果，原因固然是多方面的。但其中有一点要引起人们的高度重视，那就是绩效管理水平的高低与人们对绩效管理的理解密切相关。

李月是一家大型医药公司的销售总监，本年度工作在一周后就要结束，此时是她一年中最忙碌的时候，她不仅要对公司批给她的下一年度的预算做出规划，接听各个客户的咨询电话，而且还要管理一个由 12 人组成的销售团队，这是一段非常忙碌的日子，她感到快被年终没完没了的工作所压垮。就在此时，她接到公司人力资源部打来的电话："李经理，我们还没有收到您对 12 位下属的绩效考核评价表，这项工作在这周内必须要完成。"李月心想："天哪，这些绩效考核评价表啊，意义何在，真是浪费我的时间！"在她看来，填写那些看上去毫无意义的表格就是一种时间的浪费。李月根本没有办法全面监督下属的实际工作表现，因为他们大部分的时间都用在拜访客户上，她对下属表现的好坏理解完全是以他们的销售额为基准，而他们实际完成的销售额高低很多时候又依赖于公司所开发出的产品好坏以及给他们划定的销售区域，并不是完全取决于每一个销售人员付出的努力和工作的积极性。也就是说员工绩效的影响因素除了员工自身原因外，还有很多其他个人不可控的多种因素，而且，这些销售人员的报酬和李月给他们打的绩效评价分数之间并没有任何关系。现在，她还有两天的时间来向人力资源部门提交下属的绩效考核评定表格，她该如何是好？李月决定采用一种不让手下任何人不满的方法来解决这个问题：给每个员工公司允许范围内的最高评价等级，以不让任何一个人感到失望。李月认为，这样的话她可以使每一位下属都比较满意，也省去了因此要再去组织一场专门会议的麻烦。李月用了不到10分钟的时间就完成了员工的绩效考核表格，然后又赶紧投入到她的“真正工作”中去。

对于大部分团队来说，“绩效管理”是一个耳熟能详的词，从基层员工到管理者再到领导者，它时时会被大家挂在嘴边，看似大家都清楚地知道什么是绩效管理，更知如何才能进行有效的绩效管理。但是在现实中，我们经常能看到的场景却是这样的：每到年终，人力资源部门按照每年惯例开始印制部门考核表、员工互评表、领导评分表、员工年度工作测评表等各种表格，各部门在拿到表格后开始忙着在相应的表格中填写自我评价和自我绩效认定，再被部门经理约上单独面谈或者小组面谈二十分钟左右，部门经理根据面谈结果在表格上做个等级评定或者写一串无足轻重的评语，签上字后交给人力资源部门，人力资源部门收到各部门的考核表格后则按照部门分类存档。这项工作结束后，所有人又都回到现实中，没有人会再去关心那些表格是被存档又或者被用到哪里。这种情形广泛存在于大部分的企业之中，这恰恰说明一个问题：长期以来，很多团队对绩效管理的认识存在着较大的误区，他们往往简单地将绩效管理等同于绩效考核。

绩效考核有着悠久的历史，在中国，绩效考核的历史可以追溯到三皇五帝时期，很早之前统治者或管理者就意识到绩效考核的重要性。在西方，罗伯特·欧文斯在19世纪初最先将绩效考核引入至苏格兰。美国军方于1813年开始运用绩效考核，美国联邦政府则于1842年将绩效考核引入到政府公务员的管理之中。绩效考核是考核者根据企业工作目标和绩效标准，通过系统的、科学的考核方法，对员工的工作完成情况、工作职责履行程度和员工的发展情况进行考核评估并将评估结果反馈给员工的过程。绩效考核是一种事后的评估，是对过去绩效完成情况的回顾，从而才会出现前面所讲的很多企业到了年底才开始匆忙制定各种考核标准、权重和条款的现象。

随着经济全球化步伐的加快和市场竞争的日趋激烈，越来越多的团队管理者开始意识到绩效考核所存在的不足和局限。Spangengerg(1992)认为传统的绩效考核是一个相对孤立的系统，往往与组织中的其他要素相脱离，比如组织文化、组织目标、员工未来发展、管理者的支持和承诺等。Nickols在1997年发表的文章引起了大家广泛关注，题为《不要设计你们公司的绩效评估体系，去掉它！》，不久之后，Mary Jenkins和Tom Coen写了《废止绩效评估：为什么会发生，用什么代替？》，文中举出很多废止绩效评估而进行绩效管理的公司实例，使用一种更加科学有效的方式来替代绩效考核成为必然选择。在这样一种背景下绩效管理应运而生。绩效管理,是指组织管理者和员工为了实现组织目标而共同参与绩效计划的制定、绩效情况的沟通、绩效评估考核、绩效结果应用和绩效目标提升的过程,这个过程是不断循环的。

"绩效管理是一个统一的管理过程,它强调信息沟通和绩效提高,就企业人力资源绩效管理基本含义而言,可以将其看作是一个持续交流的过程,绩效管理是为了保证企业日常工作的顺利运转,部门管理者和员工之间达成的一种协议。"[①]绩效管理的目的就是持续提升个人、团队和组织的绩效。

绩效考核和绩效管理最大的不同在于:绩效考核是在年底对过去绩效情况的回顾,针对的是点;而绩效管理则侧重过程,通常需要一年时间完成整个流程。概括而言,绩效管理和绩效考核的区别主要有以下几点:

1. 两者地位不同:绩效管理是事前计划、事中管理、事后考核所形成的三位一体的系统,而绩效考核只是这个系统中的一个环节。从地位上来说,绩效管理是整个人力资源管理系统的核心内容,绩效考核是绩效管理系统中的重要内容。

2. 过程的完整性不同:绩效管理是一个完整性的管理过程,绩效考核仅仅是这个过程中的一个局部环节。

3. 侧重点不同:绩效管理强调信息的沟通和绩效的提升,侧重事先沟通和承诺;绩效考核强调判断与评估,侧重于事后的评价。

4. 目的不同:绩效管理的目的是员工能力的培养和组织绩效的提升,而绩效考核的目标是通过一定方式对员工的工作表现做出评定。

5. 出现的阶段不同:绩效管理伴随着组织管理活动的整个过程,而绩效考核只出现在某一特定时期。

绩效管理与绩效考核虽然只是两个字之差,但是包含的内容、折射的思想等方面都存在着巨大差别。如果不能正确区分两者的概念,盲目将绩效考核等同于绩效管理,不但会使绩效考核的作用大打折扣,绩效管理的价值也难以得到真正体现,团队也无法通过绩效管理来提高员工的工作效能。

三、绩效管理的基本流程

绩效管理以组织目标为基准,通过管理者和员工之间双向互动的沟通过程,

---

① 陈晓红:"对构建企业人力资源绩效管理体系的思考",《商贸人才》,2018 年第 8 期。

形成组织所期望的效益和产出，不断推动个人和团队做出有利于组织目标实现的行为，即通过规范化的管理和持续的沟通不断提高员工、团队和组织绩效，提高员工素质和能力。绩效管理是一个完整的系统，这个完整的系统由若干个基本流程所组成，这个过程同时具备管理的五项基本职能，在这里被细化成以下五个部分：

（一）绩效计划

绩效计划是绩效管理流程中的第一步，是指管理者和员工在充分沟通的基础之上，对组织的战略目标进行分解和细化，最终根据组织既定的绩效标准共同确定并修正绩效目标以及实现该目标步骤的过程，最终将双方沟通的结果落实为订立正式书面协议，即绩效计划。绩效计划的设计是从组织的最高层开始，将组织整体绩效目标层层分解到各个职能部门，最终落实到每一个个体。绩效计划的制定是绩效管理的首要环节，同时也是绩效管理的核心，绩效计划的质量将会决定整个团队目标的进行，这个环节若没有做好，后面的绩效执行、绩效考核等环节则会失去方向，最终会导致整个绩效管理工作的失败。

为了帮助团队管理者把握绩效计划阶段的重点，有必要对下表中列出的问题进行回答。

绩效计划阶段要点问题提示表

问　题	回　答
1. 本岗位在本次绩效周期内的工作要项是什么？	
2. 员工在本次绩效周期内的工作任务是什么？	
3. 为了实现团队绩效目标，员工应达到怎样的工作标准？	
4. 如何判别员工是否取得了成功？	
5. 员工工作好坏对团队有什么影响？	
6. 员工在完成自己工作任务的过程中可以享受哪些资源，拥有什么权力？	
7. 管理者可以给身在绩效系统中的员工何种支持与帮助？	
8. 对于完成该目标或任务，员工应该具有什么知识和技能？	
9. 员工在实现目标的过程中可能会遇到何种阻碍和困难？	
10. 如果员工行为背离组织战略目标时该如何处理？	
11. 绩效目标实施过程中如何进行有效的监督？	

团队绩效计划是按照怎样的步骤流程来制定呢？以下是关于团队绩效计划制定的一些程序化描述，但是绩效计划的制定过程并非千篇一律，在整个绩效管理过程中，要时刻根据团队、团队成员和外在环境的变化做出实时的调整。

第一步，全员绩效管理理念的传输与培训；

第二步，对团队战略目标做出诠释；

第三步，将团队战略目标分解为各个层级的特定目标；

第四步，团队成员根据团队目标和自身职责，制定绩效计划草案；

第五步，团队管理者对团队成员制定的绩效计划草案进行审核；

第六步，团队管理者与团队成员就绩效计划进行深入的沟通；

第七步，团队管理者和团队成员就绩效计划达成共识；

第八步，团队在绩效计划中明确绩效考核的指标和具体参照标准；

第九步，团队管理者协助团队成员制定具体行为计划；

第十步，最终形成绩效计划协议书，双方认可签字。

（二）绩效执行

一份好的绩效计划并不意味一定能够形成好的工作绩效，绩效计划的实现依赖于坚定的执行力。绩效计划制定之后便是实施，即绩效执行，绩效执行是一个过程性工作，在这个过程中团队管理者要对团队成员的工作进行指导和监督，通过持续有效的沟通使团队成员认可团队目标、正确地执行绩效计划、发现绩效问题并及时予以解决，管理者和团队成员通过双向的积极互动，根据实际情况的变化对绩效计划进行调整，不断提高和改进团队工作绩效的过程。

绩效管理不单单要有前期制定的绩效计划、绩效指标的确立和后期的绩效考核、绩效反馈，更重要的是管理者需要对团队成员的工作绩效进行管理，保证团队成员沿着绩效计划前进，因此绩效执行也是绩效管理中占用时间最长的一个环节。因为不仅绩效计划能否完成和落实要依赖它，同时它也为绩效考核提供重要的依据。没有对绩效管理的过程进行认真周密的执行，前期所制定的绩效计划则将付之东流，而绩效反馈更是无从谈起。

在绩效执行过程中团队成员和管理者承担着不同的责任，在此我们分别加以描述。

作为团队管理者，应该在以下几个方面承担主要责任：

1. 观察并记录。管理者要时刻树立全过程的绩效管理意识，注意对团队成员绩效表现的观察，将团队成员的优秀表现和不良绩效案例记录在员工的绩效表现记录表中，作为后期绩效评价与考核的参考资料。

2. 及时更新计划。团队的目标和外部环境处在时刻的变化之中，管理者要有敏锐触角，根据变化及时更新和修正当初制定的绩效目标、标准和计划。

3. 提供支持和资源。管理者应该向团队成员提供有助于他们行为实现的支持和必要的资源与权力。他们可以鼓励团队成员去参加培训、进修一些课程或者参加一些具有特殊意义的活动，通过这些途径来获取完成绩效任务的各种支持性资源。

4. 注重反馈。管理者在绩效执行过程中需要经常性地向团队成员提供他们在目标实现方面的进展和存在问题的反馈，同时向他们提供绩效改进方面的指导与建议。

5. 强化和诊断。团队管理者必须通过强化团队成员的有效行为和在实现目标方面所取得的进步，让团队成员知道他们的有效行为已经受到上级领导的关注，让他们获得继续努力工作的动力。同时，管理者应该对团队成员的不良行为提供实时反馈，让他们知道应该如何改变这些情况，一旦管理者发现绩效问题的存在，就必须及时进行诊断，并采取有效措施进行解决。

作为绩效目标实现的主体，团队成员在绩效执行过程中负有以下主要责任：对达成目标的承诺；持续性的绩效反馈；和上级保持经常性沟通；主动收集和分享绩效信息；为绩效考核做好准备。

（三）绩效考核

绩效考核是绩效管理体系中的一个重要环节，考核主体对照团队目标和绩效标准，运用科学的考核方式对团队成员的工作行为和行为结果做出评定，并运用考核结果对其将来的工作行为和工作绩效进行正面引导的过程和方法，常见绩效考核方法包括 BSC、KPI 及 360 度考核等。实施绩效考核的目的并不仅仅是为了决定团队成员薪酬福利的多少，而是为了促进团队成员和团队的共同成长。通过考核，发现目前绩效管理系统和工作中的问题，找到差距和解决问题的方法，对存在问题进行改进，最后达到双赢。

绩效考核过程要注意按照事先确定的衡量标准及工作目标来考核团队成员完成绩效的实际情况。在绩效期开始时双方签订的绩效合同或协议一般都规定了绩效目标和绩效衡量标准。“这一绩效合同就是进行评价的依据，一般包括工作目的的描述、员工认可的工作目标及其绩效衡量标准等。”①绩效考核可以根据具体情况和实际需要按月度、季度、半年度和年度进行，在绩效执行过程中所

① 徐延利：《绩效管理——理论、方法、流程及应用》，北京：经济科学出版社 2001 年版，第 54 页。

收集到的能够说明团队成员绩效表现的事实和数据等，都可以作为判断其是否达到团队绩效指标要求的事实证据。

（四）绩效反馈与面谈

绩效反馈是绩效管理过程中又一个重要的环节，它主要通过考核者和被考核者之间的交流，就被考核者在绩效考核周期内的绩效表现和情况进行面谈，一方面对成绩做出肯定，另一方面找出工作中的不足并进行改进。有证据表明“员工往往都不喜欢反馈，但凡有机会躲过去，很多人都会选择逃避，但管理者不能因此不做反馈，员工‘喜欢’和‘满意’是两回事。”[①]绩效反馈的目的是让团队成员知道自己的行为态度是否合格、工作表现是否得到团队的认可、自己的绩效表现是否偏离团队的绩效目标等，让管理者和团队成员通过沟通达到对考核结果的一致看法。在反馈过程中，管理者要向团队成员传递团队的期望，双方共同探讨团队绩效目标未实现的原因所在并共同参与制定绩效改进计划，最终形成一个绩效合约。因为绩效反馈是在绩效考核之后实施，而且又是考核者与被考核者之间的直接对话，因此，绩效反馈效果的好坏对绩效管理整体的成效起着至关重要的作用。

绩效反馈的方式不尽相同，按照反馈方式的不同，绩效反馈的形式可以分为语言沟通、暗示方式和奖惩方式。语言沟通是最常用的反馈形式，指考核者将绩效考核情况通过口头或者书面的形式反馈给被考核者；暗示方式是考核者以一种间接的形式（例如上级对下级的有意亲疏）来对被考核者的绩效表现进行肯定或者否定；奖惩方式是通过薪酬或者职级的变更等形式来对被考核者的绩效进行反馈。按照反馈的内容和形式的不同分为正式反馈和非正式反馈，正式反馈是事先计划并安排好的，例如定期上交的工作书面报告、面谈、定期团队或者部门例会等；非正式反馈形式例如闲谈、非正式场所的聊天等。

绩效面谈是绩效反馈中一种非常重要和常见的正式沟通方式，是绩效反馈的主要形式，有效的绩效面谈是保证绩效反馈工作顺利进行的基础，是绩效反馈发挥作用的重要保障。在绩效面谈前，管理者一定要事先做好准备，根据面谈对象的职务、性格、工作态度和工作表现等的不同制定不同的面谈策略，并不是所有面谈都根据人力资源部门制定好的一张固定面谈提问模式表来进行，这样不至于造成绩效面谈的形式化。绩效面谈一定要以“问题”为导向，西方高绩效教练技术中的GROW模型是一种具有借鉴意义的方式，即在每一次绩效面谈前，

---

① 周琪：“年底第一战——绩效反馈”，《启智职场》，2019年第1期。

都先确定面谈时要沟通的问题以及问题被谈及的顺序。GROW 模型遵循着这样四个步骤：一、目标设定(goal)，即本次面谈要达到一种怎样的目标；二、现状分析(reality)：讨论目前的情况；三、方案选择：讨论对于解决问题可选择的策略或者行动方案；四、该如何做(what)：谁做(who)、何时(when)、意愿(will)。

(五) 绩效结果的应用

大量数据证明，绩效考核流于形式的一个很重要的原因就是考核结果没有得到系统而有效的运用，绩效管理能否实现预期的目标，关键在于绩效考核的结果如何运用，如果运用不合理，对于员工绩效的改进和能力的提升就起不到有效的激励作用。传统绩效考核的目的是通过对员工工作业绩和表现的考核，将结果单单作为员工薪酬、奖惩等的标准，而现代绩效管理的目的不仅限于此，员工能力的提高、员工潜能的充分挖掘、员工绩效的持续改进才是其根本目的，所以，绩效考核结果运用得是否恰当和有效，是团队绩效管理体系能否发挥效用的关键。

绩效考核作为一种有效的管理形式，是过程而不是结果，而要将结果予以应用则必须要与人力资源管理过程相结合。在此我们将运用的方式进行分类，一般有以下几种方式：

1. 绩效改进：对团队成员绩效考核结果做出分析，找出其中存在的问题，针对问题制定绩效改进方案，明确绩效改进的目标、具体方案、实现绩效改进目标的具体时间期限等。

2. 薪资调整：绩效考核运用于薪酬的调整是一种最为直接和常见的方式，绩效考核直接与薪酬相关联才能有效发挥量化考核的作用，否则就达不到降低成本、提高效率和提升团队成员积极性的目标。

3. 用于分析培训需求：绩效考核结果可以为团队对团队成员进行培训提供科学依据，当团队成员的绩效较差时，就需要对原因进行深入分析，如果诊断原因仅仅是由于团队成员缺乏完成工作所必须的知识和技能，那么就需要对他们进行有针对性的培训。

4. 人事调整：绩效考核的结果直接为团队成员职务的晋升和降级提供了依据，同样，严格以考核结果作为人事调整的参考标准之一也容易让团队成员心服口服，对于绩效考核成绩连续优秀的团队成员，可以将其列入晋升备选名单，反之则要考虑降级或者辞退等。

5. 用于制定团队成员职业发展计划：将绩效考核结果和团队成员职业发展结合起来，可以实现团队成员发展和团队发展的有机结合。职业生涯的发展是吸引和留住人才的重要因素,应该针对不同团队成员的特性为其量身定做合适的职业生涯发展规划,并根据绩效考核的结果,定期与团队成员一起对当初制定的职业发展规划进行修正。

绩效管理是一个循环的动态系统,各个流程之间环环相扣、紧密联系,任何一个环节的脱节都可能造成团队绩效管理工作的失败。因此,团队应该重视绩效管理过程中的每一个环节,并将各个环节进行有效的整合。一个环节结束后,绩效管理活动又会重新回到起点——绩效计划的再制定环节。各个环节的整合使团队绩效管理流程成为一个封闭而完整的循环,从而保证了团队绩效能够不断地得到改善和提升。

第二节　团队绩效管理体系潜藏的问题

随着市场经济的发展,绩效管理已经逐步成为组织人力资源管理的核心,绩效管理作为战略管理的有效工具已经被各种组织和团队广泛应用。绩效管理的主体是组织内各个大小团队中的成员,科学化、人性化、专业化的绩效管理体系对于团队整体绩效的提升具有重要意义,不仅如此,它还可以提高团队运行效率、增强团队核心竞争力、提升团队的创新能力、促进团队的发展进步。

目前,绩效管理体系在规模和深度上都取得了一定的发展,但是在很多团队中绩效管理体系的作用并没有真正发挥出来,究其原因,一是我国绩效管理起步较晚,管理水平受到一定限制,二是绩效管理本身还存在着诸多问题,有些问题还是潜在而不易被发现的。由下面这个案例我们不难看出目前团队中绩效管理体系存在的问题:

A公司是电器行业的龙头厂家之一,有着专业的领导团队、销售团队、研发团队和服务团队等,公司长期依靠对产品品质、销售、营销和生产的投入而取得成功,随着竞争的不断加剧,近年来在新产品研发上所投入的资金不断增加,建设了一支具有一定规模的专业化研发团队,并且引入经过不同行业验证的IPD研发模式。但是,在绩效管理方面,公司运用在各个团队的绩效管理模式还是过去的模式。

每年的年底和次年的年初,都是A公司人力资源部门绩效经理赵经理最头疼和紧张的时刻,公司老总将绩效管理工作全权授权给绩效管理科,整个绩效管理的责任落在赵经理一人肩上。在两个月左右的时间内,赵经理要将公司的整体战略目标分解为生产体系、研究体系、市场体系、财务体系等分目标，不同的体系由不同的团队负责，赵经理要和这些团队中的负责人分别进行一对一的沟通，对绩效目标和计划等达成一致，最后提交老总拍板。在各个团队绩效目标的制定中，生产团队、市场团队和营销团队等的工作绩效目标相对容易，而研发团队是最难的。

虽然这几年赵先生花费了大量时间和精力来了解不同团队的业务，但还是被各团队的主管认为是外行。绩效目标的达成率直接影响各个团队的考评结果，并直接和各人的薪酬福利挂钩，所以各个团队负责人对于公司给他们设定的目标及指标高低都非常重视，都会从自己团队利益角度出发对指标的合理性进行"可行性研究"，尽量避免因为设定的绩效目标过高难以实现而导致团队整体绩效考核分数的不高。

但是，各个团队设定的指标最终还是要赵先生来整体衡量，以便能够和公司的战略目标保持一致。虽然公司老总有一些要求和指示，但是不够系统而且零散笼统，各个团队的具体指标全靠赵经理和各团队的"诸侯"经过多轮讨价还价来确定。有时候明明知道研发团队会避重就轻选择一些可量化且容易达到的指标，例如"客户反馈问题的解决率"、"出勤率"和"新产品研发周期"等，而将一些指标以难以衡量和量化、不确定性过高为由而直接抹掉，比如"团队成员能力的培养"、"关键技术掌握程度"、"新产品竞争力"等等，每当这个时候，赵经理都会苦于自己专业知识不够而无法拿出足够的理由来反驳。

庆幸的是，各团队绩效目标终于确定下来，对于这份自己都不太满意的目标和计划，各个团队终于不再有任何意见。总经理公务缠身，没有太多的精力参与绩效计划和目标的制定，在各团队都无异议的情况下大笔一挥便签字通过，由人力资源部下发给各个团队执行，各个团队再通过同样的方法向团队中每一个成员传递。各个团队会用各自的方法搞定，接下来的一切则和绩效管理部门关系不大。

每到季度考核和年度考核，赵先生的工作就是搜集各种绩效数据，计算出各个团队的绩效考核结果，然后将结果与最初制定的目标对比打分。通常情况下，各个团队都能达到目标，相应的每年的薪资和奖金都在稳步增长，这一切都表明，绩效管理体系运行不错，指标完成率在90％～110％之间浮动。但是奇怪的是，每年公司的总体目标却总是不能实现，总经理非常不满意。

A公司为什么会产生各个部门的绩效不错，都达到甚至超额完成绩效目标，但是整个公司的绩效目标却没有实现的情况呢？通过广泛调查研究发现，根本原因在于各个团队绩效管理体系中存在如下问题：

一、总体绩效管理目标不明确，和团队战略目标脱轨

绩效管理目标，通常称为目的和责任（Achievement imitates a target），是指给评估者和被评估者设定一个目标和提供所需要的评价标准，绩效目标是有效绩效管理的基础。上面的案例中，各个团队设定的指标依赖赵经理一人来整体衡量，虽然公司老总有一些要求和指示，但是零散笼统而不明确，各个团队的具体指标全靠赵经理和各团队的讨价还价来确定，导致绩效管理目标的不明确和权威性的丧失。在绩效管理目标的制定方面有一个非常流行的设计原则叫做"smart cake 聪明蛋糕原则"，"smart 原则"分别指的是：①Strategic（战略性的），即绩效管理目标的制定需要与组织战略相适应，绩效管理目标首先来源于组织战略，同时也必须服从于组织战略，该原则要求在制定绩效管理目标时，首先应该对组织战略目标进行明确清晰的界定，在分解、细化、衍生的过程中，要避免那些看似漂亮实则对组织战略目标实现无益甚至适得其反的绩效目标。然而在现实中，很多的团队都会选择那些容易量化并且对于团队来说较容易实现的目标，而不能紧密围绕组织的整体战略目标来制定绩效管理目标。②Measurable（可测量的），绩效目标是否达成以及达成的程度如何，必须要有便于测量、可以准确判定且不易产生争议的衡量办法和尺度标准。③Ambitious（富有挑战性和激励意义的），绩效目标的设置应该具有成长突破性，积极进取富有挑战，体现出超越自我超越对手的竞争意识，这是现代市场竞争环境的必然要求。④Realistic（现实的、可实现的），这一条和上面一条相互制约又互为补充，绩效管理目标的制定必须要结合自身和环境，不切实际的目标不但不能起到激励和引导的作用，反而可能影响士气、迷失方向。⑤Time-bounded（有时间限制的），任何一个绩效管理目标都必须有明确的时间范围，没有约定时效的目标就等于没有目标。这一观点流传甚广、影响颇大，对各个团队提高绩效管理水平起到十分重要的作用，看似一条非常简单的原则，却鲜有团队在绩效管理目标制定中坚持以此条原则为准则。

绩效管理的最终目标应该是实现团队的战略发展目标，在当前时代所面临挑战和机会均等的背景之下，确定合理而科学的努力目标尤为重要。目前，有些团队没有明确的战略发展目标，或是战略目标无法传递到全体成员或者基层员工，这样即使绩效评价指标体系再科学，也会因为团队成员个体的不了解而使团

队的管理失去方向。审视许多团队的绩效管理体系，其在考核指标的设置上经常与团队总体发展目标相脱轨，在这样一种情况下，团队成员很难从自身角度去理解绩效评价指标，更难以对考核指标做到精准的把握并将其内化到自己的实际工作中去，加上很多团队成员操作管理水平的不足，容易导致绩效管理工作在实际的开展过程中过于随意，没有统一的目标和方向。团队绩效管理目标设置的不合理，一方面会降低团队成员工作的积极性，另外一方面也会造成大量资源的浪费，不利于团队走上良性竞争的道路。

二、对绩效管理的理解存在偏差

现在依然有些团队不重视绩效管理工作，甚至存在抵触心理，在他们眼里，绩效管理只是组织人力资源部门的分内之事，和自己团队并没有太大关系，甚至将绩效管理体系视作为年终简单的绩效考核表格的填写过程。很多团队领导者对绩效管理工作不够重视，往往一评了事，没有将绩效管理工作当成重要的日常工作之一，绩效管理体系只是一种存在着却并不发挥有效作用的形式而已，由于对绩效管理在理解上的偏差，导致后期在工作的开展中遇到很多的阻碍，并使团队在激烈的市场竞争中难以发挥人才竞争的优势。

另外一种更为错误的理解是将绩效管理简单理解为绩效考核的另一种方式，很多团队以为自己在做绩效管理，实际上只是做了绩效考核这一个环节，其表现形式是天天围绕着考核指标转，转来转去团队绩效并没有得到明显的提升。单纯地将考评团队成员工作行为和工作表现的结果作为依据来确定员工薪酬的多少和职务的高低，但是实际上绩效管理体系包含了整体性的组织绩效、局部性的团队绩效和单独性的个人绩效，绩效管理对组织实现战略性发展目标具有全面而科学的推动作用。之所以会将绩效管理简单地等同于绩效考核，是因为缺乏整体意识，忽略绩效管理其实是一个封闭的环，环环相扣连接成一个完整的环，任何一环的脱节都可能会导致绩效管理的失败，正是因为这种意识的错位，才会导致在实际绩效管理工作中过于重视某个环节而忽视另一个环节，进而导致绩效管理工作的无效，例如过度重视绩效考核而忽略绩效沟通和反馈。科学的绩效管理要求重视每一个环节的工作，并且能够将每个环节有效地整合在一起，力求做到完美。绩效计划属于前馈控制阶段，持续的绩效沟通属于过程控制阶段，而绩效考核、绩效改进和绩效反馈则属于后馈控制阶段，其中，制定和实施绩效改进计划是前馈控制和后馈控制的结合点，这三个环节的整合形成了一个完成的绩效管理系统。只有当这个环是封闭的，绩效管理过程才是可控并可靠的。

三、团队中成员参与度不够，缺乏积极性

团队在推行绩效管理的过程中，很多团队成员参与度不够，甚至出现不配合和消极应对的情况，之所以会产生这样的结果，主要有两个原因：

一方面，很多团队成员认为绩效管理是团队为了约束他们而设定的“紧箍咒”，若不按照指令行事就会受到“紧箍咒”的惩罚。现代员工都希望能够对于自己的工作享有更多的发言权，同时也希望自己辛勤努力的工作可以得到一个正确的反馈和评价，渴望团队有科学的“赛马机制”让自己脱颖而出，他们之所以会对绩效管理体系反感甚至产生敌对情绪，很大一部分原因是因为他们没有完全明白团队引入绩效管理的意义何在。团队忽视对团队成员进行绩效管理理念的灌输和传达，导致很多人认为绩效管理仅仅是监督他们工作的一种硬性手段而已，加之绩效考核标准设定不合理，盲目采用量化的指标，并且这些指标的完成情况直接和年底奖金相挂钩，使个体将注意力都集中在如何完成自己的工作指标上面，不能充分调动团队成员的积极性和创造性，这种现象可以定义为“绩效主义”。所谓绩效主义，即绩效评定结果直接和金钱报酬相挂钩，员工努力工作只是为了拿到更多的金钱与报酬。如果外在的动机增强，自发的动机就会受到抑制，因为实行绩效主义，员工会逐渐失去工作的热情，对于绩效管理过程参与度也会很低。

另一方面，和上面所述案例情况一样，因为绩效目标的达成率直接影响各个团队的考核结果，影响所在团队的分成和个人的薪酬奖金，所以各个团队负责人对于组织给他们设定的目标及指标的高低都会非常重视，尽量避免因为绩效目标设定得过高难以实现而影响团队的考核情况。各个团队为了能够在组织绩效考核中排名靠前，往往会只从自身利益出发，而忽视和其他团队的协调与沟通，各团队之间相互拆台，都想法设法从组织的整体利益中为本团队多捞取好处、多得利益，眼中只有当前的团队目标而忽略整个组织的战略目标。当完成团队绩效目标之后便会觉得职责已经完成，对于绩效管理其他相关活动的参与则表现出被动的应对，仅仅限于配合人力资源部所要求的工作，不会再主动参与到绩效管理工作之中，而将全部精力重新投入到能给自己带来业绩或者受益的事务性工作之中，追求眼前利益的风气盛行。这样一来，短期内难见效益的工作，比如

产品质量检验以及客户满意度维护等十分重要的工作就会受到轻视。这样做的结果必然是，尽管每个团队的绩效目标都达成了，甚至远远超过指标要求，但是整个组织的绩效目标却无法达成。

四、缺乏绩效管理专业人才

对于一个企业来说，最根本的目标是盈利，从整个企业层面来说，企业负责人在进行资金分配时，会给予研发部、生产部等可以直接带来可视化收益的部门更多的经费支持，而人力资源管理部门这种似乎并不能迅速带来直观效益的部门，则只分配到较少的资金，且因受到资金缺失的限制，很多时候便无法吸引高素质的管理人才。企业的发展，人才为先，随着中国对外开放步伐的加快和国际竞争力的加剧，中国企业已经融入世界市场，随着企业逐渐从劳动密集型向技术发展型转变，人才资源就显得尤为重要。绩效管理在我国起步较晚。国外在绩效管理方面很多先进的技术手段对我们组织绩效管理工作的有效实施都具有积极借鉴意义，但苦于熟练掌握这些专业知识的人才较少，加之企业因为资金的限制和思想上的不甚重视，内部能够运用专业绩效管理手段和信息化绩效管理方法的人才相对匮乏，这些都严重阻碍了组织绩效管理工作效率和水平的提升。

另一方面，岗位培训投入不足，致使现有绩效管理人员专业水平和业务知识不能迅速更新和提高。绩效管理工作涉及到组织全体职工工作的方方面面，为了保证绩效管理工作的有效性，需要收集大量的信息和数据并且对这些繁杂的数据进行分析和整理，可见其工作量之巨大，目前我国大多数企业内部的绩效管理工作都是由人力资源管理部门负责，并没有设置其他辅助性部门来推动绩效管理工作的开展，人力资源绩效管理部门长期缺乏掌握专业绩效管理专业知识的人才，人员结构和知识结构趋于老化，整个团队管理理念落后，不能紧跟时代的需要。绩效管理人员素养不足，不能充分适应人力资源管理的需求，导致绩效管理工作困难重重。

五、“以和为贵”，绩效考核流于形式

绩效考核是绩效管理的关键环节之一，绩效考核指标是绩效管理的首要因素，科学合理、公平公正而体现区别的考核结果是人力资源绩效管理成败的重要保证。然而，很多组织并没有形成完善的绩效考核指标，具体表现为：一是指标

体系缺乏科学性和客观性；目标考核指标笼统、僵硬而单一。加之缺失公平原则，执行力度不够等等，因而无法真正调动起员工的工作积极性。二是受到我国传统文化等固有因素的影响，团队绩效考核中“以和为贵”现象严重，绩效考核结果差距不明显甚至没有差距，考核流于形式。

杭州有一家国有企业，董事长去总裁班学习后觉得平衡积分卡十分有用，回到公司就要求人事部在全公司推行平衡积分卡。在实施了八个月后，董事长突然想要了解绩效考核在公司的运行情况，于是让人事部负责人将考核结果给他看，董事长看了结果后十分生气，因为他发现所有人的考核结果都是 98 分，董事长指责道：“每个人都干得这么出色，那这么多客户投诉是怎么来的？公司所存在的那些问题又是谁造成的？”结果从第 9 个月开始，绩效考核结果变了，全部齐刷刷地变为 85 分，考核得分完全一样。毋庸置疑，这样的绩效考核起不到任何作用，完全是浪费时间的应付。在被称为世界 500 强 CEO 摇篮的通用电气，一直推行着 2：7：1 的强制分布活力曲线，企业中 20％的人创造了绝大部分绩效，70％的业绩平平，10％的人业绩拖后腿，甚至是需要淘汰的。这其中体现的是一种真正差异化而有效的绩效考核。

绩效管理体系刚刚建立之时，不同团队的领导者对考核的尺度把握不同，在考核周期的最初我们能够看到考核结果有一定的差距，但很快各个管理者又会调整自己的行为，在十分重视人际关系的中国企业和团队中，谁也不想因为得罪别人而影响自己的人际关系与交往，考核结果开始趋中，干得好或坏慢慢也显不出差异，时间一长，团队中的绩效管理工作就流于形式、毫无意义可言。

六、绩效评价结果应用不足

绩效管理是一个不断循环的良性整体性过程，对考核指标的确定、对考核对象的分析和对绩效管理方式的选择等都是为了能够得到一个合理公正的考核结果，而对考核结果的反馈和应用是绩效管理工作的最后一个关键性环节。目前，有些团队在绩效管理考核反馈环节都严重缺乏有效性和客观性，管理者往往不愿意和团队成员谈论他们绩效考核中所表现出的问题和不足，因为从人性角度来说，没有人愿意被人批评或者指责，所以很多管理者并不愿意来充当这样一个“坏人”角色。虽然每个人的工作肯定都会存在需要改进之处，但是很多管理者担心团队成员的问题被当面指出来后会受到埋怨，就都不愿意向团队成员传递消极的反馈意见，事实上也确实存在些许个体不虚心接受绩效反馈意见，反而指责管理者的绩效评价方法或者结果。从统计学角度来看，人们往往会对自己的绩效表现评价过高，团队中一般会有一半的员工绩效水平低于平均水平，但有研究表明，认为自己的绩效表现高于团队平均水平的人数高达75%。由此可见，由于各种顾忌而使绩效反馈不能得到有效实施的副作用有多大。

绩效考核结果运用不足的另外一个表现是绩效考核结果的运用不能紧密结合团队成员切身利益，应用方式单一。有些团队进行绩效考核只是例行公事，绩效考核工作完成就意味着任务的完成，考核结果仅限于年终奖金的多少和职务的变更，而不能和团队成员的长期职业发展结合起来。根据激励的期望理论，如果团队成员认为他们的绩效目标完成后，团队没有给予他们期望中那样的回报，那么团队成员以后就不会再充分发挥自己的潜能。要使激励作用最大化，就必须让团队成员认识到他们的努力可以换来满意的绩效考核结果，而且这种考核结果要充分和团队成员的未来发展相结合，比如根据绩效考核的结果，对团队成员进行有针对性的培训工作以改善其不足之处，这不仅会得到团队成员个人的认可，同时也可以为团队未来的发展培养更多高素质的团队成员。

第三节　构建有效绩效管理体系

企业是由一个个团队构成的，企业战略目标的实现要以每个团队目标的实现为基础，绩效目标来自于对企业战略目标的层层分解，企业整体绩效目标的实现以每个团队目标的实现为依托，企业整体绩效的高低是所有团队共同努力的结果；团队绩效水平的高低是衡量团队优劣的重要标准之一，也是团队建设的重要内容之一，因此，团队建设和绩效管理体系之间有着密切的关系，组织绩效管理体系的构建离不开组织中每个团队的努力，卓越团队建设又依赖完善的绩效管理体系做后盾。

一项对《财富》500强企业所做的调查发现，许多公司都把如何进行团队建设以及如何从团队建设过程中获取最大成果视为自己的首要任务。因此，对团队绩效的讨论变得非常重要。如何从实际出发构建有效的绩效管理体系正是本节要讨论的重点问题。

一、将团队绩效纳入绩效管理体系

从现实来看，企业还是会把大部分的注意力投向独立从事工作的员工个人的绩效问题，而不是处于团队之中的员工的绩效问题，关注的重点依然停留在个人绩效层面，这样做的结果十分容易导致“绩效主义”，即过分关注员工个人的业绩和工作表现，并且直接和薪酬挂钩，因实行绩效主义，员工逐渐失去工作的热情。为了衡量每个员工的业绩，企业必须把每个人的工作要素量化，但是工作是无法简单量化的，企业为了统计每个人的业绩花费大量的时间和精力，而在真正重要的工作上却敷衍了事，出现了本末倒置的问题，这样反而影响整个组织绩效的提高。

张瑞敏和稻盛和夫有一段对话对我们颇有启示，在回答海尔集团副总裁周云杰有关“阿米巴”如何进行绩效考核问题时，稻盛先生说：“欧美国家都实行绩效主义，严格按照绩效结果来分配工资和奖金，例如保险行业推销保险，业绩高相应的报酬也高，不得不承认，这种做法确实很有刺激性，业绩越高的人收入越高，从而会更加努力，但是有一些人也很努力，业绩却不佳，他们工资低奖金少，就会心怀不满，工作没有干劲。这种‘绩效主义’在组织整体效益上升的时候也许会有作用，但是一旦销售额下降且不管怎样努力也无法提升的时候，原来拿高工资的人收入也会大幅度下降，这个时候如果连他们也成为没有工作激情的不满分子，整个企业的氛围就会变坏。因此我们不会采取这种方法。”稻盛先生的做法是对于业绩好的人会尊重他们、感谢他们、赞赏他们，但是绝不只是用金钱来刺激。“效益好的时候我会给整个团队所有人员增加收入，让大家都开心”，这种制度可以促使团队中的每个人相互帮助、同甘共苦。他说：“我强调团队精神，我珍惜认真工作奉献的每一位员工，只要大家团结一致、共同努力，我相信我们绝对不会输给那些忽略团队集体重要性的唯利是图的团队。”由此可见，稻盛先生是多么清楚团队精神和团队绩效对于企业整体绩效提高的意义所在。

我们在构建绩效管理体系的过程中，不能仅仅关注个人绩效，而是要将团队绩效纳入到绩效管理体系之中，为此，要做到：

1. 清晰地界定衡量团队绩效的目的。在设计如何衡量团队绩效之前，首先要确定搜集和运用这些绩效信息的目的，比如是用于管理的目的还是开发的目的，又或者是两者兼而有之，针对不同的衡量目的，需要考虑不同的变量因素。

2. 采用多种方法衡量团队绩效。相对于个人绩效的衡量，团队绩效的衡量显得更为复杂，采取多个渠道、多种方式的信息来源十分重要。

3. 保证有衡量团队绩效的投入。和个人绩效管理一样，团队绩效管理也需要花费大量的精力和时间，甚至要更多，企业必须为团队绩效管理提供必要而充足的投入，这样才可能获得足够多的有效信息。

4. 同时关注过程和结果。和个人绩效一样，行为过程导向的绩效管理和结果导向的绩效管理对于团队绩效管理体系的建设都非常有用，所以在管理团队绩效时既要关注过程，又要关注结果。

二、引导团队成员树立正确绩效管理意识

推行绩效管理的目的是激励员工，挖掘员工潜质，提高其绩效能力。为什么明明是有利于员工个人职业发展的活动在实际操作过程中却得不到员工的支持呢？究其原因，就在于企业缺乏全员绩效管理的意识和理念，上自高层下至基层员工都认为绩效管理仅仅是人力资源管理部门的事情。从实际操作来看，当企业进行绩效管理时，配合执行的部门都会增加一定的工作量，在增加工作量而报酬没有相应增加的情况下，没有几个人会心甘情愿去接受这份额外的工作，所以绩效管理体系的推行必须从高层做起，领导高度重视并身体力行积极参与，否则人力资源部门的绩效管理工作便难以落实，最终沦为轰轰烈烈的走过场。因此，为了有力推动绩效管理体系的运行并发挥积极成效，必须对身处该系统中的不同角色进行明确的职责划分，同时，不同的角色身份还需要不同的绩效意识作指导，具体说来可以分为如下三个层次。

第一层次：企业的意识——企业需要有“绩效文化”。

很多人可能会认为文化是一个很虚拟而无形的东西，起不了什么实际的作用，其实这是一种大错特错的观念。文化好比种子生长的土壤，如果土壤不肥沃，再好的种子也结不出丰硕的果实，若一个企业没有正确的文化做指引，能力再强的人也难以发挥其应有作用，绩效管理亦是如此，企业如果要想真正实施好绩效管理，就必须要有合适的绩效文化做土壤，才能让绩效孕育出丰硕的果实。

第二层次：高层的意识——绩效管理需要高层的支持和参与。

高层是一个企业的总司令，掌舵企业的整体发展，保证企业能够盈利，所以很多高层会将主要精力集中在这些他们认为更重要的事情上，他们不会全程陪同绩效管理体系的建设，在意识中他们认为自己只要设定好方向，然后全权交给人力资源部门进行推动即可。其实，绩效管理是一把手工程，是一个长期的工作，绩效管理过程面临着很多不确定因素，需要根据环境的变化进行不断的优化，企业的业绩需要不断提升，绩效管理亦需要不断发挥作用。为此，企业高层必须树立正确的绩效意识以支持组织绩效工作的有效进行，具体表现为：第一，从思想上意识到自己对于整个企业绩效管理工作推进的重要性，坚持开展绩效

管理工作，做人力资源部门的坚强后盾。有些公司高层口头上支持绩效管理工作，但是在实际操作中一旦遇到绩效管理中的问题便打退堂鼓，随意给一些部门颁发“免死金牌”，承诺只要完成某些指标则无论绩效排名前后都不追究任何责任，导致人力资源管理部门在推行绩效管理工作时手中没有真正的权力和权威，绩效管理很快变为走形式而已。第二，立足长远。绝不因一时看不到成效而放弃。一般来说，从绩效管理过程开始到真正稳定并发挥积极作用需要经历一个V型曲线，下图简单描绘了在实施变革过程中可能面临的心理过程，同时阐述了如何通过这个转变过程促成主要绩效目标的实现。

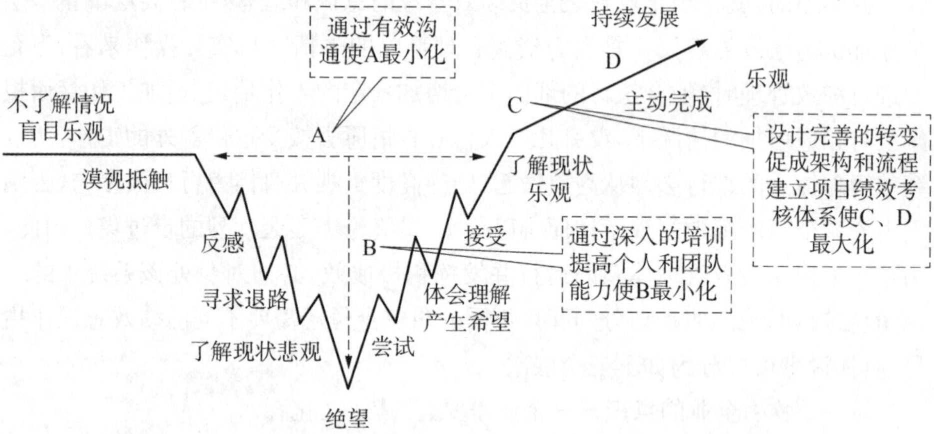

各级领导者和管理者必须清晰认识绩效管理在人力资源管理中的重要作用，通过开展形式多样的宣传，提高社会和企业对绩效管理的认知程度。企业高层一定要有过程意识，不能指望一蹴而就，要明白绩效管理工作是一个循序渐进的循环过程，在绩效变革的下降阶段尤其是到最低谷看似没有成效的时候，特别需要高层领导稳定人心，做好鼓励和支持工作。

第三层次：团队成员的意识——引导团队成员树立正确的绩效意识。

团队要引导团队成员树立正确的绩效意识，要让团队成员明白，推行绩效考核并不是对他们实行的“大盖帽”，亦非单方面有利于团队和企业，企业、团队与员工是一个命运共同体，只有实现了企业的基业长青和团队的蓬勃发展，个人才能获得更大的发展空间，才能真正实现职业化和个人价值的最大化。换言之，实施绩效管理对企业、团队和团队成员是一种“双赢”，同时也是一个“双为”的过程。

三、奖励团队合作，鼓励以共同合作的方式完成绩效管理

绩效主义发源于美国，来自西方国家，却普遍存在于我国很多企业的绩效管理之中，绩效主义完全按照考核结果分配员工个人工资奖金的形式导致个人盲目追求眼前利益和个人利益的风气蔓延，每个人都想方设法从企业整体利益中为自己多谋利，如此一来，必然造成个人绩效目标实现后消极应付团队和企业整体绩效目标要求，被动参与甚至对抗企业绩效管理的现象。合理的绩效考核方式可以有效抑制绩效主义所带来的这种弊端，在实际操作中要通过绩效考核制止有碍于团队合作的行为，培养团队成员之间的合作，确立团队合作的目标，对于那些喜欢抬高自己工作重要性而不配合团队其他人工作，总是以各有各的职责为由而不愿给予其他同事工作援助的人，要通过有效绩效考核予以克服。建立一种"只要有利于团队合作的行为都能得到奖励"的考核方式，培养每个团队成员支持团队合作的自觉性，除了完成自己的本职工作外，还能够为团队的合作和团队的绩效完成付出努力。

绩效管理专家罗伯特·巴克沃先生在他的著作《绩效管理——如何考评员工的表现》里对绩效管理做出经典的定义："绩效管理是一个持续不断的交流过程，该过程由员工和他们的上级领导之间共同达成的协议来保证完成，并且在协议中对如下问题进行明确的要求和规定：期望员工完成的工作职责；员工的工作表现对公司目标实现的影响；以明确的条款说明'工作完成得好'是什么意思；员工和上级主管之间如何努力以完善和提高员工工作绩效；如何有效衡量员工工作绩效；明确影响绩效的障碍和排除的方法等等"。对于该定义，后来，罗伯特·巴克沃又进一步补充道："我们需要注意其中的一个关键观点，那就是绩效管理工作肯定是和员工共同完成的，并且要以共同合作的方式来完成，因为它对员工和组织都会十分有益"。①

绩效管理是一种防止绩效不佳和共同提高绩效的过程，为了确保其真正发挥作用，团队管理者和团队成员之间必须保持高效的沟通，管理者要注重向团队成员传达团队的整体战略目标，和团队成员就绩效目标达成一致的理解；尊重和支持团队成员，与团队成员建立起绩效合作伙伴关系，而不仅仅是考核与被考核的关系。绩效管理是管理者和团队成员双方共同学习和提高的过程，管理者要

---

① 罗伯特·巴克沃：《绩效管理——如何考评员工的表现》，北京：中国标准出版社1970年版，第13页。

帮助团队成员通过客观公正的绩效考核结果了解自己存在的问题和绩效水平有待提高的方向和内容，通过积极而正确的方式评价团队成员的工作表现来促进自我管理意识的觉醒，调动其参与绩效管理的积极性和创造性；同时还要指导团队成员根据绩效考核所反映出来的优势和问题来制定与自身情况相适应的个人职业发展规划，充分认识和肯定自我价值所在，确立个人和团队共同发展的使命感，提高自己参与到团队绩效管理过程中的主动性，实现个人与团队发展的共赢。

四、坚持团队绩效辅导，对绩效管理过程进行有效控制

绩效辅导即围绕员工绩效表现情况的沟通、绩效管理可能面临问题的沟通，对绩效管理中已经出现的问题进行辅导，绩效辅导的本质是通过管理者的倾听、提问和指导，达到"激发团队成员绩效意识"和"帮助团队成员树立责任感"的目标，通过这种形式将主动权归还团队成员，让团队成员理解绩效、参与绩效，做绩效管理真正的主人。绩效辅导是管理者与团队成员共同参与的一个双方持续互动的过程，双方共同发现问题、排除障碍、解决问题，达到共同进步、共同提高并实现团队绩效目标的目的。

绩效辅导在团队绩效管理系统中的作用在于能够在问题出现之前前瞻性地发现问题，同时，绩效辅导还有利于在管理者和团队成员之间建立起良好的工作关系。如果说绩效管理体系是一辆正在开往企业管理变革之路的坦克，那么绩效辅导就是坦克下方保证坦克不断向前行进的履带。

在绩效管理实践中，有些团队对绩效辅导存在着认识误差，表现在：一是认为绩效管理系统仅仅需要科学的考核方法和考核指标就够了，至于辅导不辅导根本不重要；二是认为绩效辅导很简单，只是和团队成员之间进行经常性的绩效面谈而已。其实事实并非如此，团队在进行绩效辅导之前，必须首先弄清楚绩效辅导和绩效面谈之间的关系。绩效辅导贯穿于整个绩效管理体系始终，是坦克下方的整条履带，是将团队成员的个人绩效融入到团队总体绩效目标中的重要推动工具；绩效面谈只是绩效辅导方式中的一种，分为绩效开始前的面谈，运行中的面谈和绩效反馈评估阶段的面谈，绩效辅导和绩效面谈之间是包含与被包含的关系，绝对不能简单地将两者划等号。

绩效辅导是为员工的工作提供支持的过程，为了保证团队成员绩效目标的顺利实现，团队需要为其提供各种资源和条件的支持，这一点绝不能忽视。根据

支持内容的不同，团队绩效辅导的侧重点也有所不同，一类是团队管理者为被考核者提供知识和技能支持，帮助其矫正行为，在被考核者需要或者出现目标偏差时，及时对其进行纠正。而一旦发现被考核者能够自己履行职责并按计划开展工作时，就应该放手让他们自己管理；另一类是团队管理者提供职权、人力、财力等资源支持，帮助被考核者获取开展工作所必备的资源，被考核者由于自身职能和权限的限制，在某些方面可能会遇到资源调度的困难，而这些资源正是其完成工作所必须的，此时，团队管理者应向其提供必要的资源支持，协助其完成工作任务。

绩效辅导是包括指导团队成员、激励团队成员、支持团队成员并为之提供报酬和各种资源等方面的活动，管理者应该将绩效辅导视为一种日常性的活动，对团队成员的绩效表现情况进行观察，对表现好的团队成员进行肯定和奖励，对没有达到绩效标准或绩效期望的团队成员帮助其进行改进，唯有如此，才能保证绩效管理活动的有效进行。

五、建立有效绩效反馈，避免绩效鸿沟

绩效反馈是指主要通过考核者与被考核者之间的沟通，就被考核者在考核周期内的绩效情况进行反馈，在肯定成绩的同时，找出不足并加以改进，最终使绩效考核结果得到认可。简单来说，有效的绩效反馈应该包括三个环节：反馈前、反馈中和反馈后，在反馈前做好评估报告、在反馈中做好绩效面谈、在反馈后做好绩效改进。下面，我们来详细介绍一下每个环节的操作要点。

（一）撰写评估报告

对于任何一个团队来说，想要做好绩效管理，都需要一个正式的评估体系，而评估报告是评估体系中的关键组成部分。对于团队中的每一个管理者来说，都应该具备撰写书面评估报告的能力。评估报告一般由团队成员的绩效评估人负责撰写，也就是团队成员在团队中的直属上级撰写。一个合格的评估报告，一般包括以下八项内容：

员工评估报告信息

内　容	具体信息
员工信息	姓名、职位等
评估期间	评估工作的起止时间

续 表

内　容	具体信息
绩效目标	目标和标准
目标实现	员工实现了哪些绩效目标
员工优点	员工做得比较好的地方
需改进点	员工需要改进的地方
绩效评级	优秀、良好、合格、不合格
相关人签字	直属上级、总经理、人力资源部、本人等

每一个绩效评估报告都要把团队成员的绩效情况写清楚，把他们的目标、衡量的标准以及完成情况的优劣总结清楚，同时，评估人员要把被评估对象做得好的地方提出来，这对于增强自信、激励他们的工作积极性非常重要，在列举优点的同时也要善意告知被评估者需要改进的地方，不管是优点还是问题，都必须用真实的事例和数据来说明，做到对事不对人。

(二) 做好绩效面谈

撰写好绩效评估报告后的下一步就是通过绩效面谈来把评估的结果反馈给被考核者，一般来说，应该在绩效面谈之前把评估结果告知被考核者，这样一方面可以使其提前做好心理准备，节省绩效面谈的时间，另一方面可以让绩效面谈有侧重点，因为此时对方已经知道绩效评估结果的内容，评估者就可以直接告知其绩效面谈主要讨论的问题，这样一来，既可以提高绩效面谈的针对性，又能够对其中的一些关键性问题进行充分讨论。

为了确保绩效面谈的效果，管理者需掌握以下谈话技巧：

第一，坦诚相告。由于绩效面谈是面对面的沟通，有时候管理者为了照顾被考核者的情面和感受，往往采用比较委婉的方式来表达。从情感上来说，这种表达方式或许是必要的，但是无论采用何种表达方式，重点是要让被考核者了解自己的真实情况，只有这样，才能为后续的绩效改进打下基础。为此，在整个面谈过程中，管理者要坦诚表达自己真实的意见和想法，好的或者不好的都需要如实向被考核者反馈。只有当被考核者感受到管理者的真诚时，才可能打开自己的心扉，用坦诚的方式来进行回应。

第二，专注倾听。绩效面谈的根本目的在于提高团队成员的工作绩效，而团队成员绩效不高的主要原因在于他们在工作中遇到了难以解决的问题，作为团队的管理者，就是要帮助被考核者找出问题的原因所在。在绩效面谈中，管理者要掌握一定的面谈技术，而其中最重要的一项技术就是倾听。为此，要求管理者在绩效面谈过程中一定要给被考核者自我表达和陈述的机会，同时给他一些正面而积极的回应，通过一些肢体语言和动作让其明白自己此刻正在认真倾听，并真诚地帮助其解决问题，促使其放下防备之心，坦露真心。需要特别注意的是，管理者决不能自己夸夸其谈，或者揪住被考核者的某一个问题不放，在还没有做好充分了解的情况下就武断做出结论。这样做无非会导致两种结果，被考核者要么进行强烈反驳，要么消极沉默，最终导致无法解决问题，绩效也得不到提高。当然，在倾听的过程中还可以做一些笔录，让被考核者感受到自己的问题受到了上级的重视，如此一来，他们就会愿意反馈更多真实的想法。事实证明，只有在充分了解真实情况的基础之上，才能发现问题的症结所在并最终解决问题、提升绩效。

第三，自我退后。绩效面谈中究竟谁才是主角？在很多绩效面谈的实例中，占据主角地位的往往都是管理者，管理者经常从自身的角度出发去看问题，把自己当作是绩效面谈的主导者，他们认为，被考核者只是来听取结果而已。实际上，绩效面谈的主角应该是被考核者，他们才是绩效改进最终指向的对象，也是进行绩效面谈的真正目的所在。当管理者将被考核者视为绩效面谈的主角，把提升其绩效作为绩效面谈的核心目的时，绩效面谈的效果必将全然不同，管理者也真正做到了"自我退后"。

（三）实施绩效改进

绩效改进是绩效反馈的最后一个环节，是绩效考核的后续应用阶段，是连接绩效考核和下一循环计划目标制定的关键环节。"绩效考核的目的不仅仅是作为确定团队成员薪酬、奖惩、晋升或降级的标准，团队成员能力的不断提高以及绩效的持续改进才是其根本目的，而实现这一目的的途径就是绩效改进。"①

简单说来，绩效改进应该分以下三步进行。

第一步，识别问题。对于没有实现的团队目标，要制定有针对性的改进方案，绩效改进的关键在于问题的识别，这依赖于上一步所说的绩效面谈，通过绩效面谈来确定被考核者没有实现目标的根本原因所在，究竟是思维方式的原因还是能力不足导致，只有先发现问题所在，才可以根据存在的问题确定有针对性的改进方案。

---

① 百度百科：https://baike.baidu.com/item/%E7%BB%A9%E6%95%88%E6%94%B9%E8%BF%9B/7951428?fr=aladdin。

第二步，突出重点。在每一次进行绩效改进之前，人们都会发现团队中需要改进的地方很多，但是却无法在同一时刻进行所有的改进，因此，每一次的绩效改进都应该要有侧重点和核心。改进重点的确定同样依赖于绩效面谈的成果，团队管理者在每一次绩效面谈后，要第一时间做好分析和整理，将此次面谈中所反应的绩效问题按照轻重缓急进行排序，将其中最为重要和最为紧急的事项列为第一改进对象，以此类推。同时管理者要把下一阶段团队绩效改进的重点向被考核者解释清楚，对于要改进的内容、要改进到什么程度等问题都要和被考核者达成共识。这样才能保证绩效改进工作的有序推行。

第三步，跟踪执行。为了保证绩效改进工作的成效，对于每一个需要改进的内容，都要设置准确的时间节点和关键性的重要节点。在这些关键节点，团队成员要主动将绩效改进的成果向团队管理者汇报，同时，管理者要和团队成员共同根据实际情况的变化对方案进行有针对性的调整，确保所有的改进措施都能有效落地。

大量事实证明，只有建立有效的绩效反馈，才能避免团队中绩效鸿沟现象的发生，才能够更好地发挥绩效管理的力量，实现绩效提升的最终目标。

案例分析：惠普公司的员工绩效管理

惠普公司的员工绩效管理体系是以员工作为绩效管理的主体，其绩效管理体系的框架主要包括以下四个方面：

设定公司的绩效目标并制定绩效考核的具体标准；

与公司员工进行积极的交流沟通，双方建立广泛共识；

对绩效行为和结果进行动态性评估，过程和结果并重；

积极奖励先进，果断处理后进。

通过这四个步骤的评估，惠普公司绩效管理体系最终要实现的目标是：创氛围——培育绩效文化；定计划——争创制胜业绩；管团队——建设卓越团队；促先进——激励鼓舞先进；创优绩——追求卓越业绩。惠普公司通过良好的体制、环境、员工个人的感情和事业四个方面来吸引和留住人才。在平时的管理和具体工作中，对员工的工作流程和工作职责有确切的划分，对员工的工作目标有十分清楚的界定，对不同表现的员工能够做到奖惩分明，惠普公司试图通过自己良好的管理体制来吸引和留住更多优秀的人才。

在工作环境方面，惠普公司倡导开放和平等的工作气氛，强调管理人员和员工之间的相互信任和理解。惠普公司尽量让符合条件的员工都能够跨部门进行工作的轮换，提高岗位的灵活性，增加员工的工作履历和经验，为员工的未来发展打造坚实基础，惠普公司同时注重给员工提供大量培训和继续深造的机会，让员工感受到自己的事业在惠普可以得到领导的重视和迅速的发展。在员工绩效管理过程中，惠普公司会为每一位员工不断地改善影响绩效提高的因素，比如岗位轮换、工作气氛的营造等。而这些问题，都不是员工个人能够解决的。

第八章　构建科学完善的激励机制

人力资源管理作为企业管理的核心内容，在很大程度上决定着企业核心竞争力的强弱，而激励机制又是人力资源管理的重要举措之一。一个企业或者团队能否拥有良好的激励机制，对于员工工作积极性的提高和工作热情的激发具有重要的作用。卓越的团队在拥有物质条件和人力资源的基础上，还要通过采取科学有效的激励机制，将团队成员的积极性、创造性和工作热情充分挖掘出来，为团队的发展注入强劲动力。

第一节　团队激励概述

一、团队激励机制

激励即激发和鼓励之意。激励作为组织管理的一种工具，是通过各种有效的手段，对人的各种需要予以不同程度的满足或限制，以激发人的动机、需要和欲望等的过程。“激励”可以分为“正激励”和“负激励”，前者特指对激励对象的肯定、赞扬、承认、信任和奖赏等具有正面意义的激励艺术，后者是指当组织成员的行为不符合组织目标或社会需要时，组织将给予批评或惩罚，使之减弱和消退，从而抑制该行为。

“机制”一词原指机器的构造和工作原理，把“机制”的本义引申到不同的领域，就产生了不同的机制，例如，引申到生物领域，就产生了“生物机制”。广义上的“机制”，是指各要素之间的结构关系和运行方式。理解“机制”这个概念，最主要的是要把握两点：一是承认事物各个部分的存在，这是机制存在的前提；二是要认识到协调各个部分之间的关系一定是以一种具体的运行方式来进行的。“机制”是以一定的运作方式把事物各个部分联系起来，使它们协调运行而发挥作用。

“激励机制”是指激励主体通过多种激励手段与激励客体形成的相互作用和相互制约的结构、方式、关系和演变规律的总和。在团队中，团队领导者需要根据团队类型与特征的不同，通过不同的激励手段和方法，对不同个体的需要给予不同程度的满足与限制，将团队成员的潜力最大限度地释放出来，使其付出更多的精力和时间为团队的发展做出贡献。同时还应依据价值取向、文化环境和法律法规等具体条件的不同，对团队成员的行为在物质、精神和文化等方面进行激励，使其积极行为得以持续。激励机制对于团队吸收人才、营造良好团队环境、化解个人目标与团队目标的冲突有着重要作用。

二、团队激励相关理论依据

管理者要对组织中动机各异的人予以有力激励，就必须充分了解有关激励的各种理论。激励理论大体上可以归纳为三类，一是侧重于分析人的内在需求、动机和行为之间关系，一般称之为内在激励理论；二是关注人和环境之间的互动关系，一般称之为过程激励理论；三是通过研究环境变量来预测行为变化，一般称之为外在激励理论。下面介绍几种有代表性的激励理论。

（一）马斯洛需要层次理论

亦称“基本需要层次理论”，该理论是由心理学家亚伯拉罕·马斯洛于1943年在其《人类激励理论》一书中首次提出。马斯洛把人的需求划分为生理需要、安全需要、归属和爱的需要、尊重需要和自我实现需要五类，依次从较低层次的需求向较高层次递进，虽然各层次需求之间呈递进关系，但是又相互依赖相互重叠，并不是低层次需要得到满足后就不再需要，反而仍然存在，只是对人行为的影响力可能减弱。受到客观条件的限制，人的需要层次的满足表现出很大的差异性，高层次的需要可能并不是每个人都可以实现的。下图用一种粗略而简单的方式来对这一理论进行表达：

工作中的需求层次模型①

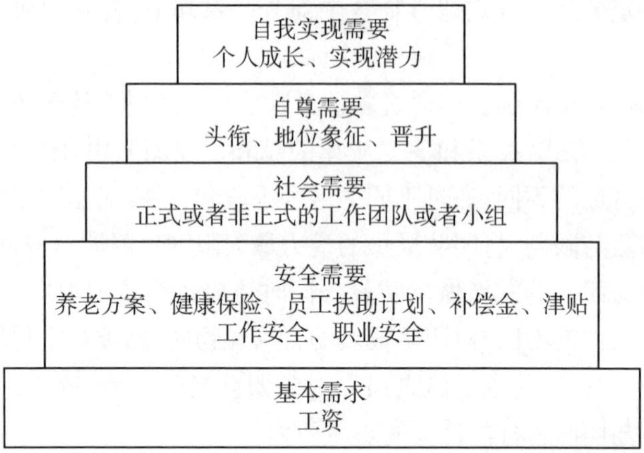

（二）赫茨伯格的双因素理论

双因素理论也被称为“激励-保健因素理论”，是美国行为科学家佛雷德里克·赫茨伯格提出来的。赫茨伯格认为对员工的激励可以分为两个因素，保健因素和激励因素。保健因素又被称为维持因素，是指那些只能起到抑制不满情绪的因素，比如安全感、人际关系等与工作环境相关的因素；激励因素是影响人们工作的内在因素，包括挑战性的工作、荣誉、职务晋升、成就感和自我发展等与工作本身有关的因素等，这些因素如果存在就能产生激励作用，如果不存在则会引起人们的不满。双因素理论认为保健因素不能起到激励人心的作用，只能起到预防人们产生不满情绪和保持人的工作积极性、维持工作现状的作用。激励因素注重和工作本身有关的内容，如认可、成就、发展、责任等因素，这些因素本身就可以给人们带来极大的满足感，激发其进取心，进而提高工作效率。双因素理论强调若想持久有效地调动员工的积极性，就要注重和激励因素相关需求的满足。

（三）弗罗姆期望理论

弗罗姆期望理论是最有影响力的过程型激励理论之一。期望理论简单用公式可以表述为激励力量(M)＝效价(V)×期望(E)，即一个行为能否对人产生激励作用并且激励的效果如何，取决于两个方面的内容，一是该行为对本人是否具有价值，二是该行为是否具有实现的可能性，只有当这两个条件同时具备时，才

① 参见上海国家会计学院：《个体、团队与组织》，北京：经济科学出版社2011年版，第173页。

能够起到理想的激励效果。期望理论揭示了激励的具体过程，为管理者提供了一个框架去了解员工的行为动机，从而采取相应的管理措施，调动员工工作的积极性。

（四）目标设置激励理论

该理论是由美国的心理学家洛克在1967年提出的，他认为人的所有行为都受到一定目标的驱使，通过帮助员工设定合适而可行的目标可以激励员工的行为。目标激励效果的好坏受到目标难度、目标具体性、员工对目标的接受程度和员工对目标的承诺四个因素的影响，这四个因素共同决定着员工朝着目标努力的程度，组织根据员工目标完成的程度给予相应的奖励。目标设置激励理论对于管理者的启示是一定要善于给员工设定目标，目标要有具体的可量化的数字指标，并落实到具体的人，帮助员工建立个人目标和组织目标之间的关系，给员工及时的工作绩效考核与反馈，通过此种方式达到有效激励的目的。

（五）公平理论

又称社会比较理论，是美国行为科学家亚当斯(Adams)提出来的，这个理论主要探讨工资报酬分配的公平性、合理性及其对员工行为积极性的影响。公平感是人类的一种基本心理需要，人们不仅有保持生理平衡的需要，也有保持心理平衡的需要。公平理论的基本观点是当一个人付出了努力并获得相应的报酬后，他不仅关心所得报酬的绝对量，也会关心所得报酬的相对量，他会通过比较来确定自己的所得是否合理和公平，这种比较可以分成两类：一是个人内部比较，将自己的工作投入(技能、学历、知识、努力、经验等)与所得的报酬(工资、奖金、晋升、荣誉和地位等)进行比较，如果觉得两者相平衡相一致，则感到公平，否则就会在一种不公平感中产生职业倦怠等现象。二是社会比较，是指通过和他人(同事、下属、同类职业和社会其他职业等)的投入报酬比进行比较，来判断自己所得是否合理公平，当人们感到不公平时，就会采取一系列的行动来消除这种心理上的不平衡感。

（六）强化理论

强化理论是由美国心理学家斯金纳提出来的，属于过程型激励理论。斯金纳抛弃了需要、本能、期望、内驱力等主观概念，把研究的焦点仅仅放在环境和外显行为上，认为人们的行为依赖于其结果，是对其所获刺激的一种函数，如果这种刺激对其有利，则该行为不断重复出现；若这种刺激对其不利，则该行为减弱甚至消失。根据强化的性质和目的可以分为正强化和负强化两种类型，正强化是指某种行为之后伴随某种有利的结果，比如努力工作后得到一次职务的晋升，假若这个晋升正是个人所期望实现的，则该行为被强化；负强化是指某一行为之后伴随某种不利的结果，则该行为被减弱。依照强化对象的不同采用不同的强化措施来改变或者控制人的行为，这个过程可以称作为行为塑造。管理者要采取各种强化方式，促使人们的行为符合组织的目标。

（七）ERG 理论

奥德弗认为，员工需要主要有三类：生存的需要（E），相互关系需要（R）和成长发展需要（G）。该理论认为，各个层次的需要得到的满足越少，越为人们所渴望；较低层次的需要越是能够得到较多的满足，则较高层次的需要就越渴望得到满足；如果较高层次的需要一再受挫得不到满足，人们会重新追求较低层次需要的满足。这一理论不仅提出了需要层次上满足的上升趋势，也指出了挫折倒退的趋势，对管理工作很有启发意义。

了解和掌握激励理论并不困难，难的是将这些理论运用于管理实践，在实际管理中，激励理论可应用于管理的各个环节、各种职能和各种场合，只有在激励理论的引导下，才能真正把握激励的内涵。激励的最终目的是通过各种措施来激发人内在的正确行为动机，调动人的创造性和积极性，充分发挥人的智力效应，以做出最佳成绩表现。每一个组织都需建立科学规范的激励机制来保证组织的活力和竞争力，团队亦是如此。

三、构建激励机制的重要性

团队要实现可持续发展必须建立一套有效的激励机制，这既是激烈市场竞争和经济体制改革使然，同时也是吸引人才、发挥人才价值的迫切所需。实践证明，科学有效的激励机制无论对于团队发展，还是对个人成长都具有重要意义。

（一）调动团队成员积极性，激发团队工作动力

管理的深处是激励，激励对于团队建设至关重要。一个人的天赋和能力并不能直接决定其对于一个团队的价值，其天赋和能力的发挥在很大程度上取决于动机水平开发的高低，无论一个团队拥有多么先进的技术和设备，如果不能被激励起工作动机的团队成员所掌握，只能造成巨大浪费。美国哈佛大学的威廉·詹姆斯教授在对员工激励的研究中发现，按时计酬的分配制度仅仅只能让员工发挥出 20%～30%的能力，如果受到充分激励，他们的能力可以发挥到 80%～90%，这两种情况之间 60%左右的差距就是有效激励的效果。管理学研究也表明，人们的工作绩效是个人能力和受激励程度之间的函数："绩效＝能力

×激励”，即绩效是能力和激励这两个因素的合成量，两个能力相似的人，绩效水平的高低取决于激励的水平，良好的激励机制可以充分激发人们内在的积极性和潜在的能力，团队成员的积极性在激励机制的调动下会融合成团队发展的动力和活力。

（二）增强团队文化建设，提升团队凝聚力

团队的发展不可能仅仅依靠某一个人的力量，而是依赖于整个团队的合力，团队成员如果可以团结一心，将会形成一股强大的推动力。众所周知，团队文化建设对于团队内聚人心、外树形象、创造品牌和发展创新都具有重要作用，先进的团队文化是团队生存和发展的内在动力，是规范团队成员行为的软约束，是团队核心竞争力形成的重要因素，科学合理的激励机制能够将团队成员的个人发展目标与团队发展战略目标紧密结合在一起，将个人的发展融入到团队的整体发展中，团队借助物质、精神和文化等手段将团队成员个人利益与团队利益进行整合，鼓励团队成员奉献自己的力量，所有团队成员朝着团队共同的目标努力，一起为团队的生存和发展出谋划策，努力促进团队发展，实现团队和个人的共同发展，由此带来团队文化的提升和团队凝聚力的汇聚。

（三）稳定人员结构，优化团队人才结构

有道是“良禽择木而栖，贤臣择主而事”，在发达国家的许多企业中，特别是那些实力雄厚、竞争力强的企业，都会通过各种丰厚的薪资待遇、各种优惠政策和快捷的晋升途径来吸引所需要的人才，所有这些措施都是激励方式中的重要内容。科学有效的激励机制有利于吸引优秀人才的加入，而优秀人才会将其具有洞察力、战略导向和创造性的能力应用到实际工作中，为团队竞争力的提升创造优势。换言之，科学有效的激励机制不仅可以吸引更多优秀人才的加入，同时也能够优化团队自身人才管理的结构，对外招聘人才和留住人才正是团队保持竞争力的关键所在。有人说过：“在企业管理过程中积极引进激励政策，能够有效改变传统企业管理过程中对于员工的约束和压力，改变员工对于企业管理的认识，有效满足员工对于工作、生活等多方面的需求，更好地留住人才。”[①]团队有效运用激励机制，可以促使团队中高素质人才发挥自己的特长和本领，这种工作的热情一方面可以感染带动团队中的其他成员，促使他们焕发出高涨的工作热情；另一方面又可以让那些工作能力不足或者受教育水平不高的团队成员感受到工作的压力和自身的不足，进而开始主动学习相关的技能和知识，增加自己

---

① 桑璐：“激励理论在企业管理中的运用策略”，《统计与管理》，2017年第2期。

的工作能力，如此一来，团队的人才结构、人才水平、人才配比就会在激励机制的刺激下不断得到优化。

（四）强化团队竞争意识，造就良性竞争环境

居安思危是团队健康发展的前提，也是在激烈市场中的求生之道。不幸的是，很多团队在前期获得成功后，往往会漠视环境和市场的变化，沉湎于以往的惯性思维和经验判断，产生一定的工作惰性并成为一种习惯，这是非常可怕的。危机意识是每个团队成员都应保持的一种基本心态，在《谁动了我的奶酪》一书中，一只没有居安思危意识的老鼠，最后发现自己的奶酪在不知不觉之中被全部吃光了。团队中一些成员就是因为像这只老鼠一样缺乏竞争忧患意识，最后手中的奶酪成了别人口中的美食。团队应该鼓励其成员以不断挑战自己、突破自己为荣，通过各种手段不断营造团队内部的竞争氛围，着眼于团队成员的创新思维给团队带来的长期效益。科学的激励机制本身就包含一种竞争的精神，它的运行可以为团队创造出一种良性的竞争环境，进而形成团队良性的竞争机制。正如麦格雷戈所说："个人和个人之见的竞争才是激励的主要来源之一。"

第二节　激励机制的运行模式及激励方式

团队激励机制是团队为实现其发展目标，充分利用各种激励和约束手段来调动团队成员能动性和积极性而建立起来的全套激励措施和制度，激励机制一旦形成，就会有效地作用于团队本身，影响着团队的生存和发展。

团队激励机制，也称为团队激励制度，是通过一整套理性化的制度来反映团队与团队成员相互作用的体现。一是运用参与激励，通过参与，形成团队成员对团队的认同感和归属感，进一步满足自我实现和受尊重的需要，以此激发团队成员的创造性和积极性。二是运用工作激励，尽可能把每一位团队成员都放在合适的位置上，在条件允许的情况下通过工作的轮换来增加团队成员的新奇感，以培养他们对工作的热情。三是团队管理者把物质激励、绩效考核激励和价值满足激励等形式有机结合起来，有效运用、合理配置。

一、激励机制是多种激励方式的结合

激励机制作为一种科学系统的管理体制，其中激励的方式包括多种，比较常

见的一种分类是将其分为物质激励、精神激励和奖惩激励这三个方面，从字面上就可以很直观地知道这三类激励方式的内容。物质激励主要指员工工资、福利待遇、年终奖和带薪年假等；精神激励主要包括榜样激励、团队文化激励、目标激励、提供培训机会等；而奖惩激励相对于前面两种激励内容而言，主要是对团队成员的不合理行为实施批评、警告、处分、处罚以及开除等负面的激励方式。激励机制的产生奠定在激励理论的基础之上，而人们的需求是激励理论的核心内容之一，这里主要从团队成员需求这一视角出发来审视激励的方法。根据团队成员的三大需求，我们把团队激励的方式分为经济福利激励、绩效考核激励和价值满足激励。

（一）*以经济福利激励为基础*

经济福利激励之所以可以在团队管理过程中产生重要作用，最根本的原因就是因为生存在这个世界上的每一个人都有着基本的生存欲望，而这种欲望和物质、经济相挂钩，薪酬、福利、奖金、津贴、股权分享等都是属于经济福利激励的内容。

团队激励的方式多种多样，不能说薪酬激励是最重要的激励方式，但是它的运用一定最为广泛。根据国外对影响员工生产效率 80 项激励方式所进行的专门研究发现，以薪资报酬作为刺激物使生产率水平提高的程度最大，影响程度高达 30%。在团队体制下，成员的薪酬激励内容一般包括四个方面：基本薪酬、激励工资、团队绩效薪酬和个人绩效薪酬，基本薪酬这部分相对来说比较固定，因此基本薪酬的激励效果往往不明显。激励工资包括以团队绩效为基础的奖励部分和以个人业绩为基础的奖励部分，前者一般会包括团队目标实现后的奖励计划、收益分享计划和利润分享计划等类型；后者顾名思义就是由个人绩效提高所带来团队收益提升后的提成奖励等。团队绩效薪酬就是以整个团队的绩效为依据来确定员工的薪酬，这样的薪酬激励方式可以将团队成员的个人利益与团队的整体利益紧密联系在一起。在团队中必须设计出以团队绩效为导向的薪酬激励计划，坚持个人导向和团队导向相结合的薪酬激励机制。

福利和津贴也是经济上的一种奖励方式，一般来说，团队中一个完整的薪酬制度必须要有福利制度作为补充。"福利分为强制性福利和企业自主型福利，强制性福利企业必须依照相应的法律执行，例如社会保险。"[①]自主型福利是团队可以自主选择的福利，常见的例如补充医疗保险、带薪年假、交通补贴、健康体

① 程江江：《HR 员工激励经典管理案例》，北京：中国法制出版社 2018 年版，第 126 页。

检、免费工作餐和各类商业保险等。一般而言，越是卓越优秀的团队，给成员提供的福利形式越是丰富而有吸引力，单纯给团队成员每年提升一定幅度工资的激励力度正在逐渐递减，个性化的福利制度比工资更能够有效地激励他们。

物质激励中还有一种重要的方式就是给员工颁发奖品，激励员工不一定都只能依靠大福利，有时候一些微小的奖品激励也能起到意想不到的作用。俗话说“细节决定成败”，奖品激励就是在细节上去关心员工。腾讯公司的员工幸福指数都比较高，因为腾讯公司团队特别善于运用小奖品来留住员工的心，例如当腾讯的哪位员工生了孩子后，腾讯公司会给员工的新生儿一个 QQ 靓号，这个号码由孩子的出生年月组成，特别具有纪念意义，另外还会赠送免费 18 年的会员权限。这个奖品可能并不算什么，但是却充分结合自己的产品特色，做得非常用心而温馨。奖品激励对于员工的关爱是无可替代的，甚至正是因为小奖品更能关注到员工生活和工作的细微之处，所以它有时候所发挥出来的激励效用比其他经济性激励方式的作用要更显著。

（二）以绩效考核激励做保障

绩效考核激励同样也是团队激励机制中的重要组成部分，欲使其更好地发挥作用，一个重要前提是要始终遵循公平、公正、准确、全面而客观的考核标准。绩效考核激励主要包括考核激励和竞争激励两种。

考核激励是目前运用最为广泛的激励方式之一，对团队成员实行考核，可以体现团队动态管理的理念，有利于提高团队领导者的责任意识和上进心，通过考核，自然淘汰团队中能力和职务不匹配的人员，实现岗位人员的良性更替，充分调动团队成员的积极性，激发创新思维、树立创新理念，打造高素质的卓越团队。

考核激励的实施依赖于团队绩效考核制度的制定，制度是否有效完整将直接决定激励的效果。团队考核激励中考核的内容一般包括工作绩效、工作态度、工作能力和思想品德等方面，是对团队成员的一种综合性评价。考核指标一定要尽量数量化、具体化，把定量考核和定性考核、能力考核和实绩考核有机结合起来。

竞争激励属于绩效考核激励形式中引申出来的一种激励方式。有一个有趣的故事说的是两个人相约到森林里游玩，正当他们兴致勃勃观赏自然风光的时候，突然发现有一只饥饿的灰熊向他们走来，两个人一时之间万分恐惧一路狂奔，突然，其中一个人冷静下来，弯下腰迅速换上背包里的跑鞋，另一个人诧异地看着他，疑惑地问道："你换鞋有什么用，难道你还能跑得过熊啊?"已经换好跑鞋的人说："我是肯定跑不过灰熊，但是我只要能跑过你就行了。"话音未落，已经跑出去老远。在这里，我们且不去讨论这个故事折射出来的道义上的问题，我们只讨论这个故事所揭示的道理：在残酷的竞争中，如何才能不被淘汰出局。古人有云：生于忧患，死于安乐。如果团队成员没有面临竞争的压力，他们就可能不思进取，对待工作敷衍了事，没有工作的激情和动力。因此，每一个团队领导者从团队成员加入的那一刻起，就要让他们明白只有赢得竞争才能进步，只有赢得竞争才能发展。

管理专家认为，团队最好的激励方式不是试图让一个懒人变得充满活力，而是要在团队内形成高绩效的竞争环境，没有竞争就没有压力，无论是一个团队还是一个企业，只要是一个系统，就需要有人来进行刺激，竞争上岗、不设底薪、末位淘汰和能者多得等方式，都是通过竞争让团队成员变得更加具有激情的方式。海尔集团一直都十分重视运用竞争的方式来激励员工，海尔集团的工人分为试用工人、合格工人和优秀工人，全部工人之间如何转化完全看员工个人的工作表现，干得好就可以成为优秀员工，干得不好就随时可能从优秀员工沦为试用工人，这种竞争上岗、优胜劣汰的竞争方式让员工们时刻保持警惕，始终都有很强的紧迫感，于是一直热情满满。

（三）以价值满足激励做诱导

价值满足激励是在满足员工更高层次的基础上对团队成员进行的激励。为了保证这种激励方式能够对团队成员产生积极的诱导作用，价值满足激励必须要满足几个基本要求：首先，"团队中的每个管理者都要做到关心人、尊重人，创造各种条件，促使人的全面发展，企业的激励制度才能迅速走上正确的轨道"；[①]其次，团队对员工进行管理和激励，要建立在平等的基础上。从人类需求角度来说，常用的价值满足激励主要包括下面几个内容。

1. 培训和榜样激励。培训激励是指通过各种培训形式来激发团队成员的学习动力和欲望，培训激励的效果一般依赖于培训制度的优劣，培训制度的合理性和规范性将直接关系着激励的成效。影响培训激励效果的另一个重要因素就是培训必须要立足于团队成员的需求，在展开团队培训之前，必须要对所有成员的培训需求进行深入调查，团队成员所反馈的培训需求应该与团队目标、自身工作职责和岗位要求等相关，培训需求调查方式可以通过定期让团队成员填写培

① 赵媛："论企业人力资源激励机制的运用"，《企业论坛》，2018 年第 2 期。

训需求表的方式进行，表格样式如下表所示：

培训需求调查表样式

培训需求调查表			
姓名：	部门：	岗位：	填表日期：
近期最需要培训的知识或技能			
培训频率	1周以一次　□2～4周一次　□5～8周一次 □8周以上一次		
培训时间	□工作时间　□午休时间　□下午下班后　□周末		
每次培训时长	□60分钟　□90分钟　□120分钟　□150分钟		
培训形式	□课堂讲解　□讨论会　□训练营　□现场演示　□其他		
对培训的其他要求或建议			

榜样是目标的另一种表现形式，正确地宣传和树立榜样往往可以对团队成员起到正面的激励作用，这也是团队领导者需要关注的问题。领导者是团队形象的代表，是全体团队成员的标杆，因此领导者的良好形象可以很直接地激励到员工。微软公司的形象一直是强大的国际化企业，公司创始人比尔·盖茨长期位于个人财富榜单前列。微软公司的员工工作起来都非常疯狂，工作绩效都很高，微软的员工之所以都是"工作狂"，主要原因来自比尔·盖茨的榜样作用。比尔·盖茨每次工作时都几近一种疯狂的状态，正是在这种榜样力量的激发之下，整个微软的工作状态都带着一种"疯狂"气息，所有员工都玩命地工作，创造了高绩效神话。

2. 尊重和赞美激励。尊重是一种人性化的激励方法，团队管理者如果能够发自内心地尊重每一个团队成员，带给团队的回报将会是惊人的。心理学研究表明，每个人都希望得到别人的尊重，它是人类最基本的需求之一，对于团队管理者来说，要激励团队成员充满激情地工作，团队管理者必须"尊重团队成员"。

好的团队领导一定要善于和团队成员打成一片，团队管理者和团队成员之间虽然存在职位上的差距，但是在思想上应相互平等，没有人喜欢别人在自己面前颐指气使摆出高高在上的姿态，团队管理者也需要有"礼贤下士"的胸怀。有一个关于松下幸之助外出吃牛排的小故事很能说明问题。有一次松下幸之助在一家餐厅招待客人，自己的牛排吃了一半后要求见一下做这份牛排的主厨，松下的助理和所有宾客都以为肯定是牛排不合松下先生的胃口而要责备一下主厨，谁知松下先生对主厨说："这份牛排很好吃，但是我只能吃一半，不是因为您的厨艺不佳，而是因为我已经 80 岁了，胃口大不如前，请您见谅"。松下先生为什么这样做，是因为他深切理解尊重的重要性，知道通过尊重可以有效激发属下的工作热情，调动其积极性。有一项专业的激励调查，与 1500 名不同企业不同岗位的员工进行沟通，让他们说出心中认为的最有效的激励方式，结果表明，排名第一的激励因素是来自上级和同事的赞美和尊重，但同时又有数据显示，这 1500 名参与调查的人员中有 60%以上的人表明自己没有被领导赞美过，由此可见团队管理者对员工给予尊重和赞美的重要性。

3. 关怀和信任激励。管理者要激励员工，就要学会从细节上对员工进行关怀，管理者的信任是对员工最好的鼓励，对员工来说，给什么都不如给予坚定的信任来得重要。沃尔玛公司对于自己的员工都十分信任，这种信任关系已经内化到企业文化之中，沃尔玛的每一个经理的纽扣上都印着"我们信任我们的员工"。在沃尔玛，所有的人都是合伙人，大家都把公司的目标当成自己的目标，彼此之间都非常信任，正是因为沃尔玛的每个员工都彼此信任，这种被人信任的满足感转化为一种责任感，每个人都愿意把自己的想法和点子贡献出来分享，这正是沃尔玛能够成为美国最大零售连锁集团之一的一个重要原因。

在团队中，信任危机普遍存在，信任危机的出现一般是因为团队管理者工作做得不到位。俗话有云："千里马常有而伯乐不常有"。优秀的团队成员很多，缺少的是善于信任、欣赏团队成员的好的管理者。管理者如果要和团队成员之间建立起稳固的信任关系，要学会一些小策略，例如团队领导者特意制造"隆重"的氛围，当着很多人的面将一些重要的具有挑战性的工作交给某位团队成员，使其感受到这是领导对自己的信任，并产生一定要把工作做好的决心；如果有其他人对团队成员的工作进行质疑或者不公正的非议，团队领导一定要首先相信自己的员工，通过沟通和倾听了解实际问题。总而言之，团队领导对于团队成员的信任不能仅仅停留在口头上，要用行动表达信任，如此才能产生良好的激励效果。

4. 晋升和荣誉激励。团队成员无不渴望通过晋升来更大程度地展现自己的价值、实现自己的梦想，晋升对于他们来说也是一种最直接的肯定方式，晋升带给员工的满足感是巨大的，只要团队的晋升机制合理，就能够提升整个团队的士气。"世界五百强企业的高层领导者大多是从企业内部提拔上来的，这表明在企业内部提拔人才不仅有利于企业的发展，而且在无形中激励了那些渴望晋升的优秀员工。”①

晋升对于团队所有人来说既是一种激励，也是一种满足、一种荣誉，荣誉上的获得也是一种非常重要的价值满足激励方式。所谓荣誉激励，就是团队对员工的工作态度、工作行为和工作表现等所给予的荣誉奖励，例如开会表彰、记功、颁发荣誉证书、带薪休假和推荐获得各种社会荣誉等。花旗集团的核心价值观之一是“客户至上”，客户对高品质服务的认可是花旗希望每一位员工所珍视的荣誉，因此在花旗集团一直保留着“花旗品质服务卓越奖”这个重要的荣誉，以奖励那些在公司内外服务中都表现出高品质的优秀员工。需要强调的是，除了个人荣誉之外，在团队中还要注重团队集体荣誉激励，通过授予团队成员集体荣誉，培养他们的团队意识，使他们产生集体的自豪感，自觉维护团队的荣誉。

（四）以负激励做补充

“负激励（Negative-incentive）是指当组织成员的行为不符合组织目标或社会需要时，组织将给予惩罚或批评，使之减弱和消退，从而来抑制这种行为。”②在受到威胁的状态之下，人们的能力往往可以得到超常的发挥。团队管理者能够给予团队成员的最大“威胁”就是惩罚和危机。惩罚和危机的激励效果很多时候不一定亚于正面激励的效果。

最常见的负激励的形式是惩罚激励，惩罚激励的具体表现形式有警告、经济处罚、纪律处分、降薪、降级和淘汰等。惩罚激励是对正激励的一种有效的补充，就其对团队成员的心理影响而言有时惩罚激励反而效果更大，并且呈现出一种双重性。从物质层面上来说，本来应该得到的薪酬奖金等因为员工犯错或者绩效不佳而被处罚，这样的损失是双倍的，更重要的是员工精神上会受到打击，例如一名团队成员被扣薪 200 元并在团队公示，此员工肯定会担心其他同事对他的看法，进而会更加努力提高自己的工作绩效，如此便起到了应有的激励作用，团队就是通过惩罚激励的这种心理影响作用来达到影响团队成员行为的目的。一般来说，惩罚激励通过考核结果来起作用，针对不同的考核结果，惩罚会有不同的应用方式，把握正确的惩罚应用方式，可以帮助团队管理者强化惩罚激励的效果。

另一种较为常见的负激励形式叫做危机激励，危机意识是一种强烈的生存

① 唐华山：《激励员工不用钱》，北京：人民邮电出版社 2019 年版，第 93 页。

② 百度百科：https://baike.baidu.com/item/%E8%B4%9F%E6%BF%80%E5%8A%B1/3459234?fr=aladdin。

意识，团队管理者要帮助团队成员增强危机意识，没有压力就没有动力，没有危机感就无法激发出团队成员强大的潜能，日复一日重复的工作很容易使他们的激情消退，如果团队领导不能偶尔逼他们一把，他们可能就真的“睡着了”，要让团队成员时刻保持高度的积极性，就必须用危机刺激一下他们的神经。管理专家认为，团队管理者可以帮助团队成员树立起危机意识，告诉他们“今天工作不努力，明天就得努力找工作”，不要把视角局限在团队内部，要知道团队外的其他人员都在付出比自己更多的努力，如果团队管理者能够和团队成员在这方面形成共识，便会营造出一种积极向上的工作氛围。

在中国的互联网行业中，腾讯公司算是非常强大的企业，腾讯公司的成功有一个重要的原因就是他们具有强烈的危机感。创始人马化腾时刻保持着危机意识，尽管腾讯已经是拥有巨大规模的企业，但是马化腾依然担心腾讯在新的领域中会被其他企业超越，担心腾讯公司在原有领域被淘汰，他深知在互联网时代没有什么是不可能的。正因为作为掌门人的马化腾具有强烈的危机感，并且把这种危机感传递给了员工，故而公司每一个团队都有极强的危机意识，危机激励的效果在公司每一位员工身上都体现得淋漓尽致。

（五）以创新型激励增效果

除了以上这些最为常见而又最经常被使用的激励方式之外，还有一些创新型的激励方式，在此做一些简单介绍：娱乐激励：幽默不但可以减轻人们的疲劳，还能够振奋人们的心情，它对那些在团队中从事重复性劳动的成员尤为有效，他们往往可以在轻松快乐的氛围中超额完成工作。当工作持续不断带给团队成员快乐的东西时，他们就会时刻保持工作的激情，因此管理者要善于偶尔运用娱乐的方式来激励员工，例如树立娱乐榜样、努力营造娱乐快乐的氛围、相互起个娱乐的名字、搞个娱乐建议箱让大家群策群力齐献计等等。情感激励：要调动团队成员的积极性，管理者的情感投入尤为重要。人类之所以有别于其他动物，就在于人具有感情。团队管理者在进行情感激励时，一定要有真诚和坦率的态度，要了解团队成员的真实情况，例如所在职位、个人爱好、职业理想、团队成员对团队的看法，甚至包括他们的家庭情况等。有调查显示，在5000个电话中，“我”的出现频率是3950次，这说明了人皆是以自我为中心的，因此进行情感激励首先要先了解这每一个独特的“我”。名字激励法：“拿破仑曾经说过‘能叫出士兵的名字就等于买下了他半条生命’，同样，团队管理者能够记住普通员工的名字，对员工而言就是一种激励。”①名字可能只是一个人的区别性代号而已，但是试想一想，当你参加一个团队组织的大型会议，与会的同事很多，你想着自己在团队中也只是一个十分普通又无足轻重的人而已，可是突然团队领导者在一个重要的会议环节中叫出你的名字，这时候是不是会有一种异常的荣誉感和亲切感，这说明记住团队成员的名字在软化人际关系中是一种无形的力量，在团队管理中，管理者要善于运用此种方法来激励团队中的每一位成员。

随着信息化时代的到来，有一种激励方式渐渐流行于越来越多的团队之中，并且受到团队成员的大力推崇，这就是积分激励。积分激励是近年来兴起的一种激励方式，团队为了提高团队成员的忠诚度和工作积极性，设计并实施一套涵盖激励规则、激励原则、效果评估等在内的积分计划体系，根据团队成员的工作表现给予积分的奖励，团队成员领取积分并进行累计，达到一定数额后可以进行兑换，团队以此来激励团队成员完成团队任务目标，从而提升团队成员的工作积极性，并在这个过程中实现员工和团队的共同价值。激励过程中首先要确定能够得到积分的项目，包括绩效考核结果积分、能力提升积分、工龄积分、出勤积分、行为态度积分、特殊贡献积分、证书专利积分和荣誉奖项积分等。团队成员的积分逐年积累到一定的程度方可兑现奖励，奖励的项目可以包括获得荣誉称号、晋升机会、转岗机会、弹性福利、培训进修机会、带薪休假等。实践证明，积分激励是一种很有意义的激励方式，团队成员对此也颇感兴趣。

团队激励的方式多种多样，随着时代的发展，各种新形式更是层出不穷。这就要求团队领导者必须正视团队战略目标、团队成员特色，根据不同激励方式的特点，采用有针对性的激励方式激励团队成员。

二、激励机制的运行模式与原则

激励机制的运行过程就是激励主体和客体之间双向互动的过程，这一过程应该是双向的、全过程的运行模式，是从团队成员进入团队工作之前就开始，并且贯穿于实现团队目标的全过程之中。由于团队各具特色且需求不同，所采用的激励方式和手段必然也有所不同，进而导致激励机制运行模式在各个过程阶段的区别化，但是从整体上来说，大都表现为五个基本步骤：

第一，激励主体和激励客体之间的双向交流。这一步的任务主要是使团队

① 唐华山：《激励员工不用钱》，北京：人民邮电出版社 2019 年版，第 139 页。

管理者充分了解团队成员的个人需要、能力、素质和职业规划等，同时向团队成员阐明团队的目标、绩效考核的标准、团队行为规范、团队所倡导的价值观和团队的奖惩机制等。作为团队成员，则要把自己的特长、能力、个人各方面的需求进行真实表达，当然，前提是团队成员必须要对自己各方面的情况和条件有一个真实的了解和界定。

第二，主体和客体之间各自的选择行为。在第一步双向交流的基础上，团队管理者根据团队成员的素质、能力、特长和工作岗位意向等信息为他们安排适合的岗位，同时提出岗位考核的办法和工作的目标，采取合适的管理方式并进一步付诸实施。作为团队成员，在这个过程中则应采取积极的工作态度、恰当的行为方式，开始努力工作，为目标的实现而努力。

第三，阶段性的评价。对团队成员已经取得的工作进展和阶段性成果要及时进行评判，以便双方（团队管理者和团队成员）可以及时根据情况的变化做出阶段性的调整。这种阶段性的评价要选择合适的评价周期，可以根据团队成员工作任务的不同确定为一周、一个月、一季度或者半年等。

第四，年终评价与奖酬分配。这一阶段的工作一般是在年终进行，团队成员要配合管理者对自己的绩效情况进行客观而全面的评价，并根据评价结果公平、合理获得团队的奖酬资源。同时，团队管理者也要善于听取团队其他成员对自己工作的评价，根据团队成员的评价及时地做出改变。

第五，比较与再交流。在这一阶段，团队成员将自己从工作和任务完成后所获得的薪酬奖励、职务晋升情况等与团队其他可比的成员进行比较，以及和自己的过去进行比较，审视自己对从工作中所得到的激励成果是否满意和公平。若比较的结果让团队成员感到满意，将会继续留在原来的团队工作，并且会更有斗志和激情；若不满意，可再与团队管理者进行建设性的磋商，以获得让自己继续努力工作的动力。若双方不能达成一致意见，双方的合作契约关系将中断。

团队激励机制并不是操作一次就结束的阶段性制度，而是运行于整个团队的管理过程之中，运用的是一种全过程的激励模式，这种激励模式突出了信息交流的作用，划分了激励工作的逻辑步骤，对团队成员的激励效果明显、可操作性强。

激励机制的最终目的是为了调动人的积极性，团队成员的积极性来源于自身的实际需要，由于受到客观环境和主观认识的制约，积极性总是处于不断变化的状态之中，在运用激励机制的过程中，一定要把握客观规律，遵循特定原则。具体而言：第一，选择最佳的激励时机。团队管理者进行激励的行为必须要及时、适时，选择最佳的时机对团队成员进行激励，当然，这是要建立在充分了解激励对象的个性特征、周围环境、绩效表现的基础上。通过对他们心理的分析和把握，了解团队激励的对象真正需要的是什么、渴望得到的是什么，及时有效地进行定向激励的引导。第二，引入竞争机制。竞争是市场经济的内在要求，同时也是激励机制的本质所在，它是一种不以人的意志为转移的客观力量。在运用激励机制的过程中，要巧妙运用竞争机制来引导团队成员将自己的行为方向与实现团队的总体目标结合起来，在既坚持公平竞争，同时又可以很好地相互协作的基础上充分挖掘人的潜能。第三，注重多种激励手段的综合运用。团队成员的所有行为都是受到不同程度的多种需求和愿望的驱动，如果目标没有达到，则可能修正或强化原来的行为动机；倘若目标已经达到，并且需求得到了满足，则可能会产生新的需要和动机。根据这个特征，为了有效发挥激励机制的作用，在实施激励手段时，激励主体应该根据激励对象的主观条件和实际情况，因人而异地采用多种不同的激励手段，多管齐下。

第三节　卓越团队激励的路径选择

一、团队激励的普遍困境

虽然激励机制的重要性尽人皆知，但是团队激励措施实施的真实效果却不尽如人意。这其中既有管理观念和激励理念方面存在的问题，也有激励过程中存在的问题。

从团队角度来看，一些团队依然以狭隘的视角去看待激励机制，进而导致激励过程中发生诸多问题。

（一）团队缺乏合理的目标，团队成员缺乏共同的文化价值观念

团队目标具有导向性和激励性，管理者通过把总目标按阶段分解成若干个子目标，以此实现最大限度调动团队成员积极性的目的。分析团队激励机制存在的诸多问题，从根本上看是由于缺乏合理的目标。要么目标设置得过于宏大，与团队的实际情况不符；要么团队管理存在很多的短期化行为，子目标对团队的整体目标实现没有多大帮助；又或者缺乏对团队成员全面发展的考虑，没有将个人的目标置于团队目标发展之中，两者脱节，从而使团队缺乏吸引力，留不住人才。

团队文化是在经营实践活动中形成的为全体成员普遍认同的经营理念、价值观念、道德规范、组织精神、社会责任等的总和。每一个团队都有自己的团队文化，但是人们对团队文化的认同度却不尽相同。如有的团队文化从上到下单向设计，缺乏大多数成员的认同；有的团队领导将团队文化简单地理解为自己意志力的体现；还有不少团队领导喜欢把团队文化用浓缩的口号似的华丽辞藻高度概括出来，让团队成员“牢记”，认为华丽语言、响亮口号的组合就是团队文化，殊不知这种没有得到团队成员普遍认同的口号式文化是没有任何激励效用的。

（二）团队人力资源管理意识淡薄，缺乏“以人为本”的思想

团队管理主要是对“人”的管理，是对人本身具有的知识、技能、经验的管理。人本思想是指以人的需要和发展为依据来对各种事务进行处理，人本管理体现的是对人的尊重。有效的人力资源管理应该以人为本，通过尊重人、重视人，通过发挥团队成员的主观能动性、挖掘其潜力，为团队创造更大效益。

在管理实践中，不乏这样的团队领导，他们缺乏“以人为本”的思想，主要体现在：第一，将团队成员作为一种能够自主思考和运动的工具，只注重利用人来处理各种事务，不重视对团队成员潜能的开发和技能的培训。第二，缺乏对团队成员个人需求的关注与了解。人类的需求是多样性和有层次性的，有些团队领导只注重团队的需求而忽略了团队成员的个人需求，只是单向地为了达到团队的需求而实施与成员需求不一致或与成员需求相去甚远的激励机制，这就造成了团队成员对激励机制的反感，最后适得其反。

（三）激励过程中缺乏沟通

在激励过程中，对团队成员的正面反馈十分重要，对团队成员的工作给予肯定，告诉他整个团队感谢他对团队发展所做出的贡献，这不仅可以拉近他与团队成员的距离，也是对他的极大激励。同时还要注意管理的透明化，透明化管理，让团队成员了解团队的发展方向、了解团队的现实状态是十分重要的。创造一种透明的环境，为团队成员提供相应的信息，可以极大地提高工作效率。从实践来看，有些团队领导只重视命令的传达，不太注重反馈尤其是正面反馈，导致团队成员多有抱怨，领导只有在自己出错的时候才会注意到他们的存在。由于缺乏必要的沟通，团队成员就好像处于一个封闭的环境中，很容易丧失工作的积极性。因此，在激励过程中，必须对团队成员做出的成绩予以肯定。

（四）团队激励手段单一，激励效果不明显

团队中现行的激励手段偏物质激励，轻精神激励，且物质激励形式也比较单一，主要是物质激励中的薪酬激励和奖金激励，针对不同岗位、不同职位的团队

成员的考核方法基本上是大同小异的，这种无差异的物质激励方法忽视了成员的需求差异，因而激励效果有限。此外，奖金奖励中奖金的数额更多的时候是考虑团队的整体效益，并根据成员的岗位和职务进行发放，没有与团队成员个人的工作绩效相联系，很难激发团队成员的积极性。如此一来，不仅费事费财，激励的边际效应也逐年递减。

缺少情感激励。情感激励是指团队领导通过及时了解并主动关心团队成员的需求，建立良好的人际关系与工作关系，使团队成员时时感到自己得到了重视与尊重。在现实中，不少团队领导对团队成员缺少必要的情感激励，不信任下属的情况时有发生，具体表现为，一是对团队新成员不能做到充分的信任；二是对在执行任务时出现差错的成员没有信任感；三是听到有关自己团队成员的流言蜚语时，容易对其失去信任。此时本是体现团队领导对自己团队成员充分信任的大好时机，但很多团队领导却表现不佳，致使团队成员大失所望、工作失去了动力。

（五）激励机制随意性强，缺乏制度保障

一些团队缺乏用制度管人管事的意识，团队领导对团队成员的激励具有很大的随意性，而且很多激励机制由于缺乏制度的保障也并未落到实处，导致激励机制难以发挥应有的功效，表现在：

第一，制度设置不规范、不全面、不合理。有些制度保障缺乏针对性、可操作性，太多太复杂，苛刻的指标不仅降低了团队成员的满意度，也降低了对团队成员的引导作用。

第二，人的主观性导致制度流于形式。团队绩效考核往往受人为因素的影响而产生偏差，影响结果的可信度与效度。“很多企业的考核只注重工作量的多少，有些直接由领导推荐，这就会使绩效考核掺杂个人感情因素，考核结果的客观性仍待考证。”[①]此外，许多团队领导身兼数职，分工不够明确，常常按照个人的喜好随意更改绩效考评标准或结果，造成团队的绩效考核常常束之高阁，不仅影响了团队成员的薪酬和晋升，对于其工作积极性也是一种巨大的打击。

由于制度的缺失，在团队激励中还容易出现过度激励这一情况。有人认为激励的强度越大越好。对此，张雪奎教授认为，这是一种错误的观点，凡事物极必反，激励也是这样。过度的激励就会给团队成员过度的压力，当这个压力超过团队成员承受力的时候，结果是可想而知的。只有适当的激励，才会有积极的意

① 祈文婷：“企业人力资源管理工作中激励机制的应用分析”，《人力资源》，2017 年第 26 期。

义，只有科学的激励设计，才能够最大限度地发挥激励的作用。

从团队成员个体角度来看，团队在构建团队激励机制的过程中普遍存在以下困境：第一，人与人之间信任度较低。第二，过度竞争导致相互攻击、拆台、合作困难。成员之间每个人都想把业绩揽到自己身上，以便领导看到自己的贡献和实力，从而对自己加以重视。第三，价值观不同的人组合在一起容易产生冲突。所谓“志不同，道不合”，由于人们所受教育的不同，价值观的差异，做人做事很容易出现分歧，而一旦出现分歧甚至争斗，团队就很容易分崩离析。

二、团队激励机制路径选择

激励是管理的核心问题之一，它关乎团队的发展，甚至团队的生存。要造就卓越团队，必须建立起一套健全的激励机制，让团队每一位成员都可以获得某种程度的成就感，给他们一种归属感和认同感，让他们工作得更加快乐而充实，同时给予他们进步的机会和上升的空间。

（一）采用多元化激励模式，注重长期激励效果

商业环境的不断变化必然导致团队管理模式和团队形态的更迭变化，当今团队管理无不面临着挑战加大、团队员工流失加剧的困境，传统的单一的团队激励模式已经无法真正起到吸引、激励和保留人才的作用，为了给团队发展持续注入动力，必须坚持多元化和差异化的激励策略，并注重短、中、长期激励方式相结合。

建立合理薪酬福利制度，坚持三位一体激励机制。物质基础决定上层建筑，物质激励是最直接的激励手段，但是不少团队在物质激励上存在着分配不合理、不公平的现象，这一现象又极大地影响着团队成员之间的团结，破坏工作氛围。亚当斯公平理论告诉我们，每个人都会不自觉地把自己付出劳动后所得的报酬和他人付出的劳动和所得报酬进行社会比较，同时也会把自己现在的劳动报酬进行个人历史比较，如果这种比较的结果是合理而满意的，则会心情舒畅、继续努力工作，反之则会产生不平衡感，因此，在团队管理中必须要建立公平合理的薪酬福利制度。德鲁克在《管理知识》一书中首次提出了人性化的薪酬激励体系设计思想。一般来说：团队薪酬设计必须体现公平而非平均主义，建立和绩效考核制度相配套的薪酬福利制度，可以从科学制定薪酬总收入的固浮比着手，以绩效表现和个人技能水平为基础来拉开差距，以所处团队、岗位和市场机制区间最终确认每个人的薪酬，实现薪酬构成人性化，可以包括固定薪酬、浮动薪酬、福

利和津贴等内容，有时候团队可以通过引进专业咨询公司的方式，由专业人员根据团队的特点对团队所有岗位按照专业的测评体系进行岗位的价值评估，形成团队不同等级水平的岗位序列，配以每位团队成员在各自岗位上的适岗因素，形成每个人的岗位工资等。

从需求角度出发，不同层次的团队成员处于不同的需求状态，即使是同等层次的团队成员，由于家庭教育背景和生活经历等的不同，需求侧重点也有差异，激励的内容分为经济福利激励、绩效考核激励和价值满足激励，在团队激励过程中应该坚持三种激励手段相结合的三位一体的激励机制，经济福利激励最为基础而直观；绩效考核激励是激发人、鼓舞人的重要组成部分；价值满足激励是最成熟的境界，是人内心深处最崇高的追求或信仰。人的需求的多样性决定了激励措施应是立体交叉、多样灵活的。联想公司在不同时期会采用不同的激励机制，对于20世纪80年代的第一代"联想人"，主要注重满足他们的物质需求和培养他们的集体主义精神；而进入90年代后，新一代"联想人"对物质的需求更为强烈，基于这种特点，联想公司制定了新的、更为有效而合理的激励机制，那就是多一点办法、多一点空间，采用多样化激励方式。例如，让有突出业绩的销售人员、业务人员的工资和奖金比他们的领导还要高很多，这样能对他们产生巨大的激励作用。联想公司始终认为如果只有一条激励跑道，那一定会拥挤不堪，必须要设定多条跑道，采取更加灵活多样的激励措施，才能最大限度地激发员工的工作激情。

这里特别值得一提的是对知识型员工的激励。因为企业之间的竞争依赖于企业中每一个团队竞争能力的提升，知识的创造和资源的合理配置，最终都依靠知识的载体——知识型员工来实现。"在工业社会中，一个最好的、最有效率的工作，或许比一个一般的工人能多生产20%或30%，但在信息社会，一个最好的软件研发人员，能够比一个一般人员多做出500%甚至1000%的工作。"[①]知识型员工在信息社会中的价值远远超过其在工业社会的价值。中国人民大学的张望军和彭剑峰的一项调查分析显示，中国知识型员工激励因素的排序分别为：工资报酬与奖励(31.88%)、个人的成长与发展(23.91%)、有挑战性的工作(10.145%)、公司的前途(7.975%)和有保障而稳定的工作(6.52%)。澳大利亚管理研究公司和安盛咨询公司对美国、日本、澳大利亚858名知识型员工进行调查分析后，列出名列前五名的激励因素分别是报酬、工作的性质、提升、与同事的关系

① 闫伟：《员工激励100问》，沈阳：辽海出版社2014年版，第107页。

和影响决策。知识型员工的内在需求模式已经不再是马斯洛提出的从低级到高级的需求，而是出现混合式需求。有专家根据知识型员工的上述特点和他们所重视的激励因素，提出了针对知识型员工的 SECT 的全方位激励模式，建议从薪酬激励(Salary Incentive)、尊重激励(Esteem Incentive)、职业生涯激励(Career Incentive)和培训激励(Training Incentive)等几个方面建立全方面、多层次的激励机制，以满足知识型员工从物质到精神以及职业发展各方面的价值回报需求。

在注重多元化激励方式的同时，团队还应该注意短期激励和中长期激励相结合，注重激励的长期效果。有一个概念叫做“激励周期”，激励周期通常是指一个团队对团队成员进行激励的一个时间周期，这个周期的长短可以根据团队的实际情况而定，可以是一个月、一季度、半年、一年甚至更长的时间，团队成员激励管理周期的确定要由团队目标、团队成员工作性质、工作内容、工作环境等因素来综合决定，一定要将团队成员的切身利益和团队的长期发展目标结合起来，让他们看到自己的需要和团队目标之间的联系，从而使他们的工作能够始终处于一种自发自觉的状态，从心底深处把工作看成是自己的事情，采用多样化、更高层次的激励方法来实现激励效果的长效化。

（二）转变激励理念，确立“以人为本”思想

实施有效激励的基础和前提是能够客观看待、尊重和满足团队成员的正当需求，这是激励工作的出发点和落脚点。如果不能正确地，甚至是错误地理解和把握团队成员的价值观与需求，激励就会成为一句空话。为了提升团队的竞争力，使之成为真正卓越的团队，必须要改变传统的激励理念，树立“以人为本”的激励理念，要通过对不同类型团队成员的需求分析，充分考虑每个个体的个体差异，将他们的需要进行搜集、整理、归类，全面了解每一位团队成员的需求和工作绩效的好坏。

“需求引起动机，是否能对员工产生激励效果，取决于激励政策能否满足员工的需求。”[①]一项关于我国企业员工需求的调查表明：管理者、科研人员、技术人员等文化程度较高者，自我实现需求占首位，其次是尊重需要、金钱需要，他们一般更注重自我价值的实现，其中肯定也包括物质利益方面的需求，但是他们更看重精神和价值方面的满足；文化程度较低者则物质需求占首位，其次是爱的需要和自我实现需要。例如，生产线上的一线员工可能相对更注重生理和安全等较低层次的需要，他们在工作中更加看重薪酬待遇、工作环境等物质方面的条

① 陈纯：“浅析企业激励机制的建立与完善”，《企业管理》，2018 年第 4 期。

件。从员工的年龄层次上来看，一般年轻的员工自主意识较强烈，他们对工作环境、工作待遇等方面的要求比较高，“跳槽”现象比较严重；中年员工则因为家庭等原因相对而言比较稳定，更注重在团队中的长远发展。即使是同一个员工，在不同的时期内，也可能存在着多种需求，但其中必定有一个优势需求占据着主导地位，推动并支配着他们的行为，随着时间和环境的变化，人的主导需求的内容也会发生变化。有调查显示，同一个人在他还是青年人时，爱的需求占据第一位，成家以后则对金钱的需求上升至首位，45 岁以后，爱和自我实现的需求将会成为最重要的需求。“一般来说，20—30 岁的员工有很强的自主意识，对工作条件等方面有更高的要求，跳槽现象更严重；而 31—45 岁的员工由于家庭等原因对现状相对满意，并且相对稳定。”①团队管理者只有坚持人性化思想，根据情况的变化准确把握成员的主导需求，并通过合理措施进行满足，才能产生出较大的激发力量。

重视沟通激励，提高团队激励机制的认可度。激励机制构建不能团队领导者一个人拍板决定，而是要广泛征求团队成员意见，在此基础上构建一套被团队大多人所认可的、公平合理、行之有效而科学的激励机制。

（三）创建公平团队环境，营造良好团队激励氛围

“橘生淮南则为橘，生于淮北则为枳，叶徒相似，其实味不同。所以然者何？水土异也。”②人们用“南橘北枳”来比喻环境对人的影响。团队环境对团队成员的行为有潜移默化的影响。根据赫茨伯格的双因素理论，团队环境应该是属于保健因素，不公正、不公平的环境会导致员工不满意情绪的增加，降低他们对工作的兴趣和投入度。所以在团队激励中，必须注重环境的营造。

公平是一个制度得以实行的基础，只有在保证公平的前提下，制度的实施才可以达到预期的效果。要形成科学的团队激励机制，首先要确保激励机制的公平性，特别是当团队成员付出了相同的劳动时，应该受到相同水平的奖励。公平能够产生的激励力量不能用具体的数字去衡量，但是可以肯定的是如果团队中的成员感受到不公平，一定会影响到他们的工作积极性，他们可能不再会愿意像往常一样努力工作，因为他们觉得努力工作并不能得到应有的回报。一般来说，人们生发不公平感后会产生两个结果，一是消极怠工，二是卷铺盖走人。可见，“不公平感”的蔓延对于团队的破坏性非常巨大。一般来说，不公平主要有以下几种情况：一是薪酬不公平。二是工作职能上的不公平，例如因为一个重要岗

① 李垚：“企业管理中的激励机制浅析”，《管理纵横》，2019 年第 5 期。
②《晏子春秋 · 内篇杂下》。

位的需要而从一群能力素质资历各方面都差不多的人中挑选了一个人加以任用和培养，其他人便会觉得不公平。三是业绩评价标准的不公平。

要避免团队成员不公平心理的发生，首先要制定尽可能公平的评价和报酬标准，对人们工作业绩的评价要尽可能符合实际情况，对团队中所有人都要用同一杆秤去衡量，要让标准公开化、统一化和透明化，并设法让所有团队成员都能掌握和认同，只有采用同样的标准，才能从源头上保证公平。其次，标准一旦成型，就要不折不扣地执行。再次，一旦团队中有不公平迹象发生，团队领导者要及时采取措施消除影响，因为坏情绪具有极强的感染性。此时，团队领导者一定要主动和当事人进行面对面的沟通，动之以情晓之以理地帮助其分析并解决问题。在实际工作中，我们一方面要尽可能地追求公平，另一方面也不能苛求绝对的公平，要允许"合理的不公平"的存在。

以团队集体价值观为引导，形成积极团队激励氛围。团队区别于普通群体的核心就在于团队有共同的价值观念。就如同一个人的价值观念会影响个人的思想和行为一样，团队的价值观也深深影响着团队的思想和行为。如今团队中的 80 后、90 后成员逐渐增多，他们在职业发展中，更需要集体成员的共享价值观的引导，80 后、90 后员工接受和理解新事物的能力较强，如果团队价值观可以得到 80 后、90 后成员的强烈认同，他们便能迅速吸纳并融入一种新的文化氛围，在这种氛围的影响下提高自己工作的热情和干劲。团队氛围对于人们工作效率的影响非常巨大。曾经有过这样一项调查，研究对象是英国的一家大型金融服务机构，其拥有超大规模的电话呼叫中心，其中的一个呼叫中心就拥有 17 个团队，每个团队都做着一样的工作，拥有一样的运营流程和系统体系。研究结果发现，拥有良好组织氛围的团队要比士气低下的团队多创造 22%的销售业绩，而且团队成员的缺勤率比后者低 25%；在离职率这一方面，前者仅仅是后者的三分之一。能够影响团队氛围的因素有几大类，包括资源配置、人员素质、机制保障、领导能力、外部环境和人员素质等，其中最为重要的因素之一就是领导能力，团队领导者如果拥有较强的领导力，即使在其他几类因素受限的情况之下也依旧能够激发团队成员的工作斗志，最大限度地调动其工作意志和潜能。

团队文化激励是精神激励中的重要组成部分。团队文化是一只无形之手，但是其激励作用却十分巨大。管理从一定程度上说就是用特定的文化来塑造人，只有当团队文化真正为团队成员所认同和接受，才能促使其将团队目标化为自己的目标。基于此，团队领导者一定要致力于打造团队文化，并以此统一团队成员的价值观，并将其作为凝聚人心的力量源泉。不仅如此，还要为团队成员创造一种宽松的工作环境，每个人的发展、成长和自我实现，需要一个积极向上的文化氛围与健康和谐的工作环境，为了团队的持续发展，也为了更好地激励团队成员，团队管理者一定要努力建立自由和谐、公正公平、鼓励创新、肯定个人价值和推崇知识共享的团队文化。要关心团队成员的生活，真心诚意地帮助他们解决工作、生活的困难，这样才能使每一个团队成员真正热爱自己的团队，忠于团队，为团队的发展尽心尽力。

（四）培养团队成员的自我激励能力，助推个人成长

团队管理是一个十分复杂的活动，牵扯到方方面面的关系，团队成员的性格、爱好特点、心理需求等各不相同，没有哪一种方法能够激励所有员工，每一种激励方法都可能会遭到个别团队成员的不满和议论，他们总是能够从现在推行的激励政策中找到不公平或者欠妥的地方。关于激励，每一个团队也都有自己的一套机制，但是这些机制总是有一定的局限性，很难发挥预期的作用，如何弥补这一缺憾？通常的做法是引导团队成员自我激励，通过自我激励实现不断成长。

激励的方式多种多样，有的专家认为动机激励才是最有效和最根本的激励方法，因为动机激励以团队成员的需求为立足点，是完全出自于自愿并发自于团队成员的内心，这种激励机制看似散乱无序难以操作和管理，但是却把握住了激励的本质，只有被团队成员接受的才能够真正达到激励的目的。基于此，团队领导者要善于将这种动机激励转化为团队成员的自我激励，将激励的主动权下放，培养团队成员的自我激励意识和能力，帮助团队成员发现自己内心的真正需求并进行有效的评估和激励，促使其进行自我管理，实现自我激励的良性发展。

有人认为，激励团队成员不是领导者或管理者一个人的责任，必须让团队成员一起来迎接这一挑战，让他们自己分担起激励自己的责任。优厚的薪酬等物质方面的激励只能在短期内提高团队成员的工作效率和工作积极性，而真正长期有效的激励方法是管理者教会他们进行自我激励。但是这并不是说团队领导者和管理者把所有的激励责任都推给团队成员自己，恰恰相反，团队需要更加重视这项工作，将其提高到战略高度，为团队成员建立起更加广泛、平等和开阔的激励平台，让团队成员在这个平台上可以充分发挥自主性，努力激励自我、展现自我。所谓的激励平台包括团队怎么看待人才的问题、团队的用人哲学、员工的职业生涯规划等等。

首先，团队领导者有责任唤起团队成员的自我激励和自我管理的意识，使其意识到团队给了自己发展的空间，自己在承担认真工作责任的同时，也需要独立承担自我发展的责任，对自己进行激励和提高。其次，团队领导者要对团队成员

进行充分的授权和沟通，在划定界限的前提下将权力下放，让团队成员有处理自己业务范围内事宜的权力。再者，团队领导者一定要重视信息的充分共享。研究发现，没有获得充分信息资源的团队成员是缺乏责任感的，相反那些能够充分获取团队有效信息的团队成员则愿意负责地去处理和自己所知道信息相关的事务。因此团队领导者一定要在团队中建立有效的信息共享渠道，让团队成员充分获得自己所需要的信息。团队要发展、要留住人才，就必须做好团队成员的自我激励，唯有如此，团队才能保持持续发展的态势，团队成员才能保持持续不断的创造力和工作热情。

重视团队成员的职业生涯管理，关注团队成员的成长和成功。团队建设的目的最终是为了团队的效益和发展，为此团队激励就要特别关注团队成员的成长与成才。“每个人都希望自己有一个光明的未来，都希望自己能够不断成长，管理者给他们规划了未来，能帮助他们变得更强，就等于给企业赢得了更多人才”。[①] 一方面，团队应该为团队成员提供更多晋升和成才的通道，同时还要在传统职位激励的基础上，根据不同成员的特点设计不同的发展通道，为他们提供具有针对性的培训。不仅如此，团队领导者还应该为团队成员制定一个有针对性的终身培训计划，根据团队的发展目标，将短期专业培训和长期能力培训相结合，让团队成员根据团队发展情况不断调整自己的技能、知识结构，不断用新知识来武装自己的头脑以应对不断变化的环境。另一方面，团队领导者还必须引导和帮助团队成员做好科学合理的职业生涯规划，做到团队发展和团队成员发展目标相一致，帮助他们最大化地发挥所长，同时为其提供一个可以使其最大限度发挥自身价值的大舞台。需要注意的是，在激励机制应用过程中，要关注团队成员个体生活经历的变化，以无差别的激励措施应对变化了的激励对象，其激励效果可想而知。这种情况下，团队需要遵循个性化原则，对团队成员发展情况进行全面跟踪，建立团队成员个体激励档案，不断跟踪员工的成长与发展。

（五）激励中感性力量的发挥

再理性的人也有感性的一面，如果团队领导者可以挖掘出团队成员的感性力量，往往可以促使其更加积极努力地工作。有时候感性激励的作用比理性激励来得更有效和长效。领导者和团队成员之间的关系，不应该仅仅是单纯的上下级关系，而应发展出良好的情感，以此为基础，团队成员就会更包容性地去理解团队的目标和领导者下达的任务，自动自发，更好完成任务和使命。

---

① 成旺坤：《激励员工的20大策略与198个技巧》，广州：广东人民出版社2018年版，第116页。

团队领导者还要设法为团队成员创造良好而温馨的工作环境，这是团队对成员关怀的一种外在表现。为此，领导者要在团队中营造“家”的氛围，像对待家人一样关心爱护团队成员，这样才能给成员以温暖，让他们心甘情愿地为团队工作而拼搏。美国有一位百万富翁将他自己的致富经验分享给大家时说：“我的秘诀非常简单，就是我会对我团队中的每一个人投入更多的感情。”他认为，在员工身上投入的感情越多，员工会回报给他的各种有形和无形的财富也会越多。

让团队成员有被重视的感觉。任何一个团队的快速发展，靠的都不是硬件设施，而是软件服务。换言之，起关键作用的人，是团队成员，因此必须让团队成员有被重视的感觉。创办了卡耐基管理的安德鲁·卡耐基有一句管理名言：“带走我的员工，把我的工厂留下，不久后我的工厂就会长满杂草；若拿走我的工厂，把我的员工留下，不久后我们还会有个更好的工厂。”这句话充分体现出卡耐基先生对员工的重视，这也启示我们每一个团队领导者要用同样的态度对待团队中的每一成员，让团队成员有被重视的感觉，以此激发其工作热情和干劲。对团队成员的重视既有内在的表现形式也有外在的表现形式，但以外在形式为主，如通过给工作表现突出或者进步显著者颁发荣誉称号，表示团队对其工作的肯定和重视，让团队成员知道自己是出类拔萃的。要知道，荣誉感可以产生积极的态度，而积极的态度是成功的关键。

在现今竞争日趋激烈、压力不断激增的环境下，高强度、高节奏的工作和生活让团队成员的心理处于高度紧张而又一片荒芜的状态中，心理问题的出现已成为影响团队成员高效工作的一个重要隐患。这就要求团队领导者一定要重视团队成员的心理疏导，在具体操作上，既可以在团队中设置专业心理咨询顾问，也可以经常组织团队户外拓展交流活动等，帮助团队成员解压、释压。

信任和尊重是很好的无“薪”激励。信任和尊重团队成员是实施人本管理的前提条件，每个人都渴望获得别人的信任和尊重。《中国青年报》社会调查中心曾做过一个关于“青年人为什么想换工作”的一项社会调查，调查结果显示，青年人选择工作最为在乎的并不是我们所认为的收入、福利等物质性待遇，而是将能否在团队中得到良好的职业发展放在首位来考虑。在想要换工作的青年人中，有27%的青年给出的答案是因为在团队中得不到重用，不想调换工作的青年则是因为他们感受到在团队中受重视的感觉，并且团队给予他们发展的机会。尊重和欣赏团队成员可以从最简单的方法开始做起，那就是不要吝惜赞美的语言，真诚地赞美团队中的每一个人。《贞观政要》中有一段关于管仲论霸的记载：齐桓公向管仲问计，哪些行为会有碍于霸业成就，管仲答道：“不能知人，害霸也；知而不能任，害霸也；任而不能信，害霸也；既信而又使小人参之，害霸也。”[①]管仲告诉我们，在团队中尊重和信任下属对团队目标达成何其重要。用人就要尊重人、信任人，要尊重和信任团队每一位成员的人格，否则就不可能激发他们的主动性、积极性和创造性。

总之，团队激励机制的建立和完善，关键要坚持以人为本，要建立适应团队特色、时代特点和团队成员需求的多维交叉的员工激励体系。管理是科学，更是一门艺术，团队激励机制是管理人的手段，也是调动人情感和积极性的有效工具艺术。作为团队领导者一定要重视对团队成员的激励，依据其需求，采用多种激励方式和措施的有机结合，不断改善其工作质量和生活品质，以提高其满意度，激发其工作热情和斗志，从而确保团队在激烈的市场竞争中立于不败之地。

案例分析：海底捞独特的员工激励模式

海底捞的管理层都是从最基层提拔上来的，因此他们都有切身的体会，都能了解下属的心理需求，能发自内心地关爱下属，并且给予员工工作与生活上的支持和帮助，同时也得到员工的认可。

在海底捞，尊重与善待员工始终被放在首位。海底捞实行“员工奖励计划”，给优秀员工配股。此外，海底捞的管理人员与员工都住在统一的员工宿舍，并且规定，必须给所有员工租住正式小区或公寓中的两、三居室，不能是地下室，所有房间配备空调、电视、电脑，宿舍有专门人员管理、保洁，员工的工作服、被罩等也统一清洗。若是某位员工生病，宿舍管理员会陪同他看病、照顾他的饮食起居。同时，海底捞的所有岗位，除了基本工资之外，都有浮动工资与奖金，作为对员工良好工作表现的鼓励。考虑到绝大部分员工的家庭生活状况，公司有针对性地制定了许多细节上的待遇。在尊重与善待员工的问题上，海底捞还有不少“创意”，例如，将发给先进员工的奖金直接寄给他们的父母。

在如此和谐的文化与工作氛围的激励下，员工们的热情日益高涨，提出很多合理化建议。对此，只要是合理的，公司都会采纳。这些激励措施既满足了员工的基本需求，同时也满足了他们的尊重需求与自我实现的需求，激发了员工的主人翁意识。海底捞的优质服务是取胜的关键，但是如何做到将服务差异化战略成功灌输给所有员工，激励每一个员工共同努力才是真正至关重要的。要做到真正的顾客满意必须将标准化的流程、制度和服务员的判断力和创造力结合起

---

① 《贞观政要》。

来。员工的创造力不是管理出来的，而是通过一整套系统激励出来的。这些激励系统提升了员工的满意度，满意的员工就会带来优质的服务，提高顾客满意度以及降低许多餐饮企业都很头痛的浪费和损耗等隐形成本。海底捞更多依靠的是对餐饮业服务员这种特殊工作的理解，而不是生搬硬套一些书本上的先进理论，在实际操作中，恰恰是其激励机制符合了海底捞自身的实际，满足了员工各个层次的需求，使员工最大程度地发挥了个人潜力，才进而使得海底捞在激烈的市场竞争中站稳了脚跟，并得到了稳步发展。

由海底捞的例子我们可以看出，企业应当充分意识到在激励机制的各个阶段都应该根据员工的特点采取适当有效的激励措施，保证员工的积极性和个人能力较好的发挥，消除他们在工作中的各种消极情绪，增强他们在企业中的成就感和归属感，并形成工作动力。

第九章　修炼领导艺术

如何把一个团队打造成为一个卓越的团队，让所有成员都精神振奋，都有主人翁感，让所有成员都充满激情，感到工作是一种乐趣而非负担，让所有成员的创新价值，都由其工作本身来决定，而不是提出这种思路的人或他的地位所决定。这需要团队的领导具有高超的领导艺术。

第一节　领导艺术及其内涵

一、领导艺术

领导艺术是指在领导的方式方法上表现出的创造性和有效性。就创造性而言，领导科学作为科学，有其内在规律，但作为艺术，则讲究变化。这就如同下棋，记忆背诵棋谱确实有益于棋艺的精进，但熟记棋谱也未必能赢棋，因为你不知道对方如何下，你必须根据对方的行动以变制变。如此一来就需要创造性地运用背下来的棋谱了。就有效性而言，有效性即行之有效，领导实践活动是检验有效性的唯一标准。由此可见，领导艺术具有如下特点：一是科学与经验的结合；二是综合性知识与创造性发挥。

依据领导艺术的内容可将其划分为三类：

第一类：履行职能的艺术，主要包括决策艺术、用权艺术、授权艺术、用人艺术、沟通艺术、激励和指导的艺术等；

第二类：提高领导工作有效性的艺术；

第三类：人际关系的协调艺术。

二、领导艺术的内涵

领导艺术涉及领导工作的方方面面，有其丰富的内涵，概括地说，主要包括如下几个方面。

（一）决策的艺术

决策是领导者要做的主要工作，决策一旦失误，对自己意味着失职，对团队则意味着失败或损失。正因为如此，就要求领导者在决策时必须做到：一是掌握运筹艺术，能够统筹兼顾，把握关键。二是掌握决断艺术，做到指令明确、决断及时；同时具有判断力、想象力、洞察力、应变力。三是善于调动团队成员的积极性。四是借用外脑。同时还需注意以下几点：

领导决策重在决断，决断是领导决策的重点，也是决策的难点。为了确保决策的科学有效，必须做好以下方面的工作：

决策前注重调查。团队领导者在决策前一定要多进行调查研究和分析，要摸清楚各种情况，尤其是要把团队成员的呼声和情绪作为决策的第一信号，不能毫无准备便进入决策状态，靠拍脑袋进行决策，那样将贻害无穷。决策中强调民主。团队领导者在决策中要充分发扬民主，优选决策方案，特别是对那些非常规性的决策，应按照“利利相交取其大、弊弊相交取其小、利弊相交取其利”的原则，适时进行决策，不能未谋乱断，更不能错失决策良机。决策一旦做出就要认真抓好实施，尽快落实，这样才能达到预期目的。

对于团队的领导者来说，在决策时还要注意慎断、少断和快断。

所谓的慎断，即慎做决策并尽可能做正确的决策。一旦做出决策，就要一以贯之，决不能朝令夕改。要知道，最损害领导威信的事就是言行不一和政策规章没有连续性。倘若一个团队领导者在工作中花样百出，不仅是个人不成熟的表现，同时也会给工作造成许多不必要的麻烦。

所谓少断，即少做决策，如果团队中的所有问题都由领导进行决策，不仅会造成领导的精疲力尽，疲于应付，还会影响团队成员的积极性和创造性，更重要的是领导并非事事都是专家，其决策未必比从事专业工作的下级管理者甚至团队成员高明。

所谓快断，即决策要果断。在瞬息万变的复杂环境中，机会和机遇转瞬即逝，几乎任何决策都需要承担一定风险，团队领导在进行决策时，一定要有胆略、胆识和气魄，能够敢于担当。当然，所有这一切都应当建立在决断前期对信息的收集、分析归纳的基础上，而非武断和盲目。

（二）用人的艺术

领导的用人艺术涉及三个方面，分别是如何用人、如何用权、如何授权。

在领导的工作中用人的艺术和方法占据特别重要的位置。毛泽东曾经对领导者的职责进行了概括，归结为一句话："出主意，用干部"，将用人放在了与决策同等重要的位置，可见用人之重要。

概括地说，领导者用人的艺术主要有：合理选择，知人善任；扬长避短、宽容待人；合理使用，积极培养；用人要正，激励人才。具体而言，要想用好人，除了要端正用人思想，让那些想干事的人有事干，能干事的人干好事外，在用人技巧上还要特别注意。

首先要"适位"。"骏马能历险，犁田不如牛，坚车能载重，渡河不如舟，舍长以就短，智者难为谋，生财贵适用，慎勿多苛求。"[①]这是清代诗人顾嗣协的一首诗，他告诫人们，用人如用器，应取其所长，避其所短。美国第一任钢铁大王卡内基说过："我不懂钢铁，但我懂得制造钢铁的人的特性和思想，并且知道怎样为一项工作选择合适的人才。"卡内基的话在领导者的领导实践中得到了很好的印证。设想一下，陈景润如果不是被著名数学家华罗庚慧眼识珠，并将他调到数学研究所工作，他就不可能摘取数学皇冠上的明珠。唐僧之所以能够西天取经成功，主要是他能做到知人善任，把孙悟空、沙和尚、猪八戒安排到最适合他们的岗位上去，实现了人才所长与岗位所需的最佳组合。

其次要"适时"。所谓"适时"就是在什么时间段用什么样的人。在这方面，美国前总统罗斯福可谓善于用人、用人所长的典范。珍珠港被日本偷袭后罗斯福总统果断地启用了尼米兹将军。当时整个美国海军上下都被悲观绝望以及畏日情绪所笼罩。尼米兹将军上任后做的第一件事就是为将士们鼓舞士气，他面对将士们进行演讲。尼米兹将军是这样说的：虽然我们遭到了日本人的袭击，牺牲了 3800 多将士。但上帝还是眷顾我们的。因为日本人犯下了三个致命的错误：一是选择周日这一天进行空袭，殊不知，这一天我们的大多数将士都不在岗位，而是在各地各处休假，否则死亡的就不是 3800 人，而可能是 38000 人甚至更多。第二，他们只炸了我们的舰艇，而没有炸我们的船坞，如果他们连我们的船坞也炸掉的话，我们到哪里停泊、修理，难道要拖回几千里之遥的本土。第三，他们只炸了我们的舰艇，却没有炸距此只有几公里的油库，如果把油库也炸掉的

---

① 顾嗣协：《杂诗》。

话，我们的舰艇岂不成了一堆废铜烂铁。该演讲极大地振奋了军心，鼓舞了将士们的士气，大家群情激奋，摩拳擦掌，不久便在一次对日作战中取得了胜利。

罗斯福为什么启用尼米兹将军，是因为他深知尼米兹将军是一个乐观主义者，而且有超强的洞察力，所以在恰当的时间、启用了这个恰当的人。

第三要“适度”。领导者用人不能搞“鞭打快牛”，快牛只能用在关键时候、紧要时刻，如果平时只顾用起来顺手、放心，让那些工作责任心和工作能力强的人在“快车道”上长期超负荷运转，这些“快牛”难免就会体力精力不支，进而成为“慢牛”甚至“死牛”。

第四要善于“成人所爱”。领导者在用人的过程中，要尽可能成人所爱。过去我们总是讲“干一行，爱一行”，现在则提倡“爱一行，干一行”。有位中学生曾向比尔·盖茨请教成功的秘诀，盖茨对他说：“做你所爱，爱你所做。”据说爱因斯坦生前曾接到要他出任以色列总统的邀请，爱因斯坦却婉言谢绝了，仍心无旁骛地搞他的科学研究。正因为有了他这种明智的爱，才有了爱因斯坦这个举世闻名的科学家。

第五是善于“用人所变”。很多名人名家的成功人生告诉我们：人的特长是可以转移的，能够产生特长转移的人，大都是一些创新思维与能力极强的人。例如，鲁迅、郭沫若原来都是学医的，后来却成了中华民族的文坛巨人。对诸如这样的人才，作为团队的领导一定要倍加珍惜，应适时调整对他们的使用，为他们搭建平台，让他们在更适合自己的发展空间中施展才华。

领导者的用人艺术与用权艺术是紧密相连的，用人必然涉及到赋予他权力。领导者的用权艺术，主要涉及到三个方面，即规范化用权、实效化用权和体制外用权。

领导者的授权艺术，主要是指选择合理的授权方式。首先要授权留责。主要表现为：领导者将权力授予下级后，下级在工作中出现问题，自己要担负责任，同时领导者也应该担负领导责任，即所谓的士卒犯罪，过及主帅；其次要视能授权。主要表现为：领导者向下级授权，授何种权，授多大权，必须根据下级能力的高低来定；第三要明确责权。主要表现为：领导者向被授权者授权时，应该明确所授工作任务的目标、责任和权力，不能含糊不清、模棱两可；第四要适度授权。主要表现为：领导者授权时应分清楚哪些权力可以下授，哪些权力应该保留；第五要监督控制。主要表现为：领导者授权后，对下属的工作要进行合理的亦即适度的监督控制，防止放任自流或过细的工作检查两种极端现象；第六要逐级授权。主要表现为：领导者只能对自己的直接下级授权，不能越级授权，同时还要防止反向授权。

（三）处事的艺术

常听到不少领导感叹：现在的工作实在太繁杂，忙得四脚朝天，筋疲力尽。其实，一个善于做领导的人，不应该成为做事最多的人，而应该成为做事情最精的人，做自己该做的事情。究竟哪些事是属于自己该做的事呢？简单地说就是反思昨天，干好今天，谋划明天。

一般来说，摆在领导面前的事情主要有三类：一是领导想干、擅长干、必须要干的事，比如，决策用人等。二是领导想干，必须干，但不擅长干的事，比如，跑路子找资源等。三是领导不想干，不擅长干，也不一定要干的事，比如，一些小应酬、一些可去可不去的会议等。

作为团队的领导，对于自己该管的事情一定要管好，对不该自己管的事情一定不要管。尤其是那些已经明确了是下属分管的工作或者说只要按照有关规章制度就可办的事情，一定不要乱插手、随便干预，而是要着眼明天，多做一些有利于本团队可持续发展的事情，即多做一些战略思考，用自己善于发现的眼睛着眼未来。

（四）协调的艺术

没有协调能力的人当不好领导。协调，不仅要明确协调对象和协调方式还要掌握一些相应的协调技巧，表现在：

向上请示沟通。对绝大多数团队领导来说，他上面还有领导。对上级领导如何协调？基本原则是遇事主动向领导请示汇报。若在工作中有意或无意与领导发生冲突或矛盾，靠“顶”和“躲”是不行的。比较理智的办法：一是要主动沟通。属于自己的错误一定要大胆承认，属于误会的要及时解释清楚，以求得到上级领导的谅解。二是要请人调解。请人调解一定要注意调解人的选择，这个调解人要与自己关系好，同时与上级领导的关系也非同一般。

对下沟通协调。当下属在一些涉及到个人利益问题上对自己有意见时，领导者应通过谈心、交心等方式来消除彼此间的误解。对能够解决的问题一定要尽快解决，一时解决不了的问题，也要向下属说清原因，千万不能以“打哈哈”的方式糊弄人。

对外争让有度。团队领导者在与外面平级单位的协调中，其领导艺术往往体现在争让之间。总体原则是，大事要争，小事要让，不能遇事必争，也不能遇事皆让，该争不争，就会丧失原则；该让不让，就会影响全局。当然，无论是争还是让，都要注意以下两点：一是掌握人际沟通技巧：态度和蔼、平等待人；尊重别人，注意方法；简化语言，积极倾听；抑制情绪，把握主动；创造互信环境。二是学会处理人际纠纷：做到严己宽人；分寸得当、审时度势；讲究策略，把握主动。

（五）说话的艺术

说话是一门艺术，它是反映领导者综合素质的一面镜子，也是下属评价领导者水平的一把尺子。领导者要提高说话艺术，除了要练好语言表达基本功外，关键要提高语言表达艺术。基于此，领导者在说话时力求做到：

——言之有物

所谓言之有物，就是领导者在下属面前讲话，要尽量做到实话实说，让下属能够从领导者的讲话中，获取一些新的有效信息，能听到一些新的见解，能受到一些新的启发。要达到这一目的，领导者在讲话前应该做深入细致的调查研究，这是由领导的特殊身份和作用所决定的。领导者是被领导者行为方式的引导者，领导者在讲话前如果不了解下属的心理和需求，就不可能做到讲话内容充实具体、言之有物、掷地有声。现实中不难发现这样的现象：领导者由于事先没有做好深入的调查研究，在公众场合被邀请讲话时，出现支支吾吾、左顾右盼、四处求援的窘态。这样的讲话不仅不能起到引导和感召下属采取行动的目的，反而使自身形象和威信大打折扣。战国时的张仪为推行"连横"立下了汗马功劳，被誉为有"三寸不烂之舌"。张仪之所以能够所向披靡，一个重要因素是他讲话言之有物，内容充实具体。他充分了解各国的形势和军事力量，了解各国国君和将士的心理，对自己的游说目标非常明确，真正做到了有理有据、声情并茂，其动人的言辞令被劝说者心悦诚服。

有理有据。领导者在下属面前讲话应注意情理相融，不能官气十足。而要做到情理相融，一是要讲清楚道理，讲道理不能搞空对空，一定要与下属的思想、工作、生活等实际情况紧密结合起来，力求以理服人。二是要注意条理，讲话不能信口开河，语无伦次，而是要让人感到条理清晰，层次分明。三是要通情达理。不能拿大话空话来压人，而是要多讲一些大家眼前最关心的事情、大家心里最想寻找答案的问题。

动之以情。人们常说，"动之以情，晓之以理"，"通情才能达理"，"感人心者莫先乎情"。一个人不可能没有情感，只要他一开口，总是在试图以自己的情感影响别人。领导者真挚而健康的情感可以感染下属，使之按照领导者的意愿去行动。而伴随真情实感的必定是朴实无华的言词，过多的言语修饰有时反而会削弱情感的真挚度。澳门特首何厚铧在1999年的选举中获胜。在参选前的一次记者招待会上，记者请他谈谈对澳门的认识、对自己参选的认识，何厚铧是这样说的："澳门是我生活、家庭和事业的根基，澳门的一切，伴随着我长大。澳门人的思想，熏陶我的性格；澳门人的忧乐，与我息息相关。我对澳门发自内心的热爱和归属感，鞭策我要贡献所长。在澳门重投祖国怀抱之际，我身为一个中国人，理应当仁不让，竭尽所能，以自己的一份热忱，来承担这一历史使命。""我的参选是澳门人给我的一个机会，容许我把自己对澳门的深厚感情进一步升华，变成无私的奉献。"短短的几句话，没有华丽的辞藻，更没有对选民的曲意逢迎，有的是自己对澳门发自内心的热爱，情理交融，听众不由得为之动心、为之折服。

令人回味。领导者在下属面前讲话时，语言表达最好有点新意，有点幽默感，以达到吸引人、感染人、打动人的目的。邓小平同志有一句大家耳熟能详的话，"不管白猫黑猫，抓住老鼠就是好猫"。这句话说得生动形象，韵味无穷。林肯在参加美国总统竞选时遭遇政敌大富豪道格拉斯的挑衅，质问他有多少财产，林肯是这样回答的："有人问我有多少财产，我有一个妻子和三个儿子，他们都是无价之宝。另有一间办公室，室内有桌子一张，椅子三把，墙角有一个大书柜，书柜上的书值得每人一读。我本人既穷又瘦，没有什么可依靠的，唯一依靠的就是你们。"林肯把妻子儿子当做无价之宝，展示了一个男人、一个父亲的责任心和担当，表明自己是一个有责任心的人；办公室简单朴实，显现了自己的清正廉洁；书柜上的书值得每人一读，说明自己是一个知识渊博且有品味的人；把选民当做救星，当做依靠的对象，表明了自己以民为本。一席话不仅有力回击了政敌的攻击，而且感染打动了选民，极大地争取了选民的支持。

——真诚坦率

普希金说过："用语言去把人们的心灵点亮！"领导者讲话时怎样才能用语言把听众的心灵点亮呢？应当以坦诚的态度，说真心话、实在话，道出真实的感受。成功的领导者往往是不隐瞒自己对具体事物的观点和认识的，在对群众的讲话中，总能给人留下真诚坦率的印象。一般说来，领导者的讲话越具体、真诚、坦率，越能赢得下属的信赖；话讲得越抽象，离具体事物越遥远，给下属留下的印象越浅，赢得的信任度越低，如果下属发觉你说的是一套，做的又是另一套，他们就不会再信任你。周恩来总理所到之处，其讲话总能给人留下深刻而良好的印象，其根本原因就在于他的真诚、坦率和言行一致。周总理曾在 1949 年 5 月做过一次《学习毛泽东》的讲话。在这次讲话中，他以一个彻底的唯物主义者的姿态，反对个人迷信和个人崇拜。他说："决不要把毛泽东看成一个偶然的、天生的、神秘的、无法学习的领袖。"周总理对待自己亦是从不神秘化。他曾多次公开如实地介绍自己的家庭出身、复杂的社会关系，以及自己成长的曲折历程。这种光明磊落的襟怀，平易近人的风格，使他与听众的思想情感的交流始终处于真诚和坦率的气氛之中，听众自然就很容易接受和理解。

——深入浅出

每个人的讲话都有其目的性，领导者的讲话也不例外。一段讲话是否达到了其预期目的，要看它是否被下属所理解和接受。下属理解了、接受了，才能明确自己的行动方向。反之，下属一头雾水，似懂非懂，是不可能配合领导者采取行动的。领导讲话的这一特性决定了领导讲话时必须要有他者意识，能够事先站在下属的立场或角度上，依据下属的理解程度和接受能力联系实际、深入浅出。陈毅同志在1961年发表的《在戏曲编导工作座谈会上的讲话》中对“局限性”问题的解释可谓非常典型的一例。在讲话中，为了说明局限性，陈毅列举了曹操、陶渊明、武则天、曾国藩等人的事例。通过对这些具体历史人物的精准、中肯的分析和评价，既做到了联系实际，又能够深入浅出，使“局限性”这一本来深奥又抽象的命题变得浅显易懂，听众听得津津有味，不仅不觉得枯燥难懂，而且豁然开朗。

——概括且富有条理

所谓概括且富有条理就是要求领导者讲话的框架具有高度的语言概括性和条理性，主要有两层意思：一是在条理性的基础上，用数字化的方式，来进行概括，比如对于今年的工作，一个目标、两个达标、三项跨越；二是讲究高度概括，如：我心目中的好官，要我来说的话就是四个字，那就是高远定正。高就是站得高看得远，定就是要坚定不移地站在人民的立场，为老百姓说话，正就是要方向正确，自身正直，一身正气为人民服务。

——温和委婉

我们提倡讲真话，要求实事求是，但并不是说，讲真话可以不分场合、不看对象、不分轻重地随便说。不恰当的真话，过于直接的表达，有时比假话更有害。事实证明，许多真话，特别是那些对方不愿意听的真话，如批评、指责性的真话，不仅容易伤害对方的自尊，得罪对方，还会造成许多矛盾。而温和委婉的话则表现为体谅别人，给人面子，因而易于为人悦纳。领导者如果在讲话中表现出幽默委婉，自然更容易感染人、打动人，进而发挥领导者的影响力。

在我国，人们都比较讲面子，因而对那些直言不讳、不给人留面子的人大都不太喜欢。关于这一点，无论是帝王将相还是普通百姓，概莫如此。

战国七雄之一的魏国，开国君王魏文侯派大将军乐羊攻打小国中山，很快便攻占了中山。魏文侯将中山国封给了自己的儿子，因为有失公允，便有些心虚，有一天，他问群臣："众爱卿，你们看朕是怎样的君主?"下面一片"大王是仁义之君"的赞扬声。魏文侯听了，心里很是高兴。不料，突然一位名叫任座的大臣站起来说："大王，您得了中山，为何不分封给您弟弟，却分封给您的儿子，如此怎能算是仁义的君主呢?"

魏文侯一听，十分恼火，但毕竟是一国之君，不好马上翻脸。于是转而问另一位叫翟璜的大臣："翟爱卿，你说我到底是什么样的君主?"翟璜想魏文侯听不进逆耳忠言，我只能说顺耳之言，于是回答说："依微臣看，大王是仁义之君。"魏文侯很高兴，继而问："翟爱卿，不妨说说朕为什么是仁义之君?"翟璜回答："大王，微臣听得这么一句话：'凡是君王仁义，下臣就耿直'，刚才任座敢于直言不讳地批评大王，岂不说明大王是仁义之君吗?"

魏文侯听了，龙心大悦，并从翟璜的话中领悟到翟璜的用意，于是请回任座，以礼相待。

任座的话，魏文侯听不进去，而且恼羞成怒，原因不在于他说的不是真话，不是忠言，而在于他的话太直言不讳、刺激性太强，太不入耳。翟璜所说的，其实和任座所说的没有什么两样，也是批评之意，但魏文侯却欣然接受，何以如此，就在于他巧妙地通过表扬、称赞的方式，来达到尖锐批评的目的。这样的话既是忠言，又很顺耳。

在人与人的交往中，常有人为逞一时的口舌之快，说话刻薄、阴酸、狠毒，这样的语言表达方式轻者让人下不了台，伤及感情，重者则破坏彼此关系，生发嫌隙，甚至贻误大事。

三国时期关羽心高气傲，说话盛气凌人。他驻守荆州时，孙权为巩固孙刘联盟，派人来求关羽女儿为儿媳，关羽一口回绝："虎女岂嫁犬子!"此语不仅得罪了孙权，而且坏了诸葛亮"联孙抗曹"的大计。没多久，孙权就出兵讨伐关羽，在麦城砍了关羽脑袋，孙刘联盟土崩瓦解。

古人云：口能吐玫瑰，也能吐蒺藜。修炼口德，做到心诚色温、气和辞婉，恶言不出口，这是领导者应该具备的基本修养。

——幽默风趣

幽默是人类面对共同的生活困境而创造出来的一种文明，同时也是思想、爱心、智慧和灵感在语言运用中的结晶。有人说，幽默是一种力量。领导者可以尝试运用幽默的力量。

美国前总统里根就任后第一次访问加拿大，在向群众发表演说时，举行反美示威游行的人群不断打断他的讲话。陪同他的加拿大总理特鲁多显得很尴尬，里根面临如此窘境，却面带笑容地对特鲁多说："这种事情在美国时常发生。我想这些人一定是特意从美国来到贵国的，他们使我有一种宾至如归的感觉。"一句话，使双方都如释重负。

幽默的作用还在于制造和谐的氛围和缓解紧张、对立的气氛，在很多严肃场合，乃至十分激烈的争辩中，如果一旦有人生发了幽默感，使用了幽默语言，就会给大家带来十分快慰的情趣，也会使争辩的双方心悦诚服。

卡普尔曾经担任过美国电报电话公司的最高行政领导，在他任职期间，有一次主持股东会议，会上人们对他提出了许多质问、批评和抱怨，会议气氛颇为紧张，其中一个女人不断地提出质问，说公司在慈善事业方面投资太少。

她厉声问："去年一年，公司在这方面花了多少钱？"

卡普尔说出一个几百万的数字。

"我想我快要晕倒了。"她说。

卡普尔面不改色地解下自己的手表和领带，放在桌上，说："在您晕倒之前，请接受这笔投资。"

绝大多数股东都笑了起来。

卡普尔以幽默的方式表达了一个重要信息，即企业很重视人性的需要，他本人更是如此。如果有必要的话他甚至可以牺牲自己，但资金有限也是不容置疑的事实。设想一下，假如卡普尔暴跳如雷厉声反驳的话，恐怕就是另外一种情形了。

（六）激励的艺术

团队中的每个人都有需求激励的欲望，这种欲望需要通过本人对自己的鼓励或者外部的激励来完成。缺乏激励就会导致人们缺少努力工作的热情。团队领导的重要工作之一就在于激励团队成员，调动团队成员的积极性，而要有效激励团队成员，必须做到：

——适时进行激励。当领导者发现下属有突出表现，或者有进步的地方时应该及时给予表扬和奖励；切忌秋后算账式的表扬和激励或形式化的表扬。美国前总统里根曾说过这样一句话："对下属给予适时的表扬和激励，会帮助他们成为一个特殊的人，使之由'平凡走向不平凡'"。作为团队的领导，必须长着一双善于发现下属优长的眼睛，当下属表现突出时，要给予及时的激励和赞扬，不仅如此，激励和赞扬的话还要具体，即指向具体成绩、具体成果或充分说明理由，如，"你拿了我们有史以来的第一个冠军啊！"而非泛泛而谈或仅用形容词，如，

“你很棒!”要知道,表扬这种“零成本”的激励,往往会为自己“夸”出许多优秀的下属。

我国著名企业家张瑞敏就是一个特别善用赞美激励的人。张瑞敏说过:“一个人如果想成功,一定要学会控制自己的情绪和保持了好的心态,与人为善。要养成‘三不’与‘三多’(不批评、不抱怨、不指责;多鼓励、多表扬、多赞美),这样就会成为一个受社会大众欢迎的人。如果想让你的伙伴更加优秀,很简单,永远鼓励和赞美他们。即使他们的确有毛病,是不是应该给他们建议?在生活中有这样的现象,有人提建议时,对方能够接受,有人提建议对方却很生气。这是提建议的方式不科学。应该用三明治这样的方式——赞美,建议,再赞美。”

——激励要因人而已。领导者在激励下属时,一定要区别对待。最好在激励下属之前,要搞清被激励者最喜欢什么?最讨厌什么?最忌讳什么?尽可能“投其所好”,否则,就难以达到激励的目的,甚至有可能好心办坏事。

——激励要注意多管齐下。多种形式的激励,会给下属带来惊喜,创造不同的惊喜感。激励的方式方法很多,有目标激励、榜样激励、责任激励、竞赛激励、关怀激励、许诺激励、金钱激励等,但从大的方面来划分主要可分为精神激励和物质激励两大类。领导者在进行激励时,要以精神激励为主,以物质激励为辅,并形成一种长效的激励机制。

从实践来看,有些领导是怎么对待自己的团队成员的呢?只提要求,不进行激励;只予以惩罚,不给予表扬。如果下属工作出了差错,马上指责批评,等下次做对了,却得不到承认。因为在他们看来,把事情做对、做好是理所当然的,做错事情就应该受到批评和指责。殊不知,这是领导者之大忌。

(七)运时的艺术

时间是一种无形的稀缺资源,领导者不能无视它,更不能浪费它,相反要好好运用,要强化时间意识。有人曾经进行过统计:一个人一生的有效工作时间大约一万天。也就说,一个领导者的有效当“官”时间就是10—15年。一旦错过这个有效时间,无论你水平多高,能力多强,也常常是心有余而力不足。所以,领导者要利用这宝贵的时间多做有意义的工作。

领导者运时的艺术包括两个方面:

一是要管理好自己的时间。时间管理是由美国公关大师艾维·李在向美国伯利恒钢铁公司提供咨询时作为一种时间管理方法提出的。伯利恒公司采用该方法后仅仅5年,便从濒临破产一跃成为当时全美最大的钢铁企业,艾维·李为此获得了 2.5 万美元咨询费。故而美国管理界将该方法称之为“价值 2.5 万美元的时间管理方法”。

后来有人询问伯利恒公司的总经理为什么给这样一个简单的点子支付如此之高的酬金，这位总经理是这样回答的：“朋友，请你注意，后来的事实证明，我不是给多了，而是给少了，在我看来，它至少价值百万元。这是我学过的各种所谓高深复杂方法中最让我得益的一种，我和整个班子第一次拣最重要的事情先做，我认为这是我的公司多年来最有价值的一笔投资！”

时间管理法要求把每天所要做的事情按照重要程度排序，分别从“1”至“6”标出 6 件事情。每天一开始，先全力以赴做好标号为“1”的事情，直到完成或完全准备好，然后再尽心尽力做标号为“2”的事情，以此类推……

领导者要管理好自己的时间来提高工作效率，可以采用如下方法：当一件事摆在领导者眼前时，应先问一问自己“这事值不值得做?”然后再问一问自己“是不是现在必须做?”最后还要问一问自己“是不是必须自己做?”对于必须自己做的事情，每天写下六件最重要的，然后按顺序执行。只有这样才能比较主动地管控好自己的时间。总之，要以要事为先，决不能成为急事的奴隶；高效时间用来做需要专注的事情。

二是不随便浪费别人的时间。有人作过统计：领导者大约有五分之三的时间都用在了开会上。领导者要力戒“会瘾”。不要认为工作就是开会，不能动辄开会。如果确实有必要开会，也应该开短会，说短话，同时不要让无关人员来“陪会”。人才学的研究表明：成功人士与非成功人士的一个主要区别，就是成功人士年轻时就养成了惜时的习惯。要像比尔·盖茨那样：能站着说的事情不坐着说，能站着说完的事情不进会议室去说，写个便条便能搞定的事情就不要写成文件。只有这样才能形成惜时的好习惯。

（八）理财的艺术

经费不足是各单位各团队普遍存在的问题，这就要求领导者提高理财艺术。懂得怎样去理财。理财一是要“开源”，也就是要利用各种可行的途径去广开财路，增加收入。二是要“节流”，即懂得如何去管钱用钱。领导者虽然不能直接经手财务，但这并不意味着领导者对本团队的经费使用情况不闻不问，对于本团队的一些主要经费开支情况，领导者一定要定期进行审核，了解存在不存在违规违纪的情况，有没有不该花的钱。同时还要懂得怎样去用钱，做到把好钢用在刀刃上。

第二节　领导艺术的发挥

发挥领导水平和领导艺术，是领导干部修炼自己的永恒主题。领导艺术和领导水平发挥取决于领导者的素质，同时领导艺术和水平又是领导者素质的升华。

一、以信行权

按照现代领导观，权威是领导者的一种行为影响力，是权力力量和人格力量的结合。权力主要来自于组织法定授予的职权，是一种与职位相应的带强制性的支配力量；权威主要来自于领导本身，是一种令人信服的自然力量，即所谓的威信。领导者实施领导，权力与威信缺一不可。毋庸置疑，纯粹地以权力支配他人，得到的只是被动消极的服从，并且这种外在影响力会随着权力的消失而迅速消亡。威信则不同，常言道：有信则威。威信是被领导者发自内心的信任和钦佩，是一种征服人心的力量，能有效地激发被领导者的热情，调动其积极性，效果比强权威政更显著更持久。因此，作为团队的领导者，在领导过程中决不能仅仅依赖于权力的支配力量，而应取信于团队成员，树立威信，并借助于这种力量，更有效地行使职权。对于团队领导者来说，信从何来？首先必须有高尚的品格，要树立正确的人生观、世界观和价值观。正确对待和使用手中的权力，使之为团队创造财富，为社会创造价值。其次要有实干作风。只有在实干中，才能树立起领导者实实在在的威信。第三要公正廉明。"公生明，廉生威"，只有一身正气的领导，才能获得团队成员的倾心拥戴，也才能在团队成员心目中树立和提高自己的威信，进而号召团队成员、充分调动团队成员工作的积极性、主动性和创造性，带领团队走向卓越。

领导者要做到以信行权，应该从如下几个方面入手：

一是清楚自己的目标，有明确的领导目标和方向。

二是实践坚定的价值观。

三是用心进行领导。关心下属，帮助其取得成就。

四是建立和团队成员长久的关系。团队成员只有相信领导者值得信赖时，才会把自己的希望和梦想寄托在他身上。

五是自我约束。自我约束,言行一致是领导者必备的品质,也是赢得团队成员信赖和敬重的基础。

二、众谋善断

在团队的决策活动中,领导者在谋划之前必须慎之又慎,要将自己置身于领导和被领导者之中,始终坚持以实事求是为原则,同时要善于广开言路。一方面,注意经常深入基层、深入群众,多听、多看、多调查研究。另一方面,注重和班子其他成员有效沟通,真诚交流,在决策过程中,“多谋”之能不可无,然而“善断”之功更不可缺。

三、宽严相济

所谓宽是指处世待人虚怀若谷、宽容大度;所谓严就是指严肃的态度,严格的要求,严明的纪律,严谨的作风。在领导行为中,宽与严是一个辩证统一体。如果一味地严,就会给人一种“无情无义”的严苛印象,造成领导者与被领导者之间的思想隔阂和感情“真空”,不利于团队成员发挥主观能动性,工作也就会缺少灵活性和机动性。但如果无原则地宽,领导者成为“好好先生”,则会丧失制约性和稳定性,领导效能也就无法发展。因此,二者必须有机地结合起来,不能顾此失彼。实践证明,领导者在实施领导和管理过程中,正确把握运用宽与严的尺度,是创造良好的工作环境,提高团队整体工作效能的有效途径和方法。

美国通用公司的前董事长韦尔奇上任之初为了实现只做行业第一第二的目标,大规模裁员,此举可谓严,但他能叫出公司总部两千多员工的名字,可谓宽、亲切。

顿巴是位于印度南部的一个渔村,上世纪 80 年代此处是一个火箭发射基地,在这个基地工作的科学家们十分辛苦,每天的工作时间一般在 12—18 个小时,而领导是一个要求严格几近苛刻的人。

有一天,一位科学家向这位领导请假,说:今天 5 点半我想下班,因为我答应我的孩子们去城里看画展。领导同意了。这位科学家工作太投入,等他想起带孩子们看画展的事时,已经晚上 8 点半了,他愧疚地往家赶,心里想着如何向孩子们解释。回到家,他赶紧问妻子,你快告诉我,孩子们怎么样啦?妻子说,你不知道啊,你的领导带孩子们去看画展了。事情是这样的,下午 5 点,领导去看这位科学家，想提醒他带孩子们去看画展，因为他太了解这位科学家了，工作起来会什么都忘了，果然，这位科学家沉浸在工作中，根本没有注意到领导的出现。领导不愿打断他的工作，他想，科学家既然答应带孩子们看画展，肯定孩子们很喜欢，于是他就去了科学家的家，带上孩子们看画展去了。

这位领导就是阿卜杜拉·卡拉姆博士，2002 年他当选为印度总统。

第三节　领导素质提高与领导艺术锤炼

没有谁是天生的领导者而拥有与生俱来的领导艺术，领导艺术的获得来自有意识、有目的的学习和平日里的积累。

一、领导艺术的培养

（一）强化人文素养

在国际上，大约 55%的领导人持有人文学科或社会科学的学位，而 75%的商界领袖都承认，最重要的职场技能都与人文学科有关，即：分析问题的能力、人与人之间沟通的能力和写作能力。对领导者来说，人文学科可以提供三重价值：真知灼见、劝导说服与写作。

所谓真知灼见，就是具备一种了解自我和多棱镜看待世界的能力。举例说，文学可以帮助人们去理解战争的诱惑，而历史可以为我们认识自我和认识周围的世界提供洞见。

真知灼见要比人们通常为了某项特殊工作所接受的技能训练重要得多。在战斗中，士兵要充分认识到灵活多变的重要性，要根据战况的变化作出对策和反应，哪怕是在一片混乱之中，都要保持清醒的头脑。“这就是我们要追逐广博的人文教育的核心价值所在。当你无规律可循之时，就去求教哲学、历史、人类学、诗歌和文学吧。从你之前的那些伟大的思想家和领袖那里去寻找智慧与启迪，然后再有所创新。”

语言及其说服劝导，亦是一位领导者所必须具备的能力。有人说，在很大程度上，彻底改变了我们的世界的所有变革，全都来自于那些“语言就是一种行动方式”的领袖们。

写作技巧同样重要，它既是交流的重要途径，也是人们之间沟通的重要渠道，而且把东西记下来本身也可以帮助人们从万般头绪中寻找到理性的线索来。

（二）培养发挥创造思维

对于处于激烈竞争的现代团队而言，它不仅需要领导者务实肯干，更需要领导者进行严密思考，充分发挥创造性思维。有人说，有时候根本不需要进行严密的思考，只要凭借领导者以往的经验就可以做好。其实，这只是看起来不用思考而已，事实是，世界上没有任何一项圆满完成的工作是不需要思考的，思考意味着用高级的方法、卓越的手法来做事；不思考意味着仅仅用简单的方法、平庸的手法去做事，用手和脚来工作，其效果可想而知。一个团队要达成最佳境界，领导者就必须善于思考、精于思考，充分发挥创造性思维。

创造性思维一般是指开拓人类认识新领域、解决社会发展新问题的思维活动。创造性思维有广义和狭义之分。从广义上来看，是指凡是没有确定规则可以遵循，又不能直接利用有效方法的思维活动。从狭义上来看，是指发明新技术、提出新假设、形成新观念、提出新理论等这样一些探索未知领域的认识过程中的思维活动。创造性思维无处不在，运用得当，往往会化腐朽为神奇。

在一次欧洲杯篮球锦标赛上，保加利亚队与捷克斯洛伐克队相遇。在比赛剩下 8 秒钟时，保加利亚队以 2 分优势领先，一般说来，这已经可以稳操胜券了。但是，那次比赛采用的是循环制，保加利亚队必须赢球超过 5 分才能取胜，可要用 8 秒时间再赢得 3 分，并不是一件容易的事。

这时，保加利亚教练忽然请求暂停。对此许多人纷纷摇头，认为保加利亚队大势已去，被淘汰是不可避免的，教练即使有回天之力，也无法力挽狂澜了。暂停结束后，比赛继续进行。此时，球场上出现了令人意想不到的事：只见保加利亚队拿球的队员突然运球转向自家篮下跑去，并迅速起跳投篮，球应声入网。这时，全场观众目瞪口呆，全场比赛时间到。当裁判员宣布双方打成平局，需要加时赛时，人们猛然大悟。保加利亚队的出人意料之举，意在为自己创造一次起死回生的机会。加时赛的结果，保加利亚队赢了 6 分，最终如愿以偿地出线了。

有人说，与其说是加时赛挽救了保加利亚队，倒不如说是教练的创造性思维挽救了保加利亚队。

有一家公司新搬入一幢摩天大楼，不久他们便发现了一个问题，那就是楼内安装的电梯过少，导致员工上下班时经常要等待很长时间，对此，公司员工多有怨言。

为了解决这一问题，公司总经理把各部门经理召集在一起，请大家谋划解决之道。经过一番讨论，最后形成了四种解决方案：

第一种：提高电梯上下速度，或者在上下班高峰时段将电梯停在人员相对集中的楼层。

第二种：各部门上下班时间错开，减少电梯同时使用的几率。

第三种：在所有的电梯门口装上镜子。

第四种：安装一部新电梯。

经过多方考虑，该公司选择了第三种方案，而该方案付诸实施后，再也没有听到员工们的抱怨声。

为什么会选择看起来最不着边际的第三种方案？公司有关负责人是这样解释的：等着乘电梯的人一旦看到镜子，免不了端详自己的镜中形象，或者悄悄打量别人的着装仪态，于是令人心烦的等待时刻就在镜前顾盼流连之间不知不觉过去了。公司面临的难题固然在于大楼的电梯过少，但是与员工缺少耐心亦不无关系。

毋庸置疑，公司解决问题的思路就是一种创造性思维，可以想象，如若按照常规思维，肯定会囿于电梯本身这一角度来寻求出路，而现在反其道而行之，从人这一角度进行思考，从而轻而易举解决了问题。

（三）坚持不断学习

有人说，知识经济社会是一个没有终身职业的社会，在一个没有终身职业的社会里，如何让自己拥有一份终身职业？这个终身职业就是学习，终身学习，不断充电！因为专业知识不是在学校学到以后就一劳永逸的，只有不断更新知识，才能跟上社会节奏。据报道，1980 年至 2000 年，人类这 20 年创造的知识量是过去 2000 年创造的总和；到了 2020 年，我们前 2000 年创造的知识量只相当于 2020 年的 30％。可见，知识的更新、折旧速度正在不断地加快，过去能用 20 年的知识，现在几年就折旧完了。在这种情势下，一个人如果没有学习力，不能不断给自己充电，将很难跟得上时代的步伐。

领导者身居领导岗位，在团队中扮演着重要的角色，因此更应该懂得学习的重要性。不论通过何种方式都要坚持学习新知识、接受新信息，进而实现明显的成长。同时还要从别人身上吸取长处来充实自己，尤其是应该向优秀的同仁看齐，学习他们的能力和品格。

过去我们把组织之间的竞争概括为大鱼吃小鱼，现在叫做快鱼吃慢鱼，而快鱼之所以快，关键在于它超强的学习力。关于这一点，GE 公司前掌门人杰克·韦尔奇感触最深，他说："一个组织最终的竞争优势依赖于其学习能力"。而当代管理大师彼得·圣吉在其经典之作《第五项修炼》中则开宗明义地指出："未来唯一持久的优势,是有能力比你的竞争对手学习得更快更好。”①这也就是说,在未来的竞争中,学习快的组织将战胜学习慢的组织,学习慢的组织战胜不学习的组织。作为团队的领导者,要带领自己的团队走向卓越,就必须使自己的团队成为学习快的团队。而要做到这一点,首先需要从自己学习做起,进而建立学习型团队,以学习带动整个团队。

二、领导者素质的“四个提高”

领导者能否展现出高水平的领导艺术,与领导者个人素质有直接关系。对于团队领导者而言,领导素质提高可以从四个方面入手,即领导素质的“四个提高”——胆商、情商、智商、德商。

（一）胆商

胆商即人际交往或职业发展中的胆识、胆略与行动力。对于团队领导而言就是敢于负责任、勇于承担风险、关键时刻果敢果断。作为团队的领导必须有担当,敢于承担责任,有胆略、气魄、勇气。具体表现为,一是敢于面对逆境、困境,敢为天下先。能够寻求突破。二是敢于面对压力,能够把压力变为动力。三是敢于面对变化,并且拥抱变化,善于从变化中找到机会。四是敢于面对竞争,寻求创新。五是敢于放弃,干工作要有取舍,该放弃的要放弃。

（二）情商

情商即情绪情感智慧。最早提出情商一词的是美国心理学家约翰·梅耶和彼得·萨洛维,1990 年约翰·梅耶和彼得·萨洛维第一次运用了情商这一概念,但当时并没有引起人们的关注。直至 1995 年,另一位心理学家丹尼尔·戈尔曼出版了《情商:为什么情商比智商更重要》一书,情商这一概念才引起了人们的重视,一时间,情商一词成为流行于全世界的热门词汇,也正是基于此,丹尼尔·戈尔被称为“情商之父”。

情商表现为五种情绪能力和社会能力。情商的第一个组成部分是自知,即认识自我情绪的能力。心理学家拉德说:“自知意味着知道你自己当前的感受。大多数人并不作深入的思考,因为我们整天都忙忙碌碌,所以就无暇反省和自知”。情商的第二个组成部分是移情,即认识他人情绪的能力。移情指的是一个人不仅了解自己情绪,还能感知周围人的情绪。拉德说:“移情能培养我们的同

---

① 彼得·圣吉:《第五项修炼》,上海:上海三联书店 2001 年版,第 1 页。

情心和无私精神，并能带来合作。"情商的第三个组成部分是自律，即管理自己情绪的能力。自律是控制自己情绪的能力，它指的是一个人能很好地处理忧郁、暴躁的愤怒等情绪，以及不胡乱发作或陷入绝望状态的能力，情商高的人能更好地从人生的挫折和低潮中恢复过来。情商的第四部分是自强，即自我激励的能力。一个自强的人并不需要经常的刺激来推动，他能够很好地控制情绪，不满足于现状，不靠冲动和刺激就能采取行动。情商的第五部分是社交技巧，即管理他人情绪的能力。社交技巧指的是一个人通过与他人的交流来掌握人际关系的能力。其中，自知被视为情商的核心。简单概括情商，就是与自我以及与他人相处的能力，情商的本质是融——融合、融洽、融入、融融、圆融。

情商的核心是"自知"。

一个人如何了解自己是否自知呢？有学者提出了测量的方法：[①]

	是	否
1. 可以讲清楚自己的感受。	□	□
2. 通过自我审视，对自己的情绪有更多的了解。	□	□
3. 在大多数时候能明白自己的情绪。	□	□
4. 当很沮丧时，可以向别人讲出来。	□	□
5. 当悲哀时，能知道原因。	□	□
6. 常常用别人对自己的看法来判断自己。	□	□
7. 生活富有情感。	□	□
8. 注意保持一种平和心态。	□	□
9. 就像接受自己一样接受自己的情绪。	□	□

分数评价说明：

回答"是"的个数	7个以上	6—4个	3个以下
分数评价	精通此道 只欠东风	有待历练 存在隐患	如不提高 阻碍发展

丹尼尔·戈尔曼认为，影响到一个人行为技能和潜能发挥的，不仅仅是其"智力商数"(IQ)，还有更具活力特性的"情绪商数"。换言之，只有提高了情商，才能处理好各种问题，实现人与人之间的和谐相处。

高情商的特点：

第一，有亲和力，善于交流。

---

① 魏钧：《忠诚管理》，北京：北京大学出版社2005年版，第161页。

第二，适应性强。主要表现为适应各种各样的环境与工作。

第三，对人对事富于敏锐性。能敏锐地发现问题、发现苗头，有效协调解决各种问题。

第四，有道德。一个人的情商和德性有很大的相关，高情商必须有道德作保障。显而易见，情商不是道德，但是一个人要有效发挥其情商，势必不能背离其个人以及所属社会的道德标准，否则，就算他情商再高，恐怕也难以实现“顺人而不失己”的人际和谐。在现实中，有道德之人并不一定情商就高，但是高情商者必须有道德，道德可以弥补情商上的不足，但情商永远弥补不了道德上的缺陷，有道德的人方能真正称得上高情商。一个人有道德，如品德高尚与正直等本身并不一定能成就什么，但是假如一个人在品德与正直方面有缺陷，那他就是不可靠的，而不可靠意味着靠不住，靠不住的人迟早会败事，这样的人，根本没有资格做领导者。

作为团队领导者，要带领团队走向成功，不仅需要较高的智商，同时也需要较高的情商，通过凝聚人心、协调各种关系、搭建班子、加强合作来达成组织目标，获得事业的成功。

领导者的高情商主要体现在如下几个方面：

1. 充满正能量和激情。团队领导的高情商最重要表现之一就是具有稳定的性格和稳定的工作态度。所谓稳定的工作态度，就是能以一贯的激情和态度来对待工作、对待团队成员。高情商的团队领导对工作本身及其工作环境充满正能量和激情，不轻易指责下属，不抱怨下属。其实，抱怨和指责都是不良情绪，它们会传染。高情商的团队只做有意义的事情，不做没意义的事情，他们遇到困难不轻易退缩，能够调动自己的积极情绪，避免不良情绪影响工作和团队的人。

2. 善于沟通与交流。高情商的团队领导善于沟通，长于交流，他们在工作中会坦诚而有礼貌地对待周围的人和事，进行有效的沟通交流，并在实践中不断总结探索。

3. 包容。一个人心有多大，境界有多高，舞台就有多大。高情商的团队领导心胸宽广，拥有一颗包容的心，无论是对人还是对事都不会以自我为中心，不抱怨，不指责，不恶语伤人，更不会斤斤计较。

人际关系专家戴尔·卡内基在研究了大量人际关系后指出：“要相信世界上90%的人和事是好的，只有10%的人才是使人烦恼的”。他告诉人们，你要想得到90%，就必须容忍和接受那10%。以《西游记》中唐僧收徒来看，唐僧一共收了三个徒弟，这三个徒弟无一不是受到天庭惩罚的人，用今天的话说，都是有劣迹、有案底的人。唐僧并没有因此而嫌弃他们，无论是对顽劣不堪的孙猴子，还是对好吃懒做、好色贪财的八戒，抑或愚钝木讷的沙和尚，唐僧都以宽大的胸怀包容了他们的各种毛病，给予他们尊重、平等对待和关爱。而正是因为如此，唐僧才能凝聚三个徒弟，一路披荆斩棘，降妖除怪，最终求得真经，修成正果。

4. 有聆听的好习惯。聆听是人与人之间最好的沟通方式，是尊重别人的表现，也是更好沟通的前提。高情商的团队领导善于聆听，会注意和重视别人在说什么，会多听多看，而不是自己滔滔不绝，也正是因为如此，才能够做到兼收并蓄，博采众长，集众智进行有效的领导。

5. 用心对待他人。高情商的团队领导会让下属知道你真诚对待他，你关心他、栽培他，你愿意帮助他解决问题。高情商的团队领导会记住别人的名字，因为他们知道，记住了别人的名字，别人也会更加愿意亲近你，愿意跟你做朋友，你会有越来越多的朋友，有更为广泛和友好的朋友圈子，进而获得更多的支持与合作。

6. 有责任心。高情商的团队领导敢做也勇于承担责任，他们遇到问题不会推卸责任，而是认真分析问题，继而解决问题。他们会正视自己的优点也会认识到自己的不足，对于自己的问题他们敢于担当。

7. 真诚赞美。情商最重要的是洞察力、理解力和表达能力，即有认识他人情绪的能力，对人对事富于敏锐性，善于换位思考；长于沟通，富有亲和力。高情商的团队领导不仅愿意承认别人的优长，而且不吝于赞美别人甚至非常善于赞美别人，他们有一双发现别人优长的眼睛，善于捕捉下属、同伴不为人知的一些优点，并发自内心地给予真诚的赞美。要知道，善于发现别人优点的人，才会进步得更快，总是挑拣别人缺点的人会固步自封乃至退步。

美国 2010 年上半年发生了一次矿难，当时的美国总统奥巴马为遇难的 29 名工人举行追悼会，并在追悼会上发表了情真意切的悼词。首先奥巴马表情凝重地念出了 29 名死难者的姓名，高度颂扬了他们的牺牲精神。奥巴马说："他们从事这份工作时，并没有忽视其中的风险。他们中的一些人已经负伤，一些人眼见朋友受伤，所以，他们知道有风险。他们的家人也知道。他们知道，在自己去矿上之前，孩子们会在夜晚祈祷。他们知道妻子在焦急等待自己的电话，通报今天的任务完成，一切安好。他们知道，每有紧急新闻播出，或是广播被突然切断，他们的父母会感到莫大的恐惧……但他们还是离开家园，来到矿里。然而，他们并不是为自己。"奥巴马情真意切的悼词，不仅成为这次矿难处理的一个亮点，而且赢得了广大公众的高度谅解与理解，甚至在一定程度上还加深了美国民众对他的好感。[①]

团队领导如何提高情商水平：

高情商不是与生俱来的，而是在成长过程中教育培养不断开发出来的。作为团队领导，必须不断提高自己的情商水平。

1. 自知之明。知道自己的职责和使命，知道自己真正的优势是什么，知道自己的缺陷，尤其是致命的缺陷。有了自知，就容易达到和实现自觉。

2. 自我管理。情商高的团队领导能够管住自己，一是管理好自己的心态，要积极向上，给下属正能量；二是管理好自己的情绪，表现出稳定的情绪，能够驾驭情绪波动，特别是当遭遇困难时能够控制情绪，不乱发脾气，不让那些不良情绪影响到工作和交往。要让下属看到，无论遇到何种逆境都会坚持下去，都能迅速调整情绪，恢复活力，即便遭遇失败也能重新崛起。三是管理好自己的时间，做到工作安排井然有序，忙而不乱。

3. 能够识人。骏马行千里，犁田不如牛。作为团队的领导必须能够识人，这是用人的前提。这种识人既包括识别人的能力，也包括识别人的品德，识别人与人之间距离的远近等。

4. 协调管理。作为团队的领导要学会与不同的人相处，协调与各种人的关系。跟上级相处，要主动沟通协调；与同级相处，要善于沟通，保持竞争协作；与下级相处，要注意倾听，之后再诊断，进而开方。

5. 对关系负责。对关系负责主要包括：一是尊重他人，善解他人；二是善待他人；三是对局面有掌控；四是对未来留余地；五是对他人有宽容；六是对自己有约束。

（三）智商

团队领导的高智商表现在工作上，就是精通业务、胜任本职工作，科学理性地判断形势、市场，善于理论思维、战略思维，善于学习。

（四）德商

德商是指一个人的德行水平和道德人格品质。德商一词是由美国学者道格·莱尼克和弗雷德·基尔推出的。19 世纪 90 年代道格·莱尼克进行了一项研究，该研究旨在帮助美国运通集团等大型企业的经理人及员工发展和提高情商水平。在研究过程中，他发现高情商虽然使人具有高度的自制力和人际交往能力，但在大多数情况下它是价值中立的，无法帮助人们区分“对”与“错”，更无

① 参见韩秀景：《公共危机管理理论与实践》，南京：南京师范大学出版社 2012 年版，第 242 页。

法避免人们做错事。安然公司及之后大量的财务丑闻充分证明了这一点，也就是说高情商并不能使企业避免犯安然公司那样的错误。基于此，道格·莱尼克与另一位学者弗雷德·基尔进行了关于人的德行水平和道德人格特质的合作研究，并于2005年合作出版了《德商：提高业绩，加强领导》一书，该书第一次提出了德商的概念，并将“德商”界定为“一种精神、智力上的能力，它决定着我们如何将人类普遍适用的一些原则（正直、责任感、同情心和宽恕）运用到我们个人的价值观、目标和行动中去”。

德商的内容包括体贴、尊重、容忍、诚实、负责、礼貌、敬业精神、奉献精神、平和心、道德感及幽默感等各种美德。德商高的人会有较高的自我激励和自我约束的能力。

德商作为一种测定人的道德素养的指标，旨在考察一个人的言行举止是否符合当时社会所公认的道德行为规范。哈佛大学教授罗伯特·科尔斯认为，品德胜于知识，德商重于智商。具有高德商，才会赢得下属的信任和支持，进而凝聚人心，众志成城，更好地实现组织的目标。

在现实中不乏这样的团队领导，他们智商很高却没有取得应有的成就或未达到自身理想状态，原因就在于他们个人的态度和个性，换言之，他们个人多半是自负的。一般来说，自负会导致自恋，自恋又会招致自我封闭，而自我封闭就等于杜绝了与外部的交流，在这种情况下，他一旦有所作为，就会做出违背德行之事，或者说他因自负而丧失了所有德性。对于没有德性的人，又何以产生德行，进而取得辉煌的成就呢？

领导者提高德商的方法：

提高“德商”水平，通俗的表达就是“提高道德水平”，团队领导者如何提高德商水平呢？

1. 同情。同情是一个人感受别人情感的唯一途径，是人类相互理解的前提和基础。表现在工作上，就是真诚地对待团队成员，主动去帮助遇到困难的人。

2. 正直。正直是一个人内在的强烈需求，正直能够帮助团队领导抵制各种诱惑，明辨是非，妥善处理工作中的各种矛盾和纠葛。

3. 节制。节制重在约束冲动，保持理智，进而采取正确行动，尤其是面对自己的欲望和利益之时，能够三思而后行。

4. 尊重。尊重是团队领导开展领导工作的基础。它促使领导者在工作中顾及他人的感受、为他人着想，做到“己所不欲，勿施于人”。

5. 和善。和善要求团队领导在工作中富有涵养，更多地考虑团队成员的感受,体味其工作,关心其疾苦。

6. 宽容。宽容意味着对待下属和同仁有包容的态度,对于那些在工作上与自己有不同观点、不同见解的人,能够有耐心去思考这些差异的来源,而不是简单地认为别人错了。

7. 公正。公正意味着在工作上光明正大,不偏不倚地对待他人,按规则办事,并在做出判断之前听取各方面的意见。

三、团队领导者必须养成的五个习惯

1. 善于安排自己的时间,明白自己的时间应该用在什么地方。

2. 注重贡献,确定自己的努力方向。作为团队的领导并非为工作而工作,而是为成功而工作。

3. 善于发现和用人之优长。这里的优长既包括自己的长处,也包括上级的长处和下级的长处,并把优长充分加以利用。

4. 能分清工作的主次,集中精力于少数的领域。作为团队领导,不能胡子眉毛一把抓,而应把精力集中于少数领域中,如果在这些领域中能有优秀的绩效,就可以产生卓越的成果。

5. 能做有效的决策。作为团队的领导必须做出有效的决策,以确保团队行进在正确的道路上。

案例分析 1: 龙永图选秘书

原对外经济贸易合作部部长龙永图在中国入世谈判时曾为自己选过一位秘书,当这位秘书走马上任时,让龙永图周围的人几乎跌掉眼镜,因为在大家看来,此人根本不适合当秘书。按常规来说,做秘书的人应该勤勤恳恳,做事谨慎细致,对领导体贴入微。但这位被龙永图选来当秘书的人却大大咧咧、不拘小节,而且一点也不会照顾人,这样的人怎么能当好秘书呢?事实也如大家所料,每次龙永图和他一起出国,出发前都是龙永图到他房间里请他。对于工作中的各种日程安排,他永远稀里糊涂,有时甚至不如龙永图清楚,而且十有八九是错的。那么龙永图为什么要选这样的一个人来当秘书呢?因为他是世贸专家,对世贸问题精通且着迷。此人还有一个特点,那就是经得起批评,无论你怎么骂他,5分钟以后他会回来和你重新讨论如何解决问题。

在龙永图看来,这位秘书简直就是为他进行世贸谈判量身打造的,精通专业,大大咧咧,经得起批评,不仅有益于及时解决世贸谈判中出现的各种问题,同时也保证了让脾气很大的自己在难以听到不同声音的情况下听到理性的声音和判断。

世贸谈判成功,很多人认为这位秘书会留在龙永图身边,但是令大家出乎意料的是,龙永图很快把这位秘书送走了。原因很简单,他在特殊时期,也就是世贸谈判时期做秘书是出色的,但放在平时就不合适了。

应该说,在选秘书这一点上,龙永图是高明的,他非常清楚,什么时候什么人适合什么工作,什么时候应该用什么人,什么时候不应该用什么人。而这正是一个领导者的用人艺术之所在。

案例分析 2:唐僧的领导艺术

超强的驾驭能力

唐僧构建的取经团队,虽说只有四个人,可是管理起来远非易事。孙悟空本领高强,敢打敢拼,能降妖除魔,但是恃强傲物,天不怕地不怕,个性极强,动辄翻脸,甚至顶撞领导,经常捅娄子;八戒好吃懒做且好色,拈轻怕重,本事不大,毛病不小,喜欢打小报告;沙和尚虽然老实,但是太过愚钝,没有主动性,且无主意易盲从,只能干些挑担子牵马的粗活。面对这样的三个人,唐僧合理分工,发挥了每个人的特长,倚重艺高人胆大的孙悟空,赋予他降妖除魔的重任,但是对他的恣意妄为又用紧箍咒加以约束;猪八戒脑子活络,会耍呆卖萌,情商高,就让他负责生活起居,调节活跃团队气氛,纾解取经路上的苦闷乏味;沙和尚老实厚道,分派做些粗活累活。如此分工,可谓各尽所能,不仅最大限度地发挥了每个人的优长,减少了矛盾隐患,也极大地增强了凝聚力和战斗力。

依靠上级并争取其支持

唐僧是个保守型的领导,他工作中规中矩,不越雷池,对上级的精神理解深刻,贯彻落实也很到位,而且情商很高,对上级领导身边的人也总是彬彬有礼,礼数周到,得到上级及其周围的人的一致肯定。因此即便孙悟空跑到上级领导面前告状,说他"肉眼凡胎"、"人妖不辨",上级也不为所动,甚至还怪罪孙悟空目无领导,不听召唤,是个彻头彻尾的"泼猴"。

走群众路线

首先内求团结和谐,对徒弟既讲方法也用策略。对于孙悟空这样的团队精英,做出成绩时会及时给予承认和鼓励,"这次多亏了你大师兄呀";当孙悟空"滥杀无辜",则念起紧箍咒予以惩罚;等到知道错怪了他时,又会充满歉意地对八戒或沙僧说:“我错怪你大师兄了。”如此而恩威并举,搞定了孙悟空。对于猪八戒的马屁战术唐僧心知肚明,但并不揭穿,还能在恰当的时候表现出赞许,这对猪八戒无疑是一种激励。而对愚钝但任劳任怨的沙僧则在生活上给予关心照顾,一句“悟净你也累了,歇会吧”,足以让沙僧肝脑涂地。其次树立良好外部形象。唐僧对外部所有人呈现了菩萨心肠,说话和蔼可亲,行为至诚,对长者嘘寒问暖,礼数周到,对弱者给予同情和周济,对地方官谦和恭让。如此一来,自然受到了多方支持与赞扬,极大提高了自己的美誉度。

不断充电提升自己

唐僧深知学习的重要性,当初正是因为自己的高学历和高素质,才得以在众僧中脱颖而出,获得开坛讲经的机会,进而被引进到京城寺院工作,最终得到最高领导唐太宗的欣赏。所以他才不顾艰难险阻,一门心思求取真经,也只有这样,才能彰显自身的价值,获得更大的机会,实现自己的理想目标——成佛。

禁得起诱惑

唐僧作为团队的领导,真正做到了以身作则。唐僧信念坚定,目标明确,作风正派,不受财色的诱惑。面对国王许以的豪宅、美酒、乘龙快婿,美女的色诱和权力,唐僧大义凛然,丝毫不为所动,可谓胸怀大志,自制自律。

第十章　合力建设团队文化

我们通常以为，组织成功主要靠科技创新、严格管理、奖惩严明，事实上，确保组织成功的因素远不止这些。一位美国管理人员说：一个企业的成功与否，起决定作用的是企业的向心力和凝聚力，以及员工对企业的忠诚与热爱。一个高明的企业不是强迫员工去卖命，而是让员工心甘情愿去努力工作，要做到这一点，企业必须知道如何笼络人心，而不能仅靠严格管理。一个团队亦是如此，要走向卓越，不仅要有硬的制度进行管理，还有赖于软的手段——靠文化凝聚人心。

第一节　文化概述

一、文化发展的历史脉络

文化是相对于经济、政治而言的，它是人类全部精神活动及其产品。文化既包括世界观、人生观、价值观等具有意识形态的部分，又包括自然科学和技术，语言和文字等非意识形态的部分。广义的文化包括四个层次：物质文化、制度文化、行为文化、观念文化。

文化无处不在，无时不有，每一个组织都有自己的文化，文化是长期累积起来的且是集大成的。最早谈及价值和文化问题的是诺曼和明兹伯格等。诺曼在《管理与政治才干》一书中说，对所有企业而言，不断阐述公司的历史和调整公司的商业主导观念是非常重要的过程。明兹伯格在有关组织结构的著作中则谈到了文化具有社会化、标准化和教化的作用。商业性报刊杂志自 1980 年开始，逐渐使用文化一词，例如商业周刊 1980 年夏天就有一期以企业文化作为该刊的封面故事。

企业率先进行了文化建设，形成了企业文化，之后各类组织紧随其后，开始了文化建设之旅，形成了形形色色的各类组织文化。以企业为例，所谓企业文化，是指一个企业在长期发展中形成的某种文化观念、行为方式、价值准则、道德规范等等，它通过非正式的规范、文化习惯的影响和集体精神的感受，协调着企业的组织管理和人际关系。优秀的企业文化对企业成员有很强的感召力和凝聚力，并形成一种积极进取、信任合作的企业气氛，从而使企业诸经济要素更有效地结合起来，充分发挥其效能，达成企业的目标。

企业文化是企业的一种内涵。一方面，企业文化直接影响到员工的行为准则、职业道德与价值取向，培养发展企业文化，能够提高企业的凝聚力和向心力，增强企业员工的满足感、认同感和归属感；另一方面，企业文化对企业的重大决策、公司的长远目标、策略以及规章制度的执行都有不可低估的影响。

企业文化是经济意义和文化意义的混合，即指在企业界形成的价值观念、行为准则在人群中和社会上发生了文化的影响。它不是指知识修养，而是指人们对知识的态度；不是利润，而是对利润的心理；不是人际关系，而是人际关系所体现的处世为人的哲学。企业文化是一种渗透在企业的一切活动之中的一切东西里，它是企业的美德所在。正如《基业长青》一书所述，卓越的企业内有一种教皇的存在。这里的教皇就是一种价值观。企业文化是企业领导和员工共同遵守的价值观。一方面企业文化应该是全体员工思想观念的提升概括，而不完全是一种从上到下的灌输，之后再为广大员工所理解和接受；另一方面，应根据企业的发展目标和发展战略，积极主动地改善不足之处，同时，全体员工在向企业发展目标共同努力的过程中，逐步达成能保障企业实现目标的文化体系。

企业文化作为一种新型的现代化的管理思想和管理方式，它与传统管理思想和管理方式最本质的区别在于，它是一种以人为中心，以确立企业价值观为核心内容，追求创新与个性的现代管理新模式。有关专家指出，通常看一个企业是否成功，只看账面；而要知道这个企业发展是否长远，更应该看它的文化和员工凝聚力。而凝聚力从何而来，与这个企业的企业文化密不可分。

从企业文化发展的脉络来看，它发端于美国，根植于日本。第二次世界大战结束以后，日本仅用了十年的时间就医治了战争的创伤，并保持了10%的年平均增长速度。到1980年，人均国民收入从1945年的20美元奇迹般地增加到8940美元，几乎到了与美国相抗衡的地步。上世纪70年代以来，日本的企业在遍及全球的世界市场上同美国企业展开了激烈而持久的争夺战。日本商品不仅在世界各地市场上驱逐美国商品并且长驱直入美国本土市场，居然还在80年代战胜了美国的主干工业——汽车工业和钢铁工业。美国人不得不反思,20 年前谁曾料到,日本居然能对从汽车问世以来一直主宰世界的美国汽车工业提出严峻的挑战?

于是乎,美国人开始研究日本的企业管理,研究如何应对日本的挑战,并提出了向日本学习的口号。通过研究,人们发现,日本企业不但注重管理方面的技术,而且尤其重视创建企业的文化氛围,培养员工共同的价值观念和群体意识,强化对企业员工的凝聚力,重视人的作用,使工作关系情感化、道德化,凡此等等。日本企业经营者认为,现代化大生产需要协作、纪律和严格的管理制度,但长期的管理实践告诉他们,仅仅依靠严格的管理制度,不但会扼杀员工的创新思维,还会影响其工作热情和积极性、主动性。事实上,过于严格的控制或者无控制都不利于企业目标的实现。管理者最主要的任务,是同他的员工之间发展出一种健康的人情契约关系,为此,管理者必须以人性为出发点,尊重人、关心人、信任人,并努力满足人的各种合理需求,使人能够获得自我实现、自我发展。当然,与此同时也必须对员工进行一定的制度约束,使每一个员工都具备责任感、服务以及奉献精神,并能够积极主动地工作。正是基于这样的认识,日本企业都十分重视建立自己的企业文化。

美国人通过对日本企业文化的研究发现,日本企业文化的基本理论实际上来源于美国的管理思想。早在 20 世纪 20 年代末进行的著名的霍桑实验,创立了行为科学理论,这一理论在很大程度上被美国人忽视了,但却一直受到日本人的重视和推崇,将其付诸实践,并产生了很大的实际效用。直到七八十年代初,美国人才猛然醒悟:日本人正处于用他们创立的管理理论来对付、赶上并超过他们的状态。这一点正如日本三菱国际公司的京佐茂木所说的那样:“我想在管理方面没有什么东西是我们知道而美国人却不知道的。如果说我们在企业管理上干得出色的话,那是从美国学来的。具有讽刺意义的是美国人正在议论我们的管理技术,仿佛这是我们用于对他们的一种秘密武器,但其基本原则和哲学思想都是美国人提出的。”

美国人为了正本清源,为了振奋起精神,先后出版了《成功之路》、《A 战略:人与效益的关系》等被称为管理四重奏的一系列著作,总结概括了美国成功企业的管理经验,提炼出一套通过改造企业文化改善企业人力资源管理的策略与方法。

可以这样说,企业文化作为组织文化的代表来源于科学管理理论,即它们的基本原则是一致的。但企业文化又受社会文化的影响,受民族与传统文化的影响,因此,不同国家的企业以及同一个家族的不同企业有着各自不同的特点。如日本企业的家庭式的集团意识比较明显，重视培养员工忠于企业的观念，每个企业都形成和建立自己的工作道德观念。美国企业则强调创新、冒险等等。

二、知识经济条件下文化建设的意义

一提到文化建设，很多人会说："很好啊！不过，做生意不就是要赚钱吗？"是的，做生意就是要获利，但是从那些获利丰厚的优秀企业来看，他们还重视财务健全、服务顾客、追求意义等。正如某位主官所说："获利就像健康一样，你需要它，而且越多越好，但是它绝不是你活着的目的。"我们发现，那些以获利为主要经营目的的公司，其财务状况并不比其他公司好。

杜拉克曾预言：建立在知识基础上的经济将成为我们未来的经济形式。在这样一种经济中，企业组织的真正价值存在于员工的思维能力中。如果人们对工作没有主人翁感，又没有充分施展个人才能的自由，他们就不会进行创造性思维。由此可见，企业文化不再只是个道德、精神上的问题，而是利用一种最有价值的人力资源的问题，关系到企业的生存与发展。

就一个企业而言，发展生产力有很多途径，可以在研究与开发方面进行投资；可以增加基本建设和设备；也可以在应用方面采用多种形式把计算机技术应用于各个生产领域等等。但是，这些都不是发展生产力最有潜力的机会，最有潜力的机会在于对人的更为有效的使用，员工的价值观念、精神状态好坏，技术的强弱等整体素质的高低，它们对生产经营有着巨大的影响。如果员工以主动自觉的劳动态度投入工作，发挥积极性和创造性，就能为企业赢得可观的经济效益。如果员工能够以企业的目标为自己的目标，进行创造性工作，企业的潜能就会最大限度地发挥出来。现在越来越多的企业都认识到了这一点，要实现企业的可持续发展，不仅要关注产品和市场，更要关注企业文化，进行企业文化建设，由企业文化所培养起来和形成的共同价值观、经营理念、行为方式等，会成为企业发展的不竭动力。

第二节　团队文化及其作用

一、团队

团队作为组织的一部分，是由两个及以上的成员组成的一个共同体，他们有

相互补充的技能，有明确的团队目标且共同承担团队责任，通过合理利用每一个成员的知识技能产生积极协同作用，使团队绩效水平大于个体成员绩效的总和。团队由五大要素构成：第一是人员，毋庸置疑，人员是构成团队最核心的力量，也是实现团队目标的前提和基础。第二是共同目标，共同目标为团队成员指引方向，指明道路，让团队成员知道朝着什么方向努力，沿着何种路径发展。第三是团队的定位，就是要明确团队由谁选择和决定团队的成员，团队最终应对谁负责，团队采取什么方式激励下属等问题；第四是权限，即明确团队领导人的权限。一般来说，团队中领导人的权限与团队发展阶段相关，团队发展初期领导权相对集中，团队越成熟，领导权力相对越小；第五是计划，即明确团队实现目标的计划和步骤。

对于任何一个团队来说，都必须以目标为导向，以协作为基础，团队成员需要遵循共同的规范，采取共同的方法，并且团队的成员在技术或技能上要形成优势互补。

二、团队的类型

组织的性质不同，所组成的团队也不尽相同，我们在此主要基于经济组织即企业的实际情况对团队类型进行划分。

（一）问题解决型团队

问题解决型团队主要关注他们责任范围内的特殊问题，进而提出解决问题的方案。问题解决型团队的团队成员一般都来自同一个部门，每周集合聚会几小时，用于讨论如何提高产品质量和生产效率，团队中的每个人都要发表意见和提出建议。一般来说，问题解决型团队的独立性比较差，具有临时性、不稳定性，团队成员基本没有权力根据意见单方面采取行动。

（二）自我管理型团队

自我管理型团队也被称为自发工作团队，这是一种独立自主的团队，由每天一起工作以生产一种产品或提供一种完整的服务的人员组成，团队人数一般在10—16 人之间。自我管理型团队承担团队成立以前原本由上级领导所承担的一些职责，包括控制工作节奏、决定工作任务的分配、设立关键目标等等，还要讨论解决问题的方案与方法，进而执行解决方案，对工作承担全部的责任。自我管理型团队的优点是可以减少管理层次，使组织更加扁平化，团队成员对组织有更强的认同感，缺点是团队的缺勤率和流动率比较高。

（三）多功能型团队

多功能型团队由来自同一等级、不同工作领域、具有不同工作技能的成员组成，通过识别和解决跨部门、跨领域和多功能的问题来完成特定的任务。多功能型团队的优点是有平和的工作氛围，便于团队成员交流意见，激发新观点，协调复杂关系，解决疑难问题，可避免协商过程中出现的不平等现象。缺点是在早期阶段会耗费大量的时间，很难建立起真正的信任，需要较长时间的磨合。

（四）虚拟团队

虚拟团队指在不同地域空间的个人，通过信息技术来进行合作的群体。虚拟团队是跨时间、地区、组织构建的团队，成员地理上分散，主要通过桌面视听会议系统、合作软件系统、网络系统等进行合作（不需要团队成员之间密切的面对面接触）。虚拟团队的显著特征是以一系列信息技术为纽带，联系成员，实施任务。虚拟团队具有弹性的工作时间，工作地点、工作方式都不受限制，可以实现团队成员最大程度的优化组合，也可以减少团队成员长期相处带来的摩擦。对虚拟团队来说，信任是构建团队的重要因素。

（五）知识型团队

知识型团队指运用高智力资本从事创新型工作的群体，主要承载超常规的和创新性的复杂任务，团队成员拥有独特专业知识，并对知识进行整合、重组。团队项目一般具有高风险、高回报、高等次的特点。

二、团队文化

团队文化即团队形成的文化，它源于组织文化，同时又会展现出一个团队的特有风格。具体来说，团队文化是在一定的条件下，团队生产经营和管理活动中所创造出来的具有该团队特色的一种潜意识文化。团队文化是社会文化与团队长期形成的传统文化观念相结合的产物，它包括价值观、最高目标、行为准则、管理制度、道德风尚等内容。团队文化以全体团队成员为工作对象，通过宣传、教育、培训、团队建设、文化娱乐、交心联谊等方式，以最大程度地统一团队成员的思想，规范团队成员的行为，凝聚团队成员的力量，为实现团队总目标服务。优秀的团队文化不仅能够为团队发展提供价值引导，使其在本行业中独树一帜，带来更大的经济收益，而且通过对团队成员的潜移默化，能在团队内部形成强烈的文化认同感，提高团队成员的向心力和团队的凝聚力。

如今团队已经成为众多组织实践组织文化管理过程中强有力的核心价值

观，团队建设更是成为组织文化深植过程中一个至关重要的课题。无数实践证明，优秀的团队文化能够营造良好的团队环境，提高团队成员的文化素质和道德水平，对内形成凝聚力、向心力和约束力，形成团队发展不可或缺的精神力量和道德规范，对团队产生积极的作用，使团队资源得到合理的配置，从而提高团队的竞争力。

团队文化的核心是团队精神。团队精神是团队成员共同认可的一种集体意识，它显现的是团队成员的工作心理状态和士气，是团队成员共同价值观和理想信念的体现，是凝聚团队、推动团队发展的精神力量。团队精神是员工思想与心态的高度整合，是团队成员在行动上的默契与互补，是“小我”与“大我”的同步发展，是团队成员之间的互相宽容与理解。团队精神的实质是一种力量，这种力量是通过共同的信仰、一致的行动、相似的工作作风、共有的价值观念、标准的行为规范而凝聚起来的一种合力、众力。

团队精神的形成主要来自两个方面：一是人类存在着合群倾向，合群可以满足人们在单独情况下无法满足的各种需要，消除孤独感，调节心理和行为；二是团队的目标在于达成目标和使命，为此要求团队成员形成凝聚力，勠力同心，团结协作。这种合作并非一般意义上的齐心协力，而是强调发挥团队优势，在团结协作中实现优势互补，发挥每个人的特长，发挥积极协同效应，带来“1＋1＞2”的绩效。团队精神的外在表现是团队成员的奉献精神，团队成员以一种强烈的责任感投入工作，在自己的岗位上“殚精竭力”，为了团队的和谐与发展甘当配角，“主动”为团队的利益放弃自己的私利。

团队精神作为一种精神力量，可以推动团队的有效运作和发展，提高团队的整体效能。一个具有团队精神的团队，其团队成员对团队具有强烈的归属感，会把自己的前途与团队的命运联系在一起，工作上具有高涨的士气，愿意为团队的利益与目标尽心竭力。团队成员对团队高度忠诚，有强烈的团队荣誉感。团队成员之间相互信任，信息共享，同舟共济，通力协作。

三、团队文化的作用

团队文化对于团队的发展具有不可低估的作用，表现在：

1. 凝聚作用。任何团队都需要凝聚力，传统管理是通过组织系统自上而下地发布行政指令来形成凝聚力的，它淡化个人感情和社会心理等方面的需求，团队文化则通过对团队成员团队意识的培养，利用团队成员在长期工作实践中形成的习惯、信仰、动机、兴趣等文化心理，来沟通团队成员的思想，引导大家产生共同的使命感、归属感和认同感，进而将团队成员紧密地团结在一起，形成强大的向心力，使团队成员勠力同心，步调一致，为实现团队目标而奋斗。

2. 引领作用。团队文化可以为团队成员的行动提供方向和可供选择的方式，提供一个价值范围，通过共享文化，使团队成员明白何种行为是适宜的，进而选择有效的行动。易言之，团队要达到的目标即是每个团队成员努力的方向，团队的整体目标会分解成各个小目标落实到每个团队成员头上，通过每个团队成员的努力得到落实。

3. 约束作用。团队文化可以通过完善管理制度和道德规范来实现约束功能。制度是团队内部的法规，团队的所有成员都必须遵守和执行，从而形成约束力。道德规范强调的是伦理关系，团队成员一旦违背了道德规范，在团队中就会受到舆论的谴责，自己在心理上也会感到愧疚不安，如此就起到了约束团队成员行为的作用。

4. 激励作用。对团队内部而言，团队的共同价值观念会使每个团队成员体会到自己的存在和行为对团队的价值，感受到团队大家庭的温暖，促使团队成员努力工作，奋发向上。对外部而言，一旦团队文化建设成功，在社会上产生影响，团队成员会产生强烈的荣誉感和自豪感，他们会加倍努力，去维护团队的荣誉和形象。

5. 控制功能。在团队中，不仅团队成员的个体行为需要控制，群体行为也需要协调。团队文化所产生的控制功能，就是通过团队内部所形成的一种观念的力量、氛围的影响，来规范、约束、控制团队的个体行为。这种控制不同于自上而下的硬性强制力量，而是表现为一种软性内化控制；由控制团队成员的个人行为，转向控制团队成员的个人意识；由控制团队成员的短期行为，转向对其价值观和长期目标的持久影响。因此，这种控制较之于硬控制会更为持久，而且更容易深入人心。

第三节　卓越团队文化构建

团队的类型不同，其团队文化会形成不同风格和表现形式，打造卓越团队文化应该基于团队的类型和特点加以考虑。

一、问题解决型团队的团队文化

问题解决型团队建立于团队盛行之初，目前仍然是许多组织所采取的团队组建形式。问题解决型团队的成员一般都来自同一个部门，他们每周会在固定的时间集合在一起，就每周出现的问题，如怎样改进工作方案、工作程序、工作方法等进行交流，同时对如何提高生产效率和产品质量等问题提出各自的意见和建议。

在问题解决型团队中，团队成员是没有实际权力来根据意见和建议采取行动的，这也就是说，团队成员虽然可以针对实际工作中存在的问题提出自己的意见和建议，但是往往没有权力采取实际的措施。如，我国国有企业的生产车间、班组等，大致属于问题解决型团队，这是团队建设的一种初级形式，员工可以对改进工艺流程以提高劳动生产率和产品质量等问题提出自己的意见和建议，但决定权依然在领导手中。

谈到问题解决型团队，就不能不提及风行于上世纪 80 年代的品管圈，它在问题解决型团队中得到了很好的运用。品管圈起始于 1950 年 Deming 教授的统计方法课程以及 1954 年 Juran 教授的质量管理课程。该活动于 1962 年由日本石川馨博士所创立，品管圈一般来说由 5 到 12 名员工组成，他们每周都会用几小时开碰头会，讨论如何改进产品质量，还可以对传统的程序和方法提出质疑。整个过程大致包括问题确认、问题选择、问题评估、推荐方案、评估方案与决策六个环节。其中问题确认这一部分是由管理层来最终实施的，团队的成员没有权力来确定问题在哪里，只能提出意见。第二到第四个部分是由质量圈的成员操作，最后两个部分需要管理层和质量圈的成员共同把握和完成。

在日本，品管圈不仅仅是一种训练工程师与主管阶层的有效方法，也大大提高了生产力。截至 1966 年 4 月日本产生了 10000 个品管圈，取得了每圈平均节省 3000 元美元，日本整体改善总共达到 3 亿美元的良好效果。

问题解决型团队的特点非常明显：一是目标任务明确，团队的活动主要围绕着解决某一问题来展开；二是团队的主要工作需要团队成员具备专业知识技能且要不断提升；三是团队内成员关系紧密，交流频繁；四是在团队中团队成员一般只能提供建议而缺少做最后决定的权力。

结合问题解决型团队的组织特点，要促进团队的发展，需要打造以协作、效率和激励为核心的团队文化。

首先，形成民主氛围，营造协作文化。

对于任何一个团队来说，良好的工作氛围都是至关重要的。在一个团队中，人与人之间的相互影响是非常明显的，如果能够营造一种让大家轻松愉快、人与人之间人格平等的民主氛围，就会启发大家的心智，让大家畅所欲言，针对所要解决的问题提出更多样化的方案和更优化的建议。

事实证明，一个团队一旦形成了民主和谐的氛围，团队成员就很容易产生主人翁感，愿意从全局出发，围绕团队目标，相互协作与配合。而一旦做到了这一点，整个团队就能充分发挥一加一大于二的团队效应。

从操作层面上看，问题解决型团队可以通过文化建设，培育共同的价值观和行为准则，营造相互鼓励、相互帮助的工作氛围，形成“胜则举杯相庆，败则拼死相救”的团队精神。以和谐的工作环境促使团队成员的工作富有成效并且心情愉悦，从而不断增强团队的凝聚力。

其次，明确目标导向，营造效率文化。

问题解决型团队大多是针对解决问题而形成的，而要有效解决问题，达成团队目标，对于效率的要求是必不可少的。一般来说，效率包括两个方面，一个是工作效率的提升，它需要团队成员的全力以赴。二是团队成员知识技能、综合素质的提升，它要求团队成员主动地学习和不断进步。

从整个团队来说，要提高效率，则：一、全体成员要真正以目标为导向，明晰方向，减少偏差。二、全体成员必须从团队整体利益出发思考和处理问题，这是团队成员必须具备的基本责任和意识。当然，团队意识的形成并非自然而然，它需要通过培训进行灌输和培养。众所周知，培训不仅是现代企业经营管理中的一种重要管理手段，也是员工职业发展的推动器，通过培训可以强化团队成员对团队文化和团队目标的体会和理解，使之由服从到认同进而内化，增强团队成员对团队的认同感，同时提高其职业素养和专业技术水平，进而达到提升效率的目标。

再者，形成荣誉意识，打造激励文化。

对于问题解决型团队的团队成员来说，他们往往因缺少权力而只能提出意见，无法参与下面的决策，这样就很难调动其工作的积极性和主动性。要解决这一难题，要求在问题解决型团队中打造适用其实际情况的激励文化，切实提升团队成员的工作热情和主动性。

在现实中，团队会经常通过选择典型、树立榜样等方式，营造人人赶超先进、个个争当模范的文化氛围。其实，在打造激励文化的同时，还需要强调团队荣誉感，团队的荣誉感会传递到给每位团队成员，使其感受到自己所在团队的卓尔不群，自己为团队的付出是值得的，自己对于团队是负有责任的，自己所做的一切对团队是有价值的。

我们经常说，榜样的力量是无穷的。团队一旦形成榜样文化，就很容易让团队成员在正面激励中遵章守纪，工作积极主动，殚精竭虑。每个人都有精神需要，荣誉意识，都希望能够得到精神满足，达到自我实现，在获得激励时，人的精神力量就会得到开发，激励越多，所开发的精神力量就越大。当然，树立了榜样就要宣传，而在宣传过程中，载体的选择非常重要，载体运用得当可以使团队成员在潜移默化中受到激励。一般来说，团队会通过网站、宣传栏、大屏幕等载体加强对于团队建设成果、团队榜样、集体活动、光荣榜等内容的宣传，使成员习惯于关注团队发展动向，并达到习惯成自然的境界，使团队成员深感团队及自身价值，激发团队精神，增强团队成员对团队的认知度、归属感和自豪感。

二、自我管理型团队的团队文化

自我管理型团队通常承担着以前原本由上级所承担的一些责任，这些责任包括控制工作节奏、决定工作任务的分配、安排休息时间等等。完全的自我管理型团队甚至可以自主挑选团队成员，并由团队成员相互进行绩效评估。自我管理团队是市场经济条件下团队发展的必然趋势。自我管理团队的优点是团队具有很强的环境适应能力，团队成员有高度的自主权和较高的绩效成果。缺点是在共同决策模式下，有时决策难以区分对错，甚至难以判断优劣，而当多种意见相持不下时，可能影响决策效率，影响团队和谐。

自我管理型团队模式起源于20世纪50年代的英国和瑞典，后逐渐推广至全世界。以著名的沃尔沃为例，它采用的就是自我管理型团队模式，其位于武德瓦拉的生产基地，完全由自我管理型团队进行整辆轿车的装配。在美国，金佰利、宝洁等极具前瞻意识的公司在20世纪60年代初率先采用自我管理型团队模式，均取得了良好效果。根据Law Jeretal的研究发现，1993年68%的《财富》1000强公司使用了自我管理型团队。通用汽车、百事可乐、施乐公司、惠普公司等都是推行自我管理型团队的代表。

自我管理型团队建设一般需要经历五个阶段，分别是：启动、震荡、以领导为核心的团队、紧密的团队、自我管理型团队，其建设也伴随着决策权限的转移，团队不断发展完善，团队的权限不断加强，管理者的权限逐渐降低。

自我管理型团队的最大特点是自我管理、自我负责、自我领导、自我学习。在自我管理型团队中,团队成员拥有很大的自主权,可以管理整个流程及产品,并承担相应责任,团队成员也会通过不断地学习来实现自身及整体的提升。除此之外,自我管理型团队还兼具目标性与技能性的特征,团队中的每个成员共同负责一个团队目标,并且坚信这一目标有重大的意义和价值,团队在形成和融合的过程中也迫切需要具有全面能力的人员。

基于自我管理型团队的自身特点以及团队的发展需要,要发挥该类型团队的优势与能量,减少与避免其可能存在的负面效应,在建设自我管理型团队的过程中要特别注意营造责任文化、信任文化以及学习文化。

第一,树立风险意识,营造责任文化。

自我管理型团队是自我负责的,受到的干预较少,可以说拥有足够大的决策权和管理权。当然,权力与责任是相对应的,权力越大,责任也越大,这就要求自我管理型团队必须有风险意识与责任担当,即要求团队对任务或目标的完成担负责任,并分解到每个成员身上。为此需要建立完善的责任分工体系。目标任务需要明确而全面,团队中的每位成员都应当对自己所承担的任务部分以及自身所担负的责任有着清晰的理解和把握。此外,还需要构建科学公正的评价体系。客观而公正的评价体系包括两大部分:一是绩效评估体系,二是对激励手段有效性的评价。首先是要着眼于整个团队的绩效评估,使团队成员意识到他们每一个人都是团队的组成部分,而非单独的个体,团队的成员对团队负有共同责任。唯有成员高度凝聚,齐心协力才能促使团队整体目标顺利实现。同时,团队还必须基于个体的贡献进行评估,以此来激发团队成员的进取热情和责任意识,避免由于群体责任的扩散而造成的个体的惰性。需要注意的是,无论是责任分工体系还是科学评价体系都需要根据实际情况的变化而适当地进行调整,以便更好地适应变化了的需要。

第二,强化多元意识,营造信任文化。

正是因为自我管理型团队是自我管理、自我领导的,在活动的整个过程中能够自我把控计划、组织、领导、控制等各个环节,因而在一定程度上也就模糊了领导者的概念,每个成员都是领导者,有着相当的决策权(通常这一角色会在团队融合过程中基本确定)。这样在团队活动中成员间的彼此信任就成为了极为重要的一环。因为唯有真正的信任才能带来切实的协作与配合。为此,首先要以尊重为切入点,必须要打破传统的家长制作风,营造轻松和谐的团队氛围(可以适时地组织一些团队聚餐、集体出游等活动)。对任何一种类型的团队来说,其成员都会存在一定差异，这种差异既体现在成员之间的经验、知识和能力方面，也体现在成员的情绪上，如态度、价值观等。对此不能做强制要求，而是要鼓励大家互相理解、彼此尊重，求同存异，从而消解分歧，增进团队和谐。其次要注重公平与开诚布公，团队领导应与团队成员共同制定目标，团队成员能够大胆表明自己的观点和看法，团队领导要充分发挥团队成员的积极性，激发团队成员的创造力，上下协力解决工作中遇到的困难和问题。决策或采取行动时需要考虑其客观性与公平性，而不能仅靠一时冲动或出于自身利益，在此基础上将团队任务的信息充分公开，在每一个决策提出与确定时，要向每位成员说明缘由，即诠释做出该决策的原因，以尽可能得到大家的认同与支持。除此此外，自我管理型团队还应当鼓励团队成员展现自己的才能，当一个人展现出自身的良好的技术与专业才能时，能够得到他人的仰慕与尊敬，进而获得信任与支持。

第三，注重自我提升，营造学习文化。

自我管理型团队是以自我管理为运作特点的，对团队成员的要求比较高，它需要一支有较好能力的队伍，这一队伍的成员不仅要有全面的专业技能，还需要兼具良好的人际交往能力，以保证沟通顺畅，当然，更为重要的是要有发现和解决问题的能力，以及必须的决策力，而所有这一切都需要通过学习来获得与提升。

在知识经济条件下，终身学习不仅是每个社会成员适应社会发展与实现自身发展的需要，更是自我管理型团队成员自我发展的需要。要真正营造学习文化，使团队成员自发地进行学习活动，宣传与鼓励必不可少。自我管理型团队可以通过开展学习内容、方式等相关信息的宣讲来提升团队成员对于持续学习的重视程度。同时可以对团队内在持续学习、多领域学习上取得较好效果的成员进行物质或精神奖励。当然，最重要的是要给团队成员提供学习的环境与条件，如定期培训。对于自我管理型团队的成员而言，高自治性的特点要求团队成员具有其他类型团队成员员工所不具有的多元化的技能，而要做到这一点，持续不断的教育与培训就显得特别重要。

三、多功能型团队的团队文化

多功能型团队也被称作跨职能团队，它由来自同一等级、不同工作领域，拥有不同工作技能的成员组成，他们组合到一起的目的就是要完成某项特定的任务。

多功能型团队的最大优点在于克服了传统同类型人才合作存在的知识单一性局限，使组织内（甚至组织之间）不同领域中的员工之间能够交换信息，激发产生新的创意或方案，解决工作中出现的难题，协调复杂的项目。多功能型团队的不足在于其形成的早期阶段需要耗费大量的时间，因为团队成员需要学会处理复杂多样的工作任务。在成员之间，尤其是那些背景、经历和观点不同的成员之间，建立起信任并能真正地达成合作也需要一定的时间。

20 世纪 60 年代，IBM（国际商业机器公司）开始组建多功能型团队，他们将不同部门的员工组织到一起形成任务攻坚团队，临时性地解决复杂疑难问题。进入 20 世纪 80 年代末，当时几乎所有的汽车制造公司，如宝马、本田等都组建了多功能型团队来进行汽车的研发工作。

摩托罗拉公司的铱项目进一步论证了为什么如此众多的公司青睐多功能团队，采用多功能团队形式解决问题。铱项目是开发一个能够容纳 66 颗卫星的大型网络。该项目的总经理这样说："一开始我们就认识到，要以传统形式来完成规模如此巨大、工程如此复杂的项目，并能准时完成任务是不可能的"。从项目的第一年一直到项目进行到一半时，由 20 个摩托罗拉员工组成的多功能团队每天早晨都要集会一次。后来，这个团队的成员扩展到包括其他十几个公司的专家，如道格拉斯公司的专家、马丁马瑞塔公司的专家、通用电气公司的专家、亚特兰大科技公司的专家、俄罗斯克兰尼切夫公司的专家等等。最终通过团队通力合作攻克了项目难关。

基于多功能型团队攻坚克难的特点，打造多功能型团队的团队文化离不开信任、协作和民主，明确团队目标和个人目标，协调统一，所有成员找准团队角色定位，发挥专长，实现共享决策、协作共赢。

第一，明确团队目标，注重激励文化。

多功能型团队的成员来自不同领域，在团队中，每个成员的个性需求都必须得到尊重与理解，并在此基础上将团队目标与个人利益相结合，找到一个与组织要求相一致的团队目标。组建新的团队后，要及时明确团队共同目标，对源自不同业务流程中的要素进行统筹安排，以确保全体团队成员了解团队的运作方式和努力方向。同时对团队的资源也需要合理配置，综合考量利益，实行责任分担，切实做到各司其职，奖惩共享，增强团队成员彼此的信赖与合作，共同完成工作任务。

在多功能团队中，信任必不可少，信任也是对团队成员最好的激励。要充分了解每一位团队成员的专长与个性特点，在其职权范围内给予充分信任，为其提供发挥专长和能力的空间和舞台。

第二，技能角色互补，孕育协同文化。

多功能型团队的成员是为完成某项既定的团队任务而聚集在一起的，因此必须具备相关的技术和能力。在现实中，由于多功能团队的成员来自不同的部门、层级乃至组织，所以他们具有不同的专业知识与经验，在技能上表现出互补的特征。虽然在各自的分工领域，每一位成员都可能是技能专家，但是由于面对的新任务是跨专业的，所以凭借自己原有的专业技能来完成现有的任务是远远不够的，需要在完成各自分工的同时依赖于具有其他专业知识和背景的成员的支持和协作，才能共同完成既定团队任务。这也就是说，团队成员需要尊重彼此专长，交流经验，相互学习，定期头脑风暴，集思广益。此外成员间还可以互相培训，掌握跨功能、多领域的基础知识，树立全面思维。

在多功能型团队中，团队成员在运用其特定的工作技能的同时还要扮演好各自的团队角色。依据贝尔宾的角色理论，常见的团队角色有九种，他们分别是：实现者、合作者、塑造者、高智商者、协调者、监控执行者、团队的创建者、完美主义者以及技能专家，这些角色性格各异，协同工作，共同促进团队前进。每个团队成员要根据自己所扮演的角色来发挥其角色职能，同时配合其他团队成员的工作。

以著名的餐饮企业麦当劳为例：麦当劳有一个危机管理团队，这是一个典型的多功能团队，该团队的职责就是应对重大的危机事件。危机管理团队的成员来自麦当劳营运部、训练部、采购部、政府关系部等部门，他们平时共同接受关于危机管理的训练，模拟危机出现后如何快速应对，比如广告牌被风吹倒，砸伤了行人，此时该怎么处理。一些人员考虑是否把被砸伤的人送到医院，如何回答新闻媒体的采访，当家属询问或提出质疑时如何应对；另外一些人要考虑的是如何对受伤者负责，保险谁来出，怎样确定保险。所有这些都要求团队成员能够在复杂的问题面前合理分工，团结协作，做出快速行动，并且结合部门专长进行一些专业化的处理。

第三，加强团队建设，营造民主文化。

多功能型团队来自不同部门和领域，因特定的任务聚集到一起，彼此不够熟悉和了解，需要通过团队建设，如聚餐、素质拓展等提供交流平台，加强成员彼此的了解和信任，增强团队凝聚力和归属感。充分利用团队中善于社交的人作为润滑剂和连接针，连接整体，形成身份认同，建立起团队信任，互信互助。

多功能型团队成员大多来自同一等级，不存在上下级关系，共享领导决策权。对于这种团队结构来说，团队氛围一定要民主开放。对团队中的任何一项决策及问题，团队成员均享有平等的发言权，每位团队成员都可以提出自己的想法和意见，通过圆桌会议，畅所欲言，集思广益，保持团队内部沟通的自由通畅。

四、虚拟团队的团队文化

虚拟团队是一种以计算机网络为支撑的、致力于完成任务和建立关系的、动态的、分散的结合体。虚拟团队的成员在相互交往的同时，致力于完成各种不同的任务，从而实现共享的目标。完成任务之后留存的关系既可以作为有价值的社会资产，也可以作为进一步共同学习和合作的渠道。对虚拟团队来说，无论是组建还是解散和延长都十分灵活。

虚拟团队作为一种新型的组织模式，是一个极具生命力的系统，它由许多扮演不同角色的、相互依存的、分散各地的人员组成，团队成员呈现多样性，且差异性较高，成员关系不固定。

虚拟团队与传统团队有明显的不同，表现在：它借助通信技术打破了时间、空间、组织的边界共事。一方面能够充分发挥人才和信息优势，提高解决问题的能力、降低生产经营成本，形成竞争优势；另一方面又因为成员间文化差异大，缺乏信任和必要保障，日常面对面交流机会少，容易造成沟通协调的困难。

当下许多组织在研发、推广、改进等方面都在寻求虚拟团队跨组织的合作，以期实现资源最优配置。以美国的阿卡西亚保险公司为例，该公司为了提高研发效率，决定由外界第三方管理人员接管新的人寿保单业务处理事项。为此他们即刻与供应商、金融管理系统组建了一支虚拟团队。阿卡西亚保险公司与第三方组建虚拟团队的历史，可以追溯到 1988 年上任的总裁查理·斯纳森。查理·斯纳森曾经这样说："当时公司的文化官僚作风极强，以实现公司的职能为重点，不具有灵活性。但是我要求员工必须坚定'顾客至上'的经营理念和团队合作的精神"。事实证明，正是跨组织边界的虚拟团队组建的成功使得该公司开发新产品的时间从 14 到 18 个月减少到 9 个月，同时结合第三方调研到的各地顾客需求及时调整市场营销战略，突破了公司的发展瓶颈。

基于虚拟团队的特点，打造虚拟团队的团队文化，必须以信任为基础，充分尊重个体差异，实现信息和知识共享，做好跨文化培训、沟通。

第一，以信任为基础，实现团队合作。

虚拟团队中的大部分人员都来自不同组织、不同地域，在这种情况下，基本上都是进行远距离的联系和沟通，面对面的互动很少，如此一来，很容易产生距离感和不信任感。而事实上跨边界的合作更需要彼此的相互信任，但是由于缺少面对面的交往和联系，彼此间的信任很难建立起来。即便有了一定的信任，破坏这种信任也很容易。因此，虚拟团队必须在发展的每个阶段都高度重视信任这一问题，设法在团队中建立成员间的相互信任。

虚拟团队主要由人员、目标、通讯技术三要素构成，也正是这三个要素提供了信任的来源。

1. 信任人员。以任务为导向组建的团队，必须充分信任所选择的成员以及他们的能力。要做到这点就要改变传统的层层分派下达的安排方式，转而建立任务封闭式的独立工作单元。

对于虚拟团队来说，唯有团队成员之间相互信任，才能确保他们能以共同可以接受的行为对不确定的环境做出积极回应。但是虚拟团队网络上的有限互动，是难以完整地传递思想、检验能力的，因此需要确保每年几次的面对面沟通与互动以便建立起信任。在这方面，有些公司的做法值得借鉴。如“核心 ROI”公司，该公司特别擅长发展劳工及管理合作伙伴关系，自 1982 年成立以来一直以虚拟团队方式运作，成员遍布美国的五个州。团队负责人乔治·盖茨表示，他们的团队每年至少安排四次面对面会议，起初仅限于公司财务审核等方面，后来发展到讨论各种工作想法与实际经验。他认为，“互联网能够传送信息，却不能传递你的心，团队适时聚在一起更新最基本的信任和信仰，强调共同价值观，有利于建立彼此间的信任感”。

2. 信任目标。任何团队都需要有一致的目标和共享的奖励。相较于传统团队，虚拟团队更难监督团队成员的行为，因此要特别强调和确保所有成员对目标、质量标准和工作流程(包括时间表)的理解相同，重要问题和事件要及时通知给不同场地的所有成员，对于明确的标准提供持续的工作绩效反馈。信任的部分基础是可预见惯例和预见他人行为的能力。以普华永道为例，该公司有 163 万名员工，常驻 150 多个国家。该公司原信息与技术总监、现任首席创新官谢尔登·劳伯曾表示:“如果全部所需信息都能在网上分享，那么让大家飞过来开会就不现实。”公司很少让团队成员在开始合作前见面，而是“依靠明确的审计规则和共同语言来方便合作”。

此外团队目标和回报系统要高度一致，要给予成员公平的绩效评估。有些团队一面要求团队成员合作，一面又仅以个人业绩为基础进行评估奖惩，这是典型的自相矛盾,如此必然导致成员之间的相互猜疑,缺乏工作积极性。

3. 信任通讯技术。信任信息和传送信息的渠道是产生信任的第三种途径。由于虚拟团队是高度信息化的,因此团队信息传递的质、量、方便性必须有一整套令人信服的标准。不仅如此,还应该提倡在组织内为每个人提供必须信息的开放式管理,只对私密信息进行保密。倘若团队内每个成员都能够获得财务信息,那么各职位的成员彼此间就更容易产生高度信任感。而取消获得信息的私人特权,则会提升每个人在团队中的归属感。即使组织出于善意,也会因为没有公开足够的信息而导致不信任。一家出版公司就发生过这样的事情。这家出版公司有几千名员工。该公司决定召开有史以来第一次全员大会,会议的目标是在组织层级间建立良好的沟通渠道。不料在会议召开的前几周,出现了公司将被出售并可能大规模裁员的谣言。如果在会议前公司的高层领导能够公开发布一份简要备忘录,澄清谣言,相信一定会避免大家的枉加猜测。

第二,以尊重为前提,达成有限共识。

虚拟团队要想在全球化环境中卓有成效地工作,其团队成员必须具有对异族、异地文化的敏感性和包容精神,学会尊重并主动了解文化差异,允许百家争鸣、百花齐放。一位跨国公司的虚拟团队负责人曾这样说:"在这样的团队里,你不得不把自己的文化弃之一边,时刻准备接受你将面对的另一种观念。"这就是不同文化交融共生的过程。

尊重多元文化的同时,还需要追求有限共识,树立一种团队核心价值观。虚拟团队的多元文化可能会带来成员间的价值取向冲突,这是不利于团队共同目标实现的,因此在团队建设之初就必须通过沟通明确团队的核心价值观和共同愿景,为日后良好沟通、集思广益的决策以及共同解决问题奠定坚实的基础。全球化工企业巴斯夫亚太地区技术采购副总裁龚毅红非常重视这一问题,采用了团队建设公开征询的方式来识别项目团队的共同价值观,在虚拟团队团建活动中,提供给每个人与文化背景、项目管理、价值观等有关的 50 个词组,要求大家背对背从 50 个词组里挑出最认可、最重要的 20 个词组,然后依次从 20 个中选 10 个,10 个中选 5 个,最后从 5 个中选 3 个。将最后剩下的三个词作为团队共同的价值观和文化。这一做法值得借鉴。

第三,以培训为支撑,打造文化认同。

进行跨文化的培训是目前虚拟团队防范和解决文化冲突的有效途径。这种跨文化的培训主要包括:对团队所有成员的国家文化、组织文化和职能文化加以认识和了解;进行文化的敏感性、适应性培训;语言培训;跨文化沟通以及冲突处理能力培训等等。

通过跨文化培训，团队成员共同为团队命名，以建立起对共同身份的认同。团队成员进一步了解彼此，讨论文化差异，不局限于姓名、头衔和国籍。要求每个团队成员建立个人网页，展示个人的信息和知识文化背景，鼓励团队成员们彼此了解。每次成员登录部门网页时，页面就会出现另一成员的头像，点进去就可以了解该成员的相关信息。帮助成员建立共同历史。鼓励团队形成共同语言、故事和标志（如标识或咖啡杯）、仪式、爱好。鼓励团队成员与外部人士或群体建立互帮互助关系。

五、知识型团队的团队文化

知识型团队是一种为了实现某一目标而由相互协作的知识型员工组成的群体类型。所谓"知识型员工"可以理解为接受过高等教育，掌握相对先进的知识与技能，并且可以凭借自身的能力为组织创造出高于一般体力劳动者价值的脑力劳动者。在团队中，知识型员工更多地被视为智力资源、知识载体和创新主体（这是与一般的体力劳动者相比较而言的）。然而，在现实中，仅仅依靠个人的脑力劳动是难以高效率、高质量地解决组织内复杂的工作任务的，唯有通过若干脑力劳动者之间相互的知识分享与交流，才更容易实现知识的升华和二次创造，进而更有利于创新性活动的产生和高质量地完成组织任务。目前，构建知识型团队越来越为各类组织所重视，并日益成为一种常见的工作方式和运作方式。

从实践来看，知识型团队更倾向于成为创新型团队、高效益团队。这是因为相较于那些常规性团队，知识型团队凭借自身的技能，所承担的大多是能够实现组织突破性的工作与任务。但是，由脑力劳动者构建的团队并非都是高效的。在《第五项修炼》中，就有人将知识型团队的低效率问题描述为"为什么每个智商都在 120 以上的员工，团队智商却只有 62"。之所以出现这种问题，是因为没有认识到知识型员工自身的独特性（与传统的体力劳动者相比较），采取有的放矢的激发与激励。基于此，除了建立科学合理且具有可操作性的制度进行约束与激励外，还应该依据脑力劳动者自身的特性及其所承担的任务的特殊性，通过团队文化的打造来实现进一步的改善。

首先，尊重自主意识，打造平等型文化。

知识型员工与其他类型的员工相比，他们思想独立，自主意识和平等意识较强。由于他们大都是某一方面的“专家”，在自己的专业领域或者原有的职位内，拥有一定的权威性，所以团队中很难形成传统意义上的“权威人物”，成员之间的关系一般不太像传统的上下级的关系，而是共担风险和共享利益关系。虽然在知识型团队中也有领导，但是这种领导者通常没有什么特权，更多地是扮演一种“召集者”的角色。打造“自由平等型”团队文化，可以借助各类团队建设活动来实现，一般的团队建设活动多是在工作之余开展，借此可以加深团队成员之间的相互了解，构建相对亲密的伙伴关系，此时领导也要放下“架子”，走到团队成员中去，通过和团队成员的平等交流，形成团队内部自由平等的氛围。

第二，尊重创新需要，打造创新型文化。

与一般的体力劳动者相比，知识型员工大都接受过高等教育，有自己的主张，不愿意人云亦云，敢于挑战常规与权威，希望能够创新与突破，要求在职场中实现成长和发展。然而创新性、突破性工作任务的完成，需要宽容、包容的文化与氛围，如此才能为各种思想的随意碰撞提供一个轻松的环境与氛围，在碰撞中发现思想的闪光点，最终形成创新型的方案，达成创新型行动。基于此，须打造宽松—创新型的团队文化。具体方法可以依靠宣讲会、表彰先进会和团队建设活动来实现，而宽松的环境氛围则可以通过各类活动和会议来进行深化。

第三，尊重成就需要，打造“能上能下”型文化。

知识型员工与一般的体力劳动者相比，物质需求和事业成就需求相对都比较强。他们渴望凭借自身的知识与技能，在工作上有所成就，有所建树，实现个人事业成就的满足，同时为家庭创造更高的生活品质，因此，须在团队内打造“能者上，平者让，庸者下”的文化。“能者上，平者让，庸者下型”团队文化的打造，可以依靠领导层面的宣传来实现。通过相关制度安排和上层的宣传，为知识型团队内部的发展指明方向与实现路径，同时使成员认识到自己的成长与发展是受到组织的理解与支持的。

第四，依据实际需要，打造学习型文化。

知识型团队承担的工作既具前沿性，又呈现出复杂性，这就要求知识型团队的成员需要持续不断地学习，特别是一些知识更新快的高新技术领域，就更需要重视“学习型”文化的打造。这里所说的“学习型”文化，侧重于依据实际任务的需要，快速地学习与吸收所需知识，并且能够及时地学以致用，解决实际问题。为此，知识型团队要为团队成员的学习提供平台，让团队成员在与诸多同一领域或者不同领域内的“专家”共同工作的过程中，即时学习，不断提高自身的业务水平和解决问题的能力。

打造“学习型”团队文化，最重要的是利用知识型团队本身这个平台，组织团队内部和外部的交流会和培训。一方面，可以在团队内部组织各种交流会，针对面临的实际问题进行交流，或者根据实际工作中出现的瑕疵与问题，组织培训会进行成员的培训，提高其学习的意愿与自主性。另一方面，可以将自己的团队与整个领域内的竞争对手做比较，审视自己的优长与不足、将来的预期与前景，如此，既可以激发知识型团队内部的学习意愿，又可以提高成员的团队认同感与集体荣誉感，强化成员彼此之间的学习与协作。

第五，保障任务完成，打造协作性文化。

随着市场竞争的日趋激烈复杂，团队面临的任务越来越艰难与复杂，很少能够仅凭一个团队独立完成，更多的时候要借助于不同团队的通力协作，有的时候甚至需要跨领域之间的协作。但是，知识型员工作为领域内的专家们，知识与技能的共享可能会使其丧失部分的领导地位，也正是因为这一点，部分知识型员工的共享意愿会降低，基于此，须在团队内打造协作性的文化。一般来说，当团队内的合作氛围浓厚的时候，合作就会成为团队内的期待性行为，员工会倾向于与其他成员进行共享与协作。

“协作型”团队文化的打造，有多种形式，可以在工作之外组织各种聚会，也可以进行各种形式的团队建设。通过这些活动，能够增强团队成员之间的亲密和良好的关系。而亲密的良好的关系不仅可以强化成员之间的互帮互助的情感，还可以提高成员之间相互协作的意愿。一般来说，协作性意愿的形成与强化，可以依靠团队内部组织的任务交流会来实现。任务交流会为团队成员进行正式的交流与学习提供了一个正式的平台，在这个平台上团队成员可以进一步了解任务的完成情况及结果，如果完成情况和预期结果不佳，为了及时加以修正，成员之间的交流与协作势必会强化，因为大家都明白，团队的共同利益是个人利益的基本保障。

第六，缓解成员压力，打造激励型文化。

众所周知，越是创新性、突破性的工作给人造成的压力越大。当然，这种压力还可能来源于知识型团队高效益的预期。如果团队成员处于持续性的高压力状态，可能会感到备受折磨，这可能会使团队内部充满压抑悲观情绪，进而影响任务的完成。因此，对于承担前沿性、突破性工作任务的知识型团队来说，乐观、奋进、激励性的文化必不可少。当然，这种乐观不是一味的放松，而是在艰难中愈加追求奋进的文化。

打造轻松活泼、乐观奋进、激励性的文化氛围，主要依靠团队内部的激励性措施来实现。通过物质性的激励，可以提高知识型员工的耐压能力。比如利用丰厚的绩效奖金来抵消知识型员工的工作压力和工作强度，进而提高其工作的积极性和自主性。也可以利用精神激励的方式来消解知识型员工内心的焦虑感，如树立典型与榜样。

第四节　团队文化建设中“共性”与“个性”的统一

一、团队文化的“共性”

无论是何种类型的团队，其团队文化建设都是围绕着“团队”这一核心而展开的，因而必然有许多共通的地方。依据以上探讨的五种类型的团队文化的构建，可以归纳出几个团队文化建设关键词，分别是“效率”、“信任”、“包容”和“协作”。

1. 效率是组建各类型团队的根本目的，组织就是为了合理利用每个成员的知识与技能来实现某一目标而组建团队的，因而无论是何种类型的团队，其文化建设无一不是围绕着“效率型文化”而展开的。换言之，提高效率，解决问题，就是组建团队的目的。因此，各类型团队文化的构建，都离不开“效率”这一关键词。

2. 信任是各类型团队发挥效率的前提。如果没有信任做基础，整个团队就如同一盘“散沙”，很难凝聚在一起，更不用说发挥团队的应有效能，甚至会面临团队解散的风险，因此，团队必须致力于打造“信任型”文化，形成团队成员相互信任的良好氛围。

3. “包容型”文化是团队发挥作用与效能的基础。团队为任务的高效完成提供了一个平台，在这个平台上来自不同领域，甚至不同国度的个体共同合作，他们的文化背景不同，知识水平、经验和经历，难免会出现一些相互冲突，基于此，必须营造“包容型”的文化，引导大家相互理解、求同存异。

4. “协作型”文化是团队发挥效能的重要保障。组建团队就是为了合理利用每个成员的知识与技能，实现团队成员的取长补短，通过优势互补来达成团队目标，如果团队成员相互独立，各行其是，不仅失去了组建团队的意义，也难以高效率、高质量地完成工作任务。

二、团队文化的“个性”

构建团队文化应针对不同的团队类型，具体问题具体分析。比如，自我管理型团队要根据其“自我管理”、“自我领导”、“自我负责”的特性，构建富有“责任、尊重、信任”特色的文化。因为在自我管理型的团队中，团队成员之间彼此独立性较大，利益结合较少，彼此间的约束也较弱，因此需要对自己负责，对他人尊重与信任，唯有形成这样的文化氛围才能保证团队的顺利发展；又比如，构建问题解决型团队的团队文化，要着重围绕“效率、协作”进行。因为该类型团队大都是为了解决某一个或某一些问题临时组成的，伴随着问题的解决很可能会解散，因此这类团队的最重要的使命就是加强协作，提高效率，有效解决问题；再比如，虚拟型团队的团队文化的打造要集中精力于“沟通、信任、团结”。因为对于虚拟型团队来说，其成员大都是跨越时空和组织边界的，主要依托技术支撑来运作，这就要求团队成员之间必须具有相互信任的态度，将自己掌握的知识与技能与其他成员进行沟通和共享，在这一过程中可能会出现这样那样的不协调，甚至产生矛盾与冲突，而这些问题又难以当面解决，此时团队成员必须秉持团结互助精神，加强理解与信任，唯有如此，才能促成任务的顺利完成。

三、团队文化建设中的“辩证统一”

构建团队文化，既要看到团队之间的共性因素，这是各类型团队在运作中反映出来的共同点，是需要引起我们关注的地方，只有注意到这些需求的共同点，才能保障我们的团队正常运作，实现基本的效能。与此同时，我们更要看到打造各类型团队文化的个性因素，唯有关注并且在文化建设中重视这些需求，才能“有的放矢”，进而充分调动团队成员的积极性、主动性、创造性，才能保障团队高效率、高质量地完成任务。当然，最重要的还是将两者结合起来，既要看到团队文化建设中的“共性”要求，也关注其“个性”需求，只有这样，才能最大程度地发挥出团队的应有效能。

案例分析 1：李云龙团队的亮剑文化

“要有一股气势，要有一种拼到底的劲头。就像一个剑客，和对手狭路相逢，他发现对手竟是天下第一剑客，这时他明知是死，也必须亮出宝剑，没有这样的勇气就别当剑客，倒在对手的剑下不丢人，那叫虽败犹荣，咱中国人决不当孬种，逢敌必亮剑。”

李云龙团队的团队文化在军队中被称之为魂——军魂，如果用在我们的团队建设中就叫做价值观。在团队中如果有一种这样的文化，无论遇到什么样的艰难困苦，无论处于何种不利的形势，都会竭尽全力加以解决，就如同《亮剑》中的每一个战士一样。但是实际的情况是，当团队遭遇困境时，想方设法、殚精竭力的往往只有总经理，只有老板，其余的人到了时间就下班，事不关己，反正问题解决不了对自己没有损害，工资不会少一分。这难道不像楚云飞的部队，打不赢没关系，实在不行就跑，因为有退路。总经理、老板只能向前，他们没有退路，要么胜利要么战死！

案例分析 2：营造相互信任的团队氛围

有一家银行，领导特别注意放权给中层管理者，让他们自主开展营销活动，开始有人担心这些人会不会乱花钱，可事实上，他们不仅没有乱花钱，反而维护了许多客户，销售业绩一路飙升，成为业内的标杆。相比之下，有些领导把权力紧紧攥在自己手中，尤其是在资金方面，生怕别人乱花钱，自己却大手大脚，结果下属愤愤不平，也想方设法谋取私利。另有一家经营环保材料的合资企业，总经理的办公室跟普通员工相同，都在一个开放的大厅中，普通员工站起来就能看见总经理在做什么。员工出去购买日常办公用品时，除了正常报销之外，公司还额外付给一些辛苦费，这个举措杜绝了员工弄虚作假的心思。通过以上两个案例，我们可以感受到相互信任的氛围对于团队成员的影响。在一个相互信任的团队中，团队成员不仅会产生安全感，还会形成对团队情感上的认可，进而真正认同团队，将团队看成是自己的，这恰恰是一个团队最坚实的合作基础，

第十一章　创建学习型团队

学习是生命的源泉，一个人的生命活力在于学习，一个团队的发展活力更在于学习，只有通过学习，人才能活出生命的意义；只有通过学习，团队才能获得发展的生机。与传统意义上的学习不同，知识经济时代的团队学习是一种激发、启迪人们智慧的艺术，它不仅可以不断更新团队的知识、信念，更重要是能够增强团队的革新能力和成长动力。

第一节　学习型团队概述

一、知识经济带来的新变化

知识经济是随着社会不断发展而衍生出来的一种新型经济运作模式。“知识经济”这一概念是经济合作与发展组织（OECD）于1996年在组织文件中首次正式提出的。OECD在《以知识为基础的经济》报告中将知识经济定义为：“建立在知识和信息的生产、分配和使用基础之上的经济”，[①]知识经济是和农业经济、工业经济相对应的一种概念，以知识信息为核心，以知识劳动为主要形式，通过知识的使用和创新，扩大劳动的效能，实现社会生产过程高效管理的一种经济形态。

经合组织现有36个成员国，其中包括七大主要工业国家：美国、英国、法国、德国、日本、意大利和加拿大。1996年，该组织共有29个成员国，从人口上

---

① 王金凤、白彦壮：《追求企业卓越》，北京：中国经济出版社2003年版，第226页。

看，这29个国家的总人口仅占世界总人口的17%，但其总产值却占世界GNP（国民生产总值）的79%。根据统计数据显示，经合组织主要成员国国内生产总值的50%以上都以知识为基础，该组织在《科学、技术和产业展望报告》中总结了20世纪90年代以来经合组织各成员国经济社会发展的情况和趋势，并且在报告中总结："事情已经使人们越来越清楚：知识是支撑经合组织国家经济增长的最重要因素。"

与传统经济模式中以市场为基础的发展方式不同，知识经济是基于知识要素而产生，呈现出明显的发展特征和文化特征：知识经济以知识作为最重要、最直接的生产要素；知识是成功致富的最重要资源；知识经济时代的劳动主体是与时代发展相适应的有知识的人；知识经济以智力为支撑；知识经济时代发展的内在动力是知识和技术领域的创造力；知识经济时代的价值取向崇尚能力本位。

经历了从资源经济到知识经济时代的转变，越来越多的组织认识到知识在市场经济发展过程中的价值和推动作用。在新经济时代，知识不仅为市场创造出更多财富，也对企业、政府和国家核心竞争力的提高起到巨大的推动作用。在知识经济时代背景下，组织的发展也迎来了新的使命和挑战，组织生和死的速度加快，竞争不断加剧，INTERNET网使人类集体的创造力得以快速地集合，知识创新速度不断加快。在知识经济条件下，知识成为继劳动力、资本、土地等传统生产要素之后新的核心发展要素，作为微观主体的团队在新的形势下要获得成功、成就卓越，就必须将自己打造成为学习型团队，为团队成员提供终身学习的机会，有效利用知识资源的核心作用，充分发挥知识的价值并将其转化为团队发展的核心竞争力。

二、学习的基本理论

团队的竞争力取决于团队的创新能力，而创新能力源自于团队成员综合素质的提高，提高团队成员综合素质本质上依赖于其"学习力"的提高。重视团队学习、打造学习型团队并非心血来潮，而是有其坚实的理论基础。

（一）成人学习理论

考虑到团队成员的特殊性，并且区别于儿童学习，在此我们首先探讨成人学习理论。成人教育学（Andragogy）这一概念是由一名德国文法学校的教师提出的。桑代克是西方第一个通过实验论证成人学习的心理学家，其所著《成人学习理论及其启示》一书标志着研究者的研究视角开始从行为主义心理学转向对成人学习的研究。到 20 世纪 50 年代，教育心理学家通过大量研究逐渐发现除了智力因素之外，认知发展和问题解决能力也是他们研究的重点，但是到目前为止大部分的研究还未能严格区分儿童和成人的学习，而且在试验中也没有考虑到受教育程度、反应速度等非认知因素。以上研究孕育出了两个重要理论——成人教育学与自我导向理论。到 20 世纪 70 年代后，成人教育学和自我导向学习得到了大家广泛的关注。

对成人教育进行深入研究和发展的是美国成人教育学者诺尔斯。诺尔斯在其所著的《被忽略的群落：承认学习者》(*The Adult Learner: A Neglected Species*)一书中对成人教育进行了全面阐述。诺尔斯认为，"以往的学习心理学研究大多是建立在有关动物和儿童学习实验的基础之上，并不适合于成人学习的心理特点。"[①]他将成人教育和普通教育加以区分，认为成人教育的目标是帮助全世界成长中的人们变成更加成熟的成人。在知识更新速度日渐加快的情况下，必须把学习理解为探索未知知识的终身过程，而不仅仅是单向传递知识的过程，他认为成人教育的任务在于引导成人学生主动学习，对自己的学习主动承担责任。诺尔斯认为，若要科学地研究成人学习，必须运用成人心理发展的研究成果，绝对不能照搬儿童教育学的理论，应当运用马斯洛、罗杰斯的人本心理学理论等有机的、具有能动性的心理学理论。诺尔斯的学习理论模型建立在以下基础之上：成人需要知道他们为何需要学习；成人有进行自我学习自我指导的需求；成人可以通过学习带来更多和工作相关的经验；成人是带着一定问题参与学习的；成人受到内、外部的激励而学习。

自我导向学习(Self-Directed Learning)理论几乎是与诺尔斯成人教育理论同步出现的。格若、塔夫、霍尔和诺尔斯等学者都对自我导向学习理论做出了重要贡献，其中贡献最大者应属塔夫。塔夫最早对自我导向学习理论进行了细致而全面的描述，他认为自我导向学习是由学习者自己制定计划，并且自我引导学习活动的进行，他将"学习计划"作为衡量自我学习的基本单位。早先关于自我导向学习过程的一些理论模型多是直线模型，例如诺尔斯和塔夫提出的模型包括从需求分析、教学形式、资源评估到结果评估等一系列过程，后来的学习模型不仅会考虑学习者因素，同时还将学习环境、学习内容等要素综合考虑在内，并且增加了学习的互动性，例如丹尼斯提出的模型中就将学习阶段、学习策略、学习者特点、学习环境和学习内容等全部加以考虑来全面分析自我导向学习的全

---

① 张招存："论成人学习理论在企业员工培训中的应用"，《产业与科技论坛》，2013 年第 12 期。

过程。

（二）终身教育理论

终身教育思想由来已久，终身学习、终身教育的理念在古希腊罗马、伊斯兰以及在印度、中国的古哲学中就已出现。古代波斯倡导的教育就是一个人终身的教育，包括人从出生到死亡的一切活动。在西方，终身学习思想的产生亦经历了一个漫长的岁月，有学者认为它的起源甚至可以追溯到柏拉图关于学习的论述，“例如柏拉图认为一个人要想学习到新的知识，就要做好使心灵真正转向善理念，获得实在的知识，而若不能经历漫长而艰巨的训练和‘严格科学的方式忍苦地学习’是绝对不能收敛的。”①

1965年，联合国科教文组织成人教育局局长、法国成人教育专家朗格朗在提交给国际成人教育发展委员会的提案中第一次明确阐述了终身教育的概念。朗格朗在其写的《终身教育展望》一文中提出在任何阶段的任何人都应得到学习机会的观点。1972年联合国教科文组织发表了《学会生存》一书，该书提出了为生存而学习的观点，要求人们终身学习，同时终身教育理论研究在全世界范围内得以开展。

保罗·朗格朗对“终身教育”概念的阐释对终身学习理论的研究具有重要意义，他认为应该建立一个新的教育系统，在这个系统中教育从纵向上贯穿着人的整个一生，而在横向上则连接个人和社会生活的各个方面，今后的教育在每个人需要的那个时刻，都可以用最好的方式来提供所必要的知识和技能，格朗格对“终身教育”理论和实践的倡导，在全世界引起了强烈反响，如今终身教育和终身学习已经成为世界教育改革的指导原则和主要动力。

国际21世纪教育委员会认为终身教育应该包括五个方面的内容：从时间上来看，教育和学习相伴于人一生，与人的生命共始终；从空间上来看，学习和人的生活、工作的各个方面都有所联系；从经济角度看，终身教育是联系经济战略和教育战略之间的关键性纽带；从教育形式来看，终身教育包括正式的、非正式的、常规的和非常规的教育活动和行为等；从结果上看，终身教育意味着不断为工作人员提供其所需要的服务和机会，使之获得在这个日渐复杂和竞争激烈的社会中得到生存和保持自尊的技能。当今世界已经进入一个推广终身教育理念和实施终身教育政策的时代，这个时代最基本的特征就是强调教育和学习要贯穿人的一生。

---

① 吴遵民、谢海燕：“当代终身学习概念的本质特征及其理论发展的国际动向”，《继续教育研究》，2004年第3期。

（三）学习型组织理论

学习型组织理论的提出是时代发展的必然，是对人类社会管理进步乃至经济和社会发展的一项重要贡献。把人类社会建设成一个学习型社会的设想起源于 1965 年联合国教科文组织在巴黎召开的一个重要会议上。1968 年，美国学者赫钦斯(R. R. Hutchins)出版了《学习社会》一书，在书中从通才教育的角度出发说明建设学习社会的重要性，这一观点一经提出便得到越来越多世界相关国家的认可。70 年代初，联合国教科文组织提出“向学习型社会前进”的目标。联合国国际 21 世纪教育委员会在 1996 年完成一项名为《教育——财富蕴藏其中》的研究报告，报告所强调的重要主题是“21 世纪是强调把人作为发展中心的世纪”，根据这一特征分析了教育学习在 21 世纪的作用——教育学习是人类发展和社会发展的主要途径和首推动力。教育学习不再是社会发展的手段，而是社会发展的基本内容和目标。《美国 2000 年教育战略》中指出：“学习不仅仅是为了谋生，而是为了创造生活。”这个论断赋予了“学习”崭新的时代意义。

学习型组织理论中最具有代表性的是美国麻省理工学院教授彼得·圣吉博士提出的“第五项修炼”。1990 年彼得·圣吉博士出版了《第五项修炼——学习型组织的艺术与实务》的论著，在书中对学习型组织的理论做了全面深刻的论述，并提出 21 世纪的人应该是学习型组织中的“学习人”。在学习型组织中，组织学习的过程就是进行五项修炼的过程，五项修炼过程的内容和特征是：能够进行系统思考，以系统思考的方法来研究问题和解决问题，不被现象所迷惑，从整体出发透过现象分析问题背后的原因，从根本上解决问题；建立共同愿景，共同愿景源自于个人愿景，经过组织成员的相互沟通形成组织的共同愿景，将个人愿景和组织愿景结合起来激发潜能、凝聚人心，最大程度发挥每个人的积极性，推动组织不断发展；改善心智模式，心智模式是人们的思维习惯、思想方法和心理素质的反映，通过不断学习弥补心智模式的缺陷，不断进行思想和行为的创新和改革；培养组织成员的自我超越意识，自我超越是“学习型组织的精神基础”，组织中每一成员都要通过学习看清现况和自己愿景之间的距离，从而产生“创造性张力”，进而自发并能主动改变现状而实现愿景；搞好团队学习，组织是有很多具有一致目标的团队构成，团体学习是每一个团体中的成员通过“讨论”和“深度汇谈”的形式产生相互影响，以实现团体智慧远远大于成员智商之和的效果。团队是组成企业的基础，每个团队的“团队学习”搞好了，企业才能更有竞争力。

三、学习型团队

团队是组织中一个基本单位，在对“学习型团队”概念进行界定之前首先要对学习型组织的内涵进行了解。学习型组织最初的构想源自于美国麻省理工学院的佛瑞斯特教授，他是 20 世纪 50 年代世界第一部通用电脑“旋风”创制小组的领导者，1956 年，佛瑞斯特教授发表了题为《企业的新设计》的文章，他在文中运用系统动力学原理构想出未来组织的理想形态——结构开放化、层次扁平化、组织信息化，组织成员之间逐渐由从属关系转变为工作伙伴关系，通过组织不断学习，不断重新调整组织结构关系，这个论断是关于学习型组织的最初构想。

彼得·圣吉作为学习型组织理论的奠基人，在其代表作《第五项修炼——学习型组织的艺术与实务》一书中指出，学习型组织是这样一种组织：“在其中，大家得以不断突破自己的能力上限，创造真心向往的结果，培育全新、前瞻而开阔的思考方式，全力实现共同的抱负，以及不断一起学习如何共同学习。”[①]彼得·圣吉认为，现代组织最欠缺的是系统思考的能力，这是一种动态整体的搭配能力，因为这种能力的缺失而使很多组织无法进行有效的学习。《第五项修炼》提供了一套使传统组织转变成现代学习型组织的方法，使组织通过学习提高组织持续创新的能力和整体运作“群体智力”的水平，成为具有竞争力而不断创造未来的组织，未来最成功的组织将会是学习型组织。

知识经济时代的到来对组织发展提出了全新的挑战，终身教育理念、科学发展战略、可持续发展战略、人们工作价值取向的改变等当代社会主流理念对新环境下的组织进行着积极的渗透，并为组织学习提供理论上的支持。结合学习型组织的理论研究现状，学习型组织具有丰富的内涵：

1. 学习型组织方法——发现、纠错、成长。组织学习普遍存在“学习障碍”，如何准确瞄准组织愿景、找寻学习中的限制因素和障碍并找到适合的成长环路，需要组织个体之间不断学习和探索并进行修复，方法只有在动态的过程中才能不断变得明了，最终实现成长。

2. 学习型组织核心——在组织内部建立组织整体思维能力，组织成员在学习中工作、在工作中学习，学习在组织中成为工作的一种新的方式。

3. 学习型组织精神——思考、学习和创新。这里所说的学习指的是团体学

① 朱铁一：《创新型团队建设》，济南：山东大学出版社 2014 年版，第 56 页。

习、全员学习;思考是系统的、非线性的思考;创新是观念、方法、管理和制度等多方面的更新。

4. 学习型组织的关键特征——系统思考,只有站在系统的角度认识组织,才能避免陷入系统动力的漩涡中去。

5. 组织学习的基础——团队学习。团队是组织中学习的最基本单位,团队学习依靠的不是辩论而是深度汇谈,深度汇谈的目的是团队成员共同思考,所有人摊出自己心中的假设,通过一起思考得出比个人思考更好、更准确的结论。

基于以上讨论,我们可以对学习型团队进行如下界定:所谓学习型团队,是指通过培养弥漫于整个团队的学习气氛,充分发挥团队成员的创造性思维能力而建立起来的一种有机的、能持续发展的团队。面对日渐激烈的外部环境,企业必须建立学习型团队,力求扁平化、精简化、终身学习、不断进行自我组织再造,以维持竞争力。知识管理是建设学习型团队的最重要的手段之一。

第二节 以团队学习助推团队走向卓越

一、团队学习和团队竞争力

(一) 何谓团队学习

对于团队学习目前还没有确切的定义,因为人们对团队学习的理解是不断深化的。概括而言,目前关于团队学习的定义大致有如下几种:第一种认为团队学习是一种刺激-反应模式,这种模式反映出一种行为主义的学习观;第二种是团队的信息处理观,它认为团队学习是信息的获得、解释、传播以及存储在团队记忆中的一个连续的线性发展过程;第三种是团队的共同精神模式观,它认为团队学习是从群体和个人的不同思想和价值观中提取"共同观点",引出"共同精神模式",只有团队中最主要的决策者和团队所有成员一起通过学习形成共同的目标和信念,并一致同意采取某种行动时,团队才会有所改变;第四种是团队学习的实践观,主张学习是积累经验的一种途径,是个人日常生活的一部分,把学习视作为实践的学者们认为知识不仅仅是储存在人类大脑之中的"死"的东西,学习应该是社会性的,知识、学习和行为不是相互独立而是相互依赖的。

在进行团队学习的研究中,学者们偏向进行拟人化处理,运用心理学中的理论和概念研究团队学习无疑是一个巨大突破,也取得了很多实际效果,但是拟人化的研究终究不是组织角度上的研究。后来，很多学者试图从不同角度出发去理解团队学习的内涵，例如圣吉从系统动力学角度研究团队学习，他强调团队学习的基本单位不是个人而是团队。借鉴学者们在团队学习概念界定中已取得的成果，结合新形势下团队的特色，我们将团队学习定义为一个团队的集体性学习，它是学习型组织进行学习的基本组成单位，是发展团队成员整体搭配和实现团队整体目标能力的过程，团队成员之间通过学习的过程一起了解彼此的想法和感觉，凭着协调一致的团体行动力来提升团队思考和执行的能力。

（二）团队学习力和团队竞争力

当代社会知识老化速度不断加快，科学技术发展日新月异，知识总量的翻番周期越来越短，如何最大限度地汲取知识和应用知识，把知识转化成现实生产力，即如何提高团队的学习力已经成为现今企业需要迫切解决的难题。传统的学习强调的是个体学习，而知识经济社会更应该注重团队学习，学习力直接推动着知识的更新，同时也直接或者间接地推动着团队的发展。

学习力直接决定团队领导者的决策能力。决策力是团队领导者水平的主要标志，缺少专业理论知识，难以把握团队各岗位的工作要领，没有科学的思维方法，就不能正确把握事物的发展规律；没有较强的新事物接受能力和学习能力，就不能正确地观察和处理问题。团队领导者决策的精准性和科学性直接受其学习力高低的影响。领导者要提高自己的决策的精准性和科学性，必须进行持久而不间断的学习。团队领导者要根据外部形势环境的变化、团队发展现状的变动等及时更新自己的知识结构，领导者不仅要有稳固的专业知识，还要花功夫了解边缘学科、临近学科的相关知识，努力把自己塑造成所在领域的通才。

学习力是团队发展中最为本质的竞争力。学习力是一个人、一个团队学习的毅力、动力和能力的综合体现，学习力是动态衡量人才质量高低的尺度，同时也是科学判断团队卓越与否的重要标准。学习是一种态度，是人自我全面发展的一种境界；学习是一种方法，是使人更高效工作、更快乐生活的方法；学习是一个过程，是不断探索真理、寻找规律、不断提高问题处理能力的过程。学习力是团队发展的生命力，是一个团队保持持久发展的核心竞争力。

正是基于对世界经济发展局势的洞察，国际管理界推出了打造学习型企业的战略举措。在这样一种战略举措的引领下，很多企业开始致力于打造学习型组织，而要实现这个目标，提高学习力势在必行。壳牌石油认为："我们未来企业唯一的竞争优势是我们能够比竞争对手学习得更快更认真。"3M 公司正是以创新和学习力闻名，公司刚成立时，就以多样化而不断创新优化的产品闻名于世，围绕 100 多个核心技术，3M 公司拓展了 60000 余种不同的产品，他们的口号是"多鼓劲、少挑刺，让创意成真"，正是这种独特的学习方式使得 3M 公司大获成功。既然团队的知识优势决定其核心竞争力，那么未来最成功的团队注定将是学习型团队，因为唯一持久的优势是具有比竞争对手学得更快进步得更快的能力。从某种意义上来说，打造学习型团队和学习型个人，不仅有利于强化团队的竞争力，而且决定了团队知识创造、使用和传播的能力。

二、学习型团队建设意义

学习型团队所提倡的学习，不是通常意义上的学习，而是转变团队成员思维模式和能力水平的学习，是创新性的学习。同时这种学习还是一种解决团队发展和员工个人成长过程深层次问题的方法。建设学习型团队无论对团队还是个人来说，都具有重要意义。

（一）发挥员工创造力

马克思主义哲学认为，生产力三要素中最为重要的是人力资源。以信息革命为标志的知识经济使人才资源成为推动国家发展的最宝贵的资源，人才优势成为一个国家综合实力中最为重要的竞争优势。近些年来，团队成员的知识结构、思维方式、年龄构成和学历层次等都发生了深刻的变化，团队成员的学历构成比越来越高，一批批本科生和研究生进入到企业中的各个团队，成为助推团队建设、企业发展的重要力量。这些知识型员工在价值观念、心理需求和行为方式等方面与传统员工相比有着显著不同，他们的需求层次较高，更注重自我价值的实现，希望充分发挥自己的才能，渴望得到团队和组织的认可，如果他们觉得在工作中个人得不到成长和提高，或者团队缺乏个人成长的机会和发展空间，工作积极性就会大打折扣，甚至会寻找新的职业机会。因此，在团队中，一定要通过学习机制的强化，在实现愿景和创新管理的实践中增强学习型团队建设意识，构筑团队成员和团队共同发展的平台，发挥这些知识型员工的创造力和聪明才智。

21 世纪，每一个人都强烈地感受到生活和工作所带来的压力，每个人都面临着巨大的挑战，为了迎接并克服这些挑战，唯有不断地思考和学习、不断地改变和创新。团队学习宗旨在于寻求改变：改变团队中存在的不足，改变面对问题的态度、改变处理问题的方法。网易创始人兼首席架构设计师丁磊每天都会密切跟踪 Internet 新的发展，他每天的工作时间都在 16 个小时以上，而其中有 10 个小时都用于在网络上挖掘新的技术；他有数十个邮箱，每天都会收到上百封的邮件，他每天都会坚持不断地学习和探索来保持自己的思维创新能力。丁磊于1997年创立网易公司，凭借扎实创新的工作和十分敏锐的市场洞察力，网易公司从只有十多个员工的私人企业发展成为在美国公开上市的全球知名互联网技术企业，依靠的就是学习所带来的强大的创造力。无数事实证明，只有创新才能赋予团队和组织源源不断的活力，而团队学习是保持人才队伍创造力的核心所在。为此，团队一定要把团队学习作为提升团队可持续发展能力的关键，通过构建全员培训学习机制，抓好紧缺性人才的引进和培养，不断优化团队队伍结构，提高团队整体素质，激发团队成员的创造活力。

（二）增强团队核心竞争力

优胜劣汰是市场经济环境下的永恒规律。“企业的竞争实质上是人才的竞争，企业在日趋激烈的竞争环境中胜出，不仅需要拥有一支管理、技术和技能型的人才队伍，更需要拥有一支在竞争中比对手学习得更快、具有共同愿景并善于学习的团队。”[①]建设学习型团队已经成为21世纪企业管理和组织方式的新趋势。日本管理学教授野原指出：“一个唯一能肯定的东西，就是在什么都无法肯定的经济世界中，保持竞争优势的唯一源泉是知识。”[②]据统计，美国的高科技企业只有10%能存活超过五年，美国在历史上经济增长最快的1997年，一年间倒闭的企业也高达83300多家。一般大企业的平均寿命是40年，仅为人类寿命的一半，全世界各国的企业家都在思考如何使企业更加长寿的问题，而企业的寿命长短最根本的是受其竞争实力的影响。

美国《财富》杂志从1954年开始评选世界500强企业，这一举措对世界经济的发展产生了深远的影响。毋庸置疑，世界500强企业个个实力雄厚、业绩惊人，其中不乏一些百年老店。有些是国家垄断的能源产业，有些是创办时间并不长的高科技公司，这些称霸世界的知名企业究竟是凭借着什么制胜法宝在国际大舞台上叱咤风云，它们又是依靠怎样的竞争优势创造出辉煌的业绩而经久不衰的呢？为何企业寿命说能在这些企业面前终结？究其原因，就是他们拥有过人的团队和优秀的人才。此外，世界500强企业均形成了各自在营销网络、客户服务、产品研发等方面的核心竞争力。但这仅仅是表面现象，进一步深究，我们发现，不断学习和创新才是这些企业竞争力的灵魂所在，构架学习型组织、创建学习型团队是这些企业取得成功的秘密武器。只有善于学习、重视学习、快速学

① 章海建：“新时期学习型企业建设研究”，《经济师》，2019年第2期。

② 企业领导角色分析研究组：《企业人事主管角色分析与管理之道》，北京：中国经济出版社2003年版，第27页。

习才是企业成长并保持竞争优势的根本之道。有关调查显示，世界 500 强企业中重视团队学习的企业比那些强调制度管理的企业所创造的利润产值要高出 30 多倍。以著名的索尼公司为例，索尼公司历来重视团队的建设和人才的培养，每年都会投入大量的资金用于员工的培训学习，培训的覆盖范围从企业一般人员到高层管理人员，从打造会学习、能战斗的团队出发，用学习和培训来调动员工的创造性和积极性。而摩托罗拉、GE 等大企业则通过自己开办“公司大学”的形式来制造员工的学习氛围，为员工提供学习、培训的渠道。正是因为这些企业高度重视团队学习，从思想上更是从具体行动上做出了种种努力，才能够在国际竞争大舞台上占据一席之地，并且保持长盛不衰。

（三）凝聚员工，保持团队生命力

古人云：“立身百行，以学为基”。一语道破了学习的重要性。在团队中，学习不仅仅是提高个人能力水平的一种方式，更是凝聚人心提高团队凝聚力的重要武器。通过团队中的共同学习、信息互通、知识共享，不但能够加深成员之间的彼此了解，深化工作的认同感，形成一致的价值观，强化内在的团队荣誉感，凝聚共同前行的力量，还可以让团队成员明白自身成长和团队发展的关系。对于团队成员来说，团队是个人施展才华并实现自己价值的舞台，如果离开这个舞台，自我价值的实现便会成为空谈；对于团队而言，团队的发展依赖于每个团队成员的辛勤付出以及自我价值实现。

毛泽东主席曾经说过：“我们的队伍里有一种恐慌，不是经济恐慌，也不是政治恐慌，而是本领恐慌”。要消除这种本领恐慌，唯有不断学习。为此，一方面要求学习型团队中的每个成员都要将学习当成一种习惯，学以致用、做好工作，在工作中不断地学习，在学习中不断提高工作效率，另一方面要求团队将动态的学习作为团队发展的生命线，并在内部创造出一种不断创新、相互信任和共同进取的良好氛围，培养团队成员的参与意识、协作精神和创新意识，通过良好的学习机制建设来塑造人、武装人和鼓舞人，保持团队发展的生命力。

（四）实现人的全面发展

很多成功企业的实践证明，创建学习型组织和学习型团队是企业坚持科学发展观，实现健康可持续发展的内在需求。坚持科学发展观，就是要实现与社会的协调发展，为员工营造学习工作化、工作学习化的氛围，通过员工持续学习机制的建立和学习型团队的成功创建，全面提高员工的知识和技能水平，实现员工的全面发展。

恩格斯在《共产主义原理》中曾经说过：由整个社会共同地和有计划地来经

营的工业，更加需要才能得到全面发展、能够通晓整个生产系统的人。教育将使年轻人能够很快熟悉整个生产系统。因此，教育将使他们摆脱现在这种分工给每个人造成的片面性。教育和生产劳动的结合是培养全面发展人才的唯一途径，人的全面发展最根本的是指人的劳动能力的全面发展。据专家分析，在农业经济时代，人们只需要在 7 岁至 14 岁之间接受教育就足以应付日后 40 年的工作生涯所需；在工业经济时代，接受教育时间变为 5 岁至 22 岁。而在现今信息技术高速发展的知识经济时代，由于知识的爆炸和科技的飞速发展，每个人都必须随时接受最新的信息，持续不断地增强自己学习的能力，否则就跟不上时代的步伐。对个人如此，对团队亦如此。只有建设学习型团队，才可以在这个迅速变化的时代中求得生存与发展，获得独特的竞争优势。通用电气公司的副总裁、首席教育官、韦尔奇领导发展中心的负责人鲍勃·科卡伦曾经说过："GE 公司真正的核心竞争力并不在于服务业或者制造业方面，而是在全球范围内吸引和培育优秀的人才，并进一步采取措施激励他们更努力地去学习，争创杰出的业绩并把工作做得更加出色。"通用电气公司把员工的学习、发展作为提升自己竞争力的重要砝码，这无疑是对团队学习重要性的最好证明。

三、学习型团队的基本特征

基于对学习型组织内涵的不同理解，专家学者对学习型组织的特征也有不同的诠释：沃特金斯和马席克提出学习型组织的 7 个特征：持续不断的学习、彼此联系的网络、亲密合作的关系、创新发展的精神、集体共享的观念、提高能力的目的、系统存取的方法。组织行为学家罗宾斯概括出学习型组织的五个特征：有一个大家认同的共同构想、用一种新的思维方式处理问题、沟通坦率无顾虑、组织成员参与组织活动和外界环境关系、为实现组织的共同构想工作。王北生认为学习型组织具有六个方面的基本特征：学习具有系统性和组织性；学习具有全员性和全面性；学习具有积极性和持续性；能够及时获取、创造和转化知识；能够不断超前和不断创新。虽然国内外理论家对学习型组织的性质、特征、创建等各执己见，但有几点认识是一致的：学习型组织是迄今为止"组织"发展的最高级形式；学习型组织是知识经济时代最富有生命力的组织；"学习型组织的建设是永无止境的，是一个过程，而不是一种终结形式"。[①]

---

① 朱涛："组织学习：新世纪成人学习的革命"，《成人教育》，2004 年第 2 期。

团队是组织中的一个最基本的学习构成单位，学习型团队具有学习型组织的一般特征。从这个角度出发，我们将学习型团队的特征界定如下：

（一）一个共同的愿景

团队的共同愿景来源于团队中每个人的愿景而又高于个人的愿景，是团队中所有成员的共同理想。共同愿景是团队所有成员的工作原则和行为指导。詹姆斯·C. 柯林斯和杰里·波拉斯在《基业长青》一书中写道，"能够长久享受成功的企业一定拥有能够不断适应世界环境变化的核心价值观和经营实务"，[①]这里所说的核心价值观和团队共同愿景具有本质上的共性。在学习型团队中，共同愿景通常和学习、成长有着十分密切的关系，共同愿景具有强大的凝合作用，能够以共同的目标为指引将团队成员凝聚在一起。团队成员所有的行为最终都是为了实现团队的目标，只有在共同愿景的指引之下，团队学习才能够具有针对性，如果没有共同愿景做支撑，学习极容易偏离团队需要的轨道。

（二）以人为本

随着网络技术的发展和信息的传播，员工的知识越来越被看作是最有可能带来竞争优势的资源，学习型团队正是因为意识到新的形势变化，从而在团队管理中坚持以人为本的柔性管理。学习过程中的信息和知识本身是由团队中的人所创造、传播和运用，知识只有依靠团队成员的有效开发和运用才能转化为相应的竞争优势和财富。学习型团队中的团队学习是以强调团队成员的重要性、强调团队成员的工作实践开始，以团队成员为核心和出发点，团队学习的目的是围绕着调动和激发团队成员的积极性、创造性和主动性而开展，并且和团队成员的绩效相关，充分体现"以人为本"的价值观念。

工业经济时代的企业管理是以管理方法的科学化和制度控制为手段，借用一些硬性手段使员工更有效率和更加勤奋地工作，但是在这样一种管理模式下员工的创造性和主观能动性容易受到限制。而学习型团队强调的是通过学习和激励，使团队成员的人性得到全面的发展、潜能得到充分的开发，使团队成员在全新的环境下积极主动、创造性地工作，不断实现"自我超越"。

（三）自主管理

学习型组织理论认为，"自主管理"是能够使组织成员边学习边工作，使学习和工作紧密结合的方法。在自主管理的模式下，团队成员被赋予较大的自主权，能够自己发现工作中存在的问题和自己需要提高的方面，根据团队目标和共同

---

① 詹姆斯·C. 柯林斯和杰里·波拉斯：《基业长青》，北京：中信出版社 2009 年版，第 10 页。

愿景找准差距，定位自己学习的目标和内容，提高学习的自主性。学习型团队通过自主管理模式，让团队成员自己选择伙伴组成学习小组，小组对组内成员的问题、需求等进行汇总，小组自己选定改革进取的目标，自己分析原因并进行现状的调查，自己制定政策、自己组织实施、自己检查学习效果、自己进行评定总结。团队所有成员在自主管理的过程中能够更加强化共同愿景，能够用求实开放的心态进行信息和知识的共享，不断学习新的知识，增加团队快速应变和创造未来的能量。

（四）不断学习

知识经济时代，知识更新的周期大大缩短。18 世纪以前，知识更新的速度是 90 年左右翻一番，20 世纪 90 年代以来，知识更新的速度加速到三至五年就翻一番，知识更新的速度越来越快，知识如果不及时更新就会失去价值，团队如果不与时俱进时时进行学习就会被淹没在市场竞争的大潮之中。

不断学习是学习型团队的本质特征，所谓“不断学习”主要包括四点含义：一是强调“终身学习”，即团队中的成员必须养成终身学习的习惯，形成良好的学习氛围，促使其成员在工作中不断学习。二是强调“全员学习”，即团队中的领导层、管理层和普通成员都要全心投入工作，尤其是团队的管理决策层，他们是决定团队发展方向的重要力量，在团队中更需要学习。三是强调“全过程学习”，约翰·瑞定提出一种被称为“第四种模型”的学习型组织理论，该理论认为所有组织的运行都包括准备、计划和推行三个阶段，而学习型组织不应该是先学习再进行准备、计划和推行，学习和工作不应该是分割的，而是强调边学习边推行，学习必须贯穿于系统运行的全过程之中。四是强调“团体学习”，即不但重视个人智力的开发，更强调团队成员的群体智力开发和合作学习，强调在平等沟通、有效沟通的环境中，通过团队培训、讨论和报告等形式提升团队成员对团队目标的参与度，促进对信息、经验和知识的分享，进而增强团队协作的默契度，引导团队成员开展更加有效的个体学习。

（五）无边界行为

无边界行为是通用电气公司第八任总裁杰克·韦尔奇提出的，提倡部门之间、团队之间、员工之间广泛的相互学习，他认为“你从越多的人中获取智慧，那么你得到的智慧也就会越多，水准被提升得越高”。“无边界”成为通向学习型团队和自我实现的关键一步。

无边界原理认为，组织就像生物有机体一样存在各种隔膜，使之具有外形或某种界定，虽然这些隔膜有足够的结构强度，但是并不妨碍血液、食物、化学物质、氧气等畅通无阻地通过。同理，组织各部门、各团队之间虽然也存在着“隔膜”，但是资源、信息、构想和知识等也能够快捷便利地穿过这些“隔膜”进行共享和传播，如同没有边界一样。学习型团队就是这样一种无边界型团体，虽然团队的具体职责和职能不尽相同，团队中每个个体也有明确的分工和角色定位，但是学习型团队却能在分工明确的基础之上，进行相互之间的共同学习和分享，并且能将其他团队和团队中的其他人员作为学习的一种资源。要知道，这种学习的资源往往比书本、教材等学习资源带来的效果更加巨大。由此可见，无边界原理其实是以有边界作为基础，而不是对团队边界的否定。

第三节　学习型团队的创建

一、创建学习型团队的关键

（一）建立共同愿景

共同愿景是发自组织内心深处的远大景象和真实愿望，它是一股在人们心中深受感召的力量，一种为了实现内心深处最为渴望的愿望所爆发的巨大而持久的力量。“愿景根据不同层次大体分为三种类型，分别是组织大愿景、团队小愿景和个人愿景，建立共同愿景就是将以上三个层次的愿景形成公司发展的共同愿景。”①共同愿景对于学习型团队来说至关重要，因为它为团队学习提供了能量和聚焦点，在缺乏共同愿景的情况下，团队中充其量只会产生“适应性的学习”，只有当所有团队成员都致力于实现他们心中某种关切的事情时才会产生“创造性的学习”。

孙子曰：“五事七计”中最为重要的因素就是“道”，“道者，令民与上同意者也，可与之死，可与之生，民弗诡也，故‘上下同欲者胜’”。② 上百年来，组织或者团队中人们一直梦寐以求的最高境界就是“上下同欲”，也就是建立共同的目标或者理想。只有团队成员内心有了想要实现的共同愿景，才能发自内心地努力工作、努力学习，追求卓越。

共同愿景的建立虽然并不容易，但是也有一些规律可循。首先，好的愿景必

① 章海建：“新时期学习型企业建设研究”，《经济师》，2019年第2期。

②《孙子兵法·计篇》。

须是简单易懂的、能够鼓舞人心的和具有可操作性的。其次，把握共同愿景的三个要素，即目标、价值观和使命。无论何种类型的团队都必须要有明确的目标，在团队学习中，目标就是黑夜中的“指路灯”，缺失目标就像是在伸手不见五指的黑夜中行走，毫无方向感，学习将失去意义和效果。当然仅仅有目标是不够的，要通过学习来实现这些目标，还必须有共同的价值观和使命来作为强大的保证，团队价值观是团队精神的灵魂，一个团队能否成功很大程度上依赖于其是否能构筑起先进的、科学的价值体系。

学习型团队在建立共同愿景的过程中，一般是由团队核心决策层的人首先发起，建立团队共同愿景不能靠团队领导者的个人命令方式，不能靠硬性的规定，而是要将团队战略目标进行层层分解，建立团队目标管理体系，并且将其纳入绩效考核体系，以团队共同愿景为基础，将其进行逐级分解，转换成各层级目标，从而组成团队的目标管理体系。通过对团队共同愿景的层层分解，共同愿景得以在团队各个层面上体现，各层次的目标与团队的共同愿景息息相通，团队中的所有人员都围绕着共同愿景、目标和价值进行各项学习活动。

团队在建立共同愿景的过程中有一个方法值得借鉴，那就是举办“共同愿景工作坊”。共同愿景工作坊是一个为期两到三天的新型战略研讨会，可以作为厘清团队共同愿景的重要方法来使用。“它从个人远景开始，侧重于激发个人的承诺、集体的热情与集思广益。”[①]一般来说，共同愿景工作坊的工作流程主要包括：畅谈个人愿景、引导共同愿景、描绘团队的现状、寻找行动的对策、分解具体实施的战略，进行明确分工，制定时间进度计划，定期进行跟踪和控制。

（二）排除学习障碍

有测验表明，在许多团队中，每个成员的智商都在120以上，而整体的智商却只有62左右。对此许多团队领导者都深有体会：自己团队内的成员个个高智商、高学历，可是团队整体素质表现平平，甚至可能低于一般水平。为什么会出现如此巨大的差异？究其原因，就在于团队的学习障碍。

团队学习障碍的首要表现是将学习型团队概念神秘化、泛化，使学习型团队的学习流于表面化和形式化。学习型组织理论是彼得·圣吉博士首先提出来的，很多组织在创建学习型团队时都借鉴了彼得·圣吉的理论。但是在实践中有些团队未能对这一理论进行深入的研究和理解，更没有将其与我国的实践相结合，而是将学习型组织的概念神秘化，进而影响了学习的效果。还有的将学习

① 邱昭良：《学习型组织新实践》，北京：机械工业出版社2010年版，第26页。

型团队的范围肆意延伸，用相同的理论去套用不同类型的学习型团队建设，其学习结果可想而知。再者，有些团队将举办的学习班、研讨会、教育培训、团队文化建设等活动都贴上“学习型团队”的标签，盲目将创建学习型团队等同于以往的培训工作，认为学习型团队就只是进行简单的培训、学习和考试，以为培训工作做好了就等于学习型团队创建好了。而将学习型团队虚化则主要表现在团队学习的表面化和形式化。

其次是将学习型团队创建当成一种口号。现在创建学习型团队很热，有很多人认为将思想政治工作的标签换一下跟着喊喊口号就行了。创建学习型团队固然可以借鉴思想政治工作中的一些方法，但是绝对不等同于思想政治工作。学习型团队所倡导的学习应该包括两方面的内容：一是学习工作化，学习型团队中应该明确上班不仅仅是为了工作，而是要把工作、学习、研究和生产等有机地联系起来；二是工作学习化，即把工作的过程当作是学习的过程，工作和学习同步进行。创建学习型团队不应是形而上学的行为，学习型团队强调把学习转化为生产力，有“学”有“习”，而且“习”重于“学”。

三是被动学习，“等靠要”思想严重。很多时候学习并不能很快带来生产力的明显提高或者薪资待遇的改变，所以在有些团队中就把学习当成了组织的一种任务，“等靠要”思想严重，一味等着上级下文件、基层照方吃药、跟着执行。建立学习型团队的动力应该来自于团队发展的内在需求，应该是一项自主、自发的工作，学习型团队创建中必须彻底改变“等靠要”思想，以提高团队的核心竞争力为目的，切实加强针对性和自主性的学习。

创建学习型团队是一个漫长的艰苦的过程，必须结合团队的实际情况不断总结、不断探索。有些团队将构建学习型团队当作是一项短期的或者应急工作，认为刮完一阵风就完事，而不是将学习看作是和绩效、技术等同样重要的活动，因此领导者强调了就动一动、年底考核了就捋一捋，并不能将其常态化。纵观国内外成功的学习型组织，他们的创建过程大多经历了几年甚至几十年。因此，我们必须破除急于求成的思维方式，破除“一阵风”式的行为模式，将建设学习型团队当成是伴随我们工作的永久使命。

（三）熟悉学习方式

学习型组织作为一种先进的、高效的组织形式，最重要的一个特征就是团队学习。研究和熟悉学习型团队的学习方式具有重要意义。团队学习的效果和学习的方式有着密切的关系，效果不佳的团队学习主要在于学习方式的选择不合理、学习内容空洞、学习与工作脱节等。因而在团队学习中一定要掌握不同学习方式的内涵，切忌做表面文章、摆花架子、流于形式，应根据学习的目标和内容选择切实可行的方式方法。

团队学习的目的是为了使学习力转化为第一生产力，团队要为团队学习创造良好的学习环境，选择适合的学习方式，团队学习方式大体上可以分为四种。第一种是团队内部学习，主要包括员工个人学习、团队通过助学工程鼓励团队成员发展多方面的技能技巧、团队内部编制学习手册、团队内部成员之间相互影响、相互学习和阅读学习型历史性文献资料等。第二种是外部学习，包括向同行其他团队的学习，特别是向竞争对手学习是团队快速成长的重要途径之一，对同行进行深入细致的调查，认真对比自己和其他团队之间的差距，通过系统的对比调查，制定改进意见并认真组织实施。外部学习的另一个重要对象是向服务对象学习、向顾客学习。与顾客的交谈总是能激发团队的学习动力，因为顾客可以提供产品的使用感受、对产品和服务提供反馈意见以及对产品表达自己的期望等，这些信息都可以激发团队成员为了实现这些目标而进行学习的动力。第三种是知识的共享和扩散。团队中一些成员例如领导者或者管理者将自己所学到的知识提炼成一定的标准、政策或者培训内容，在整个团队中进行传播和推广。在团队内进行知识的分享与扩散的方式主要有口头或书面报告、参观观摩、经验交流、教育与培训、个人岗位轮换和 MIS 等。第四种是系统地解决问题，主要指利用科学的方法搜集各种数据，系统分析产生问题的原因，用科学的方法进行深入思考和分析，例如利用统计方法处理数据，从中找出解决问题的方法，通过这种手段团队成员可以学到新的知识、技能和方法，提高自己系统思考和处理问题的能力。

（四）正确处理团队学习和个人学习的关系

在现代组织中，扁平化的管理结构已经成为普遍模式，大部分企业的业务都在按照业务范围进行管理，团队已经成为企业中的主流单元，企业要在竞争中获得成功就必须依赖团队的力量来战胜对手。依据木桶理论，团队作战所产生的绩效大小并不是取决于最长的那块木块，而是最短的那块。基于此，团队的共同学习就显得尤为重要。复旦大学陆雄文教授曾说过："《第五项修炼》更具有哲学意义，就是有一种远见意识到未来的竞争力在很大程度上来自于一种学习能力，这种学习能力不依赖个人学习能力，而是依赖组织团队的学习能力。"[①]可见，团队学习和个人学习并不能划等号，团队学习和个人学习在学习型团队创建过程

---

① https://max.book118.com/html/2017/1007/136349661.shtm.

中有着不同的地位和作用。

个人学习和团队学习是两个不同层次的概念，个人学习往往是分散而独立的自我学习；团队学习是让团队中的一些人共同进行训练、学习和提高，以心灵转变为中心，运用系统思考的方法和思路，采用团队学习的手段，在培育团队文化的氛围之中实现自我激励和共创愿景，以提升团队的学习力，保证持续扩展团队的竞争优势。毫无疑问，团队学习不是个人学习，个人学习不能替代团队学习。若只有个人学习没有团队学习，团队就不可能成为学习型团队。“个人学习是创建学习型企业的前提，没有员工学习的积极性，就不可能建成学习型企业；团队学习是学习型企业的保证，没有扎实的团队学习，学习型企业也是难以持久的”。①

尽管团队学习和个人学习不同，但是二者又有着不可分割的联系。团队是由一个个团队成员所组成，这些成员有自己的想法和观点，团队的目标依靠这一个个的个体来实现，个人能力的高低直接决定了团队能力的强弱，只有建立在个人的基础之上，团队才有存在的意义和价值。只有团队中的个人具有自我学习的意愿和意识，团队成员具有学习的能力，团队才可能在此基础上发展出学习的能力，个人学习是团队学习的基础。学习型团队创建中更重要的是以提高团队整体核心竞争力的共同学习，是一种团队中成员相互之间的共同交流，它是能使个人和组织取得快速回报的学习。

二、学习型团队的创建过程

创建学习型团队是市场竞争日渐加剧的要求；创建学习型团队是团队成员对自身价值和工作意义的追求；创建学习型团队是提高团队竞争能力、打造卓越团队的必然选择。彼得·圣吉的《第五项修炼》一书已经向我们展示了建立学习型组织的一整套方法，即五项修炼，这对我们学习型团队的创建具有重要的意义。

（一）评估团队学习现况

评估团队学习的现况是创建学习型团队的第一步，首先要了解学习型组织和团队的标准是什么。关于学习型组织的评估，奥布赖恩提出过一个简单的指导思想：“测评的时间要和学习的时间相符。”②建立学习型组织是一个动态的过程，如果评估的话，也只是说明一个时间点上的结果，绝不是一劳永逸的事情。对于学习型组织的评估标准，有十条标准可以供我们参考：

---

① 刘超：“煤炭企业如何创建学习型组织”，《企业改革与管理》，2018 年第 9 期。

② 潘士军：《学习型组织理论与实践研究》，沈阳：辽海出版社 2005 年版，第 129 页。

• 拥有一个真正理解、掌握和应用学习型组织理论指导团队管理的领导班子；

• 建立了发自全体员工内心深处的共同愿景；

• 建立属于自己团队的文化；

• 各种类型的团队自觉开展活动，具有较强的学习力；

• 建立了学习工作化、工作学习化、开放的团队学习体系，有共享学习系统，并将其应用到工作中；

• 建立了个人学习力为基础的团队学习制度和运行机制；

• 建立了扁平化的横向网络信息共享体系；

• 建立了团队扎实的管理基础；

• 建立了员工开发自我、发展未来的人力资源开发激励体系；

• 综合应用了学习型组织修炼的各项技能。

"团队学习"是发展哲学，是基本素质，是生存方式，是成长过程。对团队学习情况的评估切忌表面化、简单化和片面化，应该在了解学习型组织评估标准的基础上，从外延和内涵两方面入手。从外延上来说，一评团队创新能力——团队学习氛围好、集体思维活跃，创新成果丰硕；二评团队发展动力——团队学习巧，善于高瞻远瞩，发展后劲强劲；三评团队竞争实力——团队学习快，时时先人一步，参与竞争自然从容。从内涵上来说，一看团队目标是否明确，团队成员对其是否能做到思维认同、形同协同；二看团队影响是否有效，团队能否在更大范围内不断扩散自己学习、创造的成果；三看团队智慧是否出众，能否不断自我超越、开拓创新。从方法上来说，要进行学习型理念的导入，在团队内实行全员宣传贯彻，开展满意度调查，发现团队管理的缺陷，搜集团队成员好的建议、好的方法，营造出浓厚的创建学习型团队的氛围。通过开展多种形式的走访、座谈和调查问卷，对团队的管理体制、团队文化、管理模式进行调查和评估，收集团队成员对创建学习型团队的建议和看法等并汇总成评估报告，为日后有针对性的开展创建工作做好铺垫。

（二）强化团队文化建设，增进团队学习积极性

完成第一步骤的学习评估后，对团队目前的状况已经有了一定的了解，对团队下一步的学习之路也就有了一个比较清楚的蓝图，之后要厘清的是团队如何从当下迈向设定的目标。在这一阶段，最关键的任务是创造有利于学习型团队创建的条件，此时重在激发团队成员自主学习的积极性，而不需要引进什么新的技能或者挥舞什么神秘的魔杖。通过团队学习文化的建设，引导团队成员在思

想上重视团队学习和个人学习。

形成为全体团队成员认同的团队文化来引导学习。创建学习型团队本身就是一个团队文化塑造的过程，而团队文化塑造同时又会促进学习型团队的创建，团队文化的认同对于保持团队核心竞争力、维护团队整体的团结具有重要作用。为此，要重塑团队的学习文化，培养团队的学习气氛和学习习惯，同时要开展经常性的学习，以提高团队整体的学习积极性。

增强全员对建立学习型团队必要性的认识。学习型团队创建的一个重要障碍之一就是团队成员对团队学习重要性的忽视。为此，要引导全体成员有意识或者无意识地为团队的发展而学习，这种学习不是因为团队领导者或管理者的硬性要求，也不仅仅是一时心血来潮的偶然性行为，而是完全自发地并且是随时随地进行的。当自觉、持续学习和创新在团队中井然有序且自然地进行时，就一定会使团队不断进步和持续发展。

以好奇心带动团队学习的积极性。汤姆·彼得斯在他“关于卓越”的专栏中提到过潜在天赋的问题，彼得斯提出了“好奇工人”的观点，这种观点源自爱因斯坦“好奇心有时候比知识更重要”的观点。理论上说，允许并支持每个人去任何他们好奇心驱使他们去的地方是非常重要的。团队中每个成员都应该保持对于工作新挑战、技术新发现、服务新策略、产品新功能等的好奇心，以好奇心为驱使来调动自己学习的积极性。狼的学习精神是动物中最突出的，狼对环境的好奇总是能使它们学习到新的东西，自然界每一样看似无趣的东西都可以成为狼群的玩具，狼的一生总是在不断地学习，从另一个角度来看，狼对周围环境是如此好奇，以至于它们在追捕猎物时常常是有多远就追多远，狼群算得上是最善于学习又最不知疲倦的猎手之一。团队中的每一个人都应该学习狼群的好奇之心和学习精神，如果对工作中任何问题都能有一种强烈的好奇心和责任感，拥有一种迫切的进取心和学习感，团队工作的效率和团队学习的效果就会大大提高。

（三）领导重视，使学习能持续进行

在学习型团队中每一个人对团队的发展都具有同等的重要性，学习必须成为团队日常管理中不可或缺的有机组成部分，正如莱斯特·特哈罗（Lester Thurow）所说：“熟练的人们是唯一可以被证实的竞争优势”。在学习型团队创建中，团队领导和每一个成员都必须是学习中的个体，不同角色的他们在学习型团队创建中所起的作用也不尽相同。

团队的领导者作为创建学习型团队的决策者和带头人，不仅要在思想上重视团队学习，将其视为和技术、设备、人员等同样重要的资源，还要在行动上以身作则。联想集团认为，优秀的团队领军者有四项标准：一是要有强烈的责任心，凡事能以大局为重；二是要立志高远，不因点滴成就而骄傲自满停步不前；三是要有自知之明，能看到自己的不足和别人的长处；四是要勤于思考、善于总结，坚持学习，努力找出规律。由此可见，一个优秀的团队领导者首先应该是一个好的学习者。只有领导者以身作则带头学习，才可以在团队内部培养起良好的学习风气，从而带动整个团队进行学习。团队领导者要率先垂范、严于律己、以身作则，既要对开展学习型团队活动进行指导监督和过程管理，又要积极改善自己的心智模式，重视团队成员的不同意见、敢于打破常规，树立新思路，研究新方法。卢·斯坦托恩·利昂（Lu Stanton Leon）和卡尔修恩·W. 威克（Calhoun W. wick）在《学习利器》一书中描述了一些有助于学习型组织创建的领导者的品质。学习型团队中的领导者不单单关心自己的学习，还善于鼓动团队中的其他成员进行学习，学习型领导善于创建一个动态的学习环境，该环境不仅在知识和创新上投入较大的代价，而且也为团队从预期到实践的发展提供必需的动力。

支持团队个体学习。团队支持个体的个人发展和学习对大多数企业来说并非一件容易之事，因为受到传统的束缚和影响，这样做似乎是给团队中每一个人都开了一张关于学习的空头支票。当团队文化支持个人的自我超越时，个体就会更加倾向于通过学习发展那些对团队有益的技能。在 20 世纪五六十年代，IBM 公司就承诺将员工们高达 25%的时间投入到培训和学习之中，同时也承诺帮助员工规划并实现尽可能发展他们潜力的职业生涯，这应该是那个时期 IBM 公司可以在业界占据巨大优势的重要原因之一。现今越来越多的团队意识到支持个体学习的重要性，例如福特汽车公司和汽车工业联盟联合开展了一项协作教育计划，这个计划每年可以帮助 20000 名员工参加培训和学习。在这个计划中的每个成员都会收到价值 2000 美金的学习券，这个券可以在当地任何一所大学或学院使用。这个计划所带来的影响非常巨大，因为员工们都愿意用在自己的职业生涯里取得进步的方式来提高自己对团队贡献价值的机会。

注意并重视学习的持续性。学习应该成为团队成员的一种工作方式和生活方式，为此，必须引导团队成员努力提升与时俱进的创新能力和学习能力，使学习成为团队持续发展的生命力。学习贵在“恒”，它不是就某个时间某项学习内容而迎合某种外在形势的学习，而是持续不断、永无止境的过程；它不是为了学习而学习的形式学习，而是为了工作改进而学习的实质性学习。因此，对团队成员来说，只有每一个人都在持续不断地学习，他们所在的团队才能成为学习型团队，同时，在学习型团队中的每一个成员也会在这个过程中不断地获得成长。

（四）协助团队成员成为彼此的学习资源

罗伯特·凯利说过:“在企业里,人人都可以是我的老师”。米切尔·拉伯福也说过:“企业要培养员工之间相互学习的氛围,让他们每时每刻都能够从工作的各方面获得新知识、增加新经验。”团队学习方式中一个很重要的内容就是团队内部学习,而团队内部学习中一个很重要的对象就是团队内的其他成员,但是有些团队显然忽视了这一重要资源,仅仅通过引进专家、外出参观学习等方式来进行团队学习。团队本身就是由学历水平、资历经验、专业素养、性格特征各异的人员组成的,团队中的每个人都可以成为其他人学习的对象和宝贵资源,正如孔夫子所言“三人行必有我师”。倘若能加以运用,往往可以大大提升团队的效能。可以先由团队成员进行自我评价使之深入反思自己的各项能力和专长,然后再通过边缘资源储备清单等方式帮助员工了解团队其他成员彼此的才能,据此达到相互学习、共同成长的目的。

柯达公司的学习型领导团队十分善于将团队内部的不同成员当作彼此的学习资源,他们通过自己的经验和多次尝试发现了如何找出团队成员之间不同的兴趣和天赋,这种“找出”的观点抓住了教育学习的实质和本意。柯达团队中有人充当艺术家的角色,制作所要传授课程的海报;有人掌握专业的商业技巧;有人对社区资源比较熟悉,知道去哪里可以找寻到团队所需要的东西,不同的人员擅长不同的方面。柯达注重成员之间的相互学习,并且给员工提供了转岗的健全流动机制,团队内部的人员可以通过向其他成员的学习来提高自己,甚至改变自己的职业方向选择。

（五）利用多样化学习方式

学习型组织的英文是 Learning Organization,张成林先生认为这个英文词语并没有什么特别的“型”或者“式”的含义,就是一种强调学习的“学习实践中的组织”或者“学习中的组织”,因此学习型团队建设不应在“型”上纠结,而要在学习方式方法上下功夫。学习不仅仅只是看书、听讲座,更重要的是在实践中学习,是学习如何进行更好的行动和实践的学习,学习不仅要获得知识,更重要的是通过不断尝试不断反思改善自己已经习惯了的“心智模式”,不断优化学习方式,提高学习的成效。

从团队学习的范围来说,除了重视团队内部的学习资源之外,也要强调团队的跨界合作和建立合作学习网络。学习型团队中的学习不应该局限于组织内的团队,还应该在自愿的基础上实现跨组织跨界限的合作,这样的学习合作最好形成一个网络,以便开展更大范围内的学习。彼得·圣吉特别强调这种学习型合作在我国的现实价值，他还特别指出：这种合作在中国还是很有挑战性的，也许因为之前很少有组织机构进行过这样一种合作，很少有建设当前需要的互助互信机制的经历。钟国兴教授认为学习型组织应该是双型组织，跨界跨部门的合作在学习型团队建设中的作用十分显著，甚至可以说，没有跨界合作的学习型团队是不完整的。

在重视团队内、外互通学习的基础之上，还需要不断改进团队学习的方式、创新学习的方法，强调采取更加丰富的学习形式来组织团队的学习。根据团队不同成员的特性和需求建立互动式、开放式和共享式的学习模式，拓展阵地、丰富载体，通过读书交流、专题讲座、技能比赛、知识竞赛、实地调研、团队互评等形式，整合各类学习资源，发挥各种学习方式的优点。在团队内部要积极构建各类供团队成员互动沟通和交流共享的学习平台与学习工具，借助于网络平台、培训平台、知识共享平台和各种学习分享活动等形式开展形式多样的学习，通过学习方法的创新，深化和强化学习型团队建设。需要强调的是，从方式方法的角度来讲，不赞同任何类型的强迫学习法，推荐以兴趣小组、沙龙等小团队的模式进行学习。

巧妙运用深度汇谈方法。深度汇谈方法是美国物理学家鲍姆（David Bohm）率先提出的。鲍姆认为人的思想应该是一个集合体，不仅受到个人经验的影响，同时也受到环境中人、事、物的影响。思考本身是分散或者不一致的，因此必须学习如何正确地和人、事、物进行交流。在大家深度汇谈时，团队成员以不同的观点探讨复杂的议题，每个人都真实畅谈自己内心的想法，在无拘无束的自由氛围中，团队成员将深藏在自己内心的想法真实表达，以实现团队智慧超过个人智慧总和的目的。团队深度汇谈要取得理想的效果，团队成员必须视彼此为工作伙伴，这样才能够共同思考问题。视彼此为工作伙伴对建立一种良好的相互关系，以及消除深度汇谈时由于身份差距和地位所带来的障碍有所帮助。在团队学习中必须设法让成员说真话，要求每位成员真诚表达自己真实的想法并且认真倾听，以达到共同分享、彼此激发、增加集体智慧的目的，这也是学习型团队建设的难点和重点。深度汇谈中有一些重要技巧和基本要求，例如：讲真话、建设性聆听、悬置假设与判断、把分歧当机会、欢迎新颖的反思性交流、不批评等，这很像是激发创新思维的“头脑风暴法”，与中国传统的“诸葛亮会”也有相似之处。

（六）重视培训的力量，努力推进培训工作系统化

“对于一个学习型团队来说，企业培训并不是由于技术和经营上的落后才进

行的，企业培训已经成为持续不断地学习和创新的手段和工具。”[①]团队在工作岗位上促进自我超越最有效最便捷的方式就是提供可以增强与工作有关的知识和技能的培训计划，团队学习不等同于培训，培训只是团队学习的方式之一。《商业周刊》谈到培训的价值时把它比作是一种投资，雷曲(Reich)则认为，培训是一种回报远远大于自身的投资。《劳动经济学杂志》在1989年的一篇研究报告中指出：在培训上多增加10%的投入会在未来两年内带来3%的生产率的增长，是所投入培训成本的两倍之多。培训是如此之重要，创建学习型团队一定要重视培训的力量，努力推进培训工作系统化。为此，一方面要求团队树立新思路、研究新方法，打造培训学习和考核体系，在团队内部建立一支过硬的内部培训讲师队伍；另一方面要根据不同岗位和不同人员的需求开发不同的培训课程，建立健全团队培训工作的评估体系，运用先进的培训技术，切实做好团队培训工作。

美国《管理新闻简报》发表过一项调查表示：68%的管理者认为由于培训不足而导致低水平的技能素质正在破坏企业的竞争力。其实，最合适的人才向来都是团队自己培养的。学习型团队创建中首先要区分培训和学习之间的区别，不能简单地将培训等同于学习，认为学习型团队只要把培训搞好就够了，同时又必须明白培训是成就学习型团队的必要途径之一。今天很多团队都已经将培训作为团队的日常工作，但从结果来看，有些还未能达到预期效果，究其原因，就在于缺少完善的培训战略性指导。培训战略性指导是建立在全面判断团队培训需求和科学分析团队基本情况基础上的，特别是对团队人才的结构布局、培养举措和培养重点等方面，既要顺应现实的需求，又必须遵循客观的规律。团队培训发展战略要与培训发展目标直接挂钩，在团队培训发展战略指导下，围绕团队培训目标，将团队战略步骤化、阶段化，将其分解成小的目标和阶段点来实现，要善于抓住培训的重点，切忌“眉毛胡子一把抓”。

规范团队培训步骤，优化团队培训方法。一般来说，团队培训的步骤是既定的，主要包括培训需求的确定、培训计划的制定、培训过程的实施和培训效果的评估。在培训计划中要明确培训内容、培训对象、培训时间地点、培训讲师、培训学习材料等内容；在培训实施过程中要让团队成员事先了解整个培训的内容和安排，既要遵循事先拟定的培训安排，又要根据情况的变化做适当的调整，培训过程中应注意设计形式新颖的团队活动以营造积极向上而又和谐融洽的团队培

① 白山：《跟动物学抱团——打造优秀团队的10大关键》，北京：北京工业大学出版社2011年版，第127页。

训氛围；在培训评估环节中，反应评估、知识评估、行为评估和结果评估缺一不可。此外，培训方法的选择也非常重要。从实践来看，培训的方法很多，主要包括讲授法、讲座法、研讨法等以知识传授为主的直接传授型培训法，还有工作指导法、工作轮换法、特别任务法等以培养技能为主的实践型培训法，另外还有以提高团队成员参与互动为主的参与型培训法、以调整成员行为和心理辅导为主的态度型培训法以及以现代信息化手段为主的科技培训法等等，团队培训中一定要灵活运用各种培训方法，切忌模式化。

（七）制度保障，巩固成果

学习型团队建设必须在“促”字上下功夫。团队高效的学习离不开机制的促进和驱动。建立行之有效的激励管理和学习组织机制，明确团队学习活动的步骤、方法和具体措施，加强考核、及时评估，把学习型团队建设作为卓越团队塑造的重要内容，把学习态度、理论素养、学习能力和学习效果作为团队绩效考核的重要依据。做好团队学习成果的共享和成果转化，通过信息化手段建立程序化、固定化的学习交流、分享传递机制，形成团队知识的合力。

一是要通过建立公平竞争的激励驱动机制，来激励并保障团队成员个体学习的自主性，通过学习激励机制，使团队成员感受到“时不我待”的危机感和紧迫感，持续地引导他们的学习行为。对凡是学以致用并创造出更好绩效和通过学习使业务技能得到显著提升的团队成员，团队要按照制度规定对他们进行适当的奖励，同时对于团队成员的合作努力也要给予奖励。另外，要积极宣传先进典型，在团队中树立学习标杆，增强个人和团队学习的使命感，激发团队成员学习的内在动力。

二是要建立学习和工作绩效相挂钩的机制，构建标准明确、过程简化和操作方便的评价体系，将学习能力作为衡量团队成员工作绩效和工作能力高低的重要指标。坚持落实学习考勤制度，确保人员、时间、内容和效果的四落实。

三是要建立检查督查机制，采取年终检查和平时抽查相结合的方式，强化对团队学习的过程管理，团队领导者要积极参与到团队学习活动的过程中去，及时发现和研究团队学习中所存在的问题，提出解决对策。引导团队成员边思考、边学习、边调整、边落实。加强对员工进行工作创新、自我超越和系统思考等方面能力的培养，使学习型团队建设不断向纵深发展。

学习型团队的创建并非易事，它需要的不单单是学习的条件、学习的方法，更重要的是一个团队管理思想方面的改变和管理理念的创新。唯有构建科学合理的约束机制、工作机理、激励机制和动力机制才能真正为其保驾护航。

案例分析：Rover 的致胜法宝——团队学习

20 世纪 80 年代晚期，美国最大的汽车制造厂商——Rover 陷入困境，每年亏损超一亿美元，产品质量低劣，劳资关系不断恶化。但是到了 90 年代中期，Rover 汽车实现华丽转身，一跃成为全球最富有生命力的汽车制造厂商之一，Rover 汽车全球销售扩大近乎一倍，产品质量优异，几乎包揽了业界所有的质量奖。1996 年，年产汽车 500 多万辆，年销售额超过 150 亿美元，在全球汽车市场复苏的 1993—1994 年，Rover 的销售额居然增加了 16%，不但扭亏为盈，人均收入也增长了 4 倍。Rover 振兴的秘密武器是什么？调查表明，Rover 之所以能够重振雄风，靠的就是团队学习，也就是说通过团队学习磨练出别人难以模仿的强大执行力。

20 世纪 80 年代末，格拉汉姆先生临危受命，接手 Rover 集团董事会主席一职。上任伊始，他便看出了 Rover 公司面临的巨大压力——日益激烈的全球竞争、日新月异的新技术、高素质人才的匮乏以及顾客对产品的日渐挑剔等。凭借自己的远见卓识和对团队的透彻了解，格拉汉姆先生决定，成为学习型团队，以此求得在市场竞争中的生存和发展，

在格拉汉姆的积极推动下，公司 1990 年 5 月成立了专门的学习管理机构——学习事业部。在成立大会上，格拉汉姆先生说："我们别无选择，只有破釜沉舟，矢志成为学习型团队，才有出路。"当天，公司向全体员工和世人公开宣布，团队学习将成为 Rover 生存与复兴的基石。学习事业部作为一个独立的实体，其主要职责是促进全公司范围内的学习，要使学习成为团队中每一个人、每一个部门乃至全公司工作不可分割的一部分，并为学习提供必要的帮助和支持，通过学习事业部的有效管理与促进，公司员工的新知识和工作经验日益丰富，极大地提高了整个团队的素质，进而使 Rover 很快重振雄风。

任何团队的成长壮大都是一个不断学习的过程，而不断的进步和革新依赖于不断的学习。正如《第五项修炼》的作者彼得·圣吉所说："学习智障对孩童来说是个悲剧，而对团队来说，可能是致命的。"

第十二章　实现团队与个人共同成长

团队和个人的关系犹如拳头和手指的关系，拳头的威力来自于五根手指的紧密合作。团队成员个人的利益和整个团队的利益是一致的，只有每个团队成员都全力以赴、尽职尽责地完成自己的本职工作，才能最大可能地为团队创造效益，而团队发展了，团队成员才能有更多的发展机会。易言之，只有实现个人与团队的共同成长，团队才能有活力，有战斗力、凝聚力和不枯竭的发展动力。

第一节　团队与个人成长概述

团队是一个由一定数量成员组成的小组，是为了一个共同的目标而一起努力的一群人，小组成员具备相辅相成的技术或技能，有共同的目标和做事的方法，他们共同承担并分享最终的结果和责任。

一、成长的定义

百度百科中将“成长”定义为长大、长成成人，泛指事物走向成熟，摆脱稚嫩的过程。简而言之，就是自身不断变得成熟稳重的一个变化过程。这种解释将“成长”的定义拟人化，但是却用最简单的语言道出了成长的真谛，那就是从最初成立时的稚嫩慢慢走向成熟和稳定。

如何看待成长，从团队层面来说，成长是团队发展的一个过程，具体表现为团队各个组成要素的不断完善、组成结构的不断优化、运行模式的不断创新、人员配比的不断合理。只有经历逐渐成长的过程，团队才能最终成就卓越。从个人层面来说，就是心态不断成熟、习惯不断改善、目标不断确定、能力不断提高并形成自我不断循环往复学习和提高的过程。

二、团队成长与个人成长的关系

团队是由五大要素构成的，分别是目标、人、定位、权限和计划，其中人是构成团队最核心的力量。团队的目标通过具体的人员来实现，人员是团队中非常重要的一个部分。“团队必须由两个或两个以上的成员组成，一个人不可能构成团队。在实践中，团队的多成员性往往带来团队的多特质性。”[①]在一个团队中需要有人出主意、有人定计划、有人实施、有人协调不同的人一起去工作，还有人去监督团队工作的进展、评价团队最终的贡献。总之，在团队中需要不同的人通过分工来共同完成团队的目标。

试想一下这样一个场景，下班回家的路上忽然间暴风雨来临，没地方避风躲雨，路上的行人一同向前跑，一看前面有个草棚，大家“哗”地冲了进去，一冲进去大雨就来了。大家好高兴，“哇，今天运气不错哟，刚刚找了躲雨之处大雨就来了，太幸运了！”此时大家也顾不上草棚干不干净，只要有避雨的地方就很满足了。但这个草棚在风雨中突然间要倒塌，大家想尽办法：“扶住它，不能让房子倒塌”。其实这是一个十分有趣的状况，在这样一种情况下究竟是行人们需要草棚呢，还是草棚需要这些行人？应该是行人更需要草棚。团队就像这个草棚一样为大家“遮风避雨”，但是，同时还需要草棚中的每个人都尽到自己的职责，献出自己的力量，它才能够存在下去。由此场景，我们可以看出团队与个人的关系。

团队的发展必然以个体的发展为基础。如在一个打游戏的团队中，我们需要坦克、战士、法师、刺客、射手、辅助等几个不同的人的配合才能赢得团队游戏的胜利。在游戏中每个人都必须不断修炼，提升自身的技能，唯有如此，团队的整体水平才能有所提高。因为游戏中的角色只有 6 个人，每个人扮演的角色不同，承担的责任也不同，任何一个人一点点小的失误都会导致团队的全军覆没。

个人的成功建立在团队成功的基础之上。大雁迁徙时往往排成“人”字型或“一”字型，前面大雁的飞行可以掀起一股向上的气流，从而减少了后面大雁的空气阻力，当领头雁飞累了的时候就会发出信息，队列中的另一只强壮的大雁会自觉地飞上去替补。有人甚至做过这样的试验：用枪射杀第一只大雁后，队型依

---

① 潘建林：《团队建设与管理实务》，北京：机械工业出版社 2019 年版，第 2 页。

然会保持原状不变。动物学家们的试验表明,大雁长距离结队飞行的速度是单只大雁飞行速度的 1.73 倍。正是这样一种善于奉献、团结合作的精神,使得大雁能够冬去春来,长途迁徙数千里。同理,个体也只有和团队结为一体,才能获得无穷的力量。只有团队成长了,个人才可能有发展的空间。

个人努力了,进步了,成长了,团队也会相应地成长;而团队成长了,会给个人创造更多的条件,也将更有利于个人的成长,进而实现团队与个人的双赢。个人只有在团队中才能获得更多发展的机会,同时从团队中获得更高的自信,实现社会尊重和自我成就感。在团队不断发展的过程中,个人也应该通过自我不断的成长以适应团队的发展,如果个人停滞不前,最终的结果只能是被团队淘汰,而淘汰不合格队员后团队亦需要寻找新的成员加以培养,这其中的成本代价不可小觑。

团队的发展离不开个人的支持和奉献,自我成长是团队发展的保证。团队中的"岗位"是个体成长的动力,只有把自己融入相对合适的团队之中,个人的能力才能获得全面发展,而个人在自我增值的同时也能为团队发展带来正面积极的力量。个人助团队发展,团队助个人成长。

如果个人是种子,团队是泥土,团队为个人的成长提供养分,帮助其成长。相应地,个人从种子开始破土成长,逐渐长成大树,它在土里生根,防止土壤中水分的流失。个人与团队亦像是水和舟的关系,水能载舟,亦能覆舟。俗话说得好,"没有完美的人,只有完美的团队"。个人与他人之间相互支撑,一个人的发展离不开团队的支持,只有得到团队的支持,个人才会有无穷的力量。如果没有每个团队成员的群策群力,团队将无法克服重重障碍,闯过道道险关。离开了团队,即使个人能够在困难面前使出浑身的力量,也终会有枯竭的一天。

三、团队发展对个人的基本要求

团队是由拥有不同背景、不同思维、不同技能和不同经验的个体所组成,团队需要集合每一个成员的观念、知识、体能和技能等因素,才能协同工作,通过分工来完成团队的任务,最终实现共同的目标。

金融界巨子罗吉尔·基奇曾经说过,一个年轻人,如果既没有背景也没有阅历,只有自己可以依靠,那么,他最好的选择就是:第一获得一份工作;第二珍惜你的工作;第三培养忠诚、敬业、勤奋的习惯;第四认真地观察和学习,不断提高;第五努力成为不可或缺、举足轻重的人;第六成为一个谦虚并且有修养的人。罗吉尔·基奇不仅道出了团队中个人成长、成功的普遍真理，也间接地说明了团队发展对个人的一些要求，结合罗吉尔·基奇提出的这六点要求，我们概括出团队发展对个人的一些基本要求。

（一）道德修养

古人云："天下者，非一人之天下，惟有德者居之。"所以，小胜依靠智，大胜依靠德。团队只有拥有有德之人，才能走得更远。

一位诗人说过："一个知识不全的人可以用道德去做弥补，但是一个道德不全的人却难以用知识去弥补。"道德品质是一个人为人处世的根本，也是团队对其成员的本质要求。在团队中，一个人不管有多大的才干、取得多少的成绩，只要道德修养不好，所有的成绩都会大打折扣，因为对团队而言，品德有缺陷的人，能力越强，本事越大，破坏性则越强。也正是据于此，很多团队领导者在用人上不仅看重能力，更加看重道德修养。以可口可乐公司为例，该公司在招聘过程中都要把道德关，第一轮面试就是考察应聘者的道德修养，之所以如此，就是因为公司信奉员工的道德修养将直接决定其是否能够继承和发展可口可乐公司长期积累并在全世界推行的积极向上而充满激情的企业文化。

（二）担负责任

"责任"一词有三层含义：分内应该做的事；特定的人对特定事情的发生、发展、变化及其结果负有积极助长的义务；因为没有做分内的事情或没有履行助长的义务而应承担的不利后果或强制性的义务。

对于团队成员而言，担负责任意味着"在从事职业的过程中做任何事都能意识到所承担的所有这些方面的责任，并在所有这些方面都追求最佳的效果，防止任何不利和有害的后果，对于可能发生的不良后果有预防措施并及时妥善处理。"[①]担负责任还意味着勇挑重担。对各个团队来说，虽然每个岗位都有自己明确的职责，但总有一些突发事件或者艰巨的任务，无法明确地划分到哪个人，而这些事情往往又是比较紧急和重要的。对此，应该从维护团队利益的角度出发，勇于承担，积极妥善地加以处理。就个人而言，一个人只要做工作，就难免出现这样或那样的问题，此时，应该做到主动承担责任，不推诿、不找借口。同时懂得反思，避免同样的错误再次出现。

工作意味着责任，没有责任感的员工不是优秀的员工。一个人要干好本职工作，就要有高度的责任感。[②] 社会学家戴维斯说过："放弃了自己对社会的责

---

① 钱昌照："德性与职业成功"，《赣南师范学院学报》，2012 年第 4 期。

② 石建莹：《团队建设管窥》，西安：西安交通大学出版社 2012 年版，第 65 页。

任，就意味着放弃了自身在这个社会中更好的生存机会"。引入到团队之中也是同样的道理，放弃了自己对团队的责任，就意味着放弃了自己在这个团队中得到成长的机会。没有责任感的人在工作中容易养成敷衍了事轻视工作的坏习惯，进而造成工作的拖拉、马虎，难以保质保量完成工作任务，最后成为团队发展的桎梏。

1920年美国一个年仅11岁的男孩在玩足球时不小心踢碎了邻居家的窗玻璃，邻居向其索赔12.5美元，在当时12.5美元足足可以买下125只下蛋的母鸡。闯了祸的男孩主动向父亲承认了自己的错误，父亲让他对自己说："我要对我的过失负责任。"可是男孩并没有钱，父亲对他说钱可以先借给他，但是一年后必须归还。从此，这个男孩就开始了异常艰苦的打工生活，半年后，他终于将父亲借给他的12.5美元如数归还。这个男孩就是后来成为美国总统的里根，我们无法预言如果没有发生这件事，里根还能不能成为总统。但是可以确定的是这位伟大的父亲让他的孩子从小就学会了勇于担当和竭尽所能。

（三）敬业精业

朱熹曾经说过："敬业者，专心致志以事其业也。"[①]程颐更进一步说："所谓敬者，主之一谓敬；所谓一者，无适（心不外向）之谓一。"[②]敬业即敬重自己从事的事业，敬重自己所从事的工作，想方设法把自己的工作做好。换言之，敬业就是要用一种恭敬严肃的态度对待自己的工作。

敬业是团队竞争的需要，也是个人发展的需要。敬业用最直接而简单的话来概括就是尽心尽力、尽职尽责地把工作做好。团队的发展需要每一个成员都精力充沛地带着激情去工作，踏实而有效率地完成自己的工作任务，一个敬业的员工会将敬业内化为一种品质，实践于自己的一言一行之中。这样，不仅团队成员可以获得更多宝贵的经验和成就，整个团队也可以得到更高的团队绩效和满意度。

精业意味着精通专业，用正确的方法做正确的事；同时也意味着精益求精，从优秀到卓越。据说著名表演艺术家陈道明拍戏时有一个"怪癖"——不脱戏服。一旦进入剧组，换上角色的衣服，他就不会轻易脱下来。在《归来》的整个拍摄期间，他一直穿着陆焉识的破棉袄，回到酒店时常常引来人们的侧目而视。这个怪癖不是拍《归来》时才有的，从《康熙大帝》到《楚汉传奇》无不如此。拍《楚汉传奇》时是在冬天，陈道明就穿一天单裤子，因为他觉得戏中的场景是在秋天，穿

---

① 《朱子文集·仪礼经传通解》。
② 《二程·粹言》。

多了会影响视觉效果。结果拍完戏就得了重感冒。在片场他总穿着刘邦那套戏服，永远是整装待发的样子。之所以如此，陈道明的理由是："进入剧组后，演员要做的第一件事是把戏服穿成自己的衣服，把道具变成自己的手持物，只有这样，这些东西才能'贴身'，而不像借来或租来的。"对于自己的"怪癖"，陈道明是这样解释的："演员这个职业是有职业性的，职业性有时要付出代价。不都是光环，不都是掌声和鲜花。演员不能只带脸进现场，一定要带着脑袋进现场，因为演员不是演脸的，而是演心的。"这种精益求精的敬业精神是任何一个团队都应该具有的一种品质。

在团队中，我们大体会遇到有四种人，第一种人既敬业精业又高度负责，这无疑是一个团队的核心人才和骨干人物；第二种人敬业不精业，这种人吃苦耐劳、精神可嘉，遇到紧急情况也能召之即来，却未必来之能干；第三种人精业不敬业，虽然业务素质高，专业能力强，善于解决问题，却三心二意，毛手毛脚，容易大意失荆州；第四种人既不敬业也不精业，当一天和尚撞一天钟，每天浑浑噩噩过日子，这种人误己又误人。显而易见，第一种人是每一个团队渴求的对象，第二种人是团队着力培养的对象，第三种人是团队鞭策的对象，第四种人是团队淘汰的对象。

（四）团队精神

孟子曰："天时不如地利，地利不如人和。"团队的核心是共同奉献，这种奉献要求团队中每一个成员都能将自己当成团队中的一分子，将其他成员当成是实现自己事业目标之路上必不可少的伙伴。

团队精神简单来说就是协作精神、服务精神和大局意识的集中体现。团队意识是团队文化中的一部分。团队精神形成的基础是尊重个体的兴趣和成就，核心是协同合作，最高的境界是团队成员共同形成凝聚力和向心力，所反映出来的是个人利益和团队整体利益的统一，进而保证团队的高效运转。世界500强企业都非常注重团队精神的培养，希望员工都能够具备团队合作的能力，团结团队中的其他成员，努力使自己融入到团队中去，将个人的目标和整个团队的发展目标结合起来，在完成团队所布置任务的同时实现个人的职业发展目标，这是一个相互促进的过程。

团队精神造就团队战斗力。台湾华硕电脑曾是最年轻的世界500强入围者之一，深究原因，团队精神是成就其事业的重要因素之一。华硕电脑中国业务事业部总经理许佑嘉做客新浪访谈时曾经说过："华硕通过传达'共好'的理念作为团队凝聚的基本要素，'共好'要求我们团队中的每个人都懂得为了未来价值而共同努力，这和海狸的生活方式相类似，海狸十分善于利用团队的默契和力量来搭建水坝。像三峡大坝那么复杂的工程，我们需要很多的施工蓝图，但是海狸不需要蓝图而是依赖彼此相互协作的力量来完成这样一个复杂的水坝。”团队中的每一个个体都应该学习海狸，形成团队精神，在团队合作中像海狸们一样互相信任、互相扶持，朝着共同目标前进。

第二节　成长衡量指标

在讨论如何实现团队和个人共同成长之前，有一个重要的前提是，如何界定团队与个人的成长，或者说衡量两者成长的具体标准是什么？从团队层面来说，团队成长即为团队发展的一个过程，个体在团队中有从新人到“老”人的过程，在这个过程中，个体通过职责的履行、任务的分解和目标的实现不断获得成长；团队在每个个体的不断磨合之中、在结构的不断优化之中、在团队分工的不断明确之中慢慢发展与进步。

一、团队发展阶段

团队发展是一种有计划的，遍布整个团队，并且是自上而下的努力。一个团队发展计划涉及到对团队的系统性诊断、团队改善战略规划的形成，以及实施这些所需要的资源调配。在团队发展中，团队的管理层要对团队变革倾注心血并对结果承担风险，他们必须具有帮助实现团队发展的知识和能力，他们积极参加团队变革的管理，而且积极地支持那些能够用来实现目标的方式方法。

关于团队发展阶段的理论很多，在这里，我们通过布鲁克·塔克曼的团队发展五阶段论，根据团队发展不同阶段的特征，可以对团队运作过程中团队和个人成长程度有一个大致的了解。五阶段论将团队发展分为建成阶段、震荡阶段、规范阶段、高产阶段和调整阶段。

第一阶段(forming)：团队的建成阶段。刚开始时，大家都很客气，互相介绍、互相认识，在工作中逐步建立彼此间的依赖和信任关系，共同确立一致的目标。当一个团队正在形成时，团队成员往往会很谨慎地观察及试探团队能够接受的行为程度，这和不太会游泳的人在池边试探性地将脚趾头伸入池内的状况很是类似，这个阶段正是由独自的个人转换成为团队成员角色的阶段。“团队的成立或者创建阶段要完成团队方案的勾画和其他准备工作，一般要花费几个月的时间。”①这一过程包括：创建者必须根据团队的目标和任务来思考所创建团队的类型与功能；为了保证团队目标实现所需要的最为合适的团队人数和规模；本团队应该由什么样的专业背景、资历经验的人才所组成，人才的最佳配比结构；团队成员各自的角色分配等问题。在这一阶段结束的时候，团队中每个成员都应该清楚地知道团队的共同愿景。

建成期阶段中团队成员会产生下列感觉和行为：

- 刺激、参与感和乐观；
- 开始对团队产生一种依赖感和情感；
- 尝试界定团队的任务范围和性质目标，共同商议如何完成；
- 尝试共同决定团队面临问题时如何处理以及团队行为接受度；
- 对下一步的任务感到质疑、惶恐及紧张；
- 以身为团队的一分子感到骄傲；
- 决定共同搜集对团队发展有用的资讯及资料。

建成期团队成员的主要特点是依赖、依靠，彼此了解有限，行为重点主要表现为：提出问题、界定角色和了解目标及任务。

第二阶段(Storming)：即团队的震荡阶段。这是团队的磨合期，团队成员开始对事情持不同意见，互补、互相竞争；不服从团队领导、不愿受团队纪律约束的现象时有发生。震荡期对团队而言是最难渡过的一关，就好像是落水后快要溺水挣扎活命的情形一样。大家开始逐渐体认到完成任务的难度远远超出他们的想象，团队成员之间开始互相试探甚至责难，又或是过分热情以博取他人好感。这个阶段中的团队成员可能会对团队目标产生怀疑，而当初对团队目标的实现满怀信心的团队领导者也开始意识到目标的完成并非想象中那么简单。人际关系冲突开始加剧，这个阶段团队各个成员把更多的精力放在人际关系的维护上面，无暇顾及团队的目标和任务，团队绩效在这个时候遭受到持续性的打击。

震荡期阶段中团队成员会产生下列感觉和行为：

- 初露针锋相对的态度和对团队目标实现的信心摇摆不定；
- 即便是在解决问题的方案上已达共识，但是仍然纷争不断；
- 容易产生防卫心及竞争心，派系纷争、搞小团体等；

---

① 姚裕群、许晓青、李晓刚：《团队建设与管理》，北京：首都经济贸易大学出版社 2009 年版，第 13 页。

- 假设团队目标无法实现的情况等;
- 可观察出团队中的强势者和弱势者;
- 团队内部出现分裂和不团结现象,彼此猜忌,紧张气氛升高。

震荡期团队成员的主要特点是团队成员之间开始产生冲突,掌握基本合作技巧的团队能够完成简单而易完成的任务,团队成员行为的特点主要表现为:团队成员各有自己的想法及意见、个性相异且容易产生团队冲突、意见分歧不断。

第三阶段(Norming):即团队的规范化阶段。经历上一阶段的磨合期后,团队各个成员对自己在团队中担任的角色和共同解决问题的方式形成共识,人际关系开始解冻,整个团队达到自然的和谐与平衡,差异缩小。团队开始形成自己特有的合作方式与工作方式,成员之间相互体谅对方的困难。在这个阶段里,团队成员言归于好,形成共识,产生对团队的效忠态度及责任心,大家不但遵守团队基本规范以及彼此在团队中所扮演的角色,而且包容其他团队成员的独特性,同时因为先前彼此竞争的紧张关系也演变成为较默契的合作关系,因此情绪上的冲突和不愉快也减少了许多。在团队规范化阶段,团队领导者的工作重点在于建立规范、有效、科学的团队规范,包括团队业务规范和团队成员的交往规范两个方面。这个阶段中的团队领导者可以采用教练型的领导风格,鼓励团队成员确立发展目标,并且帮助他们制定实现那些目标的计划,给予团队成员以业务和工作上的指导,又给予他们一定的学习空间,尽可能发挥他们的工作积极性,以推动团队的进一步发展。

规范期阶段中团队成员会产生下列感觉和行为:

- 能提出具有建设性改进的建议并具有较好的团队执行力;
- 团队成员的关系逐渐变得亲密;
- 了解团队任务并找到解决问题的方法,能以平常心放松地去完成;
- 同心协力、和睦相处,尽量避免团队冲突和争执的发生;
- 更友善,更信赖彼此,并愿意分享彼此的想法;
- 较高的团队凝聚力和团队精神,团队目标明确;
- 形成并维护团队的基本规范和准则(也就是所谓的标准)。

规范期团队成员的主要特点是相互之间可以团结协作,形成团队凝聚力,团队与个人形成默契,实现互助合作。团队成员行为的特点主要表现为:明白自身的职责、了解团队成员彼此的做事风格、目标明确、能够坚持团队为先、目标第一。

第四阶段(Performing)：即团队的高效运作阶段。团队成员之间开始互相支持，互相关心，能够高效圆满地解决问题、完成任务。团队内部各个成员之间达到高度统一，最终共同达到目标。在这个阶段，团队已经建立了稳定而良好的关系，也有了对团队的共同期望，团队成员们可以真正恣意地表现，判断问题所在并共同加以解决，找出可以改善的地方并合力去完成它。团队成员们了解并接受彼此的优缺点，拿捏每个人所扮演的角色，可以悠然自在地展现于舞台之上。在这个阶段，团队工作的重点开始放在团队绩效的提升之上，其中，团队业务开展的技术变革和流程优化成为重中之重，团队成员应该不断提高自身的业务水平，通过团队的合作来提高团队的整体绩效。

高效运作阶段中团队成员会产生下列感觉和行为：

- 团队成员们了解并接受彼此的优缺点；
- 团队成员在完成团队任务的过程中获得满足感和成就感；
- 自我成长和改变；
- 团队具有防止问题产生的集体意识，即便产生问题，也有合力解决的能力；
- 团队情感越发紧密。

高效运作阶段最主要的特点是团队成员之间彼此信赖并互相依靠，团队与个人各方面都具有良好的互动技巧，团队成员行为的特点主要表现为：着眼于各项任务的完成、团队成员能够厘清各自角色与职责所在、具有和谐的团队氛围并能吸引新成员的加入。

第五阶段(Adjusting)：即团队的调整阶段。团队休整期主要包括两种情况，一种是团队转型变革，另一种是团队解散。处于团队变革阶段的成员往往表现出不安甚至是恐惧的情绪，这种情绪主要来自于对未来发展的不确定性；处于团队解散阶段的团队成员往往表现出伤心、沮丧，对团队表现出深深的不舍。在这个阶段，团队工作的重点应该是同心协力以求平稳过渡。

调整阶段中团队成员会产生下列感觉和行为：

- 团队成员迷茫、恐惧、害怕；
- 团队成员彼此之间呈现前所未有的对彼此的依赖感；
- 渴望奇迹的发生与好的改变；
- 有时会绝望、难受，甚至产生放弃的想法；
- 彼此之间相互支持、相互鼓励，共同寻找未来出路。

团队调整阶段最主要的特点是团队面临变革或者其他危机，团队未来充满各种不确定性，在这样一种情境之下，团队成员之间彼此依赖、相互鼓励，对未来充满迷茫、沮丧和疑惑，团队和个人都想方设法做出一些努力来改变团队的现状，对团队重新定位、对团队未来重新审视，寻求改变。

在团队发展的不同阶段，团队与个人都会表现出不同的状态特征，这些特征在很大程度上可以作为判断团队和个人成熟与否的主要标准。

二、设立成长衡量指标

团队成长衡量的指标众多，结合我国团队实际情况，我们选取了莱克恩的“衡量高绩效团队成长的 10 大指标”。当然，这只是众多标准中一个维度，它是从团队发展角度来衡量团队与个人的成长的。10 大指标如下：

- 一致性：团队成员能否朝同一个目标并按照统一的计划来行动，发挥合力的效果；
- 互补性：团队成员之间能否实现彼此能力和领域的互补；
- 多样性：团队成员是否具有完成团队目标所需要的多样化的背景，保证丰富性；
- 稳定性：团队成员及整体能否保持良好的稳定性，不易出现较大的不利变动；
- 应变性：团队能否在不同的状况下呈现出灵活的反应方式；
- 创新性：团队及成员是否有较高的创新思维和能力，能有效地对现状进行改变；
- 效率性：团队内部是否能有高效率的内部沟通与协作；
- 问题解决性：团队是否能够有效地解决所面临的问题；
- 凝聚力：团队成员是否都具有较强的团队意识，是否愿意和其他成员合作；
- 成长性：团队及成员都有较大的提升空间和潜力，并呈现出良好的成长态势。

除此之外，在衡量团队和个人成长中设立具体可量化的衡量标准也十分必要。美国管理学之父彼得·德鲁克有一句至理名言：只有被测量的，才能被管理。不同的团队由于团队目标和任务的不同，可测量性成长衡量指标也不尽相同，以著名的客服公司 Udesk 为例，客户服务的效率和满意度是 Udesk 团队所追求的重要目标之一，以客户服务作为衡量团队的成长指标就显得尤为重要，客户服务本身也是一项具有可测量性的指标之一。客户服务这一衡量标准,可以通过测量聊天时间、通话量、问题解决率、互动指数、客户满意度以及其他一些指标来判断。如何对这些指标进行综合考量则可以从“工单”入手,通过工单的形式来形成整个团队的团队报告和服务人员的个人报告。

大多数团队对上面这些指标都不陌生,很多团队还会衡量其他一些指标,因此导致团队中各种形式的报告满天飞,但是如此多的报告真的都有实际价值和必要性吗?如此多的发展衡量指标,究竟哪一些才是团队真正应该关注的?如此繁杂的衡量指标究竟给谁看、怎么看?要回答这些问题,团队必须先反问自己以下这三个问题,以明确自己团队真正需要衡量的指标是什么:

为什么要衡量指标并报告?报告的目的不是为了展示漂亮的图表,而是为了提供更好的服务。每个团队追求的目标不同,成长衡量的指标自然也就不同。例如有的团队更关注快速响应的时间,所以团队衡量的指标就是首次响应的时间;有的团队更关注服务的质量,因此它衡量的指标就是客户对团队的满意度。可见,只有当团队真正明确团队目标是什么的时候,才能准确衡量并确定报告中真正需要的指标。从“工单”入手,比较常见的指标可参考下表:

从工单角度出发的常见成长衡量指标

团队指标	个人指标	按工单
• 首次响应时间 • 互动率 • 客户满意度 • 平均处理时间 • 客户联系率	• 已解决工单 • 客户互动率 • 客户满意度 • 平均处理时间	• 按创建时间 • 按问题分类 • 按区域

什么是好的指标?好的指标至少应该符合以下几点特征:有意义,团队所衡量的指标对团队的成长来说应当是有意义的;可变性,用泰勒·摩根的话说就是,没有变化的指标,或者任何我们觉得不重要的指标都不必关注,团队发展衡量指标应该随着团队任务和环境形势的改变而实时做出变动;真实性,衡量的指标应当是真实有效的,否则会误导团队的发展,即便指标没有达到理想状态,也要真实报告。在关注指标的过程中要注意用实际的数字说话,要更加关注对比和趋势,比如说80%的客户满意度似乎听上去并不是那么乐观,但在一个月内将客户满意度从70%提升到80%却是一个令人兴奋的好消息。

报告给谁看?报告对象也十分关键,面对不同的对象,报告的内容和方法也不尽相同。先明确报告对象,才能搞清他们想看到什么,然后根据不同的报告对象，突出不同的报告重点。

在设立成长衡量指标时，一定要注意将不同的指标结合起来看，这样才能发现更深层次的问题，比如首次响应时间和客户满意度，当首次响应时间超过一定时间，客户满意度必然也会下降。

一般来说，在衡量团队和个人成长中量化及不可量化的指标往往是交叉使用的。任正非曾经正式提出过一些衡量团队及个人成长可量化及不可量化的标准：第一，聚焦于团队绩效目标，其中包括个人绩效承诺和团队绩效目标。团队各层面的 KPI 指标体系，是对团队领导者和管理者工作任务的基本要求，团队领导者的短期首要职责是完成团队的绩效目标，在保证本团队人均效率基线的基础上，持续地提高所在团队的人均服务人数或人均效率。为保证人均效率不降低，团队领导者不仅要关注团队文化的建设、团队成员的培养，关心价值创造和整体绩效的持续提高，还要加强对团队成员的激励与约束。第二，不断提升团队成员综合素质。其中包括强化使命感、责任感和献身精神；加强自身道德和品格的修养，学会均衡，学会继承和发扬，学会虚心地听取他人的意见与建议，学会平和与理性；提高自己的任职资格能力，提高职业管理水平，提升业务素质和业务能力。

衡量团队与个人成长的标准既包括问题解决能力等可量化的指标，也包括凝聚力、为人处世、个人情感等不可量化的指标，综合运用这些标准，可以对团队与个人的成长程度有一个更加中肯的评价，并为今后的团队发展方向提供依据。

第三节　目标管理和生涯规划

一、目标管理之重要

相对于企业、公共部门等组织，团队的组建和搭配完全以明确而细化的目标为导向，因此对于团队来说，目标对于其发展有着比其他因素更为重要的意义。“目标方向是团队成长的第一出发点、团队成员对目标达成充分一致是共同成长的基础。”[①]在团队发展中目标管理具有重要的意义：首先，起到“北斗星”一样指

① 常白：《高效团队管理实战》，北京：机械工业出版社 2012 年版，第 12 页。

明方向的作用，目标的确定为团队提供了协调集体行动的方向，有助于引导团队成员形成统一的行动。其次，激励和凝聚作用，只有在团队有了明确的目标后，团队成员才能充分发挥其潜力、创造最佳工作绩效。当团队目标充分体现团队成员的共同利益追求并且和团队成员的个人目标和谐一致时，能够最大地激发他们的工作热情和创造性，迸发出强大的团队凝聚力。有学者曾经研究了目标对于司机、打字员、装卸工人、电脑数据录入员以及某些服务人员的激励效果，结果显示，明确的目标可使他们的工作绩效提高 11%～17%左右。第三，提供决策标准和考核依据。团队制定了明确的目标，团队领导者和团队成员思考和行动才有了客观的准绳，不至于凭借主观意志盲目下决定、凭主观印象做考核。目标管理不仅是团队领导者制定决策的出发点，同时也是评估管理决策和工作执行好坏的重要依据。

目标管理是德鲁克于 1954 年在其《管理的实践》一书中首次提出的。德鲁克采用的假设是社会人假设，这类似于 Y 理论，他相信团队中的每个人都具有责任心并且积极进取，同时他又借鉴巴纳德的观点，认为要让团队中的每个个体之间团结协作，就必须要在实现团队目标的同时满足每个成员的个人成长需求。尽管国内外对于目标管理的定义和实施方法等并不完全相同，但本质都是强调根据目标来进行管理，这种管理的主要特点是：强调活动的目的性，重视目标体系的设置和未来研究；强调根据目标进行整体管理，使人员、安排、工作和管理过程都紧密围绕目标运行；强调用目标来指导和统一全体人员的思想和行为；强调发挥人员的主动性、积极性和创造性，按照目标的要求来进行自我管理和自我控制，以提高适应环境变化的应变能力；强调根据目标来考核绩效，以保证管理活动的有效性。

目标管理奉行的是“注重自我控制，促进权力下放，强调成果第一”的理念，任何一个团队想要获得发展和成功都必须融合每一个人的力量，团队中的每个个体都必须为了团队目标的实现做出最大的贡献和努力，唯有这样，团队和个人才可以在这个过程中实现共同成长。

二、运用目标管理促进团队成长

运用目标管理法不仅有助于提升团队凝聚力，同时也会促进团队与个人的相互成全。

第一，团队必须制定符合自身实际的总体目标，统一团队目标和个人目标，使两者方向一致。为了保证团队任务的圆满完成,团队领导者必须根据团队实际情况制定适合自身发展的总体目标。团队领导者要根据团队总体目标对下级进行任务的分配并加以引导,这样才能真正保证团队总体目标的实现。在团队目标设定中要注意"目标连锁",所谓目标连锁,就是团队在设定目标下线时,要确定团队每位成员为了实现所属团队的目标是否能准确承受业务分担,同时也要确认个人的任务目标和所述团队的发展目标之间是否有联系。个人目标的完成与所属团队、所属上级部门、最终和整个组织的目标实现有着息息相关的联系,这种联系称为目标连锁。目标连锁应该作为团队管理系统灵活运用目标管理时的重要思路。团队成员个人取得的进步和成就,必须从团队总体目标中引申出来,如果说个人的成长游离于团队目标的实现之外,那么团队也将失去存在的意义。

第二,目标管理中的目标由团队中的各级人员共同制定的,团队内部实行目标共享。在目标制定中,需要确定团队成员彼此的责任,这个责任不仅可以作为他们工作的指导原则,同时还可以用来作为衡量每个人对团队贡献的标准。这一思想实际上是强调沟通在团队目标管理中的重要作用,它不仅要求目标制定阶段全员的参与,同时还要求在工作中保证沟通渠道的畅通、关系的融洽和信息的共享。值得注意的是,团队成员不能想当然地认为加入团队就必须将个人需求搁置一旁,认为一切都得以团队的利益为先而隐藏或者忽视自己的需求,要知道个人加入团队也是为了实现自己的目标。团队目标一旦明确下来,就必须在团队的内部进行共享,这里所说的共享就是全体成员产生共同的意志和理解,虽然在实际中很难做到100%的认可,但是一旦团队成员能够认可团队的目标,就会焕发出自己工作的热情,工作效率也会得到提高。目标共享可以通过召开目标分享研讨会的形式来进行,单单将团队目标和方针形成文件下发给团队成员或制作一些单方面的文字说明是不可取的,团队中要经常举行目标研讨会或目标讨论会,创造了解团队最近工作方针和目标的机会。

第三,对团队的总体目标进行细化和分解,并帮助团队成员制定完成目标的行动计划。团队的总目标要能够分解为每个团队成员的分目标,这个分目标也就是每个团队成员对团队总体目标的贡献,对目标进行计划和分解的过程非常重要,这是将团队成员和团队凝聚在一起的关键性环节。团队的总体目标相对来说是长期的而且比较遥远,正是在一个个分解目标实现的过程中,团队成员才能因为能力的提升和目标达成所获得的成就感来诱发自己内在的潜力,正是这种个人目标和团队短期目标的达成,让团队成员感受到自己通过努力推动了整个团队总目标的实现，从而形成团队的向心力。由于成长的标准是多元化的，有的时候对于团队来说，重要的不是领导和管理者来评价团队成员个人成长了，而是让个人感受到自己在团队的帮助下成长了。团队在进行目标分解时，每个团队成员都要提高自我管理意识，主动找寻个人目标和团队目标之间的契合点，团队领导者和管理者要让团队成员制定完成目标的具体行动计划，行动计划中有完成目标的主要方法，包括按周、月、季度等的具体时间表和行动目标、方法等。一般来说，让团队成员制定完成目标的半年行动计划和主要方法是比较有效的一种方式。

第四，团队目标管理过程中充分考虑团队成员个人的职业生涯管理，重视团队成员的自我管理和自我控制。团队领导者和团队成员共同实现目标的过程不应该是单向指挥和控制的过程，而是需要充分引导团队成员进行自我控制和自我管理，这种自我控制和自我管理依据所设定的目标而进行。团队的阶段性战略目标对应个人的发展阶段规划，职业生涯管理是团队帮助其成员制定职业生涯发展计划和设计生涯发展的一系列活动，它能有效地抑制团队和成员个体在目标整合上的偏差。现在越来越多的团队开始重视职业生涯管理，团队在导入员工职业生涯规划的初期，必须遵循循序渐进的原则，团队领导者要给予团队成员职业生涯规划制定必要的指导，充分发挥自身的导向性和能动性作用，进一步推动团队目标管理工作的全面可持续发展。总之，职业生涯管理的最终目标是通过帮助团队成员发现在团队内部发展的机会，激发他们的潜能和工作热情，以期更好地服务于团队，为实现团队的战略目标而努力工作。

三、实现个人与团队职业生涯的和谐统一

职业生涯设计在人力资源管理工作中变得越来越重要，其真实的意义在于实现团队与个人共同发展。“在当前的职业生涯中，员工和企业已经不再是单纯的雇佣关系，而是一种合作伙伴，他们之间的对立已经演变为‘唇齿相依、荣辱与共、命运相连’的密切关系。”[①]要真正实现团队和个人的双赢，需要解决的一个根本性问题就是团队成员个人的职业生涯要和团队的职业生涯有机结合，只有这样，团队与个人的发展才能实现和谐统一。那么，何谓团队职业生涯，何谓个人职业生涯？二者有何区别？所谓团队的职业生涯，就是团队协助其成员进行

---

① 韩松：《好员工与企业共同成长》，北京：中国言实出版社 2011 年版，第 64 页。

职业生涯设计，它属于团队的战略范畴，是从团队角度来考虑其成员个人的发展；所谓个人职业生涯设计，就是团队成员从自己的爱好、兴趣、目标和需求等角度来对自己的职业生涯进行设计，它属于个人的战略范畴，是从个人的角度来考虑个人在职业生涯过程中的发展。团队要做的就是将这两种职业生涯设计进行完美结合，形成双重职业生涯设计，以此实现团队成员的适岗适才，同时团队按照发展需求去培训团队成员，提高其职业技能，促使其承担起更多的责任，实现个人的快速成长。

“志不定，天下无可成之事”，职业生涯设计是事业成功的基本前提，而在进行职业生涯设计过程中一个非常重要的事情就是进行自我形象理解和设定职业锚，量身设计自己的职业生涯。一艘船想要停泊，必须要有一个锚沉到水里，只有这个锚牢牢地定在水里，这艘船才能稳稳地停在水面上。同样，一个人若想和团队建立良好的关系并使自己的职业得到很好的发展，也需要一个东西，这就是确定职业生涯的锚，简称职业锚。“职业锚不同，人也不一样，就像每个人的能力不一样、兴趣不一样，能干的事情也不一样。”[①]从个人角度讲，设定职业锚之前需要首先考虑三个因素：第一个因素是我会什么？第二个因素是我想做什么？第三个因素是我喜欢做什么？会做的不一定是想做的，想做的不一定是喜欢的，这三个因素对应的是个人的能力、个人的喜好和个人的价值观，职业生涯设计就是要把这种能力、喜好和价值观进行有机的结合，只有找到自己的职业锚，才能更好地选择自己的职业生涯。在职业锚设定过程中，我们首先要找到人内在的东西——价值观以及人外在的东西——职业形象，然后去判定其与自身的职业能力是否匹配。例如有的女孩特别想要做演员，那么应该先明确做演员应当具备什么样的条件？首先要长一张适合做演员的脸，据一些社会学家和心理学家发现，出色的演员在外貌上都有一个共同的特点，那就是用自己一个手掌可以盖住整张脸，如果具备了这样的条件，那就首先具备了这个职业的职业形象。当然，如果是纯实力派，长什么并不重要，因为他们实现了职业能力和职业价值观的吻合，例如音乐家，可能一听到音乐就会十分激动，并且听一遍就能复述出来，这就是我们通常所说的身上有一种专业的细胞。只有将职业价值、职业能力和职业形象进行统一，才能设定出最适合自己的职业锚。

团队在团队成员职业生涯发展和个人成长中担负着重要的责任，主要应该做这样四件事来协助个人的成长：第一，要使团队成员对自己的兴趣、能力

---

① 李涛：《从平凡到卓越》，长春：吉林出版集团有限责任公司2010年版，第100页。

以及自己的职业目标有一个清晰的了解，要帮助团队成员进行评估和分析；第二，团队要对团队成员的个人的潜力和能力进行评估，这也是在现今团队中心理评估、能力评估越来越火的原因；第三，团队要向其成员及时提供有助于他们职业发展的有关信息，给成员公平竞争的机会和平台，像海尔、华为、联想这样优秀的企业，每年都会有一两次的内部招聘，向内部成员提供提升自己的机会；第四，为团队成员提供职业咨询，真正帮助其解决职业发展方面的难题，如果团队能向其成员提出职业化的要求，又培养他们的职业技能，那么团队和成员之间就有了更加紧密的联系，团队成员在实现自身职业发展的同时就愿意为团队的发展而奉献，团队由此也可以得到更快发展，这也正是双重职业生涯管理的目的所在。

第四节　积极与团队合作，实现团队与个人共赢

团队与个人的共同成长归根到底是关注团队与个人的关系问题，法约尔管理所强调的管理五大职能中组织和协调两大职能都涉及团队。14 条管理原则最后一条即是团队精神和团队合作。实现团队与个人共同成长的核心主旨就是通过团队成员合作意识的培养、互助互信团队氛围的营造来加强团队中的团结与合作，通过构造团队成员的团队支持感，让个人充分融入到团队中去，优化团队的人力资源配置，实现高效率和高效益。

一、培养互信合作意识，以凝聚力助力团队发展

但凡卓越的团队都有一个共识：团队合作至关重要，而团队信任又是团队合作的基础和前提。新东方教育集团创始人俞敏洪曾经说过："一个人最可怕的灵魂是封闭的灵魂，一个人最绝望的状态是失去对别人的信任。"从理论上说，团队信任是对团队和其他成员的一种信赖，例如对团队价值、团队成员的品格或者能力等有着较高的信赖。管理学家罗宾斯将"信任"分成了五个维度，他们分别是：正直、能力、忠实、一贯和开放。而其排列顺序就是信任中五个维度重要程度的排序，其中正直程度和能力高低是判断一个人是否值得依赖的最重要特征。卓越团队的一个突出特点就是团队成员之间具有高度的相互信任感，他们彼此认同各自的人格特征，具有正直、负责、诚实等品格，互信能够提高团队合作的能

力,更容易使大家将注意力集中在工作上不“分心”。

有A、B两个能力相近的大学毕业生同时应聘到同一个单位,刚刚毕业的两个人都充满了工作的激情,胸怀大志,都想要在这个新的环境中创造出属于自己的天地。在一次新产品的研发过程中,他们被分派到了两个不同的团队着手研制同一款产品。A在新产品研发中非常重视团队的协作,积极向其他团队成员请教,充分利用了团队中的各种优势资源,同时得到了团队领导和伙伴的大力支持;B遇到问题喜欢闷头自己解决,不善于和团队其他成员进行合作与沟通,整天在实验室里独自拼搏。半年时间过去了,A成功地研制出了新产品,B虽然也是废寝忘食地工作了半年,但是却收效甚微,由于这次A在新产品研发中表现突出,很快被提拔为项目负责人。B很是不解,向A请教道:“在这半年时间中我已经十分努力了,但是却好像一事无成,你能告诉我你是如何成功的吗?”A笑了笑说:“我就是站在了巨人的肩膀上,如果没有团队的合作与前辈们的帮助,新产品研发靠我一个人肯定也无法这么快做出来啊!”这种人和人之间差距的一幕在很多团队都会经常上演,可见是否具有团队合作意识在个人成长过程中的意义非常重要。

团队合作意识既不能自然而然形成,也难以一朝一夕养成,它既需要团队长期的培养和潜移默化影响,亦要求团队成员自我修炼。一般来说,领导者在团队合作意识的培养中起着十分重要的作用,团队领导应该通过制定团队的工作制度、明确团队的目标和方向、了解团队成员的信息和情况、采用多种形式进行激励等方式来培养团队成员的合作意识。同时,还需要领导者率先垂范,通过帮助、扶植、真正授权等方式帮助团队成员树立互助合作的意识。而作为团队成员,也应该认清自己在团队中的位置,明白仅仅靠个人的单打独斗难以成就事业,逐渐养成与队友互助合作的习惯。

现在社会发展速度日益加快,团队所提供的产品技术含量越来越高,团队所面对的顾客要求也越来越多,这种现实情况的变化给团队提出了新的要求,那就是团队要具备一种新的思维:只有和别人合作,产品才可以做得更好,也只有在和别人互帮互助所形成的凝聚力的指引下,工作才能越做越好。中国古人讲,善心可以做成好事,而齐心则能成就大事,这里所说的齐心也就是指的凝聚力。团队是个资源的集合体,这种集合体需要各种资源很好地密切地配合才可以得到发展,而在背后推动这种发展的力量就是团队凝聚力。

团队凝聚力是团队精神的核心构成要素,它不仅是维持团队存在的必备条件,还是增强团队功能、实现团队目标、促进团队成长的不可或缺的条件。影响团队凝聚力的因素包括外部因素和内部因素，外部因素是指团队受到的外部环境威胁或者竞争对手某方面的威胁，此时团队内部无论之前发生过怎样的矛盾，都要团结在一起，凝聚在一起，一致对外；内部因素相对于外部因素来说范围更广泛，包括团队规模、团队目标、团队的激励方式、团队的过去经历等。要提高团队的凝聚力，团队领导者必须做好以下工作：控制好团队的规模、协调好个人目标和团队目标的关系、建立并运用良好的团队激励机制、处理好团队与外部的关系等。

团队领导者对于团队凝聚力的形成具有重要的作用，领导是团队行为的核心和向导，领导方式的不同会直接影响到团队凝聚力的高低，民主型领导方式下团队成员更容易表达自己的意见并参与决策，这种团队的积极性更高、凝聚力也更强；而独断、专制的领导方式下成员参与决策的机会较少，满意度也相对较低，凝聚力也会比较差。为了团队凝聚力的积聚，团队领导者要注意领导方式的选择与运用。

为了保证团队行为的一致性，还要注意团队合作规则的制定，团队合作规则是指团队成员在平时工作中必须遵守的标准。每个团队都应该制定自己团队运作的规章，最好是制定出书面的、积极的团队行为和消极的团队行为表格，并向全体团队成员进行公布，使之成为规范他们平时行为的准则。书面的团队行为指南更具有严肃性和规范性，有利于鼓励对团队发展有益的行为，纠正和规避不良的行为，帮助团队成员了解什么才是团队所期望的行为，从而提高团队成员自我管理和自我控制能力，促进团队走向成长。

二、构建团队成员团队支持感

组织支持理论认为，员工与组织的关系是建立在员工的忠诚和个人努力能换来既得利益的基础之上，组织能够从各方面支持员工，给予员工一定的重视，能够满足员工的经济、社会等方面的角色和情感的需求，在这种支持下员工可以感受到来自于组织的温暖和归属感，因而更有可能留在组织之中。同时，当员工感受到来自组织的认可、支持和关心时，在工作中会用更积极的表现来回馈组织，从而实现双方的共赢。在团队建设和发展中，这个理论同样适用。

团队成员的团队支持感是影响团队成员绩效的重要因素之一。团队要实现发展，必须给予团队成员更多的关心，团队成员团队支持感的培养可以从以下几个方面入手：

第一，塑造一种支持性的团队氛围。支持性的团队氛围对于改善成员的团队支持感具有显著作用，团队要塑造一种良好的支持性氛围，须为团队成员提供支持和有必要的帮助，让他们感受到团队支持的诚意，这样有利于团队成员形成对团队的归属，产生“我们感”，将自己视为团队大家庭的一员。

第二，提供主动的支持性措施，支持性措施包括情感性支持与工具性支持，二者是并重的。提供情感性支持和工具性支持能够使团队成员产生更高的团队支持感，对于团队成长具有重要意义。一方面，团队成员作为社会人，在团队中有渴望获得情感的需要，团队要主动为其提供情感性支持。例如，真正关心团队成员的福利，愿意帮助团队成员解决工作中或生活上的困难；关注团队成员的个人发展，为团队成员提供更多机会，充分发挥团队成员的才能；在团队决策过程中要充分考虑团队成员的意见；重视团队成员的贡献和价值，给予团队成员必要的奖赏和回馈等。另一方面，工具性支持也必不可少。工具性支持包括为团队成员提供工作中所需要的信息、咨询和支持；为团队成员提供良好的工作环境和条件设施；为团队成员的工作情况提供及时而充分的反馈。工具性支持与团队工作的任务密切相关，如果缺乏必要的工具性支持，团队成员将无法有效地开展工作。

第三，重视团队领导者支持的作用。团队领导者常常被认为是团队的精神化身，团队领导者应该有效传达对团队成员的支持，通过一些积极的行动展示出对团队成员的关注和认可。在团队中要选拔和培养合适的领导者，注重团队领导者综合素质的提高，为团队成员团队支持感的增强创造有利条件。

第四，重视并接受团队成员的个体差异。由于团队成员的需求和特点不同，团队成员的团队支持感高低也存在差异，团队领导者要注意针对不同团队成员的特点，提供相匹配的情感性支持和工具性支持。

第五，创造团队成员的公平感。公平感的创造有助于促进社会交换关系的形成，是促使团队支持感产生的主要变量。为此，一方面，团队要制定公平性的制度，提供政策保障；另一方面，在资源的分配上要体现其公平性。团队中的各项政策和资源的分配要充分体现分配公平、程序公平和互动公平，增加团队成员的公平感，促进团队成员团队支持感的提高。

第五节　知识共享，以团队学习助推团队发展

一、知识共享

知识是指所有和工作活动相关的并且可以被学习的智慧产品，包括经验总结、工作输出、理论成果、工作设想、人际沟通技术、技巧、管理技术等等，这些都是团队竞争力的资源库。按照表现形式的不同，知识可以分成显性知识和隐性知识，显性知识就是可以用系统化、正规化的语言来传递的知识，一般通过书面文字、图标以及公式等描述，例如手册、书籍、规章、计算机程序、规章等；而隐性知识指存在于人的大脑，难以用正规化的和用语言的形式来沟通的知识，例如存在于个体头脑中的价值观、信念等认知性知识和个人的思维方式、团队成员共有的愿景、使命、团队文化等知识，以及关于团队协同配合的技巧、方法等知识。

虽然知识管理已经成了从管理者到普通员工都耳熟能详的词语，但是在团队的知识管理中依然还存在一些问题，我们通过下表来具体看一下团队知识管理中究竟存在什么问题。

“团队知识管理”难题

“团队知识管理”中的几个难题
● 一个工作小组的人员怎样可以学习到另一个工作小组解决问题的经验和方法？
● 一个制造型企业中很多员工将在 3 年以后陆续退休，除非企业可以及时采取有效措施，否则企业将失去这些员工所掌握的宝贵经验。管理者是否可以开展一些活动来将这些老员工的知识和经验传递给年轻职员？
● 一个律师事务所新录用了一批刚毕业的大学生，是否能够通过建立一个传授办案经验的机制，帮助这些新入职成员快速熟悉工作防范，提高在辩护中成功的几率？

解决上述这些问题最根本的办法就是在团队内部建立知识共享机制。团队成员个人的隐性和显性知识只有通过某种有效的方式进行收集、整理和共享，才能变成整个团队的知识，个体所掌握的知识才能被团队以及团队中的每个成员了解和掌握，从而实现团队内部知识的最大增值。知识是团队成长的重要动力，而知识共享是实现依靠知识来促进团队成长的重要方式，团队成员将自己已有的知识储备与团队中其他成员进行共享，并在相互讨论中汲取对自己有益的知

识,提高自己和他人的知识水平,将自己的知识最大程度地应用到实际当中去以促进团队与个人共同成长。

知识共享有助于团队目标的实现,团队成员之间具有高度的相互依赖性,每个团队成员都有自己擅长的核心知识和技能,由于团队目标的复杂性,每个成员若想完成自己的工作任务都必须获得其他成员的资源、信息以及必要的支持,同时也要将自己所掌握的知识、信息进行分享以协助其他成员完成工作,只有团队所有成员互相学习互相协助,才能保证团队各项工作的正常开展,保证按期实现团队的总体目标。当然,不同类型的团队对于知识共享的要求可能不尽相同,例如,对研发型团队来说,由于经常要做出一些创新,对知识共享的需求就比较高,需要其团队成员积极主动地进行知识的共享,以此推进总体研究的进程,而非研发型团队对于知识的需求可能就不那么显著。现实中要根据团队的性质综合考虑。

二、知识共享的影响因素

知识共享是多个主体之间发生的知识的交换和转化等行为,以便能够有效地解决问题或者完成工作任务。知识共享是一种在团队成员之间进行的知识流动,它不能像商品一样自由流通,而更多的是一个沟通的过程。知识共享的效果受到一系列因素的影响,这些因素主要来自以下几个方面:

1. 知识提供方因素:知识提供方一方面出于个人利益、社会地位和声誉等原因,可能会主观隐瞒部分专有知识;另一方面,基于个体的共享能力和经验如知识总结以及表达能力、知识编码能力等不足,不能以知识需求者所能理解的方式进行传递,影响知识共享的水平。

2. 知识接受者因素:一方面,知识接受者如有惰性思想或排外动机,则不信任、不愿意接受和学习他人提供的知识;另一方面,知识接受者的接受能力如理解能力、沟通解码能力、学习能力等不足,也会影响知识共享的效果。

3. 知识本身因素:显性知识存在于书本、文件、磁盘、图纸等存储介质中,容易实现转移和共享;而隐性知识主要是个体通过社会生产实践活动而积累的经验,嵌入于个体头脑之中,无法与个体相分离;隐性知识难以通过正式语言进行表达,因此,它在组织内的转移是一个复杂过程。知识复杂性越高,越难以被理解和阐述,共享难度越大,并且隐性知识在显性化的过程中,需要经过多重接受、传递和解码过程,容易导致知识失真,降低知识共享效率。

4. 任务因素：已有研究表明任务相关性越大，依赖性越高，员工间越容易进行知识共享。

5. 组织层面因素：组织结构、文化、氛围、制度等都会影响知识共享水平。

三、通过团队中的知识共享实现共同成长

知识经济时代，团队的兴衰更多地取决于其技术创新的能力，这种能力的提升是建立在团队对各种有效知识掌握程度的基础之上的，换言之，就是团队成员对知识的掌握程度。因此，提高团队成员的知识水平已经成为团队发展、竞争力提升的迫切要求，而要达到这个目的，知识共享十分重要。

第一，构建尊重他人和相互学习、共享知识的团队文化。知识共享主要是知识的流通、转移、运用和创新，团队文化作为其外界条件时刻影响着这一过程。轻松自由的文化氛围可以使团队成员在这一共享过程中保持愉悦的精神状态，对知识共享起到很大的作用。因此，构建轻松的团队沟通氛围，是知识共享不可或缺的条件，会大大促进知识的创新和发展。除此之外，团队还要充分调动团队成员的工作积极性，释放他们对实现自身价值的追求。通过加强团队文化建设，促进团队成员形成共同遵守和信仰的价值体系，更好地提高知识共享的意愿和效率。同时还可以用愿景来指引团队方向，激发团队成员进行学习和共享的热情。一个团队一旦形成了相互学习、共享知识的团队文化，就会使团队产生强烈的合作精神，使知识型员工团结在一起，齐心协力，形成强大的整体优势，从而提高知识共享效率。

第二，营造和谐的团队人际关系。为了提高知识共享水平，团队应该致力于营造和谐的人际关系，改善领导者与团队成员、团队成员与团队成员之间的人际关系。团队领导要善于用人，在满足团队成员基本需求的同时，更要注重给予团队成员个人荣誉感和成就感；要赏识团队成员，高度认可团队中成员各自所擅长的学识、才能和品格。此外，还要强化团队成员的团队合作意识，培养团队成员之间相互的信任感。因为信任感能够增强团队成员之间的认同意愿和分享意愿，促进团队内部的信息交流和知识共享。

第三，保持团队的持续学习能力。对于处于变动不居社会的团队来说，必须改变团队成员陈旧的学习方法和思维模式，使之掌握一些团队学习的技巧。例如，进行深度交流和团队讨论。通过深度交流，团队成员可以互相帮助，暴露他们思维的不一致性，使团队的集体思维越来越默契。有效的深度交流需要从三

个方面出发：所有团队成员必须将他们所有的想法表达出来，便于大家讨论；所有团队成员必须视其他成员为合作伙伴；还必须有一位“辅导者”掌握深度交流过程的精要。为此，团队需要营造一种团队成员彼此友好的氛围，消除由于直白表达自己想法而产生的不安，增加团队成员深度交流成功的机会。团队讨论的目的在于让团队成员能够提出不同的看法，以发现新的观点、新的工作方法。团队成员可以利用深度交流探究复杂的问题，采用团队讨论对问题做出决议。

第四，建立多渠道的沟通体系，实现知识共享。事实证明：“在团队内部建立多渠道的沟通体系有助于在团队内部及团队之间建立起一个相互交流的平台，有利于加强团队之间的知识共享。”[①]团队领导者可以带动团队参与具体的决策过程，在团队的一些重要问题和环节上达成一致，并将最终的决策和原因在不同层面和各个团队之间进行充分的沟通。诺基亚公司的领导特色首先就体现在鼓励平民化的敞开型沟通，强调互相尊重、团队内开放，让团队内每一个人都可以感受到自己在团队中的重要性。这种注重分享的流程打破了组织内固有组织结构的限制，使大家能够相互支持、共同进步。团队内知识共享，可以促使成员之间相互学习，增加自身多方面的技能，为团队发展积聚力量。

案例分析：SRC 控股公司信息共享、促进信任的团队管理

SRC 控股公司在管理上别树一帜，公司将所有的管理和财务信息向员工开放和共享，并通过培训、讲解等方式教他们如何理解和使用这些信息与知识。

对于该行为，业界有很多同行都表示十分不理解，认为 SRC 控股公司的这种行为其实就是在自毁前程。对此，SRC 公司的 CFO 是这样解释的：“公司这样做就相当于在公司的各个职能部门中增加了 700 多名内部审计员。”SRC 控股公司通过制定严格的标准，使公司知识与信息共享的制度更加完善，为公司的发展带来了十分可观的潜在经济效益。

SRC 公司认为，在团队中广泛共享各种有效知识和信息，可以让员工感受到自己受到了所在团队的尊重，可以增加他们对团队的信任感和归属感，也可以增强整个团队的凝聚力，团队的管理工作也会因此变得更加容易和高效。同时，由于信息和知识的共享，员工们之间的相互协作也会变得更加容易，这对于团队和整个公司的发展都意义非凡。

---

① 李强：“从优秀个人到卓越团队”，《HR MANAGER》，2007 年第 9 期。

图书在版编目(CIP)数据

卓越团队建设研究/韩秀景,景鹂著. —上海:上海三联书店,2020.8

ISBN 978-7-5426-6916-2

Ⅰ.①卓… Ⅱ.①韩… ②景… Ⅲ.①企业管理—团队管理—研究 Ⅳ.①F272.9

中国版本图书馆CIP数据核字(2020)第071498号

卓越团队建设研究

著　　者 / 韩秀景　景　鹂

责任编辑 / 张大伟
装帧设计 / 徐　徐
监　　制 / 姚　军
责任校对 / 朱　强

出版发行 / 上海三联书店
(200030)中国上海市漕溪北路331号A座6楼
邮购电话 / 021-22895540
印　　刷 / 上海惠敦印务科技有限公司

版　　次 / 2020年8月第1版
印　　次 / 2020年8月第1次印刷
开　　本 / 710×1000　1/16
字　　数 / 380千字
印　　张 / 20.25
书　　号 / ISBN 978-7-5426-6916-2/F·798
定　　价 / 72.00元

敬启读者,如发现本书有印装质量问题,请与印刷厂联系 021-63779028